의지력의 재발견

willpower

의지력의 재발견

자기 절제와 인내심을 키우는 가장 확실한 방법

초판 1쇄 인쇄일 2012년 2월 10일   **초판 1쇄 발행일** 2012년 2월 15일

지은이 로이 F. 바우마이스터 · 존 티어니 | **옮긴이** 이덕임
펴낸이 박재환 | **편집** 유은재 이정아 | **관리** 조영란
펴낸곳 에코리브르 | **주소** 서울시 마포구 서교동 468-15 3층(121-842) | **전화** 702-2530 | **팩스** 702-2532
이메일 ecolivres@hanmail.net | **출판등록** 2001년 5월 7일 제10-2147호
종이 세종페이퍼 | **인쇄·제본** 상지사

ISBN 978-89-6263-063-3 03180

책값은 뒤표지에 있습니다.   잘못된 책은 구입한 곳에서 바꿔드립니다.

의지력의 재발견

자기 절제와 인내심을 키우는 가장 확실한 방법

로이 F. 바우마이스터 · 존 티어니 지음 | 이덕임 옮김

에코리브르

우리 아이 아테나와 루크에게

차례

서론   9

01 의지력은 하나의 은유 그 이상인가   31

02 의지력은 어디에서 오는가   57

03 체크리스트의 간략한 역사: 하나님에서 드루 캐리까지   83

04 결정의 피곤함   117

05 돈은 다 어디로 갔는가: 수량화한 자아는 답을 알고 있다   141

06 의지력은 강화할 수 있는가(데이비드 블레인의 고통을 겪지 않고서도)   161

07 어둠의 심연에서 스스로 벗어나기   183

08 알코올 중독자 에릭 클랩튼과 메리 카의 금주에 성스러운 존재가 도움이 되었을까 215

09 강한 아이로 키우기: 자존감 대 자기 절제 241

10 다이어트에서 최악의 상황 275

결론: 의지력의 미래―적은 노력으로 더 많이 얻기(게으름을 피우지 않는다면) 305

감사의 글 334

옮긴이의 글 337

주 340

찾아보기 366

서론

당신이 성공을 무엇이라고 규정하든―행복한 가정, 좋은 친구, 만족스러운 직업, 건강한 신체, 재정적 안정, 열정을 좇는 자유―거기에는 보통 두 가지 공통된 특징이 있다. 심리학자들이 인생에서 '긍정적인 결과'를 불러오는 개인적 특성을 구분할 때 지속적으로 발견하는 이 두 가지 요소는 바로 지적 능력과 자기 절제(self-control)다. 지금까지 연구자들은 지적 능력을 영구적으로 향상하는 비결을 찾지 못했다. 하지만 자기 절제를 향상하는 방법은 발견했거나 혹은 적어도 재발견했다고 할 수 있다.

이 책은 그러한 바탕 위에서 기획되었다. 우리는 의지력과 자기 절제에 대한 연구가 인류의 행복에 아주 크게 기여하리라 믿는다. 의지력은 우리 자신과 사회를 크고 작은 방식으로 변화시킬 수 있다. 찰스 다윈은 《인간의 유래(The Descent of Man)》에서 이렇게 썼다. "도덕적 문화의 정점은 우리가 자신의 생각을 조절해야만 한다는 것을 깨달을 때 찾아온다."[1] 빅토리아 시대적 개념인 의지력은 20세기 들어 심리학자와 철학자에게 그 존재를 의심받고 인기를 잃었다. 로이 바우마이스터조차 처음에는 회의론자였다. 하지만 연구를 통해 의지력을 관찰하기 시작했다. 그는 의지력이 사람들에게 어떤 방식으로 인내심을 주는지, 그리고 의지력이 결여된 사람은 어떻게 자기 절제를 잃어버리는지 관찰했을 뿐 아니라 정신적 에너지가 어떻게 혈관 속 포도당을 활성화하는지도 확인했다. 바우마이스터와 동료 연구자들은 의지력도 근육과 마찬가지로 너무 한꺼번에 사용하면 지치지만, 장기간에 걸친 훈련으로 강화할 수 있다는 사실 역시 발견했다. 바우마이스터의 실험이 의지력이라는 존재를 처음으로 입증함에 따라 이는 곧바로 사회과학에서 매우 심도 있는 연구 주제 중 하나가 되었다(이 실험은 현재 심리학에서 가장 많이 거론하는 연구에 속한다). 또한 그들은 의지력 향상이 더 나은 삶을 위한 가장 확실한 방법이라는 것을 발견했다.

연구자들은 개인과 사회를 통틀어 가장 심각한 문제는 자기 절제를 못한 데에서 비롯된다는 것도 깨달았다. 강박적 소비와 대출, 충동적 폭력과 학업 성적 부진, 직장에서의 게으름, 술과 마약의 남용, 건강하지 못한 식습관과 운동 부족, 만성적 불안과 폭발적 분노가 바로 그러한 예다. 부족한 자기 절제는 또한 온갖 종류의 개인적 비극으로 이어진다. 친구를 잃거나 직장에서 해고되거나 감옥에 갈 수도 있다. 세레나 윌리엄스(Serena Williams)가 2009년 U.S. 오픈에서 일으킨 소동의 결과가 어떠했는지를 보면 이를 잘 알 수 있다(심판 판정에 불복하며 욕설을 퍼부은 윌리엄스는 8만 달러가 넘는 벌금을 물었다—옮긴이). 불륜 사실이 드러난 정치인처럼 당신의 경력을 완전히 망칠 수도 있다. 또한 위험한 대출과 투자로 경제 시스템을 망가뜨리고, 충분한 노후 자금을 마련하지 못한 사람들(정치 지도자들도 마찬가지다)의 미래를 불안하게 만들 수도 있다.

사람들에게 자신의 가장 큰 성격적 강점이 무엇인지 한번 물어보라. 대부분 정직이나 친절, 유머, 창의성, 용기 혹은 그 밖의 다른 미덕을 거론할 것이다. 겸손도 그중 하나에 속한다. 하지만 자기 절제는 거론하지 않는다. 전 세계적으로 100만 명이 넘는 사람을 대상으로 한 조사에서 자기 절제는 미덕 중 가장 끄트머리를 차지했다. 연구자들이 질문 목록으로 작성한 24개의 '성격적 강점'[2] 중에서 자기 절제는 사람들이 가장 적게 인식하는 특성이었다. 정반대로, 실패의 원인을 묻자 자기 절제 부족을 가장 큰 요인으로 지목했다.

현대인은 어느 때보다 많은 유혹에 시달린다. 몸은 정해진 시간 동안 의무적으로 직장에 있지만 마음은 전화 한 통화나 클릭 한 번에도 순식간에 옆길로 빠진다. 이메일이나 페이스 북을 체크하고, 잡다한 기사를 읽거나 비디오 게임을 하느라 일은 뒷전일 때가 허다하다. 컴퓨터 앞에서 일하는 사람은 보통 하루에 12개가 넘는 웹사이트를 뒤적인다. 단 10분 동안의 온라인 쇼핑으로 당신의 1년 예산을 훌쩍 뛰어넘는 돈이 날아갈 수도 있다. 유혹은 절대로 사라지지 않는다. 우리는 흔히 의지력을 위급할 때 불러올 수 있는 특별한 능력이라고 생각하는 경향이 있지만, 최근 중부 독일에서 바우마이스터와 동료 연구자들이 200명 이상의 남녀를 대상으로 수행한 연구 결과를 보면 그렇지도 않다. 피실험자들은 하루에 일곱 번 수시로 울리는 자동 발신 장치를 착용하고, 이것이 울릴 때 어떤 종류의 욕망을 느끼는지 아니면 그전에 어떤 욕망을 느꼈는지 보고했다.[3] 빌헬름 호프만(Wilhelm Hofmann)은 자신이 주도한 이 실험을 통해 아침부터 자정까지 1만 개가 넘는 보고서를 수집했다.

이 실험으로 욕망은 예외가 아니라 일반적 현상이라는 것이 밝혀졌다. 자동 발신 장치가 울릴 때마다 절반가량의 사람이 욕망을 느꼈고, 4분의 1 정도의 사람은 바로 몇 분 전에 욕망을 느꼈다고 답했다. 이들의 욕망은 대부분 무언가에 대한 저항이었다. 연구자들은 사람들이 깨어 있는 시간의 약 4분의 1—적어도 하루에 4시간 정도—을 욕망과 싸우며 보내는 것으로 결론지었다. 다시 말해, 하루 중 아무 때나 네 사람을 지목할 경우 그중 한 사람은 욕망과 싸우느라 의지력을 사용하고 있다는 얘기다. 하지만 의지력은 그런 순간뿐 아니라 뭔가 결정을 내려야 할 때 같은 다른 상황에서도 사용된다.

자동 발신 장치를 이용한 연구에서, 사람들이 가장 보편적으로 저항하고자 한 욕망은 식욕에 관한 것이었다. 다음은 수면과 일에서 벗어나 퍼즐을 풀거나 게임을 하며 쉬고자 하는 욕망이었다. 그다음으로 가장 저항하고 싶은 욕망은 성욕으로 밝혀졌으며 이메일이나 소셜 네트워크 사이트 확인, 음악을 듣거나 TV를 보고 싶은 욕망 등이 바로 그 뒤를 이었다. 유혹을 뿌리치기 위해 취하는 방법도 다양했다. 가장 흔한 방식은 관심을 다른 데로 돌리거나 새로운 행동을 하는 것인데, 간혹 직접 유혹을 억누르거나 하던 일에 더 집중함으로써 유혹과 싸우기도 했다. 또한 사람들은 잠이나 섹스 그리고 소비에 대한 욕망을 억누르는 데는 비교적 성공했지만, TV를 보거나 웹사이트를 둘러보는 것처럼 일하는 시간에 휴식하고자 하는 욕구를 억누르는 데에는 약했다. 평균적으로, 의지력을 동원해 유혹을 이겨내는 경우는 절반 정도였다.

50퍼센트에 달하는 실패율은 상당히 실망스럽다. 역사적 기준으로 보아도 그다지 훌륭한 수치는 아니다. 우리는 자동 발신 장치나 실험심리학자가 등장하기 이전 시대에 우리 선조들이 어떻게 자기 절제를 해왔는지 알 수 없다. 그러나 그들의 삶이 덜 억압적이었다는 것은 추측할 수 있다. 중세 시대에는 대부분의 인구가 농업에 종사했는데, 그들은 들판에서 길고 지루한 하루를 보낸 후 저녁이 되면 엄청난 양의 맥주를 마셔댔다. 직장에서 승진에 매달리거나 신분 상승을 위해 노력할 일도 그들에겐 없었다. 따라서 근면이 큰 미덕도 아니거니와 항상 정신을 바짝 차리고 있어야 할 필요도 없었다. 마을에는 알코올과 섹스 혹은 게으름 같은 빤한 유혹을 능가할 만한 것이 거의 없었다. 인간적 완벽을 추구하려는 열정보다는 집단의 불명예를 피하고자 하는 욕구에서 비롯된 도덕적 기준이 더 강했다. 중세 가톨릭 교회에서는 집단의 일부로서 일반적 의식을 따르는 것이 의지력을 실험하는 영웅적 행위보다 구원의 길에 더 가까웠다.

하지만 19세기 들어 농부들이 산업 지역으로 몰려들면서, 이들의 삶은 이제 더 이상 마을 교회나 사회적 압력 혹은 보편적 믿음의 제약을 받지 않았다. 청교도 혁명으로 종교는 한층 개인적 양상을 띠게 되었고, 계몽주의는 종교적 독단에 대한 믿음을 약화시켰다. 중세 유럽의 도덕적 확신과 엄격한 제도가 붕괴하면서 빅토리아 시대 사람들은 새로운 조류를 맞게 되었다.[4] 당시의 주된 토론 주제는 도덕성이 과연 종교 없이도 살아남을 수 있느냐는 것이었다. 많은 빅토리아 시대 사람들이 신학에 바탕을 둔 종교적 원칙에 의심을 품었다. 하지만 그들은 도덕성을 유지하는 것이 자신의 사회적 의무라고 여긴 까닭에 충실한 종교인인

척 가장했다. 오늘날 우리는 이들의 거짓과 위선을 조소하기 십상이다. 발목이 보이면 안 된다는 이유로 탁자 다리에 씌워놓은 중세풍의 작은 스커트를 비웃듯이 말이다. 신과 의무 그리고 약간 정신 나간 듯싶은 성에 대한 그 시대의 진지한 설교를 듣고 있노라면 사람들이 왜 "나는 유혹 외에는 모든 것을 견딜 수 있다"고 말한 오스카 와일드(Oscar Wilde)의 철학에서 구원을 발견했는지 이해할 수 있다. 하지만 그 시대에 새롭게 다가온 유혹의 물결을 생각해보면 새로운 힘의 근원에 대한 추구를 신경증적인 반응이라고 여기기는 어렵다. 빅토리아 시대 사람들은 도시에 집중된 도덕적 타락과 사회적 병리 현상을 고민하면서, 신의 은총보다 한층 구체적이고 무신론자조차 보호해줄 수 있는 내면의 힘을 모색했다.

이들은 그것이 어떤 형태로든 힘과 연결되어 있다고 생각하며 '의지력'이라는 용어를 사용하기 시작했다. 아마도 산업 혁명기의 증기력(蒸氣力)과 비견할 만한 내적 힘이라고 여긴 것 같다. 사람들은 대서양을 사이에 둔 두 대륙을 통틀어 19세기에 어떤 책보다 널리 읽힌 새뮤얼 스마일스(Samuel Smiles)의 《자조론(Self-Help)》을 통해 의지력을 향상하고자 했다. 영국 출신 스마일스는 이 책에서 "천재는 곧 인내다"[5]고 썼다. 또한 아이작 뉴턴부터 스톤월 잭슨(Stonewall Jackson)에 이르기까지 유명 인사들의 성공은 "자기 부정"과 "끝없는 인내"의 결과라고 독자를 설득했다. 또 다른 빅토리아 시대의 미국 작가 프랭크 채닝 해독(Frank Channing Haddock)은 《의지의 힘(Power of Will)》이라는 단순한 제목의 국제적인 베스트셀러를 출간했다. 프랭크는 이 책에서 의지력을 "양적인 면과 질적인 면 모두를 향상할 수 있는 에너지"[6]라고 정의했다. 과학적으로는 그럴싸해 보이지만 실제로 그는 의지력의 증거를 보여주기는커녕 그 본질이 무엇인지조차 몰랐다. 좀더 신빙성 있는 학자였던 지그문트 프로이트도 이와 비슷한 개념을 내세웠다. 그의 이론에 따르면, 자아는 에너지의 변화를 수반하는 정신적 활동이다.

하지만 프로이트가 내세운 에너지 모델로서 자아론은 이후의 연구자들에게 외면당했다. 바우마이스터의 연구실은 물론 최근 들어 여러 과학자들이 에너지의 근원에 대해 좀더 체계적인 연구를 시작한 것이다. 그 이전까지는 대부분의 심리학자와 교육가 그리고 나머지 여론 지도층에서 한 일이라곤 이런저런 이유로 의지력의 존재를 부정하는 것이 전부였다.

의지의 약화

학술지부터 공항 서점의 자기 계발서에 이르기까지 오늘날의 흐름을 들여다보면 '성격 형성'에 관한 19세기의 개념이 한동안 케케묵은 것으로 취급되었다는 사실이 여실히 드러난다. 20세기 들어 의지력에 대한 열광이 시들해진 것은 부분적으로 빅토리아 시대의 지나친 광신에서 비롯된 면도 있지만, 경제적 변화와 세계대전 탓도 있다. 제1차 세계대전의 계속된 유혈 사태는 고집스러운 지도층이 지나치게 '의무'에 순종하느라 의미 없는 죽음을 양산한 결과였다. 따라서 미국과 서유럽의 지식인층은 전쟁 이후 느긋한 삶의 방식에 대해 설파하기 시작했다. 하지만 불행히도 독일은 예외였다. 전쟁으로 인해 극도로 황폐해진 국가를 재건하기 위해 그들은 이른바 '의지의 심리학'을 발전시켰다. 그리고 나치는 이 주제를 적극적으로 수용했다. 이는 레니 리펜슈탈(Leni Riefenstahl: 독일의 영화감독 겸 배우—옮긴이)이 1934년에 발표한, 나치 운동을 미화한 것으로 악명 높은 〈의지의 승리(Triumph des Willens)〉라는 영화에 잘 드러나 있다. 반사회적 인격 장애자에 대한 대중적 복종을 강요한 나치 개념은 빅토리아 시대의 개인적이고 도덕적인 힘으로서 의지력과 아무런 상관도 없었다. 하지만 그러한 구분은 사라져버렸다. 만약 나치가 '의지의 승리'를 상징한다면 히틀러에 대한 개인숭배와 홍보만큼 그것과 잘 어울리는 조합은 없을 것이다.

의지의 약화는 사실 그리 부정적인 것은 아니었으며, 전쟁 후에는 의지를 약화시키는 다른 요소가 추가되었다. 기술 발전으로 값싼 물건이 공급되고 도시 인근 지역이 부유해짐에 따라 소비자의 요구를 자극하는 것이 경제 발전에 더욱 중요해졌다. 세련된 광고 산업은 모든 이에게 더 많이 구매하라고 부추겼다. 사회학자들은 강한 내면적·도덕적 확신이 아니라 주변의 의견에 따라 좌지우지되는 '타율적' 인간이라는 새로운 유형을 발견했다. 빅토리아 시대의 완고한 자기 계발서는 이제 어수룩하게 자기중심적인 것들로 여겨졌다. 새롭게 등장한 베스트셀러[7]는 데일 카네기(Dale Carnegie)의 《인간관계론(How to Win Friends and Influence People)》이나 노먼 빈센트 필(Norman Vincent Peale)의 《적극적 사고방식(The Power of Positive Thinking)》 같은 유쾌한 책들이었다. 카네기는 자신의 책에서 장장 8쪽에 걸쳐 웃는 법을 가르친다. 그리고 제대로 된 웃음은 타인에게 좋은 인상을 심어주고, 타인에게서 얻은 신뢰는 성공을 보장한다[8]고 말한다. 또 필을 비롯한 다른 작가들은 더 쉬운 방법으로도 성공할 수 있다고 장담한다.

필은 이렇게 썼다. "심리학에서 가장 기본적인 요소는 실현할 수 있는 희망이다. 성공을 꿈꾸는 사람은 이미 성공한 것이나 다를 바 없다."[9] 한편, 나폴레온 힐(Napoleon Hill)은 《생각하라! 그러면 부자가 되리라(Think and Grow Rich)》는 책에서 자신이 원하는 돈의 액수를 정하고 그것을 종이에 적은 뒤 "그 돈을 이미 소유한 것으로 믿어라"[10]고 썼다. 이들의 책은 전 세기에 걸쳐 엄청나게 팔렸고, 사람들의 기분을 고양하는 철학은 "믿으라. 그리고 성취하라"는 구호로 압축되었다.

시대에 따른 사람들의 성격적 변화를 간파한 심리분석학자 앨런 휠리스(Allen Wheelis)는 1950년대 후반에 감추고 싶은 자신의 직업적 비밀, 즉 이제 더 이상 프로이트적인 치료 방식은 통하지 않는다는 사실을 천명했다. 《정체성에 대한 탐구(The Quest for Identity)》[11]라는 기념비적 저서에서 앨런은 프로이트 시대와 달라진 사람들의 성격 구조를 묘사했다. 프로이트의 주요 환자였던 빅토리아 시대의 중류층은 대부분 의지가 매우 강해서 치료사들이 이들의 철갑 같은 방어벽과 시비를 가리는 그들만의 판단을 무너뜨리기가 무척 어려웠다. 따라서 프로이트 시대의 치료사들은 그 방어벽을 허물고 그들의 신경증과 불안증의 원인을 밝히는 데 치중했다. 일단 내면적 깨달음에 이르면 변화는 쉽게 따라오기 때문이다. 하지만 20세기 중반의 사람들은 그 성격이 확연히 달랐다. 휠리스와 동료 연구자들은 사람들이 프로이트 시대와 비교해 훨씬 빨리 내면적 성찰을 얻지만 그에 반해 치료는 더디고 실패 확률이 높다는 사실을 발견했다. 빅토리아 시대의 군건한 성격이 부족하다 보니 자신의 성찰에 따라 변화를 실천할 동력이 없어진 것이다. 휠리스는 서구 사회에서의 초자아(superego) 약화라는 프로이트적 용어를 사용했지만, 이는 결국 의지력의 약화를 의미하는 것이었다. 이러한 현상은 모두 1960년 대에 "좋다고 느끼면 그대로 행동하라"는 반(反)문화적 만트라(mantra)를 외며 등장한 베이비부머 세대 '이전에' 일어났다.

이 같은 분위기는 1970년대에 '자기중심주의 세대'의 자기 탐닉으로 이어졌고, 의지력에 반대하는 새로운 논점을 가진 사회과학자들의 영향력은 점점 커졌다. 이들 사회과학자는 대부분 잘못된 행동의 원인을 개인적 요소가 아닌 것에서 찾았다. 가난이라든가 상대적 박탈감, 억압, 환경적 실패 또는 경제적·정치적 시스템의 문제 등등. 외부에서 요인을 찾는 것은 모든 이에게 너무도 수월했다. 특히 사람들의 문제가 자기 내면에서 비롯된다는 식으로 '희생자를 비난'하는, 정치적으로 올바르지 않은 죄악을 저지를까봐 걱정하는 수많은 학자들에게 이 이론은 매우 잘 부합했다. 개인적 성격의 결함보다 사회적 관점에서 문제를 바라보는 것이 새로운 정치와 체제를 요구하는 사회과학자들에게는 해결하기 더 쉬운 것으로 여겨진 것이다.

사람들이 의식적으로 자신을 통제할 수 있다는 관점에 심리학자들은 전통적으로 회의적이었다. 프로이트파 학자들은 성인의 행동 대부분은 무의식적 힘과 그 과정의 결과라고 보았다. B. F. 스키너(B. F. Skinner)는 유관성을 강화하기 위한 과정이 필요하다는 것을 제외하고 의식과 여타 정신적 훈련에 대한 중요성을 그다지 인식하지 않았다. 《자유와 존엄을 넘어서(Beyond Freedom and Dignity)》[12]에서 스키너는 인간의 본성을 이해하려면 이 책의 제목에서처럼 낡은 가치를 넘어서야 한다고 설파했다. 스키너의 다른 이론들은 현재 대부분 폐기되었지만, 의식이 무의식의 하층에 있다는 신념을 가진 심리학자들에게 그의 접근 방식은 새로운 활력을 불어넣었다. 의지라는 측면은 너무나 하찮아서 현대 성격 이론에서는 언급하거나 고려할 가치조차 없는 것으로 여겨졌다. 일부 신경학자는 그 존재마저도 인정하지 않으려 했다. 또한 수많은 철학자는 그 용어를 사용하는 것조차 거부했다. 이들은 의지의 자유라는 고전적인 철학적 주제를 논의할 때, 의지보다는 행위의 자유라는 용어를 선호했다. 의지라는 개념의 존재 자체를 아예 회의적으로 보았기 때문이다. 어떤 이는 "이른바 의지"라는 식으로 폄하해서 일컫기도 했다. 최근에는 자유 의지나 책임 같은 낡은 개념을 삭제한 새로운 수정 법체계를 정비해야 한다고 주장하는 학자들도 있다.

바우마이스터 역시 1970년대에 프린스턴 대학교에서 사회심리학자로서 경력을 시작할 때만 하더라도 의지력에 대해 일반적 수준의 회의적 태도를 유지했다. 그의 동료들은 당시 자기 절제가 아닌 자존감에 대해 집중적으로 연구했고, 바우마이스터는 이 분야의 초기 연구를 이끌면서 자기 능력에 대한 자신감과 자존감을 갖춘 사람이 더 성공적이고 행복한 삶을 영위한다는 관점을 견지했다. 따라서 자신감을 북돋는 방식을 찾음으로써 모든 이를 성공으로 이끄는 것이 좋지 않겠는가? 심리학자나 대중에게는 이러한 접근 방식이 충분히 설득력 있었다. 사람들은《나는 괜찮아―당신도 괜찮아(I'm OK―You're OK)》혹은《네 안의 잠든 거인을 깨워라(Awaken the Giant Within)》같은 베스트셀러를 통해 자존감과 '힘'을 얻고자 했다. 하지만 실제로 연구실 안팎에서 드러난 결과는 실망스럽기 짝이 없었다. 국제적 연구 결과, 미국의 8학년들은 수학에서 어느 나라보다도 자신감이 월등했지만 한국과 일본을 비롯해 자신감이 낮은 다른 나라 학생들보다 실제 성적은 훨씬 뒤떨어졌다.[13]

그러는 동안 1980년대의 몇몇 연구자는 철학자들이 자기 절제라는 용어 대신 사용하는 자기 조절(self-regulation)이라는 주제에 흥미를 갖기 시작했다. 자기 절제의 부활은 의지력이 빅토리아 시대의 진기한 신화에 지나지 않는다고 확신하는 이론가들에 의해 이루어진 것이 아니다. 오히려 실험실이나 현장에 뛰어든 다른 심리학자들의 연구를 통해 이루어졌다.

의지의 귀환

심리학에서 뛰어난 이론은 별다른 가치가 없다. 사람들은 심리학 분야가 놀랍고 새로운 식견을 통해 발전했다고 생각하지만 실제로 이는 사실이 아니다. 새로운 생각을 내놓는 것은 그다지 어려운 게 아니다. 모든 사람이 인간의 행동에 대한 이유와 방식을 나름대로 설명하려 하지만, 바로 그 때문에 사람들의 자질구레한 발견을 경청하는 데 지친 심리학자들은 "아! 우리 할머니도 '그건' 알고 계셨답니다" 하고 무시한다. 발전은 보통 이론에서 시작한다기보다 하나의 이론을 좀더 영리한 방식으로 '실험하고' 증명하는 것에서 비롯된다. 월터 미셸(Walter Mischel)도 그런 학자 중 하나다. 월터와 동료 연구자들은 자기 조절에 대한 실험을 이론화하지 않았다. 그들은 실제로 오랫동안 자신들의 연구 결과를 자기 절제나 의지력이라는 개념으로 논의하지 않았다.

그들은 유아를 대상으로 즉각적인 유혹을 견디는 학습에 대한 연구[14]를 진행하던 중 4세 아이들의 행동을 관찰하는 새롭고 창의적인 방법을 고안했다. 연구자들은 아이를 한 번에 한 명씩 방으로 데리고 들어가 마시멜로를 보여주고, 조건을 제시한 다음 혼자 방 안에 있게 했다. 언제든 원할 때 마시멜로를 먹을 수는 있지만, 실험자가 돌아올 때까지 먹지 않으면 마시멜로를 하나 더 얻을 수 있다는 게 그 조건이었다. 어떤 아이들은 그 자리에서 마시멜로를 먹어치웠다. 어떤 아이들은 먹지 않으려고 애썼지만, 결국 참지 못했다. 또 어떤 아이들은 더 큰 보상을 받기 위해 15분을 고스란히 기다리기도 했다. 1960년대에 수행한 이 실험에서, 끝까지 기다린 아이들은 다른 것에 주의를 기울임으로써 유혹을 이기는 데 성공했다.

하지만 미셸은 한참이 지난 후에야 우연히 새로운 사실을 발견하는 행운을 얻었다. 미셸의 딸은 당시 실험을 수행했던 스탠퍼드 캠퍼스 부설 학교에 다니고 있었다. 실험이 끝나고 연구 주제를 바꾼 뒤에도 그는 딸에게서 자기 반 친구들의 이야기를 계속 들었다. 그리고 마시멜로 실험에서 기다리지 못하고 바로 먹어치운 아이들이 학교 안팎에서 더 많은 문제를 일으키는 경향이 있다는 사실을 발견했다. 여기에 일정한 패턴이 있는지 알아보기 위해 미셸과 동료들은 수백 명의 실험 전문가를 섭외했다. 그리고 4세 무렵 최대한의 의지력을 보인 아이들은 이후 성적과 학업에서 좋은 성과를 얻는다는 것을 밝혀냈다. 15분이라는 시간을 끝까지 기다린 아이들은 30초 만에 마시멜로를 먹어치운 아이들보다 SAT(미국의 대학수학능력시험—옮긴이)에서 210점이나 높은 점수를 받았다. 또한 의지력 있는 아이들은 친구나 선생님들에게 인기 있는 사람으로 성장했고, 나중엔 수입도 더 많았다. 이들의 체질량지수는 평균보다 낮았는데, 이는 중년기에 체중이 늘어날 가능성이 그만큼 낮다는 것을 의미한다. 또한 마약 남용 등의 문제를 일으킬 가능성도 더 낮은 것으로 추정되었다.

이러한 결과는 정말 충격적인 것이었다. 유년기에 측정한 자료를 가지고 이후의 성년기를 통계적으로 확실하게 예측한 것은 분명 드문 예였기 때문이다. 이러한 불연속성은 유년기의 체험이 어른으로 성장한 뒤 성격의 기반을 이룬다고 강조하는 프로이트학파 심리분석가에게는 치명적인 타격이었다. 1990년대에 이러한 연구를 수행한 마틴 셀리그먼(Martin Seligman)은 심각한 트라우마나 영양실조 같은 예외적인 경우를 제외하고, 유년기의 사건이 성년의 성격 형성에 일반적인 영향을 미친다는 확실한 증거는 거의 없다고 결론 내렸다.[15] 유년기와 성년 사이에 발견할 수 있는 매우 드물지만 뚜렷한 연관성이라고 할 만한 것은 밝거나 어두운 성격 같은 유전적 성향의 반영으로 설명할 수 있다고 셀리그먼은 지적했다. 마시멜로의 유혹을 이겨내는 의지력은 어떻게 보면 유전적 요인이라고 볼 수도 있지만, 어린 시절의 훈련을 통해 평생을 이롭게 하는 강점이라고 볼 수도 있다. 그런데 전체적으로 자기 절제의 이익이 제대로 평가받을 때 이러한 강점은 더욱 강조된다. 바우마이스터는 케이스 웨스턴 리저브 대학교에서 근무하는 동료 교수이자 아내인 다이앤 타이스(Dianne Tice)와 하버드 대학교의 교수 토드 헤더튼(Todd Heatherton)과 함께 쓴 《조절 실패(Losing Control)》[16]라는 책을 통해 이를 극명하게 보여준다.

"자기 조절 실패는 우리 사회의 주된 사회적 병리 현상이다." 높은 이혼율과 가정 폭력, 범죄와 여타 문제의 원인을 지목하면서, 이들은 위와 같은 결론을 내렸다. 이 책은 성격 테스트에서 자기 절제력을 측정하는 기준을 발전시킨 것을 비롯해 다른 많은 실험과 연구를 활성화하는 데 도움을 주었다.[17] 연구자들은 학생의 성적을 36개의 개인적 성향과 비교해 분석한 결과, 자기 절제야말로 그들이 대학생이 되었을 때의 성적을 예상할 수 있는 '유일한' 개인적 성향이라는 것을 밝혀냈다.[18] 자기 절제는 또한 학생의 IQ나 대학수학능력시험 점수보다 대학에서의 성적을 예상하는 데 더 적합한 기준인 것으로 밝혀졌다. 물론 지적 능력은 큰 장점이지만 연구 결과를 보면 자기 절제가 더 중요하다는 것을 알 수 있다. 자기 절제는 학생이 수업에 더욱 충실히 참여하고, 숙제를 더 빨리 끝내고, 공부하는 데 더 많은 시간을 투자하고, TV 보는 시간을 줄이도록 해준다.

직장에서도 자기 절제력이 뛰어난 관리자는 부하 직원이나 동료에게 인기가 많았다. 또한 자기 절제력이 뛰어난 사람은 다른 사람과 안정적이고 만족스러운 관계를 형성하는 것 같다. 그들은 공감 형성 능력이 뛰어나며 타인의 관점에서 문제를 보려고 애쓴다. 감정적으로도 안정적이다. 불안이나 우울, 공포나 정신병적 경향, 강박 행동, 식이 장애와 알코올 문제, 기타 질병에 노출될 가능성도 적은 것으로 나타났다. 화를 내는 경우가 드물고, 화를 내더라도 언어나 행동 면에서 덜 공격적인 성향을 보였다. 또한 바우마이스터와 함께 성격 테스트를 통해 자기 절제력을 향상시키는 실험을 수행한 제인 탱니(Jane Tangney)에 의하면, 자기 절제력이 약한 사람은 배우자를 때리거나 다양한 종류의 범죄를 저지를 확률이 더 높은 것으로 나타났다. 제인은 죄수를 관찰하고, 석방된 후에도 몇 년 동안 그들을 추적했다. 그 결과 자기 절제력이 약한 사람은 범죄를 저질러 감옥으로 돌아갈 확률이 더 높은 것으로 나타났다.[19]

가장 강력한 증거는 2010년에 출간되었다. 국제 연구 팀은 1000여 명에 달하는 뉴질랜드 아이들을 태어나는 순간부터 32세가 되는 해까지 계속 연구·관찰했다.[20] 이는 그 어느 때보다도 포괄적이고, 고통스럽고, 오랜 시간이 걸리는 연구였다. 연구 팀은 대상자의 자기 절제력을 다양한 방법으로 측정했다(연구 팀의 관찰을 비롯해 부모님과 선생님 그리고 실험 대상자 본인의 보고 등등). 이로써 연구 팀은 아동의 자기 절제력에 대해 특별히 신뢰할 만한 측정 결과를 얻을 수 있었다. 게다가 범주 또한 청소년기는 물론 성년기까지 놀라울 정도로 폭넓었다. 연구 결과 자기 절제력이 뛰어난 아이는 더욱 건강한, 즉 비만율과 성 관련 질병에 대한 감염률이 낮고 치아 역시 튼튼한 어른으로 성장했다(자기 절제에는 양치질과 치실 사용도 포함되는 것이 확실하다). 자기 절제와 성인의 우울증은 무관한 것으로 드러났지만, 자기 절제가 부족한 사람은 알코올이나 마약에 빠지기 쉬운 것으로 드러났다. 또 재정적으로도 가난해지기 쉬운 것으로 드러났다. 상대적으로 보수가 낮은 곳에서 일하고, 저축률도 낮았다. 집을 소유한 비율도 적고, 은퇴 자금도 얼마 되지 않았다. 또한 성년이 된 뒤 편모나 편부로서 자녀를 양육하는 예가 많았는데, 이는 장기적인 관계를 유지하는 데 필요한 훈련이 부족했기 때문이 아닐까 싶다. 반면 자기 절제가 뛰어난 아이들은 안정된 결혼 생활을 하고, 부모가 모두 있는 가정에서 자녀를 키우는 비율이 높았다. 마지막으로 중요한 것 중 하나는 자기 절제력이 낮은 아이는 감옥에 갈 확률이 높다는 것이다. 자기 절제 수준이 가장 낮은 아동 중 40퍼센트 이상이 32세에 유죄 판결을 받았다. 이는 어린 시절 자기 절제력이 높은 편인 아이 중 12퍼센트가 유죄 판결을 받은 것과 비교된다.

물론 이러한 차이는 지적 능력과 사회적 계급 그리고 인종과도 상관이 있다. 하지만 이러한 요인을 고려했을 때에도 결과는 눈에 띌 정도였다. 이어서 연구자들은 같은 가정에서 자란 피실험 아동의 형제나 자매를 비교해보았다. 그 결과 유년기에 자기 절제력이 낮은 아동의 형제 혹은 자매는 성년이 되어서도 잘못될 확률이 큰 것으로 나타났다. 질병에도 더 잘 걸리고, 더 가난하고, 감옥에서 삶을 보낼 가능성이 더 컸다. 더 이상 명확한 결론은 있을 수 없었다. 즉 자기 절제야말로 삶의 성공을 위한 핵심적인 힘이며 열쇠인 것이다.

진화와 예절

심리학자들이 자기 절제의 장점을 분류하는 동안, 인류학자와 신경과학자들은 자기 절제가 어떤 식으로 향상되는지 연구했다. 인간의 뇌는 크고 정교한 전두엽으로 특징지어지며, 이는 진화에서 오랫동안 핵심적인 이점, 즉 주위 환경의 각종 문제를 해결할 수 있는 지적 능력으로 여겨졌다. 사실 멍청한 동물보다는 영리한 동물이 생존과 번식에 유리하다. 하지만 큰 뇌는 또한 많은 에너지를 요구한다. 성인의 뇌는 체중의 2퍼센트밖에 되지 않지만 전체 에너지의 20퍼센트 이상을 소모한다. 충분한 칼로리를 확보해야만 여분의 회백질을 유용하게 사용할 수 있으므로 과학자들조차 뇌가 어떻게 활동에 필요한 에너지를 얻는지 이해하지 못했다. 정확하게 무엇이 강력한 전두엽을 가진 커다란 뇌가 유전적으로 확장되도록 만들었을까?

뇌가 왜 커졌는지에 대한 초기의 설명은 바나나를 비롯해 칼로리가 풍부한 과일과 관련이 있었다. 초원에서 풀을 뜯는 동물은 다음 먹이를 찾기 위해 특별한 생각을 할 필요가 없다. 하지만 지난주에는 잘 익은 바나나가 달려 있던 나무에 오늘은 하나도 없거나 맛없고 시커멓게 변한 것만 매달려 있을 수 있다. 그러므로 바나나를 먹는 동물은 잘 익은 바나나가 어디에 있는지 기억하기 위해 더 큰 뇌가 필요하다. 그리고 바나나에서 얻은 칼로리로 뇌는 에너지를 공급받는다. 따라서 이러한 '과일 찾기 뇌 이론'은 상당히 근거 있는 것처럼 보인다. 하지만 이는 오직 이론일 뿐이다. 인류학자 로빈 던바(Robin Dunbar)는 여러 동물의 뇌와 식습관에 대한 연구를 진행했지만, 이러한 이론을 입증할 만한 증거를 얻지 못했다. 뇌의 크기와 음식 종류는 상관이 없었던 것이다. 던바는 뇌가 커진 것은 물리적 환경을 이겨내기 위해서가 아니라 오히려 그것보다 더 중요한 생존, 즉 사회적 삶을 위한 것이라고 결론 내렸다.[21] 뇌가 큰 동물일수록 크고 복잡한 사회적 관계망을 형성했다. 이는 호모사피엔스를 이해하는 데 새로운 방향을 제시한다. 인간은 영장류 중에서 전두엽이 가장 큰 동물인데, 이는 우리가 가장 큰 사회 집단을 이루고 있기 때문이며, 이것이 아마도 인간에게 자기 절제가 필요한 가장 큰 이유일 것이다. 우리는 의지력을 개인적 삶을 향상시키기 위한 도구—식이 요법이나 제시간에 일 끝내기, 조깅이나 금연 등—라고 생각하는 경향이 많은데, 인류가 오래전부터 자기 절제를 완전히 발전시킨 것은 굳이 이런 이유 때문만은 아닐 것이다. 영장류는 집단 내 다른 존재들과 어울리기 위해 스스로를 통제해야 하는 사회적 동물이다. 생존을 위해 먹이를 구하려면 서로 의지해야 한다. 먹이를 나눌 때는 대체로 가장 크고 힘센 수컷이 우선권을 갖고 나머지는 서열에 따라 차례를 기다려야 한다. 이러한 집단에서 힘센 수컷에게 두들겨 맞지 않고 살아남으려면 음식을 빨리 먹고 싶은 욕구를 참아야 한다. 만약 침팬지와 원숭이의 뇌가 다람 쥐 같은 크기라면 평화롭게 먹이를 차지할 수 없을 것이다. 음식으로 섭취하는 칼로리보다 더 많은 칼로리를 싸우는 데 써야 할지도 모른다.

다른 영장류도 먹이를 먹을 때 기본적인 예의를 지키기는 하지만, 이들의 자기 절제력은 인간에 비해 아주 빈약한 수준이다. 전문가들은 인간이 아닌 영장류 중 가장 영리한 동물조차 20분 정도의 앞일밖에 계획하지 못한다고 추정한다. 수컷 우두머리가 먹이를 먹기에는 충분한 시간이지만, 그 이상은 계획할 수 없다(다람쥐 같은 동물은 본능적으로 먹이를 묻어두었다가 나중에 찾아 먹기도 한다. 그러나 이러한 행동은 의식적으로 계획한 것이 아니라 선천적으로 프로그램화된 것일 뿐이다). 한 실험에서 연구자들은 원숭이에게 하루에 한 번씩 정오에 음식을 주었다. 그런데 이 실험에서 원숭이들은 미래를 위해 먹이를 비축하는 법을 전혀 배우지 못했다. 원숭이들은 정오에 마음껏 음식을 가져갈 수 있음에도 남은 음식에는 아예 관심을 두지 않거나 서로 음식을 차지하기 위해 싸우는 등 당장 자신의 배만 불리는 데 집중했다. 매일 아침 주린 배를 안고 눈을 뜨지만 절대로 점심을 비축해두었다가 오후나 저녁에 먹어야겠다는 계획을 세우지 못했다.[22]

우리 인간은 200만 년 전부터 발전해온 커다란 뇌 덕분에 원숭이보다는 아는 것이 많다. 자기 절제는 대체로 무의식적으로 작동한다. 비즈니스 오찬에서 윗사람의 밥을 먹어치우지 않기 위해 우리는 보통 자신을 의식적으로 억제할 필요가 없다. 우리의 무의식이 사회적 재앙을 피하도록 교묘하게 작동하기 때문에 어떤 심리학자들은 무의식이야말로 진정한 직장 상사 역할을 하는 것이라고 생각하기도 한다. 무의식적 사고에 대한 이러한 열광은 특정 행동을 세분화해 일일이 쪼개고, 의식적으로 어떤 방향을 잡기 전에 너무 빨리 일어나는 반응을 세세하게 분류하려는 연구자들의 근본적인 실수에서 비롯된 것이다. 어떤 행동의 원인을 1000분의 1초 정도의 시간 단위로 분석한다면, 최초의 원인은 뇌와 근육을 연결하는 신경세포의 발화에서 찾을 수 있을 것이다. 이런 과정에서 의식이 끼어들 여지는 없다. 누구도 신경세포의 발화를 깨닫지는 못한다. 하지만 시간 단위를 연결해보면 거기서 의지를 발견할 수 있다.[23] 의지는 현재의 상황을 일반적 패턴의 일부로 받아들이는 것을 포함한다. 담배 한 개비를 피운다고 건강이 위협을 받는 것은 아니다. 한 번 헤로인에 손을 댄다 해서 중독자가 되는 것도 아니다. 케이크 한 조각으로 뚱뚱해지는 것은 아니며, 수행해야 할 과제를 한 번쯤 빠뜨린다고 해서 경력을 망치는 것도 아니다. 하지만 건강과 직업을 유지하기 위해서는 유혹을 참아야 한다는 일반적 필요를 인식하고 모든 행동을 조심해야 한다. 의식적인 자기 절제는 여기에서 비롯되며, 그것이 삶의 모든 측면에서 성공과 실패를 좌우한다.

이 책을 읽는 데 의지력이 필요한 이유

자기 절제의 첫 번째 단계는 목표를 정하는 것이다. 따라서 우리는 먼저 목표에 대해 얘기하고자 한다. 우리는 현대 사회과학과 빅토리아 시대의 실천적 지혜를 통합하기를 바란다. 또한 우리는 의지력—혹은 의지력의 결핍—이 위대하거나 그다지 위대하지 않은 이들의 삶에 어떤 영향을 미쳤는지에 대해 얘기하고자 한다. 전직 가라테 사범에게서 체크리스트의 비밀을 전수받기 위해 기업의 CEO가 기꺼이 하루 2만 달러를 지불하는 이유는 무엇인지, 또 실리콘 밸리의 사업자가 왜 19세기의 가치를 고취하기 위해 디지털 도구의 개발에 몰두하는지 밝히고자 한다. 또 미주리 주의 세쌍둥이 울보를 한 영국인 유모가 어떻게 길들였는지, 아만다 파머를 비롯해 드루 캐리, 에릭 클랩튼, 오프라 윈프리 같은 이들이 자신의 삶에 의지력을 어떻게 적용했는지 알아보고자 한다. 데이비드 블레인(David Blaine: 미국의 유명한 마술사이자 스턴트맨―옮긴이)이 어떻게 44일간의 단식에 성공했는지, 또 탐험가 헨리 모튼 스탠리(Henry Morton Stanley)가 어떻게 아프리카 야생 지역에서 수년 동안 살아남았는지를 살펴볼 것이다. 또한 과학자들이 자기 절제를 재발견한 이야기와 더불어 연구실 밖에서 그것을 어떻게 적용했는지 들려주고자 한다.

심리학자들은 자기 절제의 이점을 관찰하기 시작하면서 새로운 의문에 봉착했다. 의지력이란 정확히 무엇을 말하는가? 마시멜로의 유혹을 물리친 원동력은 도대체 무엇일까? 바우마이스터가 이러한 의문을 품었을 당시, 자아에 대한 그의 이해는 이른바 정보 처리 모델(Information Processing Model)이라고 일컫는 상당히 관습적인 수준에 머물러 있었다. 바우마이스터와 동료들은 마음을 작은 컴퓨터 정도로 이해했다. 인간의 마음을 정보 모델로 이해하는 관점에서는 힘이나 에너지 같은 개념은 반대할 가치조차 없는 너무나 낡은 것으로 취급했다. 다른 사람의 관점은 차치하고 자아에 대한 기존의 자기 관점조차 갑작스레 변화시킬 이유가 바우마이스터에게는 없었다. 하지만 일단 실험을 시작하자 전통적 관념은 더 이상 낡은 것으로 여겨지지 않았다.

바우마이스터의 연구실 안팎에서 수행한 열 번이 넘는 실험 결과는 의지력과 자아에 대한 새로운 이해로 이어졌다. 우리는 연구를 통해 인간의 행동에 대해 깨달은 것을 독자 여러분에게 전달함으로써 여러분이 더 나은 모습으로 변화할 수 있기를 바란다. 자기 절제력을 습득하는 것은 자기 계발서의 기술처럼 그리 단순하지 않지만, 빅토리아 시대처럼 엄격하기만 한 것도 아니다. 궁극적으로, 자기 절제는 스트레스를 없애고, 중요한 도전에 필요한 의지력을 보존함으로써 삶을 이완하는 데 도움을 준다. 이 책의 교훈을 통해 삶이 훨씬 생산적이고 만족스러울 뿐만 아니라 더 편안하고 행복해지기를 바란다. 또 우리는 여러분이 금욕주의적 태도로 무장한 설교를 참고 견딜 필요가 없다는 것을 보장한다.

의지력은 하나의 은유
그 이상인가

허약하기만 한 힘의 유혹에 사로잡혀
간혹 우리는 스스로 악마가 된다.
변덕스러운 그 힘을 믿고 으스대면서.
—트로일로스, 셰익스피어의 《트로일로스와 크레시다》 중에서

아만다 파머[1]의 음악을 조금 알거나 영국에서 금지된 낙태 관련 노래를 들어봤다면, 혹은 벌거벗은 채 칼을 치켜들고 방금 전까지 침대에 같이 있던 립스틱 바른 벌거벗은 남자를 쫓아 복도를 달리는 〈배신자(Backstabber)〉라는 뮤직 비디오를 본 적이 있다면, 그녀를 자기 절제가 매우 뛰어난 사람이라고 생각하기 힘들 것이다.

아만다 파머에게는 수많은 수식어가 따라붙는다. 조금 더 아슬아슬한 레이디 가가, 더욱 기이한 마돈나, 성 역할 뒤바꾸기의 선동가, '브레히트풍 펑크 카바레(Brechtian punk cabaret)'의 전도사 등이 그것이다. 하지만 '빅토리아 시대풍'이나 '억제' 같은 단어는 볼 수 없다. 아만다는 또한 디오니소스(Dionysius: 그리스 신화에 등장하는 술의 신—옮긴이)적 유형의 인간이라고 할 만하다. 영국의 판타지 소설가 닐 게이먼(Neil Gaiman)의 청혼을 받아들이고 나서 아만다는 트위터에 자신이 약혼을 한 것 같은

데 "술에 취해 있었던 듯싶다"는 후회 섞인 고백으로 공식적인 입장을 대신했다.

하지만 정말 아만다가 무절제한 예술가라면 그렇게 많은 음악을 만들거나 전 세계를 돌아다니며 수많은 콘서트를 성황리에 마칠 수도 없었을 것이다. 혹독한 연습 없이는 라디오 시티 뮤직 홀(Radio City Music Hall: 뉴욕 록펠러 센터에 있는 극장. 개봉 영화와 스테이지쇼의 전당—옮긴이)에 서는 것 역시 불가능한 일이다. 아만다는 자기 절제를 통해 '무절제한 페르소나(uncontrolled persona)'라는 캐릭터를 창조했다. 아만다는 자신의 성공이 스스로 '궁극적 선(禪) 수행법'이라 이름 붙인 살아 있는 동상(statue) 퍼포먼스에 힘입은 바 크다고 믿는다. 아만다는 6년 동안 이 거리 퍼포먼스를 했다. 또 살아 있는 동상 모델을 제공하는 회사를 차려 홀 푸즈 마켓(Whole Foods Market: 뉴욕 최대 고급 마켓—옮긴이) 오프닝 행사에 유기농 식품 접시를 들고 서 있는 퍼포먼스를 하기도 했다.

아만다는 스물두 살 때인 1998년 고향 보스턴에서 그 일을 시작했다. 그전에 자신을 '미래의 록 스타'로 소개한 뮤직 비디오를 만들기도 했지만, 그것으로는 집세조차 낼 수 없었다. 그래서 하버드 스퀘어(Harvard Square)로 진출해 독일에서 본 적이 있는 거리 연극 비슷한 퍼포먼스를 시작했다. 아만다는 자신에게 '8피트 신부'라는 이름을 붙였다. 얼굴을 하얗게 칠하고 웨딩드레스와 베일로 치장했다. 흰 장갑을 낀 손에는 부케를 들고 상자 위에 섰다. 팁 바구니에 누군가가 돈을 넣으면 꽃을 건네주는 것 말고는 움직이지도 않았다.

어떤 사람은 아만다에게 모욕적인 말을 하거나 물건을 집어 던지기도 했다. 또 그녀를 웃게 하려는 사람도 있었다. 몸을 잡아당기거나 제대로 된 일을 하라며 고함을 지르고 팁 바구니에 든 돈을 훔치려는 사람도 있었다. 그녀를 상자 아래로 끌어내리거나 밀치는 취객도 있었다.

아만다는 당시의 일을 이렇게 회상했다. "그리 멋진 일은 아니었죠. 한 번은 멀쩡하게 생긴 남자아이가 술에 취해서 제 사타구니에 머리를 넣고 비벼대는 거예요. 난 그저 하늘만 바라보며 '하느님 맙소사, 대체 제가 왜 이런 꼴을 당해야 하나요?'라고 생각했죠. 하지만 6년 동안 제가 동상 캐릭터에 실패한 건 아마 단 두 번뿐이었을 거예요. 말 그대로 아무런 반응을 해서도 안 되고, 눈도 깜박이면 안 되니까요. 그냥 모든 것이 지나가도록 내버려두는 거죠."

사람들은 아만다의 체력에 놀라워했다. 그리고 그토록 오랫동안 고정된 자세를 취하는 게 틀림없이 괴로울 거라고 짐작했다. 하지만 아만다 파머는 고정된 자세가 근육에 무리를 준다고 생각하지 않았다. 물론 이는 육체를 쓰는 일이라 어느 정도 관리가 필요했다. 이를테면 커피를 마시면 미세하지만 몸이 떨리는 것을 조절할 수 없어 끊어야만 했다. 그렇지만 가장 힘든 것은 정신적인 부분이었다.

"가만히 서 있는 건 사실 그리 어렵지 않아요. 살아 있는 동상이 되려면 무엇에도 반응하지 않는 훈련이 훨씬 중요하죠. 눈을 움직이면 안 되기 때문에 눈앞에서 아무리 흥미로운 일이 벌어져도 볼 수가 없었죠. 또 저한테 접근하는 사람들과 소통할 수도 없었어요. 당연히 웃을 수도 없고, 콧물이 흘러내려도 닦을 수 없었지요. 귀가 가려워도 긁을 수 없고, 모기가 뺨에 앉아 있어도 잡지 못했어요. 그런 게 정말 힘들었어요."

하지만 아무리 정신적 어려움이 크다 해도 육신은 지치게 마련이었다. 한 시간에 50달러 정도를 버는 것은 좋았지만 오래 할 일은 아니라고 생각했다. 아만다는 보통 90분 동안 서 있다가 한 시간 정도 휴식한 다음 다시 90분을 서 있었다. 그렇게 하다 보면 하루 일과가 끝났다. 간혹 관광객이 몰리는 토요일에는 거리 퍼포먼스 대신 르네상스 축제 행사장에서 몇 시간 동안 나무 요정 차림을 하고 섰다. 하지만 그 일은 너무나 고단했다.

"몸의 감각조차 사라져 거의 초주검이 된 채 집으로 돌아갔죠. 욕조에 물을 채우고 들어가 앉으면 머릿속이 온통 하얗게 변하곤 했어요."

도대체 왜? 근육을 움직이기 위해 에너지를 쏟은 것도 아니고, 숨을 거칠게 내쉰 것도 아니었다. 그렇다고 심장이 더 빠르게 뛴 것도 아니었다. 아무것도 하지 않은 것 같은데 무엇이 그렇게 힘들었을까? 아만다는 유혹에 맞서 의지력을 가동했기 때문이라고 말할 것이다. 하지만 현대 전문가들은 19세기의 전통적 개념인 이 의지력을 대부분 무시한다. 한 사람이 자신의 의지력을 발휘한다는 것은 어떤 의미일까? 의지력이 하나의 은유 그 이상이라는 것을 어떻게 보여줄 수 있을까?

그 대답은 이미 밝혀진 바와 같이 따끈따끈한 쿠키로 시작된다.

래디시 실험

사회과학자들은 간혹 조금 잔인한 실험을 해야 할 때가 있다. 바우마이스터의 연구실에 온 대학생들은 금식 중이라 몹시 배가 고픈 상태였다. 실험실은 이제 막 구운 초코칩 쿠키 향이 진동했다. 피실험자인 학생들은 몇 가지 음식을 차려놓은 탁자 앞에 앉았다. 탁자 위에는 따끈따끈한 쿠키와 초콜릿 그리고 래디시(radish)가 담긴 그릇이 각각 놓여 있었다.

그중 어떤 학생에게는 쿠키와 초콜릿을 주었다. 운이 나쁜 학생은 '래디시 그릇'을 받아야 했다. 아무런 조리도 하지 않은 래디시만 담긴 그릇이었다.

연구자들은 유혹을 극대화하기 위해 음식과 학생들만 남겨둔 채 실험실을 나간 다음, 안에서는 보이지 않는 작은 창문으로 이들을 관찰했다. 래디시만 받은 학생들은 확실히 유혹에 시달렸다. 그중 대부분은 갈망하는 눈빛으로 쿠키를 바라보다 할 수 없다는 듯 래디시를 베어 물었다. 쿠키를 집어 들고 방금 구운 신선한 초코 향을 음미하는 학생도 있었다. 어떤 학생 둘은 쿠키를 슬쩍 밀어 바닥에 떨어뜨린 다음 다른 사람이 눈치채지 못하게 서둘러 그릇에 되담기도 했다. 그러나 실제로 이 금단의 쿠키를 먹은 학생은 없었다. 아슬아슬한 경우도 있긴 했지만 학생들은 유혹을 잘 견뎌냈다. 실험은 성공적이었다. 쿠키는 실험에 걸맞게 상당히 유혹적이었고, 그 유혹을 뿌리치기 위해서는 강한 의지력이 필요하다는 사실을 잘 보여주었다.[2]

이어서 연구자들은 학생들을 다른 방으로 데려가 기하학적인 수수께끼를 풀게 했다. 학생들은 자신의 지적 능력을 시험하는 거라고 생각했지만, 사실 그 수수께끼는 해답이 없었다. 이 실험의 목적은 문제 풀기를 포기하기까지 얼마나 많은 시간이 걸리는지를 알아보기 위함이었다. 이는 스트레스 전문가를 비롯한 연구자들이 피실험자의 총체적 인내심을 측정하기 위해 수십 년 동안 사용해온 전형적인 방식이기도 했다(또 다른 연구에 의하면 위와 같이 해답 없는 수수께끼를 풀기 위해 계속 노력하는 사람은 해결할 수 있는 과제를 마치는 데도 많은 시간이 필요하다고 한다).

초코칩 쿠키와 초콜릿을 먹은 학생들은 수수께끼를 푸는 데 보통 20분 정도의 시간이 걸렸고, 배가 고픈데도 아무런 음식을 먹지 못한 통제 집단 학생들도 마찬가지였다. 하지만 래디시만 받고 심한 유혹에 시달린 학생들은 8분 만에 수수께끼 푸는 걸 포기해버렸다. 연구실 실험으로는 이례적이리만큼 큰 차이였다. 학생들은 쿠키와 초콜릿의 유혹을 견디는 데는 성공했지만 거기에 너무 집중하느라 수수께끼를 풀 힘을 소진한 것이다. 이로써 의지력에 관한 옛사람들의 지혜가 자아에 대한 새롭고 화려한 현대 심리학자들의 이론보다 훨씬 합당하다는 것이 드러났다.

의지력은 하나의 은유 이상인 듯싶다. 셰익스피어가 《트로일로스와 크레시다(Troilus and Cressida)》에서 깨달은 것처럼 의지력도 계속 사용하면 피로를 느끼는 근육과 같은 것일 수 있다. 트로이 전사 트로일로스는 크레시다가 그리스 구혼자들의 유혹에 '아주 교묘하게' 넘어갈 것이라고 확신했다. 그래서 크레시다에게 그녀가 정절을 지키고 싶어 하는 것을 믿지만 유혹에 굴복할까봐 걱정스럽다는 얘기를 한다. 또 우리의 결단력이 지속적일 거라고 믿는 것이 얼마나 어리석은지, 결단력이 약해질 때 어떤 일이 일어날 수 있는지 경고한다. "우리가 원하지 않는 일이 일어날 것이다"는 그의 말대로 크레시다는 그리스 전사에게 빠져든다.

트로일로스가 이야기한 의지력의 '변화 가능성'은 쿠키의 유혹을 받은 학생들의 동요와 일맥상통한다. 노스캐롤라이나의 채플힐(Chapel Hill)에서 활동하던 저명한 결혼 상담 치료사이자 심리학자인 돈 바우콤(Don Baucom)은 래디시 실험을 비롯한 연구에서 확인된 이와 같은 개념을 곧바로 이해했다. 바우콤은 바우마이스터의 연구가 자신이 수년 동안 사람들을 치료하면서 느껴왔지만 완전히 이해하지 못했던 문제를 명확하게 짚어주었다고 말했다. 바우콤 박사는 맞벌이 부부가 저녁마다 사소한 문제로 끊임없이 다투다 결혼 생활에 위기를 겪는 경우를 많이 목격했다. 그는 이런 부부에게 이따금 귀가 시간을 앞당기라고 말해주곤 했는데, 어쩌면 이상하게 들릴 수도 있는 충고였다. 왜 서로 싸우는 시간을 늘리란 말인가? 하지만 바우콤은 장기간 노동이 부부를 지치게 할 수 있다고 보았다. 길고 고단한 하루를 마치고 집에 오면, 배우자의 짜증나는 버릇을 무시할 힘이나 친절한 배려 혹은 상대방의 말에 심술궂거나 냉소적으로 반응하지 않도록 자신을 억제할 여력도 없어지고 만다. 그러므로 아직 힘이 남았을 때 일을 끝낼 필요가 있다고 바우콤은 생각했다. 직장에서의 스트레스가 정점에 달할 때 결혼 생활도 위기일 수밖에 없는 이유를 파악한 것이다. 즉 직장에서 모든 의지력과 에너지를 다 쏟음으로써 결과적으로 가정에서 고통을 받는다는 얘기다.

래디시 실험 이후 다른 연구 집단에서도 비슷한 결과가 계속 관찰되었다. 연구자들은 더욱 복잡한 감정적 영향과 사람들의 체력을 측정하는 다양한 방식을 시도했다. 마라톤 같은 장시간 운동은 단순한 신체 조건 이상이 필요하다. 아무리 건강하더라도 어느 지점에서는 휴식이 필요한데, 마음은 계속 달리고자 한다. 마찬가지로 악력 기구를 잡고 스프링의 반동에 저항하며 버티는 것은 단순한 육체적 힘 이상의 것을 요구한다. 잠시 후에는 손이 피로해지고 근육에 고통을 느낀다. 이때 쉬려하는 것은 자연적인 충동이다. 하지만 대체로 마음은 악력 기구를 계속 누르려는 의지력을 발휘한다. 물론 슬픈 이탈리아 영화를 통한 실험에서처럼 마음이 다른 감정을 억누르기 위해 너무 분주하지만 않는다면 말이다.

피실험자들은 영화를 보는 동안 얼굴 표정을 촬영할 것이라는 설명을 사전에 들었다. 어떤 피실험자 그룹은 느낌을 억누르고 아무런 감정도 드러내지 말라는 미션을 받았다. 또 자기감정을 극대화해 표정으로 나타내라고 요구받은 피실험자 그룹도 있었다. 세 번째 그룹은 통제된 상태에서 평소처럼 영화를 보게 했다.

그런 다음 모두 〈몬도 카네(Mondo Cane)〉라는 영화를 보았다. 핵폐기물이 야생 세계에 미치는 영향을 다룬 다큐멘터리 영화였다. 이 영화에서 가장 인상적인 장면은 거대한 바다거북이 방향 감각을 잃고 사막을 헤매다 바다를 찾지 못한 채 힘없이 퍼덕이며 죽어가는 모습이었다. 말할 수 없이 눈물겨운 장면이지만 그렇다고 모두가 울 수 있는 상황은 아니었다. 어떤 사람들은 지시받은 대로 미동도 하지 말아야 했고, 또 어떤 사람들은 의도적으로 가능한 한 눈물을 많이 흘려야 했다. 그런 다음 피실험자들은 모두 악력 기구를 누르는 체력 실험에 참여했고, 연구자들은 그 결과를 비교했다.

영화는 통제 집단의 체력에 아무런 영향도 미치지 않았다. 즉 그들은 영화를 보기 이전과 똑같은 시간 동안 악력 기구를 눌렀다. 하지만 다른 두 집단은 이전보다 그 시간이 훨씬 단축되었다. 이는 불쌍한 거북을 보며 감정을 억누른 사람이든 혹은 감정을 폭발시킨 사람이든 차이가 없었다. 어느 쪽이든 감정적 반응을 통제하느라 의지력을 빼앗긴 게 틀림없었다. 작위적인 것은 대가를 치르게 마련이다.

이는 고전적인 정신 훈련인 흰곰 효과(특정한 사고를 하지 못하도록 억제하면 오히려 역효과가 난다는 이론—옮긴이)에서도 마찬가지였다. 심리학자 댄 웨그너(Dan Wegner)가 젊은 톨스토이—혹은 젊은 도스토옙스키라는 설도 있다—에게서 자기 동생이 흰곰을 머릿속에서 떨칠 수 있는 시간은 채 5분도 안 된다는 전설적인 얘기를 들은 이후, 흰곰은 심리학계에서 영원한 마스코트가 되었다. 인간의 정신력에 대한 당혹스러운 발견을 한 대가로 이들 형제는 이후 수많은 일을 감수해야 했다. 우리는 스스로 생각을 통제할 수 있다고 여기지만 사실은 그렇지 않다. 처음 명상을 시도하는 이들은 집중하려고 최선을 다하지만, 마음이 얼마나 여러 갈래로 나뉠 수 있는지 깨닫고 충격을 받는다. 현재 하버드 대학교에서 교수로 재직 중인 웨그너 같은 연구자는 머릿속에 흰곰이 떠오를 때마다 종을 치게 하는 실험을 통해 인간이 부분적으로 사고의 흐름을 조절할 능력이 있음을 증명하려 했다. 웨그너는 실험에서 여러 가지 방법과 기술을 동원해 일정 시간 동안 흰곰 생각을 하지 않게 하는 데는 성공했지만, 결국에는 모든 사람이 종을 울리고 말았다.

이런 종류의 실험은 경박하게 들릴 수도 있다. 인간을 괴롭히는 수많은 트라우마나 정신병과 비교하면 '원치 않는 흰곰에 대한 생각' 정도는 아무것도 아닐 수 있다. 하지만 일상과 분리된 이러한 주제야말로 연구에서는 확실히 유용한 도구가 될 수 있다. 사람들이 생각을 얼마나 잘 통제하는지 연구하기 위해서는 일상적인 주제를 선택하지 않는 것이 중요하다는 얘기다. 웨그너는 비슷한 실험에서 대학원생들에게 어머니에 대해 생각하지 말라고 지시했다. 이 실험은 목적 달성에 실패했다. 대학생들은 어머니를 생각하지 않는 것에 뛰어난 능력을 보였다.[3]

그렇다면 엄마와 흰곰의 차이점은 무엇인가? 어쩌면 학생들은 감정적으로 부모와 분리되고 싶어 하는지도 모른다. 아니면 자기 엄마가 원치 않는 일을 함으로써 엄마를 마음에서 지워버리려 할 수도 있다. 아니면 엄마에게 자주 전화하지 못하는 죄스러움을 밀쳐버리고 싶어서 그럴 수도 있다. 하지만 엄마와 흰곰의 차이에 대한 모든 설명 중에서 가장 중요한 것은 엄마라는 대상이다. 연구자들이 파악한 바로는, 정확하게 바로 그것이 문제다. 엄마는 순수한 연구 주제가 되기 힘든 부담스러운 존재다. 너무나 복잡하게 감정적·정신적으로 얽혀 있기 때문이다. 엄마를 생각하거나 생각하지 않는 데는 수없이 많은 구체적인 이유가 있으므로 이것을 일반화하기가 쉽지 않다. 이와 대조적으로 사람들이 흰곰―우리의 일상이나 미국 학생 및 연구자의 개인적 삶에 별로 큰 역할을 하지 않는 존재―에 대한 생각을 쉽게 억제하지 못하는 것에 대해서는 광범위한 주제를 적용해볼 수 있다.

이러한 모든 이유로 인해 흰곰은 사람이 생각을 어떻게 제어하는지 연구하는 학자들에게 매력적인 대상이다. 흰곰에 대해 생각하지 않으려고 몇 분 동안 애쓰다 보면 이내 수수께끼 푸는 걸 포기하는 시간은 더 짧아진다(자유롭게 생각하는 사람들과 비교할 때). 그뿐만 아니라 다소 잔인하다고 할 수 있는 실험에서 감정을 제어하는 것도 힘겹다. 이를테면 〈새터데이 나이트 라이브(Saturday Night Live: 미국의 유명한 코미디 쇼―옮긴이)〉나 로빈 윌리엄스의 스탠딩 코미디를 보며 가만히 있도록 강요받는 것을 예로 들 수 있다. 이때 연구자들은 청중의 얼굴 표정을 영상으로 찍어 체계적으로 분석했다. 이번에도 그 효과는 일찍이 흰곰 훈련을 한 사람들에게서 명백했다. 즉 그들은 윌리엄스가 특유의 개그를 할 때, 웃음을 참지 못하거나 적어도 미소를 지었다.

만약 당신이 멍청한 제안을 잘 내놓는 상사를 모시고 있다면 위의 결과를 염두에 두기 바란다. 다음 회의에서 상사를 비웃는 행동을 피하려면 회의를 하기 전에 고단한 정신적 활동을 삼가라. 대신 원 없이 온갖 종류의 흰곰에 대해 생각해보라.

감정에 이름 붙이기

실험을 통해 의지력의 존재가 증명됨으로써 심리학자와 신경학자에게는 새로운 의문이 생겼다. 의지력이란 정확하게 무엇인가? 뇌의 어떤 부분과 연관되어 있는가? 신경 회로에 어떤 반응이 일어나는가? 의지력을 발휘할 때는 어떤 신체적 변화가 일어나는가? 또 의지력이 소멸할 때는 어떤 느낌이 드는가?

가장 시급한 의문점은 이런 정신적 과정을 '변화 가능한 힘' 또는 '약한 의지' 아니면 '악마가 나에게 시킨 일'이라고 에둘러 말하는 것이 아니라 그것을 정확하게 표현할 수 있는 방법은 무엇일까 하는 것이었다. 현대의 과학적 자료도 이 문제에는 큰 도움이 되지 않았다. 그런 까닭에 바우마이스터는 에너지 개념을 통합하는 자아의 모델을 찾아 프로이트 시대까지 거슬러 올라갔다. 예상대로 프로이트의 사상에는 뛰어난 예지력과 말도 안 되는 엉터리 이론이 혼재했다. 프로이트 이론에 의하면, 인간은 기본적인 본능적 요소를 사회적으로 허용되는 요소로 전환하기 위해 승화라는 과정을 거친다. 예를 들어 프로이트에게 위대한 예술가란 자신의 성적 에너지를 예술 작업으로 승화시킨 존재다. 물론 이는 기발한 생각이지만 에너지 모델로서의 자아 이론이나 승화 메커니즘에 대한 이론은 20세기 심리학자들의 견해와 일치하지 않는다. 바우마이스터와 동료들은 프로이트의 여러 가지 이론적 메커니즘을 현대 연구 자료와 비교 실험해보았다. 그 결과 승화 개념에 가장 문제가 많았다.

승화라는 개념을 입증할 증거가 전혀 없는 데다 그것에 반대할 이유는 넘쳐났던 것이다.[4] 이를테면 그 이론이 정확하다면 예술가 집단은 성적 에너지를 승화시키려는 사람들로 가득 찬 관계로서 성적 활동이 상대적으로 적어야 할 것이다. 하지만 당신은 예술가 집단에 성적 활동이 '결핍'되었다는 얘기를 들어본 적이 있는가?

그럼에도 프로이트가 언급한 에너지 모델로서의 자아는 어느 정도 이치에 맞는다. 예술가 집단에서 왕성하게 이루어지는 정사를 설명하는 데 에너지는 핵심적인 요소라고 할 수 있다. 당신이 예술에 에너지를 지나치게 쏟아 붓는다면 리비도(libido)를 억제할 장치는 그만큼 적어진다. 프로이트는 그 에너지가 어디에서 비롯되는지 또 어떻게 작동하는지에 대해서는 애매한 입장을 취했지만 적어도 자아 이론의 중요한 부분으로 이해한 것은 사실이다. 프로이트의 이러한 성찰에 경의를 표하기 위해 바우마이스터는 자아를 프로이트의 용어인 '에고(ego)'로 승격시켰다. 자아 고갈(ego depletion)이라는 용어는 여기서 생겨났다. 이는 바우마이스터가 사람들의 생각과 느낌 그리고 행동을 제어하는 능력이 소진된 것을 묘사할 때 쓰는 용어다. 바우마이스터에 의하면, 인간은 정신적 피로를 극복할 수 있다. 하지만 의지력을 행사함으로써(아니면 자아 고갈의 다른 형태인 결정권을 행사함으로써) 에너지를 소진했을 때, 인간은 결국 굴복하고 만다. 심리학자들이 인간 행동의 넓은 지평을 설명하는 데 자아 고갈이 상당히 유용하다는 것을 깨달은 후 이 용어는 수천 개의 과학 잡지에 등장했다.

뇌 속에서 자아 고갈 현상이 어떻게 일어나는지 처음에는 불가사의했다. 하지만 토론토 대학교의 마이클 인슬리히트(Michael Inzlicht)와 제니퍼 거트셀(Jennifer Gutsell)[5]이 전선과 전극이 빽빽하게 얽힌 모자를 뒤집어쓴 피실험자를 대상으로 관찰한 후 이 문제가 선명하게 풀렸다. 뇌파기록(EEG)이라 일컫는 이 방법을 통해 과학자들은 뇌 속에서 일어나는 활동을 감지할 수 있었다. 사람의 마음을 정확하게 읽을 수는 없지만, 여러 가지 문제를 다루는 뇌의 방식을 이해하는 데 도움이 되었다. 인즐리히트와 거트셀은 특히 전측대상피질이라고 알려진 뇌의 한 부위에 특별히 주목했다. 이곳은 행동과 의도가 불일치하는 것을 감시하는 장소다. 이러한 관찰을 갈등 모니터링 시스템 혹은 에러 감지 시스템이라고 일컫기도 한다. 전측대상피질은 이를테면 당신이 한 손에 햄버거를 들고 다른 한 손에 휴대전화를 들고 있다가 실수로 휴대전화를 베어 물었을 때 경고음을 울리는 부위다. 이때 뇌에서 일어나는 경고는 전기 활동〔사건 관련 부적 전위(event-related negativity)라고도 한다〕의 스파이크(spike)라고 할 수 있다.

토론토의 피실험자들은 머리에 전기 모자를 뒤집어쓴 채 동물이 괴로워하면서 죽어가는 우울한 다큐멘터리 영화를 보았다. 그중 절반의 피실험자에게는 자아 고갈 상태에 이르도록 감정을 억제하라고 지시했다. 다른 절반은 그저 평소처럼 영화를 보도록 내버려두었다. 그런 다음 피실험자에게 표면적으로는 앞의 활동과 상관없는 실험을 수행했다. 심리학자 제임스 스투룹(James Stroop)의 이름을 따 스투룹 검사(Stroop Task)라고 명명한 실험을 한 것이다. 이는 인쇄된 글씨의 색을 말하는 실험이었다. 예를 들어, 빨간색으로 XXX라고 적힌 글자가 나타나면 '빨간색'이라고 반응하는 것이 당연하다. 하지만 녹색이라는 단어가 빨간색 글씨로 쓰여 있을 때는 정답을 맞히기 위해 얼마간의 노력이 필요하다. '녹색'이라고 적힌 글씨를 읽고 나서 처음 떠오른 생각을 억누르고 진짜 색깔인 '빨간색'이라고 말해야 하는 것이다. 연구 결과 이러한 조건에서는 사람들이 대체로 다소 느리게 정답을 맞히는 것으로 드러났다. 실제로 스투룹 검사는 냉전 시기에 미국 첩보 기관이 취조 수단으로 사용하기도 했다. 러시아어를 못한다고 주장하는 비밀 첩보원 용의자에게 러시아어로 색깔 이름을 적은 용지를 보여준 것이다. 당연히 대답하는 데 평소보다 긴 시간이 걸렸다.

토론토에서 수행한 실험에서는 동물들의 슬픈 이야기를 보고 난 후 의지력이 고갈된 사람들이 특히 정답을 말하는 데 어려움을 겪었다. 반응하는 데 시간이 걸리고 실수도 잦았다. 또 머리와 연결된 전선을 통해 갈등 모니터링 시스템을 관찰한 결과, 현저하게 느린 활동을 보였다. 잘못된 판단에 대한 경고 신호는 더욱 약했다. 이러한 결과를 토대로 연구자들은 자아 고갈 현상이 자기 절제의 핵심 기관인 전측대상피질의 활동을 약화시킨다는 것을 밝혀냈다. 뇌의 활동이 둔화되면서 실수를 감지하는 기능도 감퇴하고, 반응을 통제하는 데 어려움을 겪는 것이다. 따라서 자아가 고갈되지 않았다면 훨씬 쉽게 성취할 일도 힘겹게 처리할 수밖에 없다.

뇌의 활동을 떨어뜨리는 자아 고갈 현상은 신경학자들을 매료시켰지만, 평범한 우리에겐 전선과 전극으로 머리를 휘감지 않고도 자아 고갈 현상을 감지할 수 있다면 좋을 것이다. 배우자와 싸움을 시작하거나 하겐다즈 아이스크림 큰 통을 4분의 1이나 먹어치우기 '전에' 당신의 뇌가 통제 능력을 상실했다는 것을 알려줄 확실한 증상은 없을까? 최근까지 연구자들은 이에 대해 큰 도움을 주지 못했다. 열 가지가 넘는 연구를 통해 눈에 띄는 감정적 반응을 찾아냈지만 그 결과는 신통치 않거나 전혀 쓸모가 없었다. 다시 말해, 자아 고갈이 사람을 지속적으로 우울하게 만들거나 화나게 하거나 불만족스럽게 하지는 않는 것처럼 보였다. 2010년 국제 연구 팀이 80개가 넘는 연구 결과를 샅샅이 검토한 결과, 자아 고갈이 행동에 미치는 영향은 강력하고 크고 신뢰할 만하지만 주관적 감정에 미치는 영향은 상대적으로 현저히 약하다는 사실이 밝혀졌다.[6] 자아 고갈 상태에 이른 사람은 상대적으로 피로감과 고단함 그리고 부정적 감정이 더 크게 일어나는 것으로 보고되었지만, 그 차이는 그다지 크지 않았다. 결과만 놓고 보면, 자아 고갈은 증상 없는 병처럼 아무런 '느낌'도 없는 상태처럼 여겨졌다.

하지만 바우마이스터와 그의 오랜 동료인 미네소타 대학교의 심리학 교수 캐슬린 보스(Kathleen Vohs)가 이끄는 팀이 새로운 실험을 수행한 결과, 자아 고갈의 증상이 좀더 확실하게 밝혀졌다.[7] 이 실험에 의하면 자아가 고갈된 사람은 현저한 감정의 변화를 보이지 않는 대신, 모든 일에 더욱 강하게 반응했다. 슬픈 영화는 이들을 더욱 슬프게 만들었다. 즐거운 그림은 이들을 더욱 즐겁게 만들었고 충격적인 그림은 이들을 더욱 공포와 불안에 사로잡히게 만들었다. 아주 차가운 물에 닿자 이들은 정상인보다 훨씬 고통스럽게 반응했다. 또한 욕구도 증폭되었다. 쿠키를 먹은 사람은 더 많은 쿠키를 갈망했고, 그럴 기회가 주어지자 엄청난 양을 먹어치웠다. 포장된 상자를 풀고 싶어 하는 욕구도 더욱 강력했다.

그러므로 당신이 앞으로 닥칠 문제에 대한 경고 신호를 알고 싶다면, 하나의 증상만을 찾지 말고 자신이 느끼는 감정 상태의 전체적인 강도를 관찰해보는 것이 좋을 것이다. 불만스러운 상황에 지나치게 얽매이거나 기분 좋지 않은 생각에 언짢아지거나, 아니면 좋은 소식에 지나치게 기뻐하거나 하는 모든 현상은 어쩌면 뇌의 회로가 감정을 평소처럼 조절하지 못하기 때문일 수도 있다. 사실 강렬한 감정은 바람직하며 삶의 중요한 부분이다. 또 우리가 단조로운 감정 상태를 칭송하는 것도 아니다〔당신이 미스터 스팍(Mr. Spock: 〈스타트랙〉에 나오는 유명한 캐릭터. 차가운 이성을 가진 발칸족과 인간 사이에서 태어난 인물―옮긴이)의 발칸적 냉정함을 추구한다면 모르지만〕. 하지만 당신이 느끼는 감정의 의미를 깨달을 필요는 있다. 유혹을 참다 보면 이에 대한 저항 능력이 약해지는 순간, 금지된 욕망에 대한 갈망이 더욱 커질 수 있다. 자아 고갈은 그러므로 이중의 타격을 초래한다. 즉 의지력이 약화되고, 갈망은 더욱 강해지는 것이다.

중독과 싸우는 사람에게는 이것이 더 큰 문제가 될 수 있다. 연구자들은 오래전부터 금단 기간에는 금지한 것에 대한 갈망이 더욱 커진다는 것을 파악했다. 최근에는 다른 욕망도 더욱 강력해진다는 연구 결과가 나왔다. 이를테면 마약 중독 치료를 받는 환자는 자신의 습관에서 벗어나기 위해 의지력을 너무 많이 사용하므로 자아 고갈이 더욱 강하고 길게 나타날 수밖에 없다. 또한 이런 상태에서는 마약에 대한 욕구도 강해질 수밖에 없다. 게다가 주위에서 벌어지는 사건도 평소보다 강력한 충격을 동반해 스트레스를 가중시키고 담배나 술 혹은 약물에 대한 갈망을 증폭시킨다. 그러므로 재발하기 쉽고, 중독 상태에서 벗어나는 게 어려운 것은 당연하다. 심리학자들이 자아 고갈이라는 현상을 분류하기 훨씬 이전에 영국의 유머 작가 앨런 허버트(Alan Herbert) 경은 각종 증세의 갈등을 다음과 같이 멋지게 묘사했다.

"하느님, 감사합니다. 또다시 금연에 성공했어요!" 그가 선언했다. "세상에! 너무 좋아요! 살의를 느끼긴 하지만, 좋다니까요. 난 달라졌어요. 짜증나고, 우울하고, 무례해지고, 신경질적이긴 하지만 그래도 폐는 좋아지고 있어요!"[8]

더러운 양말의 미스터리

1970년대에 심리학자 대릴 벰(Daryl Bem)은 여러 행동 유형을 통해 성실한 사람과 그렇지 않은 사람을 구분하려 했다. 벰은 '학교 과제를 제시간에 마치는 것'과 '깨끗한 양말을 신는 것' 사이에는 밀접한 관계가 있을 것이라고 추측했다. 두 가지 모두 성실한 품성에서 비롯된 것이라 여겼기 때문이다. 하지만 자신이 가르치던 스탠퍼드 대학생들에게서 모은 자료를 검토한 그는 이 둘의 부정적 연관성을 보고 깜짝 놀랐다.

벰 교수는 농담을 하듯 이렇게 말했다. "자료를 보니 학생들은 숙제를 끝마치거나 양말을 갈아 신거나 둘 중 하나만 할 수 있지, 하루에 두 가지는 못하는 것 같더군요."[9]

벰은 더 이상 자신의 실험에 큰 중요성을 부여하지 않았지만, 수십 년이 지난 후 다른 연구자들은 그의 농담을 넘어선 의미를 찾기 시작했다. 오스트레일리아의 심리학자 메건 오튼(Megan Oaten)과 켄 쳉(Ken Cheng)은 벰의 학생들도 래디시 실험에서 드러난 것처럼 자아 고갈에 시달렸을지 모른다는 가능성에 주목했다. 두 사람은 학생들을 대상으로 학기 중 서로 다른 시간을 선택해 자기 절제 테스트를 수행했다. 가설대로 학기가 끝날 무렵에는 학생들의 학업 태도가 상대적으로 좋지 않은 것으로 드러났다. 시험공부와 과제 제출에 시달리느라 의지력이 고갈된 게 틀림없었다. 하지만 이러한 태도는 굳이 연구실에서만 국한된 것이 아니었다. 삶의 태도에 관해 질문한 결과, 뱀의 더러운 양말은 그저 우연한 발견이 아닌 게 명백했다. 시험 기간 동안 자기 절제력이 약화됨에 따라 여러 가지 좋은 습관을 무시하게 된 것이다.[10]

학생들은 시험 기간 동안 운동을 중단하고 담배도 이전보다 많이 피웠다. 커피나 차를 많이 마셔 카페인 양이 평소보다 두 배로 늘어났다. 카페인을 더 많이 섭취하는 게 공부에 도움이 되리라는 것까지는 이해할 수 있었다. 하지만 보통 공부에 집중하다 보면 술을 적게 마시는 것이 상식인데, 그런 일은 일어나지 않았다. 시험 기간에는 파티 횟수가 줄었지만 음주량은 그대로였다. 학생들은 건강한 식습관도 버렸다. 예를 들면 정크 푸드 섭취율이 50퍼센트나 증가했다. 그렇다고 감자칩이 머리를 좋아지게 만든다고 확신해서는 아니었다. 단지 시험에 집중하는 동안, 몸에 좋지 않고 살찌는 음식을 먹는 것에 대한 걱정을 내려놓은 결과였다. 또한 전화를 받거나 설거지, 청소 등에도 신경을 덜 썼다. 학기 말 시험 기간에는 개인위생에 대한 모든 부분이 악화되었다. 이를 닦고 청소하는 것에도 게으름을 피웠다. 머리를 감거나 면도하는 것도 잊었다. 그리고 양말뿐만 아니라 옷도 잘 빨아 입지 않았다.

이러한 경향을 비록 건강에는 좋지 않지만 우선순위를 먼저 처리하기 위한 현실적인 선택으로 보아야 할까? 공부 시간을 좀더 벌기 위한 현명한 처사라고 할 수 있을까? 그것만은 아닌 것 같다. 시험 기간 동안, 학생들은 공부보다는 친구와 어울리는 시간이 많았는데 이는 현명하고 현실적인 선택과는 정반대라고 볼 수 있다. 어떤 학생은 의도와 다르게 시험 기간 동안 학습 습관이 더 악화되기도 했다. 공부를 더 열심히 하기 위해 엄청난 의지력을 동원했음에도 평소보다 학업을 더 소홀히 한 결과가 나온 것이다. 또한 잠을 더 많이 자고 충동적으로 소비하는 경향도 있었다. 소비 성향이 커진다는 것도 이해하기 힘들지만, 이때 오히려 쇼핑 욕구를 억누르기가 더 어려운 것으로 밝혀졌다. 게다가 심술과 신경질, 분노와 절망에 쉽게 빠지기도 했다. 일반적으로 스트레스가 위와 같은 감정을 유발한다는 잘못된 인식에 근거해 학생들의 감정적 폭발이 시험 기간 동안의 스트레스 때문이라고 볼 수도 있다. 실제로 스트레스는 의지력을 고갈시켜 감정 통제 능력을 빼앗는다.

자아 고갈 효과는 앞에서도 언급한 것처럼 독일의 자동 발신 장치 실험을 통해 더 정확하게 증명되었다.[11] 온종일 사람들의 욕구를 관찰하는 자동 발신 장치를 이용해 바우마이스터와 동료들은 시간이 지남에 따라 의지력이 얼마나 고갈되는지를 볼 수 있었다. 사람들은 의지력을 많이 쓰면 쓸수록 그에 따른 유혹에 더 쉽게 굴복했다. 원하긴 하지만 "정말 그러면 안 돼"라는 식의 갈등을 동반하는 새로운 욕구에 직면할 때, 한 번 욕구를 억제한 사람은 다음 욕구에 더 쉽게 굴복했다. 연달아 유혹에 노출될 때 특히 그러했다.

유혹에 굴복할 경우, 독일의 성인과 마찬가지로 미국 대학생 또한 그 원인을 "나는 의지력이 그만큼 부족한 거야"라며 자신의 성격적 결함을 탓했다. 하지만 평소 그들에겐 이런 비슷한 욕구를 참아내는 의지력이 충분했다. 대체 무슨 일이 일어난 것일까? 의지력이 정말로 사라져버린 것일까? 하지만 자아 고갈을 설명하는 다른 방법도 있을 것이다. 어쩌면 의지력은 단순히 사라지는 게 아니라 사람들이 의식적으로 혹은 무의식적으로 저장해놓은 에너지일 수도 있다. 바우마이스터 밑에서 대학원 과정을 밟은 마크 무라벤(Mark Muraven)은 의지력 보존에 대한 의문을 품고, 올버니에 있는 뉴욕 주립대학교의 종신교수로 자리 잡을 때까지 그에 대한 연구를 계속했다. 처음에 무라벤 교수는 일반적인 실험에서처럼 피실험자의 의지력을 고갈시키는 과제를 주었다. 그런 다음 인내심을 실험하는 두 번째 과제를 시작하기에 앞서, 나중에 좀더 힘든 세 번째 과제를 수행해야 한다는 것을 알려주었다. 그러자 사람들은 두 번째 과제를 소홀히 했다. 의식적이든 무의식적이든 마지막 과제를 수행하기 위해 에너지를 남겨둔 것이다.[12]

이때 무라벤은 두 번째 과제에 살짝 변화를 주었다. 인내심을 실험하기에 앞서, 사람들에게 과제를 잘 수행하면 돈을 주겠다고 한 것이다. 현금은 놀라운 결과를 가져왔다. 피실험자들은 즉시 과제를 훌륭하게 완수하기 위해 힘을 끌어올렸다. 그들이 인내심을 발휘한 것을 보면, 그전에 이들의 의지력이 고갈된 적이 있다는 사실을 짐작조차 할 수 없을 것이다. 피실험자들은 결승선에 있는 상금을 위해 두 번째 힘을 끌어올리는 마라톤 선수와 같았다.

하지만 결승선에 도착한 마라톤 선수가 진짜 결승선은 1마일(1.6킬로미터) 밖에 있다는 사실을 통보받는다면 어떨까? 무라벤 교수는 두 번째 과제에서 바로 이런 변화를 주었다. 피실험자들이 과제를 완벽하게 수행할 때까지 기다렸다가, 아직 일이 완수된 것은 아니며 인내심 실험을 한 번 더 해야 한다고 말한 것이다. 하지만 이런 사실을 미리 통보받지 못한 피실험자들은 에너지가 고갈된 상태에서 엄청나게 떨어진 과제 수행 능력을 보였다. 실제로 두 번째 과제를 잘 마친 사람일수록 세 번째 과제에서 나쁜 결과가 나타났다. 마치 페이스 조절에 실패해 다른 선수들에게 추월당한 채 절뚝거리며 결승선으로 들어오는 마라톤 선수 같았다.

거리와 연구소에서 얻은 교훈

아만다 파머는 보헤미안적 일탈 행동으로 유명하지만, 어느 면에서는 완전히 부르주아적인 성향을 갖고 있다. 만약 아만다에게 의지력에 대해 묻는다면, 절대로 자신에게 만족하지 않는다고 말할 것이다. "제가 특별히 훈련이 잘된 사람이라고 생각하지는 않아요." 하지만 끈질기게 물어본다면, 6년 동안 살아 있는 동상으로 지낸 경험이 의지력을 강화시켰다는 점을 인정할 것이다.

"거리 퍼포먼스가 저를 단련시켰죠. 상자 위에서 동상처럼 지내는 시간이 저에게 집중력을 훈련시킨 셈이지요. 공연을 하는 동안, 현재에 나 자신을 묶어두고 집중할 수 있었어요. 전 장기적인 전략을 세우는 덴 무척 서툴지만, 일에 관한 한 아주 강력한 원칙을 갖고 있어요. 그리고 한 가지를 수행하는 데는 무척 잘 단련된 사람이라고 자신해요. 한 가지 일만 하는 거라면 몇 시간이고 집중할 수 있어요."

그것은 수천 명의 사람을 실험실 안팎에서 연구하며 학자들이 발견한 것과 별반 다르지 않다. 실험은 지속적으로 다음과 같은 두 가지 교훈을 제시한다.

1. 우리에겐 사용함에 따라 소진되는 일정한 양의 의지력이 있다.

2. 우리는 모든 종류의 과제를 수행할 때 똑같은 양의 의지력을 사용한다.

우리는 직장일, 다이어트, 운동, 가족과의 좋은 유대 관계 등 여러 가지 과제를 수행하는 데 필요한 자기 절제 에너지가 각기 다르다고 생각한다. 하지만 래디시 실험을 통해 전혀 상관없는 두 가지 행동—초콜릿의 유혹에 저항하는 것과 수수께끼를 푸는 것—이 둘 다 하나의 에너지원에서 힘을 얻는다는 사실이 밝혀졌고, 이러한 현상은 그 후로도 여러 번 증명되었다. 당신이 매일 행하는 전혀 다른 여러 행동에는 숨은 연관성이 있다. 짜증나는 교통 상황이나 유혹적인 음식, 당신을 괴롭히는 직장 동료나 이것저것 요구 사항이 많은 상사 그리고 툴툴거리는 아이 다루기 등등 셀 수 없이 많은 일이 있지만, 당신의 의지력은 한정되어 있다. 점심에 디저트를 먹지 않기 위해 참다 보면, 직장 상사의 끔찍한 머리 모양을 칭찬할 수 있는 의지력이 소진되고 만다. 잔뜩 지친 노동자가 집으로 퇴근해서 개를 걷어차는 것은 자아 고갈 실험과 일치하는 측면이 있다. 물론 현대 노동자들은 애완동물한테 그렇게 잔인하지는 않겠지만 말이다. 그보다는 가족들에게 화풀이를 할 가능성이 더 높다.

자아 고갈은 심장박동에까지 영향을 미친다. 연구실 실험에서 정신적 자기 절제 훈련을 하다 보면 맥박이 불규칙적으로 뛰는 것을 알 수 있다.[13] 반대로 맥박이 상대적으로 가변적인 사람은 자기 절제를 위한 내적 에너지가 더 많은 것처럼 보인다. 이들이 연구실의 인내심 실험에서 맥박이 규칙적인 사람보다 더 나은 결과를 보이기 때문이다. 다른 실험에서는 육체적 만성 질환을 앓는 사람은 의지력이 계속 떨어지는 것으로 나타났다.[14] 고통을 참기 위한 싸움에 마음을 전부 소진하기 때문이다.

의지력은 크게 네 가지 범주로 나눌 수 있다.[15] 생각의 조절이 그 첫 번째다. 자신을 심각하게 괴롭히는 생각(저리 가! 꺼져버려!)에 시달리거나 아니면 귓가에 들려오는 말을 지우려 애써도(당신은 내 거야. 당신은 내 거라고!) 그 노력이 부질없을 때가 있다. 하지만 우리는 훈련을 통해 집중하는 법을 배울 수 있으며, 특히 동기가 강할 때 그 효과는 커진다. 사람들은 대체로 완전한 모범 답안을 위해서가 아니라 미리 결론을 내려놓은 상태에서 의지력을 발휘한다. 종교인들은 타협할 수 없는 자신의 신앙을 지키기 위해 세상을 필터링한다. 뛰어난 판매원은 때때로 스스로를 기만함으로써 성공에 이른다. 은행 대출 담당자는 '수입도 없고 재산도 없는' 자격 없는 신청자에게 대출해주는 것이 아무런 문제가 없다고 확신함으로써 모기지 대출을 용인했다. 타이거 우즈는 일부일처제라는 규칙이 자신에게는 적용되지 않는다고 확신했을 테고, 누구도 자신의 방탕을 눈치채지 못할 거라 믿었을 것이다.

두 번째 범주는 감정 조절을 들 수 있다. 기분에 특히 집중하는 것을 심리학자들은 정서 조절(affect regulation)이라고 일컫는다. 너무 유쾌해 보이는 것을 피하거나(장례식에 참석할 때, 나쁜 소식을 전할 때) 분노 상태를 좀더 유지하고 싶어 할 때도 있지만(불평을 제대로 하기 위해서), 우리는 대부분 기분 좋지 않은 상태나 불쾌한 생각에서 벗어나고 싶어 한다. 의지로 기분을 바꾸기는 대체로 어렵다. 그런 까닭에 감정 조절은 특히 어렵다고 볼 수 있다. 생각이나 행동을 바꿀 수는 있지만 행복하도록 스스로를 강요할 수는 없다. 시댁 식구를 공손하게 대할 수는 있지만 한 달 넘게 당신 집에 머무르는 것을 기쁘게 받아들일 수는 없다. 슬픔이나 분노를 떨쳐버리기 위해 사람들은 다른 생각을 함으로써 주의를 분산하거나 헬스클럽에서 운동을 하거나 명상을 시도한다. TV 쇼를 보며 잊어버리거나 엄청난 양의 초콜릿을 먹어대거나 흥청망청 쇼핑으로 시간을 보내기도 한다. 혹은 술에 취하기도 한다.

세 번째 범주는 충동 조절이다. 충동 조절은 사람들이 의지력과 가장 많이 연관시키는 부분이다. 술이나 담배, 시나본(Cinnabon) 케이크나 칵테일 바의 웨이트리스 같은 유혹에 저항하는 힘이 바로 그것이다. 정확히 말하면 '충동 조절'은 부적절한 용어다. 충동을 조절하는 것은 불가능하기 때문이다. 아주 잘 단련받은 버락 오바마 같은 사람조차도 담배를 피우고 싶은 충동을 이기지 못한다. 그가 조절할 수 있는 것은 대응 방식뿐이다. 오바마는 충동을 무시할까, 아니면 금연 껌을 씹을까, 혹은 담배를 몰래 피울까(백악관에 의하면, 보통은 담배를 잘 안 피우지만 간혹 피울 때도 있다고 한다)?

마지막으로, 연구자들이 수행 조절이라고 부르는 범주가 있다. 현재의 일에 에너지를 집중해 속도와 정확성을 기하고, 시간 관리를 잘하며, 그만두고 싶을 때도 인내심을 발휘하는 것이다. 우리는 앞으로 가정과 직장에서의 수행 능력을 향상시키고 다른 범주—사고와 감정 그리고 충동—의 자기 절제도 향상시킬 수 있는 기술적 측면에 대해 이야기할 것이다.

하지만 구체적인 내용을 전개하기에 앞서 자아 고갈 연구에 기초한 일반적인 지침을 소개하고자 한다. 이는 아만다 파머의 접근법과도 같다. 이를테면 한 번에 한 가지 프로젝트에 집중하는 것이다. 당신이 한 가지 이상의 자기 계발 목표를 세웠다면 보존된 에너지를 끌어올림으로써 어느 정도 성공할 수 있겠지만, 그 에너지가 고갈된 후에는 더 큰 실수를 저지를 수도 있다.

살면서 커다란 변화를 시도하고자 하는 사람들의 노력은 동시에 또 다른 변화를 시도할 경우 약화될 가능성이 많다. 예컨대 금연하려는 사람은 동시에 다른 행동의 변화를 시도하지 않을 때 성공할 가능성이 크다. 금연과 다이어트와 금주를 동시에 실행하려는 사람은 셋 다 실패할 가능성이 높다. 아마 의지력을 지나치게 동시다발적으로 요구하기 때문일 것이다. 이와 마찬가지로 음주 습관을 조절할 경우에도 거기에 의지력을 온통 쏟아 붓는 것과 비교해 그 밖에 다른 자기 절제 요구가 공존할 경우 실패할 확률이 높은 것으로 밝혀졌다.

무엇보다 새해에 결심한 일의 리스트를 만들지 마라. 해마다 1월 1일이면 수백만 명이 희망 혹은 숙취로 가득 찬 채 침대에서 일어나 앞으로는 소식하고, 운동량을 늘리고, 낭비하지 않고, 좀더 일하고, 청소도 자주 하겠다고 결심한다. 그것도 모자라 로맨틱한 저녁 식사와 오랫동안 바닷가를 거니는 계획까지 세운다.

그러다 2월 1일이 되면 리스트를 쳐다보는 것조차 민망하다. 하지만 사람들은 대개 자신의 의지력 대신 리스트를 탓한다. 하지만 리스트에 적힌 것을 모두 실천할 만한 의지력을 갖춘 사람은 이 세상 어디에도 없다. 새로운 운동 계획을 세우고 싶다면, 그것과 동시에 자신의 재정 상태도 총점검하겠다는 시도를 해서는 안 된다. 새로운 일을 하기 위한 에너지가 필요하다면—이를테면 미국의 대통령이 되고자 한다든지—그 시기가 금연을 하기에 이상적인 때라고 볼 수는 없다. 의지력의 근원은 하나이다. 따라서 각기 다른 새해 계획은 서로 경쟁할 수밖에 없다. 하나를 이루려고 애쓰다 보면 다른 것을 할 수 있는 능력은 줄어들게 마련이다.

하나의 계획을 세우고 그것에 몰입하는 게 훨씬 나은 방법이다. 그것만으로 충분하다. 물론 그것조차 너무나 부담스러운 결심으로 다가올 때도 있을 것이다. 그럴 때는 한자리에서 영웅적으로 버티고 섰던 아만다 파머를 떠올리며 인내심을 발휘할 수 있다. 아무리 자신은 훈련받은 사람이 아니라고 부정할지라도, 아만다는 술에 취한 망나니와 구경꾼에 둘러싸여 보낸 시간 동안 인간에 대한 영감을 얻었다.

아만다는 이렇게 말한다. "혹시 그거 아세요? 인간은 정말 놀라운 일을 할 수 있어요. 그저 움직이지 않겠다고 결심하기만 하면 그대로 움직이지 않을 수 있습니다."

의지력은
어디에서 오는가

방부제와 설탕을 많이 함유한 식품이 성격을 변화시키거나 혹은 공격적인 행동을 유발하는지 저는 잘 모르겠습니다. 또 그것이 사실이라는 주장을 하고 싶은 마음도 전혀 없습니다. 하지만 그 둘이 서로 연관을 맺고 있다는 의견도 정신의학계에서는 미미하지만 분명 존재합니다.
—정크 푸드에 유난히 집착했던 살인자 댄 화이트 재판에서 변호인의 마지막 변론. 이때 '트윙키 변론'[1]이라는 용어가 등장했다

나는 생리전증후군이 너무 심해서 그때가 되면 살짝 미치곤 하죠.
—여배우 멜라니 그리피스가 돈 존슨과 이혼 소송을 제기한 직후, 왜 다시 소송을 취하했는지 설명하면서[2]

만약 의지력이 단순한 은유가 아니라 그 이상의 힘으로 작용한다면, 그것은 어디에서 오는 것일까? 그 대답은 사순절 전날 밤 열리는 마르디 그라(Mardi Gras)를 비롯한 축제에서 영감을 얻어 수행한 실험에서 확인할 수 있다(이 실험은 실패로 끝났다). 마르디 그라는 '기름진 화요일(Fat Tuesday)'이라는 뜻으로 재의 수요일 전날을 말한다. 단식과 자기희생의 계절을 맞이하기 전 부끄러움 없이 자기 욕망에 탐닉하는 날이다. 어떤 곳에서는 '팬케이크의 날'이라고도 하는데, 교회에서 두툼한 케이크로 만든 아침을 마음껏 먹는 것으로 하루를 시작한다. 이날을 기념해 빵집에서는 특별한 빵과 케이크를 구워낸다. 문화마다 이름은 다르지만 보통 어마어마한 양의 설탕과 계란, 밀가루와 버터 그리고 돼지기름을 넣은 것이 대부분이다. 하지만 이러한 폭식은 단지 시작일 뿐이다.

베네치아와 뉴올리언스 그리고 리우데자네이루까지 흥에 겨운 사람

들은 때때로 전통 가면을 쓰거나 아니면 대부분 그것도 내팽개쳐둔 채 더 큰 재미를 찾아 나선다. 이날은 당신이 구슬 달린 장신구만 걸친 채 거리를 활보할 수 있는 유일한 날이기도 하다. 이날만은 자기 절제를 하지 않는 것을 미덕으로 여긴다. 멕시코에서는 이날 결혼한 남자들에게 공식적으로 하루의 자유를 허락하는데, 그래서 '억압받는 남편의 날'이라고도 일컫는다. 사순절 전날은 엄격한 앵글로색슨 교도조차 관대한 분위기에 젖는다. 그들은 이날을 '참회의 화요일(Shrove Tuesday)'이라고 일컫기도 하는데, 이는 '죄 사함을 받는다'는 뜻의 'shrive'에서 유래한 명칭이다.

신학적 관점에서는 이 모든 게 상당히 혼란스럽다. 왜 목회자들은 널리 알려진 악덕을 죄를 사한다는 명분으로 부추기는가? 앞으로 지을 죄를 사해준다니? 자비롭고 관대한 신이 이미 살이 오를 대로 오른 인간에게 기름진 도넛을 먹여야 할 이유는 무엇인가?

하지만 심리학자들이 보기엔 논리적이다. 사순절을 시작하기 전에 긴장을 풀어줌으로써 몇 주 동안 이어질 자기 부정의 시간을 위한 의지력을 충전할 수 있는 것이다. 물론 이른바 마르디 그라 이론이 과학자에게는 공작 깃털로 머리를 장식한 팬케이크 중독자들에게만큼 인기는 없었지만, 그래도 실험해볼 가치는 충분한 것 같았다. 그리하여 기름진 화요일 아침, 바우마이스터 연구실에서 고용한 요리사는 의지력이 필요한 과제를 기다리는 피실험자 집단을 위해 달콤하고 진한 밀크셰이크를 준비했다. 그다지 운이 좋다고 할 수 없는 피실험자들은 지루하고 낡은 잡지를 읽거나, 그보다 더 심심하고 양만 많은 저지방 밀크셰이크를 마시며 시간을 보내야 했다.[3]

마르디 그라 이론에서 추론한 것과 같이 아이스크림이 들어간 셰이크는 피실험자들이 다음 과제를 수행하는 데 필요한 의지력 강화에 실제로 도움이 되는 것 같았다. 아이스크림 밀크셰이크를 먹은 이들은 낡은 잡지나 읽은 불운한 피실험자와 비교해 양호한 자기 절제력을 보였다. 여기까지는 괜찮았다. 하지만 맛없는 밀크셰이크조차 꽤 괜찮은 결과를 가져왔다. 다시 말해, 굳이 탐닉에 빠지지 않더라도 의지력을 기르는 데는 아무런 문제가 없다는 사실이 드러난 것이다. 마치 마르디 그라 이론이 잘못된 듯싶었다. 뉴올리언스 거리를 활개치고 다닐 구실을 없애버린 것도 모자라 결과는 연구자들을 부끄럽게 만들었다. 연구를 이끈 대학원생 매튜 갤리엇(Matthew Gailliot)은 바우마이스터에게 실험 결과를 보고하며 우울하게 자기 신발을 내려다보았다.

바우마이스터는 긍정적으로 받아들이려 애썼다. 어쩌면 연구는 실패하지 않았을지도 모른다. 어쨌든 무언가가 일어났다. 최소한 자아 고갈 효과를 제거하는 데는 성공했다. 문제는 그것이 너무 성공적이라는 데 있었다. 맛없는 밀크셰이크조차 제 몫을 다한 것이다! 그런데 어떻게 그런 일이 일어난 것일까? 연구자들은 자기 절제를 향상시킨 다른 요소를 고려하기 시작했다. 먹는 즐거움이 아니라면 혹시 칼로리일까?

처음엔 그런 생각이 약간 허술하게 느껴졌다. 연구실 과제를 향상하기 위해 저지방 유제품을 꼭 마셔야 할 이유가 있는가? 심리학자들은 수십 년 동안 유제품의 영향에 대한 걱정 없이 정신적 과제를 수행하는 연구를 계속해왔다. 이들에게 인간의 마음이란 컴퓨터처럼 정보를 주고받는 것이었다. 인간의 마음을 컴퓨터 칩이나 회로와 동일시하기 위해 서두르다 그들은 매우 단순하고 핵심적인 부분을 놓쳤다. 그것은 바로 파워 코드(power cord)였다.

칩이나 회로는 전원이 없으면 쓸모가 없다. 이는 뇌도 마찬가지다. 심리학자들이 이러한 사실을 깨닫기까지는 상당히 오랜 시간이 걸렸다. 그리고 이러한 깨달음은 컴퓨터 모델이 아니라 생물학에서 비롯되었다. 생물학적 사고를 기반으로 한 심리학으로의 변화는 20세기의 중요한 발전 방향 중 하나였다. 유전자가 성격이나 지적 능력에 중요한 영향을 미친다는 사실을 밝혀낸 연구자도 있었다. 또 인간의 로맨틱하고 성적인 행동은 진화 이론과 일치하며, 다른 동물의 행동 양식과 비슷하다는 것을 밝히기도 했다. 신경과학자들은 인간의 뇌 활동을 분석했다. 또한 호르몬이 행동에 어떤 영향을 주는지 밝혀낸 학자도 있었다. 심리학자들은 인간의 마음은 생물학적 신체 안에 존재한다는 사실을 끊임없이 상기시켰다.

또한 생물학과 관련해 새롭게 등장한 이러한 성과는 밀크셰이크 실험 연구자들에게 자신들의 결과를 무시하기보다는 한 번 더 생각해볼 여지를 남겼다. 그들은 유제품 재료를 살펴보는 것이 중요하다고 판단해 짐 터너(Jim Turner) 같은 이들의 이야기에 관심을 기울이기 시작했다.

뇌의 연료

코미디언 짐 터너는 HBO의 〈알리스(Arliss)〉 시리즈에 나오는 전직 축구 선수 출신 스포츠 에이전시 역할을 비롯해 수십 편의 영화와 TV 연속극에 출연했지만, 가장 극적인 연기는 아내를 위해 남겨두었다. 어느 날 밤, 터너는 자신이 이 세상의 모든 부조리를 바로잡는 역할을 맡은 꿈을

꾸었다. 꿈속에서조차 부담스러운 임무였지만, 터너는 순간 이동이라는 것을 떠올렸다. 가고자 하는 장소를 생각하기만 하면 기적처럼 그곳에 도착하는 것 말이다. 터너는 고향인 아이오와, 뉴욕, 그리스 등지를 지나 달까지 갈 수 있었다. 잠에서 깬 뒤에도 터너는 아직 자신에게 순간 이동을 하는 힘이 남아 있다고 확신했다. 그래서 아내에게 쉴 새 없이 이렇게 소리쳤다. "생각만 해. 그러면 거기에 벌써 가 있는 거야!"

터너의 부인은 예전부터 남편에게 당뇨 증세가 있다는 걸 알았기 때문에 과일 주스를 마시게 했다. 하지만 여전히 몽롱한 상태인 터너는 주스를 얼굴에 끼얹더니 공중제비를 돌고 침대에 앉았다. 얼마 지나지 않아 주스의 효과가 있었던지 마침내 터너는 진정되었다. 부인은 그제야 가슴을 쓸어내렸다. 적어도 부인은 미친 것 같은 증세가 가라앉은 것으로 여겼다. 하지만 사실 터너는 진정된 게 아니라 오히려 그 반대였다. 주스의 당분이 터너에게 또 다른 에너지를 준 것이다.

더 정확하게 말하면, 주스 속 에너지가 몸 안에서 포도당으로 변한 것이다. 포도당은 단 음식뿐 아니라 온갖 음식에 각기 다른 형태로 들어 있다가 몸속에서 포도당으로 전이된다. 소화 과정을 거쳐 만들어진 포도당은 혈관을 통해 온몸으로 퍼진다. 근육은 당연히 엄청난 양의 포도당을 사용하며 심장과 간도 마찬가지다. 면역 체계도 포도당을 많이 필요로 하지만 그 양은 사람에 따라 다르다. 당신이 상대적으로 건강하다면 면역 체계도 상대적으로 적은 양의 포도당이 필요하다. 하지만 감기와 싸우고 있다면 엄청난 양이 필요하다. 아픈 사람의 수면 시간이 긴 것은 이 때문이다. 질병과 싸우느라 에너지를 다 써버리기 때문에 운동을 하거나 사랑을 나누거나 싸울 힘이 없는 것이다. 그뿐만 아니라 생각하는 것조차 힘들어진다. 생각을 하려면 혈관 속에 많은 양의 포도당이 필요하기 때문이다. 포도당은 뇌 속에 직접 유입되지는 않지만 뇌 세포가 신호를 보내는 데 필요한 신경 전달 물질로 전환된다. 신경 전달 물질이 없으면 우리는 생각을 할 수 없다.

포도당과 자기 절제의 연관성은 저혈당증 환자에 대한 연구에서 다시 등장했다.[4] 연구자들은 저혈당 환자들이 평균적인 사람에 비해 집중과 부정적 감정 조절에 더 큰 어려움을 겪는다는 사실을 발견했다. 이들은 전체적으로 불안과 불행을 더 많이 느끼는 경향이 있다. 또한 범죄자나 폭력적인 사람 중에는 저혈당 증세를 보이는 경우가 보통 사람보다 훨씬 많으며, 이를 이용해 저혈당증을 법정에까지 끌어들인 영리한 변호사도 있었다.

이 문제는 1979년 댄 화이트(Dan White) 재판에서 수면 위로 떠올랐다. 화이트는 샌프란시스코 시장 조지 모스콘(George Moscone)과 상임이사회 위원이자 미국에서 가장 두각을 나타낸 게이 정치인 하비 밀크(Harvey Milk)를 살해한 죄로 재판을 받고 있었다. 그런데 한 정신과 의사가 변호를 위해 살인 전날 화이트가 먹은 트윙키(Twinkie: 가운데에 크림을 넣은 노란색의 단맛이 많이 나는 작은 케이크—옮긴이)와 다른 정크 푸드에 대해 증언하자 언론은 '트윙키 변론'으로 죄를 모면하려 한다며 비웃었다. 사실 화이트를 위한 변론의 요지는 트윙키가 그의 혈당을 갑작스레 오르내리게 해 살인을 저지르도록 했다는 게 아니었다. 화이트의 변호사는 그가 심각한 우울증으로 '능력 저하'에 시달렸으며, 정크 푸드를 즐겨 먹는 것(다른 습관의 변화와 더불어)은 우울증의 원인이 아니라 우울증의 결과라고 주장했다. 이 사건에서 화이트가 상대적으로 가벼운 형량을 선고

받자 사람들은 트윙키 변론이 효력을 발휘한 것이라 여겼으며 여론은 악화되었다.

다른 변호사들도 그다지 성공적이지는 않았지만 의뢰인의 혈당을 판결에 반영해야 한다고 주장했다. 이러한 논의가 법적·도덕적으로 어떤 의미가 있건 혈당과 범죄 행동 사이에 관련이 있음을 보여주는 과학적 자료는 분명히 있다. 어떤 연구에서는 최근 수감된 청소년 범죄자의 90퍼센트가 평균보다 혈당이 낮다는 게 밝혀졌다. 또 다른 연구에서는 저혈당인 사람은 교통 위반이나 신성 모독, 들치기나 재산 파괴, 노출증이나 횡령, 방화, 배우자 학대나 아동 학대 같은 광범위한 위법 행위로 재판을 받을 확률이 한층 높은 것으로 나타났다.

또 다른 뛰어난 연구는 핀란드에서 이루어졌다. 석방되기 직전 죄수들의 포도당 부하율을 측정하기 위해 감옥을 찾아간 과학자들은 어떤 죄수가 새로운 범죄를 저지르는지 추적하기로 했다. 물론 죄수가 또다시 범죄를 저지르는 데는 여러 가지 요인이 있다. 예를 들면 동료 집단에게 받는 압력, 결혼이나 취직 전망, 마약 사용 같은 요인이 그것이다. 그럼에도 불구하고 연구자들은 포도당을 통해 어떤 사람이 다시금 폭력적인 범죄를 저지를지 80퍼센트 이상 정확하게 예측할 수 있었다. 범죄를 저지른 사람은 포도당 부하율 때문에, 즉 신체가 음식물을 에너지로 변환시키지 못하기 때문에 자기 절제력이 떨어졌다. 음식물은 포도당으로 변환되었지만 혈관 속 포도당은 순환하여 체내에 흡수되지 못한 것이다. 그 결과 혈관 속에 포도당이 여분으로 남게 된다. 이는 몸에 좋을 것 같지만 실은 나무가 잔뜩 쌓여 있어도 성냥이 없어 불을 지피지 못하는 상태나 마찬가지다. 포도당이 뇌와 근육의 활동을 위해 전환되지 못하고 눈에 띄게 높아지면 이른바 당뇨로 분류된다.

물론 대부분의 당뇨 환자는 범죄자가 아니다. 대부분 스스로를 잘 관찰하고 필요할 경우 인슐린을 주사하며 포도당 수치를 조절한다. 할리우드에서 바람직한 삶을 살아가는 배우 짐 터너처럼 이들도 가장 힘든 노력을 하고 있다. 그럼에도 이들은 평균적인 사람보다 힘든 조건에 놓여 있으며, 특히 세심하게 자기 상태를 살피지 않을 때 어려움은 더욱 커진다. 성격 연구자들에 따르면, 당뇨병 환자는 보통 같은 또래보다 충동적이고 폭발적인 성향이 강하다고 한다. 또 시간이 걸리는 일을 할 경우 주의력이 쉽게 산만해지는 것으로 밝혀졌다. 또한 알코올 남용이나 불안증, 우울증에 빠질 가능성도 컸다. 병원이나 다른 시설에서도 당뇨병 환자는 다른 사람에 비해 자주 소동을 피우는 것으로 드러났다. 일상생활에서도 스트레스를 극복하는 데 당뇨병 환자는 한층 큰 어려움을 겪는다. 스트레스를 극복하려면 자기 절제가 필요한데, 몸이 뇌에 충분한 양의 연료를 공급하지 못하면 그런 일이 힘들어진다.

짐 터너는 자기 절제라는 자신의 문제를 '당뇨: 짐 터너와의 사투'[5]라는 쇼에서 직접적이고도 환상적으로 다루었다. 짐은 10대 아들과의 말다툼 끝에 화가 치밀어 밖에 세워둔 차를 걷어차 찌그러뜨린 사건을 회상하며 이렇게 말했다. "나는 자제력을 잃어버릴 때가 많았습니다. 그럴 때마다 아들은 나에게 강제로 주스를 먹여야 했죠. 정신을 잃어버릴까봐 겁이 났던 것입니다."

짐은 트윙키 변론 같은 식으로 찌그러진 차에 대해 변명하지 않았지만, 그렇다고 자기 연민에 빠져 있지도 않았다. 오히려 전체적으로 당뇨를 잘 조절함으로써 꿈과 행복을 놓치지 않고 살아간다고 했다(순간 이동에 대한 꿈은 제외하고). 그는 포도당의 감정적 영향에 대해 잘 알고 있다. "아들과의 관계에서 내가 놓친 사소한 부분이 너무 많아요. 저혈당과 사투를 벌이거나 상황을 파악하느라 너무 정신이 없었기 때문이죠. 이 것이 당뇨병 때문에 생긴 가장 가슴 아픈 일입니다."

이런 상황에서 터너에게 일어난 일은 정확히 무엇일까? 단편적인 일화뿐 아니라 당뇨병 환자를 비롯해 또 다른 집단을 통한 연구에서 볼 수 있는 비정상적 자기 절제 문제로도 질문에 대한 확실한 결론을 이끌어 내기는 어렵다. 상호관계는 원인과 다르기 때문이다. 사회과학에서는 개인적 차이를 해소하기 위해 서로 다른 환경에 처한 사람들을 무작위로 추출해 실험한 결과만으로 신뢰할 만한 결론을 얻어낸다. 즐겁게 실험에 참여하는 사람도 있고, 공격적이거나 어딘가에 몰두하거나 산만한 사람도 있다. 모든 실험에 평균 법칙을 적용하지 않는 한 특정 실험에서 평균적 조건인 것으로 밝혀졌다고 해서 다른 실험에서도 평균적인 조건에 따른 결과가 나올 것이라고 단정할 수는 없다. 다만 연구자들이 무작위로 피실험자를 특정 실험 조건과 통제 집단에 배정함으로써 그 차이를 줄일 수는 있다.

예를 들어, 포도당과 공격성의 연관성에 대해 연구하기 전에는 다음과 같은 사실을 주지해야 한다. 즉 어떤 사람은 이미 공격적인 성향이 있으며 또 어떤 사람은 평화롭고 부드러운 성향을 갖고 있다는 것이다. 포도당이 공격성을 유발한다는 것을 입증하려면 포도당을 주입하거나 혹은 주입하지 않은 조건에서 공격적인 사람과 평화로운 사람의 수를 똑같이 실험에 참여하도록 해야 한다. 무작위 배정 방식은 대체로 이러한 목적에 부합한다. 여러 성향을 대표하는 사람을 모아놓은 다음, 서로 다른 조건이 이들에게 어떤 영향을 미치는지 볼 수 있기 때문이다.

영양학자들은 초등학생을 대상으로 한 음식 실험에서 이 같은 방법을 사용했다. 어느 날 아침, 모든 학생에게 아침을 거르고 오게끔 한 다음, 무작위로 과반수의 학생을 뽑아 학교에서 매우 근사한 식사를 제공했다. 다른 학생은 아무것도 먹지 못했다. 아침을 먹은 학생들은 오전 수업 시간에 강의 내용을 더 잘 이해했고, 바른 행동을 보였다(이런 사실은 어떤 학생이 아침을 먹었는지 모르는 감시단이 판단했다). 그런 다음 모든 학생에게 오전 중에 영양이 듬뿍 든 간식을 주었더니 기적처럼 그 차이가 사라졌다.

다른 실험에서는 화면 아래에 연속적으로 단어가 나열되는 비디오를 보는 간단한 과제를 준 다음, 이전과 이후의 포도당 수치를 측정했다. 이때 어떤 피실험자에게는 화면 아래의 단어를 무시할 것을 주문하고, 나머지 피실험자에게는 그저 편안하게 보고 싶은 대로 비디오를 즐기라고 했다. 그런 다음 다시 포도당 수치를 측정했더니 큰 차이가 있었다. 편안하게 비디오를 본 피실험자의 포도당 수치는 그대로인 반면, 단어를 무시하기 위해 애쓴 집단의 포도당 수치는 크게 떨어졌다. 별로 크지 않아 보이는 자기 절제 활동에도 뇌의 포도당 수치가 눈에 띄게 떨어진 것이다.

이와 관련한 인과관계를 살펴보기 위해 연구자들은 뇌에 연료를 주입하는 여러 가지 실험을 수행했다. 그중에는 진짜 설탕을 넣은 레모네이드와 다이어트 감미료를 넣은 레모네이드를 마시게 한 실험도 있었다. 레모네이드의 강한 맛 때문에 피실험자들은 거기에 설탕이 들었는지 감미료가 들었는지 눈치채지 못했다. 설탕은 포도당 수치를 빠르게 상승시켰다(상승효과가 그리 오래가지 않아 연구자들은 신속하게 결론을 내려야 했다). 다이어트용 감미료에는 포도당은 물론 어떤 영양분도 포함되지 않았다.

음료수의 효과는 컴퓨터 게임을 하는 피실험자들의 공격적 성향에 대한 연구에서 명백하게 드러났다.[6] 그 게임은 처음에는 쉽지만 갈수록 어렵게 구성되어 있었다. 게임이 진행됨에 따라 모두가 좌절했지만, 설탕이 든 레모네이드를 마신 사람들은 그저 조용히 투덜거릴 뿐 게임을 계속했다. 나머지는 저주를 퍼붓거나 컴퓨터를 두드리기 시작했다. 이어서 실험자 중 누군가가 각본대로 참가자들의 게임 실력에 대해 불평하자, 포도당이 들어 있지 않은 음료를 마신 사람들은 한층 격앙된 반응을 보였다.

포도당 없이는 의지력도 없었다. 더 많은 사람을 대상으로 한 실험에서도 이 같은 패턴의 결과가 계속 나타났다. 연구자들은 개에게도 실험을 해보았다.[7] 자기 절제는 인간의 뚜렷한 특징이다. 하지만 어떤 면에서는 인간이 문화적 동물로 진화하는 과정에서 이러한 특징이 광범위하게 발전했으므로 우리 인간에게만 나타난다고는 할 수 없다. 다른 사회적 동물도 서로 어울리기 위해서는 어느 정도 자기 절제가 필요하다. 개는 인간과 가까이 사는 동물이다. 따라서 집에 온 손님의 사타구니에 코를 박고 킁킁거리는 걸 금지하는 것과 같은, 개 입장에서는 엉터리 같고 억지스러운 규칙을 배워야만 한다(적어도 인간의 사타구니는 안 된다).

인간에 대한 실험에서처럼 연구자들은 한 무리의 개를 모아놓고 10분 동안 '앉아'와 '가만히 있어'라는 주인의 명령을 따르게 했다. 반면, 다른 통제 집단에 속한 개들은 자기 절제를 할 필요 없이 10분 동안 가만히 우리 안에 있었다. 그런 다음, 모든 개에게 소시지가 들어 있는 익숙한 장난감을 던져주었다. 개들은 모두 예전에 같은 종류의 장난감을 갖고 놀았으며, 그 안에서 쉽게 소시지를 빼내 먹곤 했다. 하지만 이 실험에서는 장난감을 조작해 소시지를 꺼내지 못하게 만들었다. 통제 집단에 속한 개들은 장난감에서 소시지를 꺼내려고 몇 분 동안 노력했지만, 명령에 따라야 했던 개들은 1분 이내에 포기해버렸다. 이는 자아 고갈 효과와 유사했다. 뒤이은 실험에서도 비슷한 결과가 나타났다. 이번엔 개들에게 다른 종류의 음료를 주었는데, 설탕이 들어간 음료를 마신 개들은 명령에 복종한 후에도 의지력을 되찾았다. 즉 설탕으로 새롭게 기운을 얻은 개들은 우리 안에서 가만히 있던 개들만큼 오랫동안 장난감에서 소시지를 빼내려고 노력했다. 하지만 인공 감미료는 기대했던 대로 아무런 효과도 없었다.

이 모든 발견에도 불구하고 뇌 연구자 상당수는 아직도 의지력과 포도당의 연관성에 대해 주저하는 경향을 보인다. 어떤 회의론자들은 뇌의 전체 에너지 사용량은 무슨 활동을 하든 상관없이 그대로 남아 있으며, 에너지 고갈 이론과 쉽게 상응하지 않는다고 주장한다. 이런 회의론자 중에는 초기에 바우마이스터와 함께 연구 활동을 수행하다 훗날 다트머스 대학교에 재직하며 사회신경과학 분야의 선구자가 된 토드 헤더튼이 있다. 사회신경과학은 뇌의 활동과 사회적 행동의 연관성을 연구하는 학문이다. 헤더튼은 자아 고갈 이론에는 동의했지만 포도당에 대한 발견에는 동의하지 않았다.

헤더튼은 자신의 이론과 관련해 야심찬 실험을 수행했다. 그를 비롯한 동료 연구자들은 다이어트 중인 사람을 모집해 이들이 음식 그림에 어떻게 반응하는지 측정했다. 그런 다음 코미디 비디오를 보여주며 웃음을 참으라고 지시했다. 요컨대 자아 고갈을 유도한 것이다. 그런 다음 다시 이들의 뇌가 음식이 들어 있지 않은 그림과 음식이 있는 그림에 어떻게 반응하는지 확인했다. 헤더튼과 케이트 데모스(Kate Demos)의 초기 연구 결과, 이 그림들이 중격의지핵이나 편도체 같은 주요 뇌 부위에 다양한 반응을 불러일으키는 것으로 밝혀졌다. 이번에도 똑같은 반응이 나타났다. 자아 고갈 때문에 중격의지핵의 활동이 증가함과 동시에 편도체의 활동이 감소한 것으로 밝혀진 것이다. 하지만 이 실험에서 핵심적인 변화는 포도당의 촉진과 관련이 있었다. 설탕이 든 레모네이드를 마시면 포도당이 혈관 속으로 흘러 들어가 뇌로 이동하는 것처럼 보였다.

헤더튼은 세계 최대의 사회심리학 학회인 '성격과 사회 심리학회'의 장직을 수락하는 연설에서 이 같은 결과를 극적으로 발표했다. 샌안토니오에서 열린 2011년 연례 회의에서 포도당이 자아 고갈로 인해 초래된 뇌의 변화를 회복시킨다는 사실을 발견했으며, 그 결과에 자신도 깜짝 놀랐다고 보고한 것이다.[8] (당시 청중석에 앉아 후배가 의장이 된 순간의 영광을 즐기는 것을 지켜보던 바우마이스터는 자신의 초창기 연구에서 포도당과의 연관성을 발견했을 때 소스라치게 놀랐던 일을 떠올렸다.) 이로써 헤더튼의 연구 결과는 포도당이 의지력의 핵심이라는 사실을 추가로 확인하는 것 이상의 역할을 했다. 뇌의 전체 에너지 사용에 큰 변화를 주지 않고도 어떻게 포도당이 효과를 발휘하는지에 대한 수수께끼가 비로소 풀렸기 때문이다. 자아 고갈 현상이 뇌 한 부위의 활동을 다른 부위로 이동시키는 게 틀림없었다. 다시 말해, 포도당 수치가 낮을 때도 뇌는 활동을 멈추지 않는다. 단지 어떤 활동을 멈추고 다른 활동을 시작할 뿐이다. 이로써 자아 고갈에 빠진 사람들이 특정한 감정을 다른 감정보다 훨씬 더 강렬하게 느끼는 이유가 밝혀졌다. 뇌의 어떤 부분이 지나치게 활동하는 대신 다른 부분은 움츠리는 것이다.

몸은 자기 절제를 하는 동안 포도당이 필요하므로 달콤한 먹을거리를 갈망한다.[9] 이는 단것을 피하기 위해 자기 절제력을 활용해온 사람에게 실망스러운 소식이다. 일상생활에서 자기 절제가 많이 필요한 사람일수록 단것에 대한 갈망은 더욱 커진다. 그렇다고 모든 음식에 대한 갈망이 같이 커지는 것은 아니다. 유독 단것에 대한 욕구만 커진다는 얘기다. 연구실에서 자기 절제 과제를 많이 수행한 학생은 다른 종류의 과자보다 단것을 더 많이 먹었다. 자기 절제를 해야 한다는 생각만으로 단것에 이끌리는 경우도 있었다.

그렇다고 이 모든 결과가 연구실 밖의 사람이나 개에게 설탕을 통한 해결책을 제시하는 것은 아니다. 에너지를 얻는 지름길로서 우리 몸이 단것을 갈망하기는 하지만, 고단백 음식물이나 다른 영양소가 든 음식도 속도가 느리긴 해도 효력을 발휘하기는 마찬가지다. 그럼에도 포도당의 효과에 대한 발견은 자기 절제라는 기술에 어느 정도 도움을 준다. 또한 오랫동안 풀리지 않았던 인간의 미스터리에 대한 해답도 제공한다. 왜 특정한 날에 초콜릿이 강하게 당기는 것일까?

내면의 괴물

제니퍼 러브 휴잇(Jennifer Love Hewitt)[10]의 연기에 대해 당신이 어떻게 생각하건 〈달콤한 악마의 유혹〉이라는 영화에서 그녀가 보여준 독창적 연기만은 인정해야 한다. 그 영화에서 제니퍼는 젊은 여배우로서는 감당하기 어려운 앤서니 홉킨스(Anthony Hopkins)와 앨릭 볼드윈(Alec Baldwin)이라는 2명의 스타와 연기했을 뿐 아니라 악마의 배역도 소화해야 했다. 드라마 연출가의 말대로 배역의 목표가 '캐릭터의 삶을 사는 것'이라면, 악마는 경찰관보다 어려운 역할이다. 배역에 대한 연구를 하기 위해 사탄을 옆에 태우고 순찰을 돌 수는 없기 때문이다. 하지만 휴잇은 배역을 이해하기 위한 대안적인 방법을 찾아내는 데 성공했다.

"나 자신에 대해 좀더 면밀히 관찰하고 생리 전의 느낌에 좀더 집중했지요. 그게 사탄을 표현하는 데 기본이 되었습니다."

휴잇의 말이 생리전증후군을 지나치리만큼 암울하게 표현한 것 같다면, 여성들이 그에 대한 치료법이나 이야기를 나누는 PMSCentral.com을 비롯한 다른 웹사이트를 방문해보라. 거기서는 PMS(생리전증후군)를 정신질환적 기분 변화(Psychotic Mood Shift)나 "내 권총을 좀 건네줘(Pass My Shotgun)"의 약자라며 농담을 하곤 한다. 또는 다음과 같은 생리전증후군 일화를 공유하기도 한다.

생리전증후군은 내 삶의 많은 부분을 망칩니다. 얼굴이 푸석거리며 붓고, 생각도 제대로 할 수 없어 잘못된 결정을 내리기 일쑤죠. 못난 감정이 폭발하고, 비이성적인 생각에 사로잡히기도 합니다. 또한 쓸데없는 물건을 사느라 돈을 낭비하고, 쉽게 직장을 그만두고, 지나친 피로감이나 짜증과 울분에 휩싸입니다. 감정적으로 예민해지고, 온몸이 아프고, 신경이 당기고, 마치 나 자신이 '다른 곳에 있는' 것처럼 멍하니 있는 일이 많아요.[11]

생리전증후군은 초콜릿 폭식(PMS를 "내게 초콜릿을 줘(Provide Me with Sweets)"의 약자로도 해석한다)부터 살인에 이르기까지 모든 문제의 원인으로 지목된다. TV 시리즈 〈CSI〉의 스타 마그 헬겐버거(Marg Helgenberger)는 수상식 만찬에서 이상하게 물들인 머리로 시선을 받자 그때 일을 이렇게 설명했다. "그건 'PMS 핑크'라고 할 수 있죠. 그날 전 완전히 생리전증후군에 시달렸거든요. 정말 미쳤죠. 〈CSI〉에 분홍색 머리칼이라니, 대체 내가 무슨 생각을 했는지 모르겠어요."[12] PMS 상태에서 이혼 소송을 제기했다가 갑작스레 마음을 바꾼 멜라니 그리피스도 '미쳤다'는 표현을 썼다. 물론 그녀의 홍보 담당은 의학적인 용어를 사용해 "좌절과 분노의 시기에 나타난 충동적인 행동"이라고 표현했지만 말이다. 여성들은 정말 괴상하게 느껴지는 충동에 불가사의하게 지배당하는 것에 대해 끊임없이 이야기한다.

이러한 어두운 기분 변화는 과학자에게도 불가사의였다. 특히 진화심리학자의 관점에서 보면, 생리전증후군은 가임기 여성이 주위 사람과 어울리는 데 특히 비생산적인 영향을 미치는 것으로 보였다. 감정이입은 아이를 키우는 데 핵심적인 재능 아닌가? 육아에 도움을 주는 배우자와 좋은 관계를 유지하는 것이 더 좋지 않은가? 어떤 과학자들은 배란기에 임신이 되지 않았을 때에만 이런 상태에 도달한다는 점에 착안해, 생리전증후군은 여성이 생식력 떨어지는 남자에게 불만을 품고 다른 남자를 찾을 수 있게 하는 자연선택적인 구실을 하는 것일지 모른다고 가정하기도 한다. 이러한 가정은 여성이 생리전증후군을 부르는 다른 이름인 PMS(짐 챙겨 떠나기(Pack My Stuff))와 확실히 상응하는 면이 있다. 하지만 이러한 진화적 이점이 그로 인해 치러야 할 희생보다 더 큰지, 아니면 고대 사바나에서 실제로 그런 선택 압박 기제가 작동했는지는 분명하지 않다. 사실 사냥과 군집 생활을 한 인류의 조상은 임신과 수유에 대부분의 시간을 보내느라 생리전증후군에 그리 심하게 시달리지는 않았을 것 같다.

아무튼 이제는 PMS가 불가사의한 외적 충동과 관계가 없다는 구체적인 심리학적 설명이 가능해졌다.[13] 황체기(黃體期)라고 일컫는 생리 전 주기 동안, 여성의 몸은 에너지의 많은 부분을 난소에 보내거나 여성 호르몬을 분비하는 등 그와 관련한 활동에 소모한다. 많은 에너지와 포도당을 재생산 시스템에 투입함에 따라 몸의 다른 부분에 사용될 에너지가 부족해 더 많은 연료를 갈구하는 것이다. 초콜릿이나 다른 단 식품은 즉시 포도당을 공급하므로 더 구미가 당길 수밖에 없지만, 그 외의 음식물도 같은 효과를 발휘한다. 많은 여성이 이 기간에 식욕이 왕성해지고 더 많이 먹는 것은 이 때문이다. 어느 연구에 따르면 보통 여성들은 이 기간에 점심으로 약 810칼로리의 음식을 섭취하는데, 이는 한 달 동안의 다른 기간에 비해 평균 170칼로리가 많은 양이라고 한다.

하지만 대부분의 여성은 여전히 충분한 칼로리를 섭취하지 못한다. 미국처럼 날씬함에 대한 강박증에 사로잡힌 현대 사회의 평범한 여성들은 한 달 중 며칠 되지 않는 이 기간에 필요한 포도당을 제대로 섭취하지 못하기 일쑤다. 에너지를 충분히 공급하지 않으면 몸은 필요한 만큼 스스로 에너지를 나누어 쓰는데, 이때 재생산에 필요한 에너지를 소비하고 나면 의지력을 위한 포도당은 얼마 남지 않는다. 일반적으로 남자와 비교할 때 여성이 자기 절제 붕괴에 시달리는 일은 덜 하지만, 연구 결과는 황체기 동안 여성의 자기 절제력이 떨어진다는 것을 거듭 보여준다.

이 기간 동안 여성은 더 많은 돈을 쓰고, 다른 때보다 더 충동적인 구매를 한다. 담배도 더 많이 피우고 술도 더 많이 마시는데, 즐거워서 그러는 것은 아니다. 알코올 양의 증가는 기존에 알코올 문제가 있거나 알코올 중독 가족력이 있는 여성에게 유독 심하다. 이 황체기 동안 여성은 폭음이나 코카인 등의 약물 남용에 빠질 위험이 더 크다. 생리전증후군은 단지 특정한 한 가지 행동 장애뿐 아니라 각종 문제를 증폭시키며 자기 절제의 경계를 허물어버린다.

이 기간에 소비량이 늘지 않는 마약이 있다면 마리화나인데, 이러한 예외는 상당히 시사하는 바가 많다. 코카인이나 아편과 달리 마리화나는 역경에서 탈출한 것 같은 기분이나 극도의 희열감을 불러일으키는 마약이 아니다. 마리화나는 단지 감각을 더 심화시킬 뿐이다. 생리전증후군도 기분 나쁜데, 그런 느낌을 더 가중시키는 마약이 좋을 리 없다. 더군다나 마리화나는 니코틴이나 알코올, 코카인이나 다른 마약처럼 중독성이 강하지 않기 때문에 전체적인 자아 조절 기능이 약화된다고 해서 모든 종류의 유혹에 쉽게 굴복하지는 않는다.

연구에 따르면, 생리전증후군에 약한 여성은 다른 여성보다 결근율이 두 배나 되는 것으로 나타났다. 이러한 현상은 물론 생리전증후군과 관련한 육체적 통증 때문이기도 하지만, 결근의 일부는 어쩌면 자기 절제와 관련한 문제일 수도 있다. 몸에 포도당이 부족하면 명령을 따르는 것이 더욱 힘들어진다. 여성 재소자 중에는 교도소의 규칙을 깨는 것 같은 문제가 황체기의 여성 사이에서 가장 심해지는 것으로 밝혀졌다. 황체기 동안에는 생리전증후군을 앓는 여성 재소자 사이에 폭력적이고 공격적인 행동이 절정에 달한다. 물론 실제로 폭력적인 모습을 보이는 여성은 소수이지만, 황체기 동안 감정적 동요를 경험하는 여성에 대한 보고는 많다. 연구 결과, 이 기간에 감정적 폭발과 스트레스가 많이 증가한다는 사실이 잇달아 밝혀졌다. 이 시기에 유독 여성은 남편이나 애인 혹은 직장 동료와 갈등을 많이 일으킨다. 또한 사람들과 어울리는 것을 피하고, 혼자 있는 것을 선호한다. 아마도 상호 교류에서 비롯되는 갈등을 회피하고자 하는 효과적인 전략이 아닐까 싶다.

생리전증후군에 대한 일반적 설명은 황체기가 직접 부정적 감정을 유발한다는 것이지만, 이러한 설명은 그동안의 연구 결과와 맞지 않는 부분이 많다. 모든 여성이 똑같이 부정적 감정에 영향을 받는 것은 아니기 때문이다. 아만다 파머가 하버드 스퀘어에서 살아 있는 동상 포즈를 취하고 서 있을 때, 그녀는 생리전증후군이 긍정적이건 부정적이건 자신 안의 감정을 분출시키므로 자기 절제력이 약화된다고 느꼈다.

"생리전증후군의 영향을 받을 때 난 보통 더 예민해지고 곧잘 울고 싶어졌는데, 그때 만약 감정적인 사건이라도 발생하면 곧바로 동상 퍼포먼스에 영향을 주었습니다. 10분 동안 아무도 지나가지 않고 아무도 나를 봐주지 않을 때, 세상이 차갑고 외로운 공간으로 느껴지고 아무도 날 사랑하지 않는 것 같은 느낌에 빠지는 거죠. 또 다른 극단적인 예도 있어요. 아흔다섯쯤 되어 보이는 노인이 달팽이처럼 한없이 느리게 걸어 내 앞에 오더니 한참 지갑을 뒤지다 5달러짜리 지폐 한 장을 꺼내 내 앞에 놓인 팁 바구니에 넣고는 그 크고 외로운 늙은 눈으로 나를 올려다보는 거예요. 그때 난 완전히 무너져버리죠. 그래서 얼굴을 움직이지 않은 채 노인에게 내가 건넬 수 있는 최대한의 사랑을 전해주기 위해 말없이 온갖 애를 쓰지요."

아만다의 경험은 다른 여성들이 황체기에 겪는 것과 상당히 비슷하다. 여성들은 다양한 종류의 감정에 지배되며 어떤 일에 강하게 반응하다 보면 때때로 문제가 생긴다. 생각과 다르게 사소한 일에도 흥분한다. 자신의 몸이 자기 절제를 위한 연료 공급을 갑자기 중단했다는 사실을 깨닫지 못한 채 평소와 같은 자제력이 더 이상 작동하지 않는 것에 당황한다.

많은 여성은 이 기간에 삶의 스트레스가 증가한다고 느낀다. 황체기 동안에는 부정적인 사건이 긍정적인 사건보다 더 많이 일어난다고 말한다. 하지만 실제로 바깥세상이 한 달에 며칠 동안만 특별히 달라질 리 없다. 문제를 처리하는 게 보통 때보다 힘들게 느껴지면 스트레스는 더 증가하게 마련이다. 생리전증후군 때문에 감정 통제가 어려워지면, 그것이 또한 많은 화를 불러일으킨다. 똑같은 일도 집중할 에너지가 모자라면 훨씬 힘들게 느껴진다. 집중력을 요하는 실험에서 황체기의 여성은 다른 시기에 있는 여성에 비해 일처리 능력이 떨어지는 것으로 나타났다. 이러한 현상은 생리전증후군을 앓고 있는 여성에게만 국한된 것은 아니다. 다시 말해, 생리전증후군이 뚜렷하지 않을지라도 황체기 여성의 몸에는 포도당이 부족하다.

우리는 이 문제를 과장할 의도가 전혀 없다. 대부분의 여성은 집에서나 직장에서 생리전증후군을 잘 극복하고 있으므로, 여성이 남성에 비해 의지력이 약하다고 말하려는 의도도 전혀 없다. 다시 말하지만, 대체로 여성은 남성에 비해 자기 절제로 인한 문제가 적다. 여성은 폭력적인 범죄를 저지르거나, 술이나 마약 중독으로 문제를 일으키는 확률도 남자보다 낮다. 여자아이들의 자기 절제력이 더 우수한 것은 학교 성적이 대체로 남자아이들보다 뛰어난 이유이기도 하다. 여기서 중요한 것은 자기 절제가 신체 리듬과 에너지 공급원의 변동에 따라 달라질 수 있다는 것이다. 성자만큼이나 자기 절제가 훌륭한 여성도 황체기에는 그 능력이 약간 떨어질 수 있다. 생리전증후군도 저혈당이나 당뇨병처럼 포도당이 부족할 경우 어떤 일이 일어나는지 명확하게 보여주는 예이며, 남자든 여자든 누구나 포도당이 부족해지는 시점이 있다. 우리 모두 좌절과 분노에 굴복하는 때가 있으며, 해결되지 않는 문제에 시달리고 사악하거나 괴상한 충동에 사로잡힌다.

하지만 문제는 대개 내부에 있다. 세상이 갑자기 잔인하게 변한 것은 아니라는 얘기다. 루시퍼가 새롭고 어두운 유혹과 충동으로 우리를 괴롭히는 것이 아니다. 다만, 평소의 충동이나 문제를 해결하는 오래된 능력이 약화되는 것뿐이다. 문제는 실제로 존재해왔으며, 상사에게 화가 나거나 결혼 생활을 재고해볼 이유는 이전부터 있었던 것이다(결국 멜라니 그리피스는 돈 존슨과 이혼했다). 하지만 자신의 감정을 조절하지 못하는 한 문제를 해결할 수 없으며, 그것은 포도당을 조절함으로써 시작된다.

의지력을 키우는 식습관

앞에서 포도당이 결핍될 때 발생하는 문제점을 살펴보았으니, 이제 멋진 식사와 충분한 수면 같은 해결책과 기분 좋은 주제로 이야기를 옮겨보자. 먼저 포도당을 활성화하기 위한 교훈과 전략을 한 번 살펴보자.

"배고픈 야수에게 먹이를 주어라." 여기서 야수란 악마를 가리키는 것이 아니다. 우리가 말하는 야수란 당신 속의 잠재적 악마 혹은 당신과 많은 시간을 보내는 사람을 말한다. 포도당 결핍은 가장 침착한 배우자조차 괴물로 바꿔버릴 수 있다. 아침 식사를 든든히 하라는 오래된 충고는 온종일 유효하며, 특히 육체적·정신적으로 스트레스가 많은 날에는 더욱 중요하다. 만약 시험이 있거나 중요한 회의 혹은 프로젝트를 준비한다면 포도당 없이 시작하지 마라. 점심을 먹고 네 시간이 지난 후에는 상사와 논쟁하지 마라. 저녁을 먹기 바로 전에는 배우자와 심각한 문제로 다투지 마라. 연인과 로맨틱한 유럽 여행을 떠났다면, 오후 7시가 넘어 성벽으로 이뤄진 중세 도시에 도착해 빈속으로 호텔을 찾아 헤매는 일은 가능한 한 피하라. 자동차는 자갈 깔린 미로를 헤쳐 나갈지 몰라도 당신의 관계는 끝장날 수 있다.

만약 살찌는 것보다 더 심각한 문제를 해결하는 중이라면 칼로리를 줄이는 데 집착하지 마라. 흡연자라면 다이어트 도중 금연 시도를 하지 마라. 금연으로 인한 니코틴의 작용 때문에 억제되었던 식욕이 다시 살아나, 흡연 욕구를 느낄 때마다 더 많은 음식물을 섭취하는 결과가 나타날 수 있다. 연구에 따르면 담배를 끊으려 하는 이들에게 각설탕을 준 결과, 포도당 추가 공급으로 인한 금연 성공률이 높아졌다. 특히 각설탕을 니코틴 패치 같은 다른 치료법과 병행했을 때 성공률이 더 높았다.

"설탕은 연구실에서는 효과를 발휘하지만 당신의 다이어트에는 아니다." 사실 자기 절제 연구가들이 단 음식에 저항하는 의지력을 실험하기 위해 피실험자에게 바로 그 단 음식을 제공하는 것은 아이러니하다고 볼 수 있다. 하지만 과학자들은 단지 한순간의 편리를 위해 설탕을 제공한다. 그리고 설탕이 잔뜩 든 음료수는 연구자들이 단시간에 포도당 효과를 관찰할 수 있도록 피실험자의 에너지를 순식간에 끌어올린다. 연구자나 피실험자나 단백질 같은 좀더 복잡한 영양소가 소화되기까지 한 시간 이상 기다리기를 원치 않는다.

수학 시험이나 육상 경기처럼 짧은 시간이 소요되는 과제를 앞두고 자기 절제력을 향상시키기 위해 당분을 사용할 수는 있다. 금연한 지 얼마 되지 않았다면 담배에 대한 갈망에 대비해 임시방편으로 사탕을 이용할 수도 있다. 하지만 당분으로 인한 일시적 에너지 상승은 고갈 느낌이 더욱 강해지는 하강기를 동반하며, 따라서 장기적으로는 좋은 전략이라고 할 수 없다. 다이어트 소다에서 설탕이 잔뜩 든 음료나 단 과자로 식단을 바꾸는 것은 더더욱 권하고 싶지 않다. 연구자들이 밝혀낸 것처럼 당분이 든 음료는 생리전증후군을 일시적으로 완화한다. 하지만 연구실 밖에서는 가수 메리 J. 블라이즈(Mary J. Blige)가 생리전증후군 때 자신의 기분 변화와 쇼핑 중독에 대해 한 말을 유념하는 게 좋다.[14] "설탕은 문제를 악화시키죠."

"천천히 흡수되는 음식을 섭취하라." 몸은 모든 종류의 음식을 포도당으로 전환하지만, 그 속도는 각기 다르다. 빨리 전환되는 음식은 보통 혈당 지수가 높다고 알려져 있다. 이러한 음식에는 탄수화물 녹말이 많이 함유된 빵이나 감자, 백미 그리고 스낵바나 패스트푸드 음식점에서 살 수 있는 것들이 포함된다. 이러한 음식을 먹으면 신체가 일시적 상승과 하강을 겪게 되어 포도당과 자기 절제력의 주기가 짧아진다. 또한 몸이 자주 도넛이나 사탕에 들어 있는 녹말 성분이나 당분을 갈구한다. 기름진 화요일에 먹는 기름진 팬케이크가 거리 퍼레이드를 더 활기차게 만들어주기는 하겠지만, 그해의 마지막 날들을 더 건강하게 만들어주지는 않는다는 얘기다.

지속적인 자기 절제를 위해서는 저혈당 지수 음식을 섭취하는 것이 좋다. 대부분의 채소나 견과류(땅콩이나 캐슈너트), 사과, 블루베리, 배 같은 과일이나 치즈, 생선, 고기, 올리브 오일 그리고 '좋은' 지방분을 함유한 음식이 여기에 해당한다(저혈당 음식은 또한 당신의 몸을 날씬하게 지켜준다). 가벼운 식사를 함으로써 얻는 이점은 생리전증후군에 대한 연구에서 이미 입증되었다. 즉 건강한 음식을 먹으면 생리전증후군의 증세도 가벼워진다. 또한 교정 기관에 수감된 수천 명의 10대를 대상으로 한 여러 실험에서도 이와 같은 사실이 성공적으로 입증되었다. 당분이 높은 음식과 탄수화물 함량이 높은 음식을 과일과 채소, 통밀 등으로 교체하자 탈출 시도나 폭력 행위를 비롯한 여러 문제가 급격히 감소한 것이다.

"아플 때는 면역 체계를 위해 포도당을 아껴두라." 아픈 몸을 이끌고 일터로 나가려 할 때는 다음과 같은 사항을 고려해보라. 즉 독감에 걸린 채 차를 운전하는 것은 살짝 취한 채 운전하는 것보다 더 위험하다.[15] 당신의 면역 체계가 감기와 싸우느라 포도당을 너무 많이 소진한 결과 뇌에도 포도당이 고갈되었기 때문이다.

운전 같은 단순한 작업도 못할 만큼 포도당이 고갈된 상태에서 과연 일을 잘할 수 있을까(직장에 안전하게 도착했을 때 얘기다)? 간혹 일이 뒤죽박죽될 때도 있으니 중요한 일은 포도당이 결핍된 뇌를 믿고 진행하지 말기 바란다. 만약 회의에 도저히 빠질 수 없다면 자기 절제력에 무리가 갈 만한 주제는 피하도록 하라. 당신의 감독 여부에 따라 일이 성사되거나 좌절된다면, 일단 변경할 수 없는 결정은 내리지 않는 것이 좋다. 또한 악조건에 처한 다른 이들에게도 최선의 결과를 기대하지 마라. 예를 들어, 아이가 대학입학자격시험을 앞두고 감기에 걸렸다면 스케줄을 조정하는 것이 좋다.

"**피로할 때는 잠을 자라.**" 너무나 당연한 말 같지만 필요한 수면 시간에 푹 자야 하는 것은 짜증을 내는 아이뿐만이 아니다. 어른도 때때로 수면 부족으로 자기 절제력을 잃어버린다. 휴식을 취함으로써 사람 몸은 포도당의 요구를 낮추고 혈관 속 포도당을 전체적으로 활성화시킬 수 있다. 수면 결핍은 포도당 활성화 과정을 방해하고 단기적으로는 자기 절제력을 잃게 하며 장기적으로는 당뇨의 위험을 높인다.

최근의 연구에서 수면을 충분히 취하지 못한 직장인은 (상사나 동료의 평가에 의하면) 비도덕적인 행동을 할 가능성이 높은 것으로 밝혀졌다.[16] 그들은 다른 사람이 자기 일을 대신 해주는 걸 그다지 미안해하지 않았다. 현금을 얻을 수 있는 기회를 제공하는 실험에서, 수면 부족인 학생은 남을 속이는 예가 더 흔한 것으로 나타나기도 했다. 수면 부족은 몸과 마음에 부정적인 영향을 끼친다. 드러나지 않는 또 다른 부정적 효과로는 자기 절제 약화와 그와 관련한 결정 능력 약화 등이 있다. 당신의 의지력을 최대한 사용하고 싶다면 우선 충분한 수면 시간을 확보하라. 그러면 훨씬 더 나은 내일을 맞이할 수 있고. 그로 인해 다음 날에도 푹 잘 수 있을 것이다.

체크리스트의 간략한 역사
하나님에서 드루 캐리까지

태초에 하나님이 천지를 창조하시니라
땅이 혼돈하고 공허하며
흑암이 깊음 위에 있고
하나님의 영은 수면 위에 운행하시니라
—〈창세기〉 1장 1절(개역개정—옮긴이)

태초에 리스트가 있었다.

《성경》에 따르면, 창조는 전지전능한 하나님에게도 쉬운 일이 아니었
다. 창조 프로젝트를 위해 하나님도 심사숙고할 수밖에 없었다. 다시 말
해, 하늘과 땅도 달걀처럼 부화의 시기가 필요했다. 창조 프로젝트는 매
일의 일과로 나뉘어서 진행되었고, 월요일부터 할 일은 대략 이러했다.

1. 빛 만들기

2. 빛 관찰하기

3. 빛이 괜찮은지 확인하기

4. 빛과 어둠 구분하기

5. 빛의 이름 만들기(낮)

6. 어둠의 이름 만들기(밤)

그리고 다음에 할 일이 이어진다. 화요일에는 창공을 만들고, 수요일에는 땅과 나무를 만들고, 목요일에는 별을 만들고, 금요일에는 물고기와 가금류를 만들고, 토요일에는 남자와 여자를 만들고, 일요일에는 휴식을 취했다. 그리고 모든 일을 하나씩 점검한 다음, 주말에 전체적인 평가를 했다. "하나님이 지으신 그 모든 것을 보시니 보시기에 심히 좋았더라."

당신도 이렇게 느긋한 주말을 보내고 있는가? 언뜻 보기에 〈창세기〉의 전략은 우스꽝스러울 정도로 명백하다. 즉 일단 목표를 정하라. 그 목표에 도달하기 위한 리스트를 만들어라. 실행하라. 그리고 휴식하라. 하지만 일주일간 할 일의 리스트를 모두 해낼 수 있는 사람이 얼마나 될까? 리스트가 많을수록 실패율도 높아진다. 우리는 일상에서 보통 150가지 서로 다른 일을 처리하며, 그 밖에도 새로운 일이 연이어 수면 위로 떠오른다. 리스트에서 지금 해야 할 일과 다음에 해야 할 일을 어떻게 선택할 수 있을까? 좋은 소식은 이 문제에 대한 실용적인 해답이 있다는 것이다. 하지만 명쾌한 전략을 찾기란 결코 쉽지 않다. 심리학자와 신경과학자들이 수십 년 동안 연구하고, 수세기에 걸쳐 훌륭한 자기 계발서가 출간되고, 수많은 시행착오를 겪으며 우리는 드디어 〈창세기〉리스트의 핵심을 이해할 수 있게 되었다.

자기 절제의 첫 번째 단계는 분명한 목표를 정하는 것이다. 연구자들은 자기 조절이라는 용어로 자기 절제를 표현하기도 한다. 여기서 '조절'은 목표의 중요성을 강조하는 말이다. 조절이란 변화를 의미한다. 특히 의도적이고 뜻 깊은 특별한 변화를 가리킨다. 따라서 조절은 특정한 목표나 기준으로 이끄는 것을 의미한다. 예를 들면 고속도로에서 차량

속도를 제한하거나 사무실 빌딩의 높이를 제한하는 것 등이 여기에 속한다. 목표와 기준 없는 자기 절제는 피해야 할 음식이 무엇인지도 모른 채 다이어트에 돌입하는 것처럼 방향 없는 변화에 불과하다.

하지만 우리 대부분이 안고 있는 문제는 목표의 결핍이 아니라 과잉이다. 우리는 하루 종일 어떤 장애물도 없이 달성하기 어려운 체크리스트를 만든다. 주말이 가까워지면 수행하지 못한 과제가 갈수록 많이 쌓이지만, 우리는 그것들을 언젠가는 기적 같은 속도로 끝내리라 기대하며 계속 미룬다. 전문가들이 관리자의 하루 일과가 일주일치 일보다 더 많다고 말하는 것은 바로 이런 이유 때문이다.

장기적인 목표를 세울 때는 훨씬 비현실적인 경우가 많다. 자기 계발의 대부 벤저민 프랭클린은 말년에 쓴 자서전에서 자신이 20대 때 세운 우스꽝스러운 계획에 대해 이렇게 언급했다. "나는 도덕적 완벽주의에 이르기 위한 대담하고도 고된 목표를 세우곤 했다. 어떤 순간에도 잘못을 저지르지 않고 살기를 원했다. 자연적 성향이나 관습, 주변의 압력 등 모든 것을 극복하겠다고 마음먹었다."[1] 물론 얼마 지나지 않아 그는 문제점을 발견했다. "하나의 잘못을 저지르지 않으려 애쓰다 보면 이따금 다른 실수를 저질러 놀라곤 했다. 습관은 무의식의 틈새를 파고들었으며, 성향이 논리보다 강하게 작용하는 경우가 많았다."

그래서 프랭클린은 분류와 극복이라는 접근 방식을 택하기로 했다. 먼저 덕목 리스트를 만들어 다음과 같은 명령 방식으로 각각의 간략한 목표를 적었다. '모든 물건은 제자리에 두어라. 모든 일은 때를 봐서 시행하라.' 그가 만든 리스트에는 절제, 침묵, 결단력, 검소, 근면, 성실, 정의, 온건, 청결, 고요, 정숙, 겸손 등의 덕목이 있었다. 하지만 이내 자신의 한계를 깨달았다. "모든 것을 한꺼번에 이루려 하다 보면 집중력이 흐트러진다는 것을 깨달았다. 그래서 한 번에 하나씩 해결하기로 했다." 그 결과 프랭클린이 '코스'라고 일컫는 단계가 탄생했고, 이는 오늘날 '벤저민 프랭클린의 13가지 덕목'이라는 이름으로 널리 알려졌다. 스티븐 코비의 《성공하는 사람들의 7가지 습관》과 가죽 제본으로 만든 스케줄 책자가 나오기 훨씬 이전에, 또 스튜어트 스몰리(Stuart Smalley) 같은 이들의 매일 다짐하기(Daily Affirmation) 등이 유행하기 훨씬 이전에 프랭클린은 '덕목 리스트'와 영적인 기도문으로 완성한 자기 계발 요법을 개발했다.

빛과 생명의 아버지, 오 위대한 하나님!
무엇이 옳은지 가르쳐주시옵소서. 친히 가르치옵소서!
거짓과 허영, 부덕으로부터 저를 구원하시고
저급한 욕망으로부터 절 구하시며
제 영혼을 지식과 평화와 순수한 미덕으로 채워주시고
성스럽고 단단하고 바래지 않는 축복으로 채워주소서!

프랭클린은 공책에 일주일에 하나씩의 덕목을 적은 13주 분량의 차트를 만든 다음 붉은 잉크로 선을 그었다. 각각의 차트에는 각각의 미덕을 위한 날짜와 칸을 만들었다. 하루가 끝날 무렵, 프랭클린은 각 칸을 점검해 자신이 이루지 못한 미덕을 검은색 연필로 기록했다. 요컨대 절제라는 덕목을 부여한 일주일 동안의 차트에서 이루지 못한 다른 덕목에 검은색 표시를 한 것이다. 이를테면 일요일에는 침묵과 질서라는 덕목이 모자랐고, 화요일에는 혼란이 넘치는 대신 근면이 부족했고, 금요일에는 결단력과 검소함이 무너졌다는 식이다. 하지만 그 일주일 동안 절제 덕목에는 아무런 내용도 표시되지 않도록 노력했다. 이러한 방식에 고무된 프랭클린은 첫 번째 주에 '습관으로 삼은' 절제라는 미덕이 계속 유지되기를 바라며 다음 주에는 다른 덕목에 도전할 수 있었다. 프랭클린은 자신을 열세 개의 화단을 하나씩 돌아가며 풀을 뽑는 정원사에 비유했다. "그리하여 내가 적어놓은 덕목이 진척되는 즐거움을 누리다 보면, 여러 코스를 거쳐 13주의 점검이 끝난 후에는 깨끗한 하나의 책을 보는 행복을 누릴 수 있을 것이라 생각했다."

물론 모든 일이 생각대로 진행된 것은 아니다. 공책에는 계속해서 이런저런 기록이 남았다. 이런 방식을 되풀이하면서 검은 연필 자국을 지우고 새로운 표시를 하다 보니 결국 공책에 구멍이 나고 말았다. 그래서 프랭클린은 상아로 만든 튼튼한 공책을 마련했다(그 공책은 부채처럼 펼칠 수 있었다). 한 코스가 끝날 때마다 프랭클린은 연필 자국을 젖은 스펀지로 지웠다. 상아 공책은 놀라우리만큼 내구성이 좋아 그 위에 다른 코스에 대한 내용을 기록할 수 있었다. 거의 반세기가 지난 후, 외교관 신분으로 파리에서 상류 사회 여성들과 어울릴 때에도 프랭클린은 때때로 그 차트를 보여주며 으스대곤 했다. 그때마다 프랑스 친구들은 예의 그 '고귀한 책자'[2]를 만져보며 놀라워했다. 하지만 뒤를 이은 자기 계발 계승자들(프랭클린코비 31일 플래너(FranklinCovey 31-Day Planner)라는 스케줄 책자로 그의 이름을 도용한 이들을 포함해)과 달리 프랭클린은 국제적 스케줄 책자 사업에 뛰어들려는 시도를 한 번도 하지 않았다. 조지 워싱턴의 군대를 위한 지원을 끌어내느라 파리에서 너무 바쁜 탓도 있었고, 여성들과 어울리는 것을 무척 좋아해 정숙 같은 덕목을 내세우기 어려운 까닭도 있었을 것이다. 이러한 약점뿐 아니라 프랭클린은 항상 책상 위의 서류를 가지런히 정돈하는 데 끔찍한 어려움을 겪곤 했다. 이것이 공책에 검은 연필 자국을 더하는 데 일조한 것은 물론이다. 그는 《가난한 리처드의 달력(Poor Richard's Almanack)》에서 이렇게 한탄했다.

대담한 결심을 하는 것은 쉽지만
실천을 하는 것은 어렵다네.

아무리 노력해도 프랭클린은 결코 공책을 깨끗한 상태로 유지할 수 없었다. 언제나 충돌하는 목표가 있었기 때문이다. 숙달된 인쇄업자로서 엄격한 일과를 계획하고 질서라는 덕목을 실천하려 하면, 예상치 못한 고객들의 요구에 방해를 받았다. 그럴 경우에는 근면이라는 덕목이 계획을 무시하고 고객을 만나라고 부추겼다. 또한 검소('낭비하지 마라')를 실천하기 위해 옷을 직접 수선하고 음식을 직접 요리하면, 직장 일에 대한—독립선언문 편집하기 같은 일에 대한—근면 덕목을 충족할 시간이 모자랐다. 만약 저녁에 친구들과 만나기로 약속했는데, 일 때문에 시간이 늦었다면 "결심한 것을 실패 없이 실행하라"는 결단력 덕목을 위반할 수밖에 없었다.

그럼에도 프랭클린의 목표는 현대인들에 비해 상당히 일관성이 있는 것처럼 보인다. 그는 근면이라는 오래된 청교도 덕목에 집중했으며, 쾌락에는 그다지 의미를 두지 않았다(적어도 공책에서는). 프랭클린은 시간을 내어 해변에서 산책하기로 결심하거나, 비영리 단체에서 자원봉사를 하거나, 공동체에서 재활용을 권장하거나, 아이들과 놀면서 멋진 시간을 보내기로 결심하지는 않았다. 또한 꼭 가봐야 할 관광지 리스트를 작성하거나, 은퇴 후 플로리다로 이주하는 꿈 같은 것도 꾸지 않았다. 파리 조약 협상 도중 골프를 배우겠다는 결심 같은 것도 하지 않았다. 오늘날에는 훨씬 많은 유혹이 있다―그 모든 것을 한꺼번에 이루겠다는 유혹을 포함해.

연구자들이 개인적 목표를 말해달라고 하자 대부분의 사람은 적어도 15개 이상의 목표를 주저 없이 제시했다. 금연이나 절약 같은 목표는 서로 조화를 이루며 각각을 성취하는 데 서로 도움이 된다. 하지만 직장과 가정에서의 목표 사이에는 어쩔 수 없는 갈등이 있게 마련이다. 가정의 목표 중에서도 아이 돌보기 같은 것은 배우자와 좋은 관계를 유지하려는 목표와 갈등을 일으킬 수 있다. 자녀가 생기면서 결혼 생활의 만족도가 감소했다 자녀들이 독립할 때쯤 다시 상승하는 것은 이를 잘 설명해준다. 프랭클린의 온건 같은 미덕처럼 내부에서 스스로 갈등을 일으키는 목표도 있다. 예를 들면 "분노와 상처는 가능한 한 드러내지 마라" 같은 것이다. 많은 사람이 부당한 상황에서도 화를 내지 않겠다는 목표를 세운다. 부당한 일이 일어나더라도 불평하거나 과격한 행동을 하지 않으려고 자제하지만, 나중에는 자신의 견해를 지키지 못했다는 이유로 혹은 부당한 그 문제가 옳게 해결되지 않았다는 이유로 불쾌해한다. 요컨대 온건을 지키려다 프랭클린의 다른 미덕인 정의가 훼손되는 것이다.

심리학자 로버트 에먼스(Robert Emmons)와 로라 킹(Raura King)이 일련의 연구를 통해 증명했듯이 목표가 서로 충돌할 경우에는 결국 불만으로 이어진다.[3] 그들은 사람들에게 15개의 중요한 목표를 적게 한 다음 서로 상충하는 목표를 표시하도록 했다. 그런 다음 수행한 한 연구에서, 피실험자들은 3주 동안 매일 자신의 감정과 육체적 증상을 기록하고, 연구자들에게 자신의 1년치 건강 기록을 넘겨주었다. 또 다른 연구에서는 피실험자들이 자동 발신 장치를 착용한 채 하루 동안 자신이 하는 일과 느낌에 대해 수시로 대답하고, 1년 후 연구실에 자신의 목표 성취도와 건강 상태에 대한 정보를 제공하게 했다. 이처럼 사람들에게 목표를 물어보고 꾸준히 관찰함으로써 연구자들은 상충하는 목표가 불러일으키는 세 가지 주된 결과를 정리할 수 있었다.

첫째, 걱정을 많이 한다. 요구 사항이 서로 충돌하면 할수록 그 요구 사항에 대해 많이 고민하게 된다. 그리고 고민 때문에 갈등한다. 원하지도 않고 즐겁지도 않은 생각에 반복적으로 시달리는 것이다.

둘째, 일의 성취도가 떨어진다. 목표에 대해 많이 생각하면 할수록 그것에 가까워지는 것 같지만 실천하는 대신 오히려 고민으로 보내는 시간이 많다. 연구자들은 선명하고 갈등 없는 목표를 가진 사람들이 더 큰 진전과 발전을 이루며, 걱정만 하다 보면 오히려 그 자리에 머무르는 경우가 많다는 것을 발견했다.

셋째, 정신적으로나 육체적으로 건강에 위험하다. 연구에 따르면, 서로 상충하는 목표를 가진 사람일수록 긍정적인 감정보다 우울과 불안 같은 부정적인 감정에 시달리는 경우가 많았다. 심리적인 문제로 인한 불평도 심했다. 1년 동안의 건강 기록을 종합해본 결과, 목표가 서로 상충하는 사람의 경우에는 단순한 육체적 질병의 발병율도 높은 것으로 나타났다. 목표가 서로 갈등을 일으키면 일으킬수록 사람들은 혼란에 빠지며, 그 결과 한층 불행해지고 건강 또한 더 나빠진다.

지나친 고민의 대가를 치르는 것이다―〈창세기〉의 세계가 아닌 우리의 일상 세계에서는 대체로 그렇다. 지나친 고민은 결국 정신적 스트레스로 이어진다. 너무나 많은 사람이 이와 비슷한 문제로 시달리기 때문에 이는 의심할 여지가 없다. 암탉이라면 흐뭇하게 알을 품고 있겠지만, 갈등하는 목표에 치여 꼼짝 못한 채 앉아 있어야 하는 사람은 괴로울 수밖에 없다. 게다가 그중 어떤 목표가 자신에게 최선인지 결정하지 못한다면 그 갈등은 사라지지 않는다.

무슨 목표?

조는 레스토랑에서 커피를 마시고 있다. 그는 ＿＿을 하는 미래의 시간에 대해 생각하는 중이다.

소설 쓰기 연습을 하는 셈치고 당신이 원하는 방식으로 조의 이야기를 완성해보라. 조의 마음속에서 일어나는 일을 재빨리 상상해보라.

다시 비슷한 연습을 해보자. 이번에는 다음과 같은 문장으로 시작하는 이야기를 완성해보라.

침대에서 일어난 후, 빌은 자신의 미래에 대해 생각하기 시작했다. 보통 그는 ＿＿을 기대했다.

다시 한번 당신에게 완벽한 자유가 주어진다. 생각을 정교하게 꾸미려 애쓰지 말고 빌에 대한 이야기를 완성해보라. 거친 생각도 좋다.

끝났는가?

이제 당신의 이야기 속에 묘사된 행동을 생각해보라. 각각의 이야기 속에 묘사된 행동을 하는 데 얼마만큼의 시간이 필요한가?

물론 이것은 소설가 지망생을 위한 문학 테스트가 아니다. 정신과 의사들이 버몬트의 벌링턴에 있는 마약 중독자 치료 센터에서 과거에 수행한 실험 중 하나다.[4] 연구자들은 또한 중독자와 생활수준이 비슷한(대학 교육을 받지 않고 연수입이 2000달러 미만 등) 성인으로 이루어진 통제 집단을 대상으로 똑같은 실험을 수행했다. 통제 집단의 경우 조가 커피숍에 앉아 생각하는 '미래의 시간'은 보통 일주일가량의 미래인 데 비해, 헤로인 중독자의 경우에는 겨우 한 시간 정도에 지나지 않았다.

또한 빌의 '미래'에 대한 이야기를 쓰라고 했을 때, 통제 집단은 보통 직장에서의 진급이나 결혼 같은 장기적 전망을 언급한 데 비해, 중독자들은 병원에 간다거나 친척을 방문하는 등 바로 눈앞의 일에 대해 많이 썼다. 그러니까 통제 집단의 일반 사람들이 미래를 4년 반 정도로 파악한 반면, 전형적인 마약 중독자들에게 미래는 고작해야 9일 남짓에 지나지 않은 것이다.

이러한 일시적이고 단기적인 사고의 지평은 모든 종류의 중독자에게 반복적으로 나타나는 현상이다. 연구실에서 카드 게임을 할 때, 마약 중독자들은 장기적으로 적은 액수에 승부를 걸면 돈을 더 많이 벌 수 있음에도 단기적으로 큰 액수가 걸린 위험한 승부를 선호했다. 또한 오늘 375달러를 받는 것과 1년 안에 1000달러를 받는 것 중 선택을 해야 한다면 마약 중독자나 알코올 중독자, 흡연자들은 전자를 선택할 가능성이 더 높다. 버몬트에서 마약 중독자를 대상으로 연구를 수행한 워런 비켈 (Warren Bickel)은 아칸소 대학교에서도 같은 연구를 계속한 결과, 담배나 알코올 혹은 다른 약물에 지나치게 의존하는 사람은 단기적인 승부를 선호한다는 사실을 여러 차례 확인했다(여기서 또다시 마리화나는 예외로 밝혀졌다. 이는 마리화나가 다른 약물에 비해 중독성이 훨씬 약하기 때문에 중독에서 비롯된 파괴적이고 단기적인 증세가 나타나지 않았다는 뜻이다). 단기적인 생활 태도는 중독성을 불러올 가능성이 많으며, 중독에 빠져 빠른 보상에만 집중함으로써 삶의 관점이 또다시 좁아진다. 비켈과 동료 연구자들이 흡연자나 아편 중독자를 통해 발견한 것처럼 중독 증세를 치유하거나 완화시킨다면 그들의 미래도 좀더 확장될 가능성이 있다.

실제 삶에서와 마찬가지로 연구실에서도 알코올 중독자와 흡연자 그리고 마약 중독자들은 단기적 목표의 위험성을 여실히 보여준다. 장기적 미래를 무시하는 것은 몸과 마음에 두루 악영향을 미친다. 조와 빌에 관한 다른 실험에서 연구자들은 높은 수입을 올리는 사람이 그렇지 못한 사람에 비해 더 장기적인 미래를 설계하는 경향이 강하다는 것을 발견했다. 이러한 차이는 부분적으로 필요 때문에 생겨난다. 즉 집세도 내지 못해 허덕이는 상황에서 401(k) 퇴직 연금(매달 일정량의 퇴직금을 회사가 적립하되 그 관리 책임을 종업원에게 부여하는 방식의 미국 연금 제도─옮긴이)을 비교할 여유 따위는 없다. 하지만 집세도 못 내는 상황은 단기적 사고의 결과라고 할 수 있다. 이솝 우화에서도 볼 수 있듯이 먼 앞날을 내다보는 개미는 눈앞의 상황밖에 보지 못하는 베짱이보다 훨씬 바람직한 월동 준비를 한다.

하지만 이솝 우화도 목표를 세우는 데 결정적인 기준이라고 볼 수는 없다. 심리학자들은 수십 년 동안 단기적 목표와 장기적 목표 중 어느 것이 더 나은지 논쟁을 벌여왔다.[5] 그중 고전적인 실험의 하나는 이 분야의 전설적인 학자 앨버트 밴두러(Albert Bandura)에 의해 이루어졌다(이 실험으로 밴두러는 프로이트와 스키너, 피아제에 이어 이 분야에서 네 번째 위치를 차지하게 되었다). 밴두러와 데일 셩크(Dale Schunk) 교수는 수학을 어려워하는 7세에서 10세 사이의 아동을 대상으로 실험에 착수했다. 아동들은 자기 주도 학습 방식으로 여러 가지 수학 문제를 풀어야 했다. 어떤 학생들은 각 세션마다 적어도 6쪽 정도의 문제를 푸는 단기적 목표를 부여받았고, 또 어떤 학생들은 일곱 번의 세션이 모두 끝날 때까지 총 42쪽의 문제를 풀게 하는 장기적 목표를 부여받았다. 물론 두 집단의 문제 할당량은 같았다. 한편, 세 번째 집단에는 아무런 목표도 주지 않았고, 마지막 집단은 문제를 아예 풀지 않아도 되었다.

이 프로그램을 측정한 결과, 단기적 목표를 세운 집단이 다른 모든 학생을 능가하는 실력을 보인 것으로 나타났다. 날마다 목표를 달성하는 동안 서서히 자신감과 자기 옹호(self-efficacy)가 향상된 것이다. 각 세션마다 특정한 목표를 설정함으로써 그들은 다른 학생보다 더 빠르고 효율적으로 공부했다. 공부 시간이 상대적으로 적었음에도 더 많은 문제를 풀고, 전체적인 진도 역시 빨랐다. 그리고 어려운 문제에 직면했을 때 끈질기게 그것을 풀고 쉽게 포기하지 않았다. 물론 장기적 목표를 부여받은 학생들은 아무런 목표도 부여받지 않은 학생들보다 나았다. 그러나 단기적 목표만이 배움과 자기 옹호 그리고 성적 면에서 발전을 가져왔다.

하지만 이러한 연구 결과가 이 분야에서 가장 엄격하고 저명한 〈성격과 사회 심리학 저널〉에 발표된 지 얼마 되지 않아 같은 잡지에 한 네덜란드 학자가 고등학교 남학생에게는 적어도 장기적 목표가 적합하다는 것을 증명하는 연구 자료를 발표했다.[6] 장기적 목표—좋은 직장, 경제적 성공, 멋진 가정, 높은 사회적 지위 획득—를 중시하는 남학생이 학교생활도 더 잘한다는 사실이 밝혀진 것이다. 이러한 장기적 목표에 상대적으로 냉담한 부류는 그다지 좋은 학생이 될 확률이 낮았다. 먼 미래의 목표에 집중하는 것이 좋은 성적을 거두거나 방학 계획 세우기 혹은 졸업장을 타는 것 같은 중기적 목표를 세우는 것보다 더 효과적인 것처럼 보였다. 또한 이러한 장기적 계획은 다른 사람을 도와주거나 지식을 획득하는 것과 같은 현재에 기반을 둔 목표보다 더 유용한 것 같았다. 그렇다면 고등학생을 대상으로 한 장기적 목표 방식은 왜 초등학생을 대상으로 한 수학 문제 실험에서 도움이 되지 않았을까? 고등학생은 일상적 과제와 장기적 목표 사이의 관련성을 분명하게 인식한다는 사실이 그 이유 중 하나다. 뛰어난 학생은 장기적 목표를 중시할 뿐만 아니라 자신들이 집중하는 현재의 공부와 노력이 그 목표를 이루는 데 도움을 준다는 것을 상대적으로 잘 인식한다. 다른 이유로는 어린 학생보다 성숙해서 자신의 미래에 대해 진지한 사고를 할 수 있다는 것이다.

그 학생들이 장기적 목표에 도달할지 여부와 상관없이 이들은 먼 꿈과 고단한 일상 사이의 연관성을 파악하는 능력을 갖추었다. 어쩌면 이들도 벤저민 프랭클린이 거둔 것과 같은 종류의 보상을 받았을지 모른다. 말년에 이르러 프랭클린은 도덕적 완벽함이라는 도입부의 장기적 목표는 차치하고 일주일간 아무런 단점도 표시되지 않은 공책을 얻고자 하는 단기적 목표조차도 이룰 수 없었음을 흔쾌히 인정했다. 하지만 두 가지 목표 사이의 연결 고리는 삶을 이끄는 힘이 되어주었고, 프랭클린은 그 결과에 만족했다. 프랭클린의 결론은 이렇다. "전체적으로 내가 그토록 열망하던 완벽함에 한 번도 도달하지 못했지만, 그 노력 덕분에 더 행복하고 더 나은 인간이 될 수 있었다."

애매함 대 꼼꼼함

목표에 도달하기 위해서는 계획이 얼마나 구체적이어야 할까? 신중하게 수행한 한 실험에서 연구자들은 공부 방식을 향상시키기 위한 프로그램에 참여한 대학생들을 관찰했다. 시간을 효율적으로 사용하라는 일반적인 지시를 받고 나서 학생들은 세 가지 계획에 무작위로 배정되었다. 한 집단은 무엇을 어디서 언제 공부할 것인가에 따른 일과표를 만들라는 주문을 받았다. 다른 집단은 하루 대신 월 단위로 계획표를 만들라는 주문을 받았다.[7] 반면, 세 번째 통제 집단은 아무런 계획도 세우지 않게 했다.

연구자들은 매일매일의 계획이 가장 효과적일 것이라는 굳건한 믿음으로 실험에 임했다. 하지만 이들의 생각은 틀렸다. 학습 습관이나 태도에서 월별 계획을 세운 학생들이 가장 뛰어났기 때문이다. 특히 성적이 낮은 학생 사이에서는(성적이 높은 학생은 제외하고) 월별 계획을 세운 학생이 일일 계획을 세운 학생에 비해 성적이 더 크게 향상되었다. 월별 계획은 일일 계획보다 장기적으로 잘 실천되었으며, 실험 프로그램이 끝난 후에도 지속될 가능성이 높았다. 프로그램이 끝나고 1년이 지난 후에도 월별 계획을 세운 학생들의 성적은 그 시기에 이미 매일 계획 세우기를 포기한 다른 학생들에 비해 한층 높았다.

왜 그럴까? 일일 계획은 순간순간 정확하게 무엇을 해야 할지 알려주는 장점이 있다. 하지만 하루에 할 일을 서른 개씩 계획하는 것은 그런 상세한 사항을 포함하지 않은 느슨한 월별 계획에 비해 시간 낭비가 많다. 일일 계획의 또 다른 문제는 유연성이 떨어진다는 것이다. 이는 우리에게 어떤 일을 선택할 기회를 빼앗을 뿐만 아니라 답답하고 엄격한 일과 속에 갇힌 느낌을 준다. 인생이란 계획대로 되는 경우가 거의 없다. 그럴 때 우리는 의기소침해질 수밖에 없다. 하지만 월별 계획은 조정이 가능하다. 하루 정도 늦어진다 해도 계획은 유효하다.

대충 만든 계획과 꼼꼼한 계획을 비교하는 가장 포괄적인 실험은 유럽의 전장에서 군대 지휘관에 의해 통제되지 않은 상황에서 이루어졌다. 나폴레옹은 전쟁 전략에 대한 자신의 생각을 이렇게 정리한 적이 있다. "일단 싸움을 시작하고 기다린 다음 결과를 본다."[8] 나폴레옹의 군대는 적과 일단 붙어서 싸운 다음 이기는 방법으로 유럽 전역에서 악명을 떨치고 부러움의 대상이 되었다. 나폴레옹의 라이벌이던 북방의 프로이센 군대는 프랑스군에 계속해서 패하지 않기 위해 좀더 정교한 계획을 세웠다.[9] 병사들이 책상에 둘러앉아 펜과 종이로 계획을 세우는 것을 보고 다른 나라 장성들은 비웃었다. 하지만 계획은 실질적인 이득을 증명했다. 다음번 두 나라가 다시 맞붙었을 때 프로이센이 확신한 승리를 거둔 것이다.

제1차 세계대전 때는 모든 사람이 계획을 세우기에 바빴다. 반면 제2차 세계대전 때는 군 지도자들이 역사상 가장 복잡하고 논리적이라고 할 수 있는 관료적 기술을 터득했다. 노르망디 상륙 작전이 바로 그것이다. 노르망디 해안에 상륙한 16만 명의 군사는 러시아로 진격했던 나폴레옹의 40만 대군에 비하면 결코 많다고 할 수 없었다. 하지만 매우 상세한 지휘에 맞춰 진격이 이루어졌고, 정확한 상륙 날짜와 공격 개시 시간[10][항해 박명(航海薄明) 이후 1시간 30분]을 미리 계획했다. 전력 리스트에는 자세한 준비 사항(이를테면, 디데이 3일 전에 폭격을 가한다)과 함께 상륙 전술도 상세히 적혀 있었다. 또한 상륙을 시작한 다음 전력 보강 팀을 2주 후에 어디로 투입할지를 포함한 전략도 완벽했다. 이들 군사 전략가의 넘치는 자신감이 나폴레옹에게는 건방지게 느껴질 수도 있겠지만, 그 전략이 일단 성공하자 모든 사람이 그들을 신뢰했다.

　전후 미국의 한 회사는 제2차 세계대전의 베테랑으로 이루어진 위즈키즈(Whiz Kids: 제2차 세계대전 이후의 포드 자동차 임원 그룹을 지칭하는 말—옮긴이) 같은 새로운 전략 영웅들을 받아들였다. 이들의 지도자는 전쟁 전 하버드 대학교 경영대학원에서 회계학을 가르친 로버트 S. 맥나마라(Robert S. McNamara)[11]였다. 그는 자신의 수학적 능력을 공군 통계 관제소에서 폭격 임무를 분석하는 일에 활용했으며, 그 임무를 성공적으로 마친 후 포드에서 일하게 되었다. 그런 다음 다시 군으로 돌아가 국방장관으로 재직하며 '시스템 분석'과 데이터 구축이라는 원칙에 기초한 새로운 계획 전략을 국방부에 도입했다. 베트남 전쟁에 대한 전략이 실패로 돌아가기 전까지만 해도 맥나마라는 현대적 전사의 모델처럼 여겨졌다. 펜타곤에 앉아 피해 통계에 기초한 적 퇴치 방안을 궁리하는 동안 정글에서 싸우는 병사들은 그러한 통계나 계획이 전혀 믿을 수 없다는 사실을 깨달았다. 베트남 전쟁에서의 커다란 실패는 군사 지도자들에게 유연성에 대한 필요를 일깨웠고 이러한 교훈은 이라크와 아프가니스탄 전쟁에서 새롭게 보강·활용되었다. 나폴레옹이 말한 대로 가끔은 그냥 싸우며 지켜보는 수밖에 없다.

그렇다면 현대 장성들은 정확히 어떻게 미래를 계획하는가? 이는 최근 국방부에서 시간과 자원 관리법에 대해 강연한 심리학자들이 군 장성들에게 던진 질문이다. 일종의 워밍업으로, 심리학자들은 군 장성들에게 임무에 접근하는 방식을 간략히 정리하도록 했다. 다시 말해, 스물다섯 단어 이내로 자신의 임무를 정리하도록 했다. 이러한 요구에 장성 대부분은 당황했다. 제복을 갖춰 입은 남자 장성 중 제대로 답변한 사람은 아무도 없었다.

유일하게 답변을 정리한 사람은 강의실에 홍일점으로 참석한 여성 장군이었다. 그녀는 뛰어난 경력의 소유자로, 수많은 노력 끝에 군 장성 지위에 올랐으며 이라크에서는 부상을 입은 적도 있었다. 여성 장군의 전략적 접근법은 이랬다. "일단 우선적으로 처리할 일의 리스트를 정한다. 1번, 2번, 3번. 이런 식으로. 그리고 3번 다음의 임무는 모두 삭제한다."

다른 장군들은 모든 사람에겐 두 가지 이상의 목표가 있고 어떤 임무에는 두 가지 이상의 단계가 있다는 이유로 그녀의 접근 방식에 반대할지도 모른다. 하지만 여성 장군의 관점은 달랐다. 그녀의 전략은 장기적 목표와 단기적 목표를 결합하고 대략적인 것과 정확한 것을 포괄한 것이었다. 다시 말해, 물과 같은 마음을 목표로 삼았다.

드루 캐리, 꿈의 서류함

드루 캐리는 어느 날 할리우드에서 평소와 다름없이 지저분한 자기 책상을 바라보며 환상에 빠져들었다. 그는 수북이 쌓인 종이를 보며 이렇게 생각했다. "데이비드 앨런(David Allen)이라면 무엇을 할까? 더 정확하게 말해서, 데이비드 앨런을 여기 불러와서 이것들을 처리하라고 하는 것은 어떨까?"

그때까지만 해도 캐리는 전형적인 과다 정보의 희생양이었다(유명인에게 전형성이라는 것이 있다면). 캐리는 히트 시트콤의 주인공뿐 아니라 TV 즉흥 코미디 쇼를 진행하고, 베스트셀러가 된 자서전을 썼으며, 박애주의적 정치 활동에 참여하고, 축구팀까지 소유했다. 하지만 그간의 온갖 힘든 일도 캐리 앞에 놓인 서류함이나 체크리스트만큼 위압적으로 느껴지지는 않았다. 조수의 도움을 받았지만 캐리는 응답 전화나 쌓여 있는 대본, 참석해야 할 모임이나 사회를 봐야 할 자선 쇼, 즉각적인 대답을 기다리는 수많은 이메일 등을 일일이 처리할 수 없었다. 그의 집에 있는 사무실 책상은 해결하지 못한 청구서나 답장을 보내지 못한 편지, 끝내지 못한 일과 지키지 못한 약속으로 가득했다.

"나는 어떤 면에서 자기 절제를 잘했지만, 다른 면에서는 그렇지 못했다. 어떤 것이 시급하느냐에 따라 일을 결정했다. 그러다 엉망진창인 사무실에 완전히 질려버렸다. 도저히 처리할 수 없는 서류 작업은 물론, 컴퓨터 양쪽 책상에는 너저분하고 오래된 편지들이 쌓여 있었다. 그러다 보니 생각도 제대로 할 수 없었다. 항상 통제할 수 없는 상황이 되어버리곤 했다. 할 일이 쌓여 있다는 게 머릿속을 떠나지 않았다. 마음 한쪽에 언제나 '쌓여 있는 이메일을 먼저 읽어야지' 하는 생각이 있어 책도 마음 편히 읽을 수 없었다. 한시도 마음 편히 쉴 수 없었다."

캐리는 데이비드 앨런의 《끝도 없는 일 깔끔하게 해치우기(Getting Things Done: The Art of Stress-Free Productivity, 이하 GTD로도 씀)》[12]도 읽어보았지만, 축복 같은 부제목(The Art of Stress-Free Productivity)도 위로가 되지 못했다. "나는 그 책을 읽고 거기에 쓰인 여러 가지 일을 모두는 아니지만 실천하려고 애썼다. 너무나 절박했다. 그러다 결국 이런 결론에 도달했다. '이봐, 난 부자잖아.' 나는 당장 데이비드에게 전화했다. 그리고 만약 데이비드가 직접 나한테 와서 도움을 준다면, 비용이 얼마나 드는지 물어보았다. 그는 이렇게 대답했다. '○○ 정도의 액수라면 1년 동안 도움을 드리지요.' 나는 대답했다. '그럼 그럽시다.' 물론 큰 액수였지만 그걸 신경 쓸 틈도 없었다."

앨런이 제시한 금액이 얼마나 많았는지 모르지만, 일과 삶의 체계를 세우는 데 큰 공헌을 한 앨런의 책 《끝도 없는 일 깔끔하게 해치우기》를 신봉하는 이들이라면 캐리의 결정에 전적으로 공감할 것이다. 그렇다고 해서 앨런이 보편적 개인숭배의 대상인 자기 계발 스승이거나 동기부여자라는 것은 아니다. 앨런은 삶에 대해 단순한 7개의 규칙을 제공하지도, 사람들을 열광의 도가니로 끌어들이지도 않는다. "마음의 끝에서 시작하라" 같은 모호한 가르침이나 "당신 안의 거인을 깨우라"고 권하지도 않는다. 대신 체크리스트, 폴더, 라벨, 서류 상자 등에 관심을 집중한다.

그의 방식은 심리학자들이 수십 년 전에 깨달은 내면의 잔소리라는 심리적 현상과 관계가 있다. 근래 들어 바우마이스터가 실험실에서 내면의 목소리를 잠재우는 실험을 하기 전까지 진정으로 이해받지 못한 방식이다. 연구자들과 앨런이 서로 다른 길을 통해 결국 같은 기법에 도달한 것이다. 앨런의 기법은 심리적 이론을 중심으로 작동하지 않는다. 오히려 자신의 인생 경험에서 우러나온 각종 실험과 실수를 통해 이루어졌다. 1960년대에 성년이 된 앨런은 선불교와 수피교(Sufi) 경전을 공부하고, 캘리포니아 대학교 버클리 캠퍼스에서 역사학 석사 과정을 공부하다 그만두었다. 이후 각종 마약을 실험해보고(짧은 정신적 방황으로 끝났다), 가라테를 가르치거나 인격 성장에 대한 세미나를 제공하는 회사에서 일하기도 했다. 또한 침울한 외판원부터 마술사, 조경사, 여행사 직원, 유리 공장 직공, 택시 운전사, 이삿짐센터 직원, 웨이터, 비타민 판매 사원, 주유소 관리자, 공사장 노동자, 요리사 등을 전전하며 경험을 쌓았다.

"1968년에 누군가가 내게 미래에 개인 생산성 혁신 상담가가 될 거라고 예언했다면 그 사람에게 미쳤느냐고 했을 것이다." 그는 온갖 일을 전전하다—서른다섯 살 생일에 헤아린 그동안의 직업은 서른다섯 가지였다—세미나를 이끄는 능력을 인정받아 록히드(Lockheed)를 비롯한 여러 회사 임원들의 컨설팅 전문가로 스카우트되었다. 이러한 그의 과거 경력이 다소 의아할지 모르지만 앨런은 철학과 정신적 실험을 가능케 한 마약, 가라테에서 인격 성장 트레이너 그리고 회사의 컨설팅 전문가로 이어진 삶에서 어떤 일관성을 간파했다. 앨런은 그것을 가라테를 배우던 시절 들은 '물과 같은 마음'이라는 정신적 평정 상태에 대한 추구로 묘사한다. "고요한 연못에 돌멩이를 던진다고 상상해보라. 물은 어떻게 반응하는가? 들이치는 힘과 흔들림에 완전히 동요하지만 곧 다시 평정 상태로 돌아간다. 지나치게 반응하지도 무반응으로 일관하지도 않는다."

이러한 그의 철학은 엄청나게 부러워할 만한 사무실을 방문해보면 느낄 수 있다. 물론 효율성 전문가이니만큼 질서정연한 모습을 기대할 만하다. 하지만 남부 캘리포니아의 샌타바버라 근처 산간 지역에 있는 작은 도시 오자이(Ojai)에 위치한 앨런의 회사 본사 사무실에 도착했을 때 서류 한 장, 쓰레기 하나 보이지 않는 것을 보고 상당히 충격을 받았다. L자 모양인 앨런의 책상 오른쪽에는 세 개의 나무 상자가 가지런히 쌓여 있었는데, 서류함을 비롯해 거의 비어 있었다. 책상 왼쪽에는 열 권가량의 책과 잡지가 담긴 두 개의 상자가 있었는데, 이것들은 비행기를 탈 때 읽을 자료였다. 그 외에는 책상이 말끔했다. 앨런의 작업 시스템인 4D 원칙에 따라 처리되지(Done) 않고, 전달되지(Delegated) 않고, 취소되지(Dropped) 않은 것들은 서랍이 두 개씩 달린 여섯 칸짜리 보관함에 유보된다(Deferred). 보관함에는 각각 컴퓨터로 인쇄한 라벨을 알파벳 순서대로 붙여놓은 플라스틱 폴더가 담겨 있었다. 그것을 보고 징그러우리만큼 꼼꼼하다는 증거라며 혀를 내두를 수도 있지만, 앨런은 그런 것과는 거리가 먼 느긋한 사람이었다.

과중한 업무에 시달리는 기업체 임원들과 일하면서 앨런은 회사 강령을 만들거나, 장기 목표를 설정하거나, 우선순위를 정하는 것과 같은 전통적인 큰일 중심의 관리 계획에 문제가 있다고 느꼈다. 물론 높은 목표 설정의 필요성을 인정하기는 했지만, 간단하고 단순한 일에도 집중하지 못하고 쩔쩔매는 의뢰인을 수없이 봐온 터였다. 앨런은 이러한 마음속 고통을 불교에서 이야기하는 '원숭이 마음'에 비유했다. 이것은 끊임없이 변하는 생각들로 가득 찬 마음이 마치 원숭이가 나뭇가지를 이

리저리 정신없이 옮겨 다니는 것과 같은 상태를 가리킨다. 앨런은 이따금 원숭이가 어깨 위에 앉아 계속 귀에다 대고 잔소리를 해대서 "제발, 누가 이놈의 원숭이 좀 치워줘!"라고 비명을 지를 때까지 사람을 방해하는 장면을 상상하곤 했다.

"많은 사람이 일에 집중할 때를 제외하고는 마음이 텅 빈 상태라는 것을 경험 못한다. 만약 이런 불안한 마음과 스트레스가 옛날 사람들처럼 한 달에 한 번 정도만 찾아온다면 견딜 만할 것이다. 하지만 요즘 사람들은 그저 멍청하고 바보처럼 살든지 아니면 불안을 감당하지 못해 바쁘거나 미친 듯이 살고 있다."

목표를 정하고 그것을 어떻게 달성할지 궁리하기에 앞서 앨런은 우선 의뢰인의 혼란스러운 책상을 처리하는 일부터 시작했다. 앨런은 "서류는 한 번에 작성하라" 같은, 이론적으로는 멋지지만 현실적으로는 불가능한 낡은 규칙을 비롯해 전통적 정돈 방식의 비현실성을 간파했다. 다음 주에 열릴 회의에 대한 메모는 어떻게 처리할 것인가? 앨런은 여행사에 근무할 때 본 티클러 파일(tickler file: 일명 43폴더라고도 함—옮긴이)을 떠올렸다. 여행사에서는 회의 메모라든가 비행기 티켓 같은 것들을 정리해 필요한 날짜의 폴더 안에 보관했다. 그런 방식으로 책상을 여기저기 뒤지지 않고도 필요한 메모를 원하는 날까지 잘 보관할 수 있었다. 1개월에 31개의 날짜별 폴더와 1년에 12개의 월별 폴더로 이루어진 앨런의 티클러 파일은 나중에 너무나 많은 사람이 모방해 앨런의 추종자들은 저 유명한 웹사이트에 43folders.com이란 이름을 붙였다.

티클러 파일은 책상 위의 서류를 치우는 것 말고도 한 번 파일에 들어간 것을 필요할 때 처리할 수 있도록 알려주어 잊거나 잃어버릴 염려를 하지 않아도 된다. 앨런은 또한 마음속의 '열린 고리'를 닫음으로써 걱정거리를 해소하는 방법을 고안했다. "인격 성장에 관해 컨설팅하면서 가장 많이 배운 점은 자신과의 약속을 철저히 지키라는 것이다. 자신과의 약속을 지키지 않는다면, 스스로에 대한 신뢰가 깨질 것이다. 다른 모든 사람은 속일 수 있어도 자신은 속일 수 없고, 언젠가는 그 대가를 치러야 한다. 그러니 자신이 한 약속을 잘 지키도록 하라. 우리는 이러한 자신과의 약속을 기록하는 워크숍을 열기도 했다."

물론 스스로 한 약속과 목표를 리스트로 만드는 전략은 전혀 혁명적이지 않다. 리스트 만들기는 노아의 방주와 십계명 시대 이래로 자기 계발 프로그램의 단골 전략이었다. 하지만 앨런은 딘 애치슨(Dean Acheson, 미국의 정치가 아님)이라는 컨설팅 전문가의 도움을 받아 그것을 정교하게 다듬었다. 고객이 집중을 하는 데 방해되는 요소를 제거하기 위해 애치슨은 그들의 머릿속에 들어온 것이면 무엇이든, 이를테면 그것이 작든 크든 혹은 개인적 생각이든 전문적 생각이든, 장기적 생각이든 단기적 생각이든, 애매한 생각이든 꼼꼼한 생각이든 상관없이 모두 적도록 했다. 또한 분석이나 조직 또는 계획을 하는 대신 다음에 할 구체적인 행동을 명시하도록 했다.

"딘은 나를 앉혀놓고 머리를 비우게 했다. 나는 명상 경험도 풍부하고 스스로 상당히 잘 단련된 사람으로 여기고 있었다. 하지만 결과는 충격적이었다. 그리고 '맙소사, 이게 뭐야?' 하는 생각이 들었다." 앨런은 이후 자신의 의뢰인들과 일을 하면서 GTD 신봉자들이 NA라고도 일컫는 다음번 행동(Next Action)의 중요성을 설파하기 시작했다. "체크리스트를 '엄마에게 줄 생일 선물'이나 '세금 해결' 같은 문구로 작성하는 것은 바람직하지 않다. '보석 가게 가기'나 '회계사에게 전화하기' 같은 구체적인 다음번 행동을 명시해야 한다."

앨런은 또한 이렇게 말한다. "펜이나 카드를 앞에 두고 다음번 행동을 '감사 카드 쓰기'라고 한다면 그건 괜찮다. 하지만 당신 눈앞에 카드가 없는 지금은 당장 카드를 쓸 수 없다는 것을 무의식적으로 알기 때문에 리스트 만들기를 미루고 게으름을 피우게 된다." 이러한 구분은 학습하기 쉬운 것 같지만 사람들은 수없이 실수를 범한다. 앨런은 존 티어니(John Tierney)가 그의 책에서 영감을 얻어 스마트폰에 GTD 프로그램을 설치한다는 얘기를 듣고 그 프로그램 속 다음번 행동의 리스트 중 바로 실천 가능한 것은 거의 없을 거라고 재빨리 응수했다. 실제로 리스트에는 '민트닷컴(mint.com) 연구자들에게 연락하기'나 '자기 절제에 대해 에스터 다이슨과 상담하기' 같은 명령형 어구들이 있지만, 이는 GTD 기준에서 보면 모호하기 짝이 없다.

"어떻게 이들과 연락하고 상담할 것인가? 전화번호나 이메일 주소는 아는가? 전화할 것인지, 이메일을 보낼 것인지 결정했는가? 사실은 이런 사소하고 바보 같은 요소가 중요하다. 리스트에 적은 것들은 모두 당신이 하고 싶은 일이거나 그 정반대의 일이다. 당신은 불안한 무의식 속을 거닐고 있다. 하지만 '에스터에게 이메일 보내기'라고 적어놓으면 '그렇지, 그건 할 수 있어'라는 생각이 들면서 어느 정도 일을 마쳤다고 느낀다."

몇 년 전 테크놀로지 작가 대니 오브라이언(Dannny O'Brien)이 뛰어난 관리 비법을 가진 '다작을 자랑하는' 작가 70명에게 설문지를 보낸 결과, 대부분 관리를 위해 특별한 소프트웨어나 정교한 수단을 사용하지 않는다고 대답했다. 하지만 그중 상당수는 펜과 종이 그리고 폴더로만 이루어진 GTD 시스템을 따른다고 했다.[13] 그럼에도 지금까지 GTD 추종자와 통제 집단을 비교 연구한 검토 자료조차 없다. 하지만 앨런이 정신적 스트레스에 대해 관찰한 심리학적 자료는 명백하게 남아 있다. 심리학자들은 원숭이의 마음을 어떻게 하면 제거할 수 있는지 연구해왔다. 단지 다른 용어를 사용할 뿐이다.

자이가르닉 효과

심리학자들 사이에 떠도는 전설을 들어보면, 그 발견은 1920년대 중반 베를린 대학교 근처 식당에서 점심을 먹을 때 시작되었다. 대학 관계자 여러 명이 식당에서 한 명의 웨이터에게 점심을 주문했는데, 웨이터는 이들의 주문을 메모도 하지 않았다고 한다. 그럼에도 주문한 음식은 정확하게 나왔고, 사람들은 그의 정확한 기억력에 감탄했다. 사람들은 식사가 끝나고 자리를 떴다. 그런데 그중 한 명(전설에서는 그가 누구인지 분명하지 않다)이 자리에 두고 온 물건을 찾으러 다시 식당으로 갔다. 그는 웨이터의 뛰어난 기억력이 도움이 될 거라고 생각했다.

하지만 웨이터는 멍하니 그를 바라볼 뿐이었다. 그 사람이 누구인지, 어느 자리에 앉았었는지조차 기억하지 못했다. 어떻게 그토록 짧은 시간에 전부 잊어버릴 수 있느냐고 묻자, 웨이터는 음식이 나와 서빙을 할 때까지만 기억한다고 말했다.

러시아의 심리학과 학생이던 블루마 자이가르닉(Bluma Zeigarnik)과 그녀의 스승이자 영향력 있는 사상가 쿠르트 레빈(Kurt Lewin)은 이때의 경험을 곰곰이 생각하다, 이러한 일화가 어떤 일반적 원칙과 연관이 있지 않을까 하는 의문이 들었다. 인간의 기억은 완성된 일과 완성되지 않은 일을 명확하게 구분하는 것일까? 이들은 피실험자들에게 조각 맞추기 퍼즐을 주고 중간에 작업을 방해하며 그 반응을 관찰했다. 이 연구를 비롯해 이어진 수십 년 동안의 실험을 통해 '자이가르닉 효과'[14]라는 것이 입증되었다. 즉 끝마치지 못하거나 완성하지 못한 일은 마음속에 계속 떠오른다는 것이다. 하지만 일단 그 일을 완성하거나 목표를 달성하면 마음속에 남았던 이러한 미진함은 사라진다.

자이가르닉 효과를 이해하기 위한 좋은 방법 중 하나는 임의로 한 가지 음악을 선택해 듣다가 중간에 꺼버리는 것이다. 그러면 마음속에서 어느 순간 그 노래가 떠오른다. 하지만 노래를 끝까지 들으면 마음은 저절로 빗장을 닫는다. 그러나 중간에 멈추면 마음은 노래를 아직 끝나지 않은 일로 여긴다. 해야 할 일이 있다는 것을 계속 상기시키기라도 하듯이 마음은 생각의 흐름 속에 불쑥불쑥 노래를 끼워 넣는다. 빌 머레이(Bill Murray)가 주연한 〈사랑의 블랙홀(Groundhog Day)〉에서 빌이 시계가 달린 라디오에서 흘러나오는 〈아이 갓 유 베이비(I Got You Babe)〉라는 노래를 꺼버리자 그 노래가 마음속에서 끊임없이 되풀이되어 그를 미치게 만든 것도 바로 그 때문이다. 또한 귀를 괴롭히는 이런 종류의 소리는 유쾌하기보다 불쾌한 소리가 많은 것에도 그 이유가 있다. 듣기 싫은 노래는 중간에 꺼버릴 가능성이 많기 때문에 그것이 우리를 괴롭히기 위해 되돌아오는 것이다.

그러면 마음은 왜 〈아이 갓 유 베이비〉로 스스로를 고문하는가? 심리학자들은 머릿속을 맴도는 노래는 임무 수행을 위해 작용하는, 대체로 유용한 기능 중에서 부작용의 일부라고 본다. 왜 자이가르닉 효과가 일어나는지에 대해 수십 년 동안 여러 가지 이론이 제기되었는데, 그중에는 상반된 것들도 있다. 첫 번째 가설은 이렇다. 즉 무의식은 목표가 완성될 때까지 따라다니는 경향이 있으므로, 의식의 표면 위로 떠다니는 이러한 생각은 일이 끝날 때까지 무의식이 실마리를 놓지 않겠다고 안심시키는 신호라는 것이다. 이와 상반된 가설은 무의식이 의식적 마음에 도움을 청하는 신호라는 것이다. 이를테면 어린아이가 어른의 소매를 당기면서 도움과 관심을 요구하듯이 무의식이 의식에게 일을 끝마치라고 종용하는 것이라는 얘기다.

하지만 바우마이스터와 함께 연구에 참여한 플로리다의 대학원생 E. J. 마시캄포(E. J. Masicampo)의 실험으로 자이가르닉 효과에 대한 새롭고 설득력 있는 설명이 가능해졌다. 한 연구에서 마시캄포는 여러 학생에게 가장 중요한 학기 말 시험에 대해 생각해보라고 요구했다. 다른 통제 집단 학생들은 자신의 사교 생활에서 가장 중요한 파티에 대해 생각해보라는 요구를 받았다. 시험에 대해 생각해보라고 요구받은 학생 중 절반은 무엇을 어디서 언제 공부할지에 대한 구체적인 계획을 만들어야 했다. 하지만 이 실험 기간 동안 학생들은 실제로는 공부를 하지 않았다.

그런 다음, 위의 모든 학생은 자이가르닉 효과를 측정하는 임무를 수행했다. 단어 앞부분이 주어지면 나머지를 완성하는 것이었다. 이 단어 조각들은 학습과 관련 있는 것들로 구성했는데, 물론 학습과 상관없는 단어를 넣을 수도 있었다. 예를 들어 re＿＿라는 단어는 read(읽다)라는 단어로 완성할 수도 있지만, real(실제), rest(휴식), reap(수확하다), reek(악취를 풍기다)라는 단어가 될 수도 있다. 또한 ex＿＿는 exam(시험)이라는 단어로 완성할 수도 있지만 exit(탈출)라는 단어가 될 수도 있다. 시험공부 때문에 하지 못한 일들이 마음속에 계속 남아 있을 경우, 자이가르닉 효과 때문에 학생들은 시험에 관한 단어를 더 많이 생각할 터였다. 실제로 마시캄포는 특정 집단 학생들의 마음속에 이와 같은 단어가 더 많이 떠오른 것을 확인했다. 시험을 본다는 사실은 잘 알고 있지만 계획을 세우지 못한 학생들이었다. 반면 공부 계획을 세운 학생들 마음속에는 자이가르닉 효과가 나타나지 않았다. 이들도 시험이 있다는 사실을 알았지만 계획을 세움으로써 마음이 정리된 게 분명했다.

또 다른 실험에서는 참가자에게 자기 삶에서 중요한 프로젝트에 대해 생각해보라고 했다. 어떤 이들에게는 최근 끝낸 임무에 대해 적도록 했다. 또 다른 이들에게는 아직 완성하지 못했지만 곧 끝마쳐야 할 일에 대해 쓰도록 했다. 세 번째 집단에게는 완성하지 못한 임무를 적을 뿐만 아니라 그 일을 어떻게 마칠 것인지 구체적인 계획을 세우도록 했다. 그런 후 서로 상관없어 보이는 다음 실험 단계로 넘어갔다. 모두에게 어떤 소설의 첫 장부터 10쪽까지 읽는 과제를 준 것이다. 연구자들은 이들이 책을 읽는 동안 얼마나 집중하는지 주기적으로 점검했다. 그런 다음, 집중을 얼마나 잘했는지 물어보고 만약 소설에 집중하지 못했다면 구체적으로 어떤 생각을 했는지 물었다. 또한 그들이 읽은 내용을 얼마나 잘 이해하고 있는지에 대한 질문도 했다.

이번에도 역시 계획을 세우는 것은 확실히 다른 결과를 가져왔다. 완성하지 못한 과제를 대충 적기만 한 피실험자들은 과제를 완성하기 위해 구체적인 계획을 적은 피실험자들에 비해 소설에 대한 집중력이 많이 떨어졌다. 구체적인 계획을 적은 피실험자들은 상대적으로 마음의 흐트러짐이 덜했고, 이후 소설 내용을 얼마나 이해했는지 알아본 시험에서도 상당히 좋은 점수를 받았다. 과제를 끝마치지도 못하고, 일에 대한 진전이 없었음에도 계획을 세우는 단순한 행동 하나만으로 마음이 정리되고 자이가르닉 효과가 사라진 것이다. 하지만 계획을 세우지 않은 학생들에게는 자이가르닉 효과가 계속 남았다. 이들의 마음은 소설에서 끝마치지 못한 임무로 이어졌고, 소설의 내용을 파악하기 위한 나중의 시험에서도 좋은 성적을 받지 못했다.

이로써 자이가르닉 효과는 수십 년 동안 추정된 것처럼 임무를 완성할 때까지 따라다니는 독촉자가 아닌 것으로 밝혀졌다. 지속적으로 머리를 어지럽히는 생각은 무의식이 끝내지 못한 임무를 끝내기 위해 노력하고 있다는 신호가 아니었다. 무의식이 의식에게 당장 일을 끝내라고 잔소리하는 것도 아니었다. 다만, 무의식이 의식에게 '계획을 세우라'고 요구하는 것이다. 스스로 계획할 수 없는 무의식은 그 대신 의식에게 구체적인 시간과 장소 그리고 기회에 대한 계획을 세우라고 요구하는 것이다. 일단 계획을 세우면 무의식은 의식을 더 이상 채근하지 않는다.

앨런은 이러한 방법을 바탕으로 '원숭이 마음'이라는 정신적 문제에 대처한다. 만약 당신이 앨런의 의뢰인처럼 해야 할 일이 150가지나 쌓여 있다면, 자이가르닉 효과의 영향으로 이 일에서 저 일 사이로 정신없이 뛰어다닐 수밖에 없다. 일의 목적이 분명하지 않다면 무의식은 정돈되지 못한다. 화요일 아침 회의 이전에 읽어야 할 메모가 있다면, 당신의 무의식은 그다음에 정확히 무엇을 어떤 상황에서 해야 하는지 알고싶어 한다. 하지만 일단 계획을 세우면―수요일에 필요한 회의 메모를 티클러 파일에 붙여놓고 구체적으로 다음번 행동을 명시해놓으면—그 다음엔 휴식을 취할 수 있다. 곧바로 일을 처리해야 할 필요가 없는 것이다. 체크리스트에 150가지 일이 쌓여 있지만, 이 순간 원숭이는 조용하고 물결은 고요하다.

제로에서 오는 희열

드루 캐리의 사무실에 도착한 앨런은 늘 해온 방식대로 일을 시작했다. 즉 '일거리'를 모았다. 이 일거리란 광범위하고 포괄적인 용어다. 《끝도 없는 일 깔끔하게 해치우기》에서 정의한 대로 "심리적·물리적 세계를 통틀어 어디에 놓여 있는지 자리를 정확하게 알 수 없는 것으로, 원하는 결과와 다음 단계가 아직 결정되지 않은 일"을 가리킨다. 아니면 캐리가 정의한 대로 사무실에 쌓여 있는 골칫거리다.

이어서 GTD 시스템의 다음 단계로 나아가 그것을 처리할 것인지, 넘길 것인지, 아니면 미루거나 혹은 포기할지 결정한다. 만약 신속한 행동이 필요하지 않다면, 그냥 던져버리거나 앞으로 참고하기 위해 밀쳐놓으면 된다. 대주교 데즈먼드 투투(Desmond Tutu)에게 경의를 표하기 위한 자선 만찬의 사회 준비 같은 복잡한 프로젝트는 리스트나 컴퓨터 폴더 혹은 문서 보관함에 같이 묶어서 보관해야 한다. 온갖 서류와 답장, 보내지 않은 이메일과 끝내지 못한 컴퓨터 작업이나 마음속에 남아 있는 일을 모두 검토한 후, 캐리는 상당수의 개인적·직업적 과제를 구분할 수 있었다. 앨런의 의뢰인들은 보통 30개에서 100개에 이르는 프로젝트를 진행했다. 이 각각의 프로젝트를 끝마치기 위해서는 적어도 두

세 개의 과제를 해결해야 하므로 우선, 프로젝트를 선택하고 분류하고 처리하는 데만도 하루나 이틀이 꼬박 걸렸다. 프로젝트를 분류한 후, 캐리는 각 프로젝트에 필요한 다음번 행동을 구체적으로 결정했다. 자선 만찬을 위한 다음 행동은 무엇인가? 캐리가 이 모든 일을 처리하는 동안 앨런은 내내 그와 함께 사무실을 지켰다.

"앨런은 진지하게 앉아서 내가 이메일 보내는 걸 지켜보았다. 뭔가 풀리지 않을 때마다 무슨 일이냐고 묻고, 내가 문제를 이야기하면 '이렇게 해보세요'라고 충고하고, 나는 그대로 했다. 그는 결단력이 무척 뛰어난 사람이다. '이것과 저것 둘 중 하납니다. 어느 쪽을 선택하시겠어요?' 이렇게 질문한 것도 몇 번 되지 않았다." 앨런은 전화와 이메일을 위한 별도의 폴더와 모호한 프로젝트를 위한 '어느 날 어쩌면' 폴더를 만들라고 했다. 또한 어떤 일을 마치는 데 2분이 채 걸리지 않는다면 리스트에 넣지 말라는 '2분 규칙'에 대해서도 일러주었다. 이때는 당장 해치우는 것이 낫다.

"그전에는 쌓여 있는 종이 뭉치를 보면서 넋이 빠진 채 그저 '하느님, 맙소사!'만 외쳤다. 하지만 드디어 GTD가 얘기하는 제로, 즉 해결되지 않은 전화 메시지나 이메일이 하나도 없고, 서류 한 장 남지 않은 상태가 되자 세상의 모든 짐을 벗어버린 것 같았다. 마치 사막에서 명상을 끝내고 아무런 걱정 없이 이 세상에 발을 내딛는 느낌이랄까. 커다란 희열을 느꼈다."

그날 이후 매달 찾아온 앨런 덕분에 캐리는 제로에 가까운 상태를 유지했다. 물론 여행이라도 하게 되면 일거리가 쌓였지만, 캐리는 적어도 그 일의 성격을 파악하고 자신이 해결할 수 있다고 확신한다. 그래서 부담 없이 책을 읽거나 요가를 할 수 있다. 간혹 일상을 벗어나 코미디 대본을 쓰는 등 중요한 일을 처리한다. "전화벨이 울리고 편지 뭉치는 쌓여 있고 읽어야 할 이메일은 산더미 같은데, 그 속에서 글을 쓰겠다고 앉아 있는 것처럼 끔찍한 일은 없다. 그런 상황에서는 최상의 글이 나오기 힘들다. 하지만 다른 일들을 해결하면 글쓰기에만 집중할 수 있다. 훨씬 창조적인 상태가 된다." 이것이 바로 기업체를 비롯한 사회 여러 분야에서 GTD 방식을 채택하는 핵심적인 이유다. 앨런의 리스트와 폴더에 대해 많은 코미디언과 예술가 그리고 록 뮤지션들이 열광하는 이유이기도 하다.

앨런은 이렇게 말한다. "정원 가꾸기나 사진 찍기, 책 쓰기 등을 비롯해 창조적 혼란 상태에 처해 있다는 것은 당신의 능력이 최고로 생산적인 상태에 있다는 것을 의미한다. 온갖 종류의 아이디어가 떠오르기를 바라겠지만, 그것을 잘 정리할 필요가 있다. 한 번에 한 가지 정도의 혼란은 처리할 수 있겠지만, 두 가지 이상이면 정신을 집중하기 힘들다. 신의 영감을 받고 싶은 순간이 오더라도 고양이 사료가 떨어졌다면 그것부터 해결하는 게 좋다. 그렇지 않으면 고양이 사료에 정신이 팔려서 신이고 뭐고 찾을 수 없을 테니까 말이다."

그런데 고양이 사료를 리스트에 넣는 게 왜 그리 힘든 것일까? 앨런이 옆에 앉아 있는 대가로 하루 2만 달러를 지불하면서도 왜 기업체의 의뢰인들은 틈만 나면 책상 위의 일거리에서 달아날 궁리만 하는 것일까? 앨런은 남자 화장실에 숨어 있는 의뢰인을 끌고 온 경우도 있었다. 수많은 고객이 하찮은 결정을 내리지 못해 괴로워하며 다음 행동을 주저하는 것을 보고 앨런은 decide(결정하다)라는 단어의 라틴어 어원이 왜 살인(homicide)을 의미하는 caedere인지 이해할 수 있었다.

"일처리를 어떻게 할지 혹은 어떤 영화를 볼지 결정할 때 우리는 보통 '이렇게 멋진 선택을 앞두고 있다니'라고 생각하지 않는다. 오히려 내면에서는 '만약 이 영화를 선택하면 다른 건 못 보는 거잖아'라는 강력한 목소리가 들려온다. 자신이 해야 할 일이 무엇인지 잘 알고 있는 것처럼 행동하지만, 실제로 선택에 직면하면 화가 나는 것이다. '틀렸어, 아니야, 맞아, 틀렸어, 아니야, 맞는다니까!' 어떤 선택을 할 때마다 당신은 존재론적 진공 상태에 발을 딛는 것이다."

물론 존재론적 진공은 심리학자들이 연구실에서 쉽게 관찰할 수 있는 것이 아니다. 하지만 진공 상태에서 오래 지내다 보면 그 결과는 쉽게 예측할 수 있는 방향으로 흐를 수 있다. 곧 앞으로 소개할 엘리엇 스피처(Eliot Spitzer) 같은 사람처럼 행동할 수도 있다는 얘기다.

결정의
피곤함

진정한 남자가 되려는 이는
스스로의 왕국을 지배하고
최고의 왕좌를 건설하며
의지를 정복하고 무질서를 제압하며
희망과 공포를 멀리하며 스스로 홀로 서야 한다.
—셸리의 소네트 〈정치적 위대함(Political Greatness)〉 중에서

결정의 과학에 대해 논의하기에 앞서 정치적인 이야기부터 해보자. 당신이 결혼한 남자이고, 미국 북동부에 있는 큰 주의 주지사라고 가정해보자. 어느 날 오후 사무실에서의 긴 일과를 마치고 휴식을 취하면서 웹 서핑을 하고 있다. 그러다 우연히—정확하게 우연이라고 볼 수는 없지만—'최고를 찾는 고객을 위한 최상의 인터내셔널 사교 서비스'라는 광고를 내건 '엠파이어 클럽 VIP'라는 웹사이트를 발견한다.

클럽에 대한 설명은 이랬다. "우리의 목표는 당신의 삶을 평화롭고 균형 잡히고 아름답고 의미 있게 만들어주는 것입니다." 그 목표를 위해 클럽은 란제리를 입은 여성을 포함해 다양한 젊은 여성을 다이아몬드 등급으로 매겨 사진과 함께 사이트에 올려놓았다. 이곳의 모든 여성은 '소개비'를 받고 당신과 함께 시간을 보낼 수 있다. 결정해야 한다. 어떤 결정이 당신의 삶을 가장 '균형 있게' 만들어줄까?

a. '화가이자 창조적 아름다움이 넘치는' 사바나와 함께 박물관에서 인상 주의 그림 감상하기. 1시간당 1000달러. 현금으로 지급.

b. '이탈리아와 그리스 패션계에서 활동하는 모델'이자 토스카나산 와인 과 블랙 에스프레소 그리고 신선한 남자 향수를 사랑하는 르네와 데이 트하기. 1시간당 1500달러. 익명으로 지불 요청.

c. 스스로 '오묘한 깊이와 다양한 층을 가진' 여자라고 소개하는 23세의 크리스틴과 호텔에서 저녁 보내기. 라틴어로 새긴 문신이 있으며 1시 간당 1000달러. 개인 예금 계좌에서 송금.

d. '비교할 수 없는 미모와 전율을 느낄 만한 존재감'으로 다이아몬드 7개 에 빛나는 마야와 하루 종일 시간 보내기. 3만 1000달러. 입출금 계좌 에 '균형 잡기 컨설턴트' 명목으로 청구.

e. 정치 고문에게 어떤 여성이 가장 어울릴지 물어보기.

f. 웹페이지를 닫고 C-SPAN(미국 연방의회 중계방송국)을 튼 다음 차가운 물로 샤워하기.

그리 어려운 결정은 아니지 않은가? 그런데 엘리엇 스피처[1]는 뉴욕 주 지사로 있으면서 왜 그토록 힘든 시간을 보내야 했을까? 스피처는 c(크 리스틴)를 선택했다. 도무지 이해할 수 없는 멍청한 결정이었다. 이로써 그는 자신의 경력을 망가뜨린 유명한 정치가와 기업가 반열에 이름을 올렸다. 검사 시절 매춘을 근절하기 위해 애썼던 스피처는 크리스틴과 의 호텔 밀회를 예약했을 뿐만 아니라 누구든 추적이 가능하도록 자기 예금 계좌에서 엠파이어 클럽 VIP로 돈을 송금하기까지 했다. 스피처는 주지사로서 자신의 일거수일투족이 감시받는다는 사실을 잘 알고 있었다. 그리고 주지사 자리에 오르기까지 정치적으로 상식과 절제를 갖추고, 도덕적으로도 완벽한 명성을 쌓았다. 그런데 왜 꿈의 자리에 오르자 돌변한 것일까? 권력에 취해 자신이 천하무적이라고 느낀 것일까, 아니면 원래부터 자아도취에 빠졌던 것일까? 무의식적으로 자기 경력을 내던지고 싶었던 것일까? 깊은 곳에서 자신이 무가치하다고 느꼈을까? 아니면 온갖 권력의 특혜를 맛본 터라 자신이 원하는 것은 무엇이든 가능하다고 생각한 것일까?

이러한 가정은 옳을 수도 있고, 틀릴 수도 있다. 하지만 우리는 지금 스피처의 심리를 분석하려는 게 아니다. 대신 그를 몰락으로 이끌었을 뿐만 아니라 여러 다른 인사들의 경력과 가정생활을 파탄 낸 실수의 또 다른 요인에 대해 얘기하고자 한다. 스피처가 매춘부와 부적절한 거래를 했을 때, 사우스캐롤라이나 주지사가 여자 친구를 만나기 위해 몰래 부에노스아이레스로 날아갔을 때, 빌 클린턴이 인턴사원과 바람을 피웠을 때, 이들은 언젠가 조지 부시 대통령이 스스로 '결정자'라고 칭한 위치에 있는 사람으로서 직업상 위험에 처했다고 볼 수 있다. 결정의 피곤함에서 비롯된 문제는 CEO의 경력뿐 아니라 지친 판사 앞에 끌려온 흉악범의 형기에 이르기까지 모든 면에 영향을 미친다. 중요한 임원이건 아니건 상관없이 모든 사람의 일상 행동에 영향을 미친다. 하지만 그것을 깨닫는 사람은 드물다. 결정을 내리는 행위가 의지력을 빼앗고 유혹에 취약한 상황을 초래하느냐고 물으면 사람들은 대부분 아니라고 대답한다. 결정에 대한 피로감이야말로 정상적이고 분별 있는 사람이 동료와 가족에게 화를 내고, 비싼 옷을 충동적으로 구매하고, 정크 푸드를 사들이고, 새 차에 부식 방지 처리를 하라는 카센터 직원의 권유에 깜박 넘어가는 주요인이라는 것을 깨닫지 못하는 것이다.

이러한 위험 요소는 자신의 결혼식을 준비하면서 자기 절제에 대한 연구를 병행하던 바우마이스터 연구실의 진 트웽(Jean Twenge)에 의해 처음으로 밝혀졌다.[2] 박사 후 과정을 밟던 트웽은 "초코칩 쿠키의 유혹에 저항하는 것이 자기 절제력을 약화시킬 수 있다"는 실험 자료를 읽던 중 자신이 최근 겪은 피곤한 경험을 떠올렸다. 가족과 친구에게 받을 결혼 선물 리스트를 적는 특이한 전통에 따라 트웽은 그것을 만들고 있었다. 산타클로스를 믿는 아이가 아닌 이상 특정한 사람에게 특정한 선물을 요구하는 것은 평상시엔 무례한 행동이다. 하지만 받고 싶은 결혼 선물 리스트를 적는 것은 모든 사람 입장에서 스트레스를 완화하는 사회적 의식으로 합리화되었다. 친구는 쇼핑을 하느라고 신경 쓰지 않아도 되고, 결혼할 커플에겐 수프 그릇은 37개나 되는데, 국자는 하나도 없는 난감한 상황을 걱정하지 않아도 되니 말이다. 하지만 그렇다고 리스트 작성하는 일에 스트레스가 없는 것은 아니었다. 트웽은 약혼자와 함께 웨딩 플래너를 찾아가 구체적으로 어떤 품목을 리스트에 올릴지 의논했다. 자기 그릇의 장식은 어떤 것이 좋을까? 칼은 어떤 상표로 할까? 수건은 어떤 종류로 해야 할까? 색깔은? 이것들을 도대체 어떻게 일일이 결정해야 할까?

트웽은 연구실 동료들에게 "마지막에는 아무래도 상관없었어요"라고 털어놓았다. 그녀는 의지력을 빼앗긴다는 게 자신이 그날 저녁 경험한 일과 비슷할 거라고 생각했다. 그리고 그 생각을 실험에 옮길 방법을 찾기 시작했다. 그때 마침 근처 백화점에서 대대적으로 폐점 세일을 한다는 게 떠올라 연구 예산으로 여러 가지 물건을 대량 구입하기로 했다.

그녀는 백화점으로 가서 화려한 웨딩 선물은 아니지만 대학생한테 어필할 만한 갖가지 물건을 산 다음 차 트렁크에 가득 실었다.

첫 번째 실험에서는 피실험자들에게 물건으로 가득 찬 책상을 보여주었다. 그리고 실험이 끝나면 그중 한 가지를 가질 수 있다고 말했다. 그런 다음 몇몇 학생들에게 나중에 받을 상품을 선택하도록 했다. 피실험자들은 여러 가지 선택을 해야 했다. 각각 두 가지 중에서 하나를 택하는 방식이었다. 펜과 양초 중 어떤 것을 선택할 것인가? 바닐라 향 양초인가, 아니면 아몬드 향 양초인가? 혹은 양초인가, 티셔츠인가? 티셔츠라면 검은색? 아니면 붉은색? 그러는 동안 통제 집단―아무런 결정을 하지 않아도 되는 집단―은 그냥 물건을 둘러보며 시간을 보냈다. 이들에게는 단순히 각각의 상품에 대한 의견을 물어보고, 지난 6개월 동안 같은 상품을 사용한 적이 있는지 조사했을 뿐이다. 이후, 연구자들은 모든 학생을 대상으로 자아 통제에 대한 고전적인 실험을 수행했다. 얼음물에 손을 넣고 가능한 한 오래 버티는 실험이었다. 차가운 물에서 손을 빼고 싶은 충동이 일어나는 건 당연하다. 따라서 얼음물 속에 손을 집어넣은 채 버티려면 자제력이 필요하다. 실험 결과, 받을 물건을 결정해야 했던 집단은 그럴 필요가 없던 집단에 비해 눈에 띄게 빨리 포기했다. 그동안 수많은 선택을 하면서 의지력이 감소했고, 그 결과 다른 결정에 부정적인 영향을 끼친 것이다.

어떤 실험에서는 대학의 강의 리스트를 보여주고 학생들에게 듣고 싶은 수업을 고르도록 했다. 그중 심리학 수업에 참여한 학생들과 직접적인 연관이 있는 또 다른 실험에서는 그들에게 어떤 영화를 볼지, 어떤 질문을 할지, 또 남은 학기 동안 수업이 어떻게 진행되기를 바라는지 구체적으로 여러 가지 선택을 하도록 했다. 이런 선택을 한 다음, 학생들은 수수께끼를 풀었다. 일부 학생에게는 곧이어 지적 능력을 테스트하는 수학 문제를 풀어야 하는데, 15분 동안 수수께끼를 풀게 되면 시험에 도움이 될 거라고 말해주었다. 그리고 같은 방에 학생들의 관심을 흩트리기 위해 잡지와 휴대용 게임기를 놓아두었다. 다시 한번 결정하는 일은 학생들을 지치게 했다. 아무런 결정도 할 필요 없이 똑같은 시간에 정보를 받아들이기만 한 학생들과 비교할 때, 여러 가지 결정을 해야 했던 학생들은 더 빨리 수수께끼를 포기했다. 그리고 잡지를 읽거나 게임을 하며 빈둥거렸다.

자신들의 이론이 궁극적으로 실제 생활에 적용되는지를 확인하기 위해 연구자들은 많은 결정이 이루어지는 위대한 현대적 공간, 즉 쇼핑몰로 가보기로 했다. 교외의 쇼핑몰에서 만난 사람들에게 그날 가게에서의 경험을 묻고, 곧이어 간단한 수학 문제를 풀어보도록 했다. 가능한 한 많은 문제를 푸는 것이 좋지만, 원한다면 언제든 포기해도 좋다고 얘기해주었다. 당연히 쇼핑몰에서 가장 많은 결정을 해야 했던 사람들은 가장 빨리 수학 문제 풀이를 포기했다. 지칠 때까지 쇼핑을 하다 보면 의지력도 감소하기 마련이다. 현실적인 면에서 이 실험은 장시간 쇼핑의 위험성을 보여주었다. 그리고 이론적인 면에서 이 실험의 결과는 새로운 의문을 불러일으켰다. 어떤 종류의 결정이 의지력을 앗아가는 것일까? 어떤 선택이 가장 어려운 것일까?

루비콘 강을 건너다

심리학자들은 정신적 처리 과정을 두 가지 유형으로 구분한다. 하나는 자동 처리(Automatic Process)이고 다른 하나는 통제 처리(Controlled Process)다. 자동 처리는 4 곱하기 7처럼 별다른 노력 없이 답을 낼 수 있다. 누군가가 "4 곱하기 7"이라고 말하면 원하든 그렇지 않든 당신 머릿속에서는 28이란 숫자가 떠오를 것이다. 이런 과정을 '자동 처리'라고 부른다. 이와 대조적으로 26 곱하기 30은 780이라는 결론을 내리기 위해 여러 단계의 곱하기라는 정신적 노력을 기울여야 한다. 어려운 수학 계산은 다른 논리적 추론과 마찬가지로 일련의 정보로부터 뭔가 새로운 것을 얻어내기 위해 일정한 규칙을 따라야 하므로 의지력이 요구된다. 우리는 어떤 결정을 할 때 때때로 이러한 단계를 밟아야 하는데, 심리학자들은 이것을 루비콘 모델(Rubicon Model)[3]이라고 한다. 루비콘 강에 도착했을 때, 카이사르는 고민에 빠졌다. 자신의 군단을 이끌고 루비콘 강을 건너면 반역 행위가 되고, 이는 내전으로 이어질 터였다. 카이사르는 강가에서 자신의 목적과 가능성 그리고 선택에 따른 희생과 이익에 대해 고민하며 '결정 전 시기'를 보냈다. 그런 다음 계산을 멈추고 루비콘 강을 건넘으로써 '결정 후 시기'로 넘어갔다. 카이사르는 이것을 "주사위는 던져졌다"는 절묘한 문장으로 표현했다.

이러한 모든 과정은 사람의 의지력을 고갈시킬 수 있다. 그런데 어떤 부분이 가장 피곤할까? 결정하기 전의 계산이 의지력 고갈의 가장 큰 원인이라고 볼 수 있을까? 이 시점에서 트웽과 동료 연구자들은 장기간 계속해온 연구 프로젝트에 지쳐버렸다. 하지만 이 분야의 최고 권위지에 이들의 연구 결과를 발표해야 할지 말지를 결정해야 하는 평론가들에게는 더 많은 해답이 필요했다. 이때 궁지에 몰린 프로젝트를 성공으로 이끈 탁월한 전문가가 등장했다. 캐슬린 보스가 이 프로젝트를 떠맡아 마지막 단계를 지휘한 것이다. 캐슬린은 델(Dell) 컴퓨터의 셀프서비스 판매 사이트를 이용한 실험을 개발했다. 델 컴퓨터 홈페이지에서 소비자들은 하드 드라이브 사이즈나 모니터 종류를 비롯한 여러 가지 특징을 선택함으로써 기호에 맞는 제품을 찾을 수 있었다. 이 실험에서 피실험자들은 델 컴퓨터 소비자 입장에서 똑같은 과정에 참여했다(아무도 컴퓨터를 사지 않았다는 점만 제외하고).

모든 참여자에게 무작위로 세 가지 과제를 주었다. 어떤 학생들은 컴퓨터와 관련된 여러 부품을 둘러보기만 할 뿐 아무런 선택을 하지 않아도 되었다. 자기 의견을 말하고 가격을 짐작하거나 선호하는 모델에 대해 말할 수는 있었지만 결정에서는 제외한 것이다. 이는 실제 결정은 하지 않는 '결정 전 사고' 상태를 모방하기 위함이었다.

다른 집단의 피실험자에게는 선택할 수 있는 리스트를 주며 컴퓨터를 구성해보라고 했다. 피실험자들은 여러 가지 사양 중에서 단계적으로 특정 부품을 선택해 클릭하는 고된 작업을 해야 했다. 이는 선택을 한 뒤에 모든 과정을 재현해보기 위함이었다. 세 번째 피실험자 집단에게는 각각의 취향대로 컴퓨터에 필요한 부품을 선택하도록 했다. 이는 단순히 어떤 선택을 할까 궁리하거나 다른 사람의 선택을 실천에 옮기는 차원이 아니었다. 그들이 맡은 일은 마치 주사위를 던지는 것처럼 가장 힘든 과제로 밝혀졌다. 이 실험이 끝난 후, 연구자들은 모든 피실험자에게 애너그램(anagram: 철자 순서를 바꾸어 새로운 낱말 만들기—옮긴이) 풀이를 시켰는데, 실제로 여러 가지 결정을 해야 했던 피실험자들이 가장 먼저 포기했다. 루비콘 강을 건너는 것은 제국의 운명을 결정하는 것이건 컴퓨터 드라이브의 크기를 결정하는 것이건 상관없이 정신적으로 힘든 일이었다.

그런데 선택 사항이 내전을 시작하는 것이나 컴퓨터 내장 용품을 선택하는 것이 아닌 좀더 쉽고 매력적인 것이라면 어떨까? 그 과정이 재미있는 것이라면 어떻게 될까? 그래도 선택하는 것이 의지력을 고갈시킬까? 연구자들은 또 다른 결혼 선물 리스트 실험을 통해 이를 알아보기로 했다. 이번에는 과제에 임하는 태도가 다양한 피실험자를 대상으로 했다. 그중에는 진 트웽보다 결혼 선물을 고르는 데 훨씬 적극적인 남녀 피실험자도 있었다. 이들은 선택에 대한 기대감에 들떠 있었으며, 실험이 끝난 뒤 이러한 경험을 즐겼다고 말했다. 하지만 같은 실험에 참여하면서도 자기 그릇과 은식기를 비롯해 여러 가지 가전제품 고르는 것을 극도로 싫어하는 피실험자도 있었다.

이 일을 즐긴 피실험자에게는 과정 자체가 예상보다 그리 힘들지 않았다. 하지만 그것에도 한계가 있었다. 4분 안에 선택을 해야 하는 짧은 리스트를 주자 선물 고르는 것을 좋아하는 피실험자는 의지력이 전혀 고갈되지 않은 채 과제를 처리했지만, 결혼 선물 리스트를 두려워하는 집단에서는 짧은 선택임에도 힘들어 했다. 하지만 리스트가 길어지고 12분 동안 선택하는 과제를 계속하자 두 집단은 똑같이 탈진했다(다시 말해, 두 집단 모두 결혼 선물에 대한 선택을 전혀 하지 않아도 되는 통제 집단에 비해 자기 절제가 약화되었다). 약간 유쾌한 선택이라면 그리 힘들지 않지만, 그 일을 오랫동안 수행할 때에는 달랐다. 적어도 거저 얻는 것은 없다는 얘기다.

하지만 타인을 위한 선택일 경우에는 그다지 어렵지 않았다. 지인의 집을 꾸미는 데는 자기 집 거실에 놓을 적당한 가구를 고르느라 고심하는 만큼 에너지를 쏟지 않기 때문이다. 연구자들이 피실험자에게 몇몇 가구에 대한 질문을 한 후 이들의 의지력 고갈 정도를 확인해보니, 자신보다는 지인을 위한 선택을 할 때 의지력이 덜 고갈되는 것으로 나타난 것이다. 취향을 모르는 지인을 위해 소파 고르는 일은 얼핏 힘든 것처럼 보인다. 하지만 선택의 결과에 대해 그다지 신경 쓰지 않음으로써 그 괴로움이 어느 정도 상쇄된다. 당신이 그 소파를 매일 봐야 하는 건 아니니까 말이다. 루비콘 강 맞은편도 다른 사람이 건넌다면 그리 험난해 보이지 않는 것이다.

판사의 딜레마(죄수의 괴로움)

이스라엘 감옥에 수감 중인 4명의 죄수가 최근 가석방을 신청했다. 판사와 범죄학자 그리고 사회학자로 이루어진 심의위원회는 죄수들의 탄원을 심사하기 위해 정기적으로 회의를 연다. 그런데 이 네 가지 가석방 신청에는 특별한 유사성이 있었다. 4명 모두 과거 각기 다른 범죄로 복역한 적이 있는 상습범이었다. 또 모두 형기의 3분의 2를 복역했으며, 출소 후에는 갱생 프로그램에 참여하기로 했다. 하지만 물론 서로 다른 점도 있었다. 심의위원회는 결국 4명의 죄수 중 단 두 사람에게만 가석방을 허용하기로 결정했다. 이 4명의 죄수 중 가석방을 거절당해 계속 감옥에 있어야 할 사람은 누구일까?

죄수 1(오전 8:50 심사): 아랍계 이스라엘 남자, 사기죄로 30개월 복역 중.

죄수 2(오후 1:27 심사): 유대계 이스라엘 남자, 폭행죄로 16개월 복역 중.

죄수 3(오후 3:10 심사): 유대계 이스라엘 남자, 폭행죄로 16개월 복역 중.

죄수 4(오후 4:25 심사): 아랍계 이스라엘 남자, 사기죄로 30개월 복역 중.

심의위원회의 결정에는 일정한 패턴이 있다. 하지만 그것은 죄수의 인종적 배경이나 범죄의 종류 혹은 형량과는 상관이 없다. 이 기준에 대해서는 법체계의 본질에 대한 오랜 논쟁을 염두에 둘 필요가 있다. 전통적인 학파의 학자들은 편견 없는 공정한 법집행 시스템을 그 본질로 삼는다. 요컨대 두 눈을 가린 여신이 저울을 들고 있는 고전적인 이미지가 바로 그것이다. 다른 학파에서는 평결을 내릴 때 인간의 약점을 고려해야 한다고 강조한다. 법적 현실주의자라 일컫는 이들은 때때로 '정의'라는 개념을 "판사가 아침에 무엇을 먹었는가?"로 판단한다.

컬럼비아 대학교의 조너선 레바브(Jonathan Levav)와 벤구리온 대학교의 샤이 댄지거(Shai Danziger) 교수가 이끄는 심리학자 팀은 이들의 정의 개념을 연구했다. 심리학자 팀은 이스라엘 감옥의 심의위원회를 이끄는 판사들이 약 10개월에 걸쳐 결정한 1000건 이상의 사건을 살펴보았다.[4] 판사들은 죄수의 탄원을 들은 후, 심의위원회에 속한 범죄학자와 사회학자의 조언을 기초로 가석방 여부를 결정했다. 가석방 결정을 내림으로써 판사는 죄수와 그 가족에게 행복을 선사하고 납세자의 돈을 절약하는 효과를 낼 수 있다. 하지만 가석방된 죄수가 또 다른 범죄를 저지를 위험 역시 무시할 수 없다.

평균적으로 볼 때, 판사들은 2명의 죄수 중 한 명에게만 가석방을 허락하는 것으로 밝혀졌는데, 연구자들은 이들의 결정에 놀라울 정도의 전형성이 있다는 사실을 발견했다. 요컨대 아침 일찍 심사를 받은 죄수 중에서는 65퍼센트 정도가 가석방이 허락된 반면, 오후 늦게 심사를 받은 죄수 중에서는 10퍼센트 미만에게만 가석방이 허락되었다. 위의 경우를 보면, 아침 8시 50분에 심사를 받은 첫 번째 죄수와 두 번째 죄수는 실제로도 가석방을 허락받았다. 하지만 네 번째 죄수는 첫 번째 죄수와 같은 범죄(사기죄)에 같은 복역 기간을 거쳤음에도 4시 25분에 심사를 받음으로써 운이 따르지 않았다. 오후 늦게 심의위원회를 연 대부분의 다른 죄수와 마찬가지로 네 번째 죄수도 가석방을 허락받지 못한 것이다.

그렇다고 아침에서 오후까지의 변화가 점진적으로 이루어진 것은 아니었다. 하루 중에는 또 하나의 놀라운 패턴이 있었다. 심의위원회는 오전 10시 30분쯤 휴식 시간을 갖고, 이때 간식으로 샌드위치와 과일을 먹었다. 이를테면 혈관 속에 포도당을 재충전한 것이다(아침을 굶은 아이들이 오전 간식을 먹은 후 갑자기 태도가 좋아지고 학습 효과도 높아진 실험을 기억하는가?). 간식을 먹기 바로 전에 심의를 받은 죄수의 가석방 확률은 고작 15퍼센트에 불과했다. 7명 중 한 명 정도만 감옥을 나갈 수 있다는 뜻이다. 그에 비해 간식을 먹은 후에는 죄수 3명 중 2명, 즉 65퍼센트 정도가 가석방을 허락받았다.

똑같은 패턴이 점심때에도 반복되었다. 점심시간인 12시 30분 직전에 가석방을 받을 확률은 20퍼센트밖에 되지 않았지만, 점심을 먹은 직후에는 60퍼센트 이상으로 증가한 것이다. 위의 두 번째 죄수는 운 좋게도 점심시간 직후 가장 먼저 심의를 받아 가석방되었다. 반면 세 번째 죄수는 같은 범죄인 폭력을 저지르고, 똑같은 기간 동안 복역하고, 똑같이 오후에 출두했지만 약간 늦은 3시 10분에 심의를 받았다. 그 결과 늦은 시간에 심의를 받은 다른 죄수와 비슷한 운명을 겪어야 했다. 가석방이 거부된 것이다.

판단은 힘든 정신적 작업이다. 판사는 연이어 결정을 내려야 한다. 그때마다 이들의 뇌와 신체는 앞에서 언급했듯이 의지력의 핵심 성분인 포도당을 소모한다. 개인적 철학이 어떻든—범죄에 엄격하건 갱생 가능성에 더 큰 의미를 두건—이후의 결정에 필요한 정신적 에너지가 고갈되는 것이다. 그 결과 판사는 덜 위험한 선택을 하는 경향이 있다(어떤 식으로든 자신을 위해서). 물론 죄수에게는 말할 수 없이 부당한 일이지만—판사가 오전 간식을 안 먹었다는 이유 때문에 감옥에 더 갇혀 있어야 하다니!—이러한 편견을 완전히 의외의 현상이라고만은 볼 수 없다. 사실 이런 현상은 온갖 상황에 적용된다. 의지력과 결정은 서로 연결되어 있다. 결정하는 것 자체가 의지력을 고갈시키기 때문에 더욱더 결정하기가 어렵다. 직업상 날마다 어려운 결정을 내려야 한다면, 어떤 시점에서는 에너지가 대폭 감소해 겨우 남아 있는 에너지를 보존할 방법을 찾게 된다. 그래서 결정을 유보하거나 회피할 구실을 찾는 것이다. 이때 가장 쉽고 안전한 방법은 때때로 현 상태를 유지하는 것, 즉 죄수를 그냥 감옥에 가두는 것이다.

가석방을 거부하는 것은 미래에 선택할 수 있는 옵션을 열어두는 것이므로 판사에게는 쉬운 결정일 수 있다. 다시 말해, 미래에 가석방을 허용할 여지를 남겨둠으로써 지금 당장 죄수를 감옥에 안전하게 가두어두는 선택을 희생할 필요가 없는 것이다. 결정 내리기에 대한 거부감은 부분적으로 선택권을 포기하는 것에 대한 두려움에서 기인한다. 한 가지를 결정함으로써 다른 것을 결정할 가능성을 포기하게 되면 혹시 핵심적인 것을 놓치지 않을까 하는 두려움은 더욱 커진다. 대학에서 학생들은 때로 복수 전공을 하기도 한다. 하지만 특별히 무엇인가를 증명하거나 정치학과 생물학 같은 상이한 과목을 결합해 미래의 경력에 활용하기 위한 야심찬 계획의 일환은 아니다. 그것보다는 한 가지 전공을 선택함으로써 다른 선택의 여지가 없어지는 것을 두려워하기 때문이다. 선택에 대한 아무런 보상이 없음에도 쉽게 포기하지 못하는 경우는 그동안의 연구에서 수없이 확인되었다. 포기에 대한 이런 저항은 의지력이 약할 때 특히 뚜렷해진다. 결정하려면 의지력이 필요하므로 이것이 고갈된 사람들은 그 결정을 유보하거나 회피할 방법을 찾는 것이다.

한 연구에서, 피실험자들에게 사고 싶은 물건을 고르도록 했다.[5] 하지만 이전에 자기 절제를 하느라 의지력을 다 써버린 사람들은 아무것도 사지 않음으로써 결정을 피하려 했다. 다른 연구에서는 피실험자들에게 예금 통장에 군이 놔둘 필요 없는 1만 달러가 있다고 가정한 다음, 평균적인 리스크와 평균 이상의 이율을 보장하는 투자 기회에 대해 설명했다. 이는 사실 상당히 좋은 투자 조건이었다. 보통은 리스크와 이율이 서로 비슷하기 때문이다. 이때 의지력이 고갈되지 않은 사람들은 대부분 투자하겠다고 대답했다. 반대로 의지력이 고갈된 사람들은 돈을 그대로 두겠다고 대답했다. 이러한 결정은 재정적으로 볼 때 그다지 합리적이지 않다. 이율이 낮은 통장에 돈을 넣어두는 것은 손해가 크기 때문이다. 하지만 그들은 이것을 어떤 결정을 하는 것보다는 쉬운 선택으로 여겼다.

이런 형태의 미루기는 왜 수많은 사람이 배우자 고르기라는 일생일

대의 선택을 유보하는지에 대한 이유를 설명해준다. 20세기 중반에는 대부분의 사람이 20대 초반에 결혼했다. 하지만 그 이후에는 남녀 모두 다양한 선택을 할 수 있게 되었다. 오랫동안 교육을 받고 준비 과정이 긴 직업을 찾아 나섰다. 피임약과 변화된 사회 가치 덕분에 결혼하지 않고도 성생활을 즐길 수 있는 선택권도 생겼다. 또한 더 많은 사람이 대도시에 정착함에 따라 배우자 선택의 범위도 넓어지고, 무엇을 잃는 것에 대한 두려움보다는 얻을 가능성이 더 많아졌다. 존 티어니는 1995년 한 칼럼에 기고하기 위해 뉴욕에서 나타나고 있는 어떤 현상을 준(準)과학적으로 연구하는 조사에 착수했다. 그 현상이란 다름 아닌 엄청난 수의 지적이고 매력적인 남녀가 짝을 찾지 못하겠다고 불평하는 것이었다. 하와이에 있는 한 섬을 제외하고 맨해튼은 미국 전역에서 싱글 비율이 가장 높았다.

도대체 무엇이 뉴요커들의 삶을 갈라놓았는가? 티어니는 보스턴과 볼티모어, 시카고와 로스앤젤레스 그리고 뉴욕에서 발간하는 잡지에 실린 개인 광고를 조사했다.[6] 여기서 티어니는 가장 넓은 도시인 뉴욕에 사는 싱글들이 선택 조건도 가장 많을 뿐만 아니라 원하는 배우자에 대한 취향도 가장 까다롭다는 사실을 발견했다. 〈뉴욕 매거진〉에 실린 배우자의 평균 조건은 5.7가지였다. 이는 두 번째로 큰 도시인 시카고(4.1가지 조건)보다 훨씬 많을뿐더러 다른 세 도시의 평균 조건을 두 배 가까이 웃도는 수치였다. 뉴욕의 한 잡지에 어떤 여성은 이런 광고를 실었다. "정착할 생각이 없다고요? 나도 그래요!" 그 여자는 자신을 "뉴욕이 제공하는 모든 것을 사랑하는 여자"라고 주장했지만 그 "모든 것"에는 잘생기지도 못하고 성공하지도 못한 남자, 여기에 신장 174센티미터 이하인 남자 그리고 29세 이상에서 35세 이하가 아닌 남자는 포함되지 않았다. 또 다른 뉴요커 여성은 폴로(polo)를 즐기는 178센티미터 이상의 남자를 요구했다. 어떤 변호사는 자신의 '공주님'이 요구하는 스물한 가지 자격 요건을 갖추고도 결혼에 성공하지 못해 충격을 받았다고 실토하기도 했다.

물론 개인 광고에 대한 조사는 비공식적인 연구에 속한다. 하지만 최근 들어 여러 연구 팀이 사람들의 연애 방식에 대해 좀더 엄격한 분석을 시도한 결과 그와 비슷한 결론을 얻었다. 그들은 온라인 데이트 서비스나 즉석 만남 이벤트 등에서 배우자를 찾는 수만 명을 분석했다. 온라인 데이트 서비스에서 신청자는 자신들의 특성에 대한 포괄적인 질문을 충족해야 한다. 이론적으로는 자세한 프로필이 정확한 배우자를 찾는 데 도움이 될 것 같지만 실제로는 너무나 많은 정보와 선택 사항 때문에 사람들은 쓸데없이 까다로워진다. 연구자들—시카고 대학교의 군터 히치(Gunter Hitsch)와 앨리 호르타슈(Ali Hortacsu), 듀크 대학교의 댄 에리얼리(Dan Ariely)—에 의하면 온라인 데이트 사이트의 프로필을 확인한 사람 중 실제로 데이트에 성공한 사람은 1퍼센트도 채 안 되는 것으로 나타났다.[7] 하지만 보통 10~20명 정도가 모이는 즉석 만남에서는 데이트가 성사될 확률이 높았다. 즉석 만남에 나온 이들은 데이트할 가능성이 있는 상대와 몇 분 동안 얘기를 나누었다. 그런 다음 모든 신청자는 자신이 만나고 싶은 상대를 지목하는 점수 카드를 보여주고 서로 호감이 있다고 판단되면 짝을 이루었다. 평균적으로 즉석 만남 참석자는 자신이 만난 10명 중에서 적어도 한 명과 짝을 이루었으며, 어떤 연구에 의하면 20~30퍼센트가 짝을 이루는 경우도 있는 것으로 밝혀졌다. 배우자 선택 범위가 좁고 시간이 촉박한 가운데, 즉석 만남 참석자들은 신속하게 짝이 될 만한 상대를 찾아냈다. 하지만 온라인에서 애인을 찾고자 하는 사람들은 선택 범위가 너무 넓어 그저 계속 탐색만 하게 된다고 에리얼리 교수는 말했다.

"수많은 조건과 상대에 둘러싸여 있을 때 사람들은 끝없이 완벽을 추구하게 된다. 신장이나 나이·종교를 비롯해 수십 개의 조건에 들어맞는 이상적인 상대가 아니면 안 되는 것이다." 에리얼리 교수는 포기하는 데 어려움을 느끼는 현상을 연구하기 위해 컴퓨터 화면에 뜬 문을 열고 그 안에서 현금을 찾아내는 온라인 게임을 하는 사람들을 관찰했다. 가장 좋은 게임 전략은 컴퓨터 화면에 뜬 세 개의 문을 차례로 열어보고 현금이 가장 많은 방을 찾은 다음 그곳에 머무르는 것이다. 하지만 게이머들은 이러한 전략을 익힌 다음, 새로운 규칙을 도입하자 전략 수행에 어려움을 겪었다. 새로 추가한 규칙은 문밖을 나서면 그 방의 문이 줄어들다 결국은 사라지고 마는 것이었다. 문이 완전히 차단될까봐 두려워한 게이머들은 전체적으로 돈을 벌 기회가 줄어듦에도 불구하고 다시 문을 열고 다른 방으로 뛰어들었다.

에리얼리 교수는 이렇게 말한다. "사람들은 문을 닫는다는 옵션을 손해처럼 여기고, 손해를 본다는 그 느낌이 싫어서 기꺼이 대가를 지불한다."[8] 물론 가끔은 통할 수 있지만, 우리는 너무 자주 옵션에만 매달려 장기적으로 치러야 할 대가를 보지 못한다. 완벽하지 않은 배우자일지라도 선택하지 않으면 결국은 누구와도 이루어질 수 없다. 예를 들어, 부모가 밀린 회사 업무를 처리하라는 상사의 지시에 '아니요'라고 말하지 못하면, 그 가정에서는 아이들이 괴로움을 겪는다. 판사가 가석방 같은 어려운 결정을 내리지 못하면, 이는 말 그대로 죄수의 감방 문을 걸어 잠그는 것이나 다름없다.

게으른 선택

인간은 타협할 줄 아는 존재다. 동물 세계에서는 포식자와 희생자 간에 장기적인 협상이 진행되는 경우가 거의 없다. 타협하는 능력은 특히 결정을 할 때 갈수록 어려워진다. 그런 까닭에 자아가 고갈된 상태로 쇼핑할 때처럼 의지력이 바닥나면 그 능력도 저하될 수밖에 없다.

쇼핑을 하다 보면 상품의 질과 가격 사이에서 지속적으로 타협해야 한다. 이 두 가지를 동시에 만족시키기란 쉽지 않다. 때때로 가격은 질에 비해 빨리 인상된다. 한 병에 100달러 하는 와인은 20달러짜리보다 품질이 높기야 하겠지만 과연 실제로 5배나 높을까? 하루 숙박비가 1000달러인 호텔은 200달러인 곳보다 5배나 더 좋을까? 물론 이런 질문에 맞는 객관적인 답은 없다. 하지만 100달러 하는 와인과 숙박비가 1000달러인 호텔이 상대적으로 그리 많지 않다는 것은 사람들이 부차적인 품질에 그다지 큰 가치를 부여하지 않는다는 것을 말해준다. 어떤 단계를 넘어서면 높은 가격으로 인한 손해가 높은 품질로 인한 이익보다 더 크게 느껴지는 것이다. 이러한 지점을 선택하는 것이 최상의 결정이다. 하지만 그 지점이 어디인지 파악하는 것은 어렵다.

의지력이 약하면 이러한 거래 능력도 줄어든다. 즉 연구자들이 '인지적 구두쇠(cognitive miser)'라고 일컫는, 타협을 회피하고 몸을 사리는 사람이 되는 것이다.[9] 요컨대 "가장 싼 걸로 주세요"라는 식으로 가격만 보고 일차원적 선택을 하기 쉽다. 아니면 품질에 집착해 "가장 좋은 걸로 주세요"라고 말할 수도 있다(특히 다른 사람이 지불할 경우).

이러한 결정에 대해 사람들이 느끼는 피로감은 우리를 자기 물건을 적당한 때에 판매하는 기술을 터득한 장사꾼의 먹잇감으로 만든다. 이런 현상은 컬럼비아 대학교의 심리학자 조너선 레바브가 맞춤 신사복과 새로운 자동차를 이용한 실험에서 증명한 바 있다. 이 실험에 대한 아이디어는 진 트웽과 마찬가지로 결혼 준비를 하던 중 떠올랐다. 약혼녀의 제안대로 양복점에 들른 레바브는 맞춤 신사복을 주문하기 위해 옷감과 안감의 종류, 단추 스타일 등등을 고르기 시작했다.

"세 번째 견본 옷감 무더기를 보는 순간, 그냥 죽고 싶더군요. 더 이상 뭐가 뭔지 구별할 수조차 없었지요. 그렇게 시간이 조금 흐르자 재단사에게 '무슨 옷감이 좋겠어요?'라는 말밖에 할 수 없게 되었어요. 더 이상 힘이 없었죠."

레바브는 결국 맞춤 신사복을 주문하지 못하고 돌아왔지만(옷감에 붙은 2000달러짜리 가격표가 결정적인 역할을 했다), 이때의 경험을 살려 독일 크리스티안 알브레히츠 대학교의 마르크 하이트만(Mark Heitmann)과 스위스 생갈렌 대학교의 안드레아스 헤르만(Andreas Hermann) 그리고 컬럼비아 대학교의 시나 이엥가(Sheena Iyengar)와 함께 몇몇 실험에 착수했다.[10] 그중 하나는 스위스의 MBA 학생들에게 맞춤 신사복을 선택하도록 하는 것이었고, 다른 하나는 독일의 자동차 대리점에서 손님들이 새로운 세단의 옵션을 주문할 때 그것을 신중하게 관찰하는 실험이었다. 자동차 구매자—실제로 돈을 지불하고 차를 구매하는 사람—는 예를 들어, 4가지 기어 변속 손잡이와 13가지 타이어와 림(rim), 서로 다르게 배열된

25가지 엔진과 기어 박스 그리고 56가지 인테리어 색상 중에서 각각 하나씩을 선택해야 했다.

처음 선택할 때, 소비자들은 신중에 신중을 기했다. 하지만 결정 피로도가 높아짐에 따라 자동 옵션을 더 많이 선택했다. 초기에 힘든 결정을 했을수록—세단의 56가지 인테리어 색상 중 선명한 회색이나 갈색을 선택하는 것과 같은—소비자들은 빨리 지쳤고, 나중에는 자동 옵션을 선택하는 쉬운 길을 택했다. 그런데 연구자들이 세단 구매자의 주문을 조작하는 방식을 활용하자 소비자들은 서로 다른 종류의 옵션을 선택했고, 그 결과 차량당 평균 1500유로의 차이가 났다(당시 환율로 2000달러 정도). 멋진 타이어 림을 위해 돈을 더 쓰거나 강력한 엔진을 위해 큰돈을 투자하는 것은 선택이 이루어지는 시점 그리고 구매자에게 얼마나 의지력이 많이 남아 있느냐에 따라 결정되었다. 맞춤 신사복에 대한 실험에서도 비슷한 결과가 나왔다. 결정에 대한 피로감이 찾아오자 학생들은 다른 이의 권유를 받아들였다. 또한 일찍부터 가장 어려운 선택에 직면하면—예를 들어 100가지 양복감 중에서 하나를 선택해야 하는 것과 같은—더 빨리 지쳤고, 쉬운 선택에서 어려운 선택으로 옮겨간 다른 사람들에 비해 쇼핑을 즐기기 어려운 것으로 나타났다.

어떤 고객은 광범위한 선택을 하느라 지쳐 구매를 포기하기도 하는데, 영리한 마케팅 담당자는 이러한 결정 피로감을 이용해 이득을 취하기도 한다.[11] 이런 현상은 가까운 슈퍼마켓에서도 얼마든지 볼 수 있다. 넓디넓은 슈퍼마켓을 오가며 수천 가지 음식과 상품을 접하고 계산대에 섰을 때, 당신을 맞이하는 것은 무엇인가? 가십으로 가득 찬 타블로이드 잡지와 초코바다. 충동구매는 단순히 일어나는 현상이 아니다. 당신의 충동 조절력이 가장 약해지는 시점에 사탕이 보이는 것은 결코 우연이 아니다. 결정을 하느라 피곤해진 뇌가 빠른 포도당 보충을 가장 염원하는 시점이 바로 그때이기 때문이다.

스스로 상품을 선택하라

이번 장을 끝내면서 우리는 당신에게 날짜와 서명이 들어간 두 장의 수표를 주려 한다. 하나는 100달러짜리이고 내일 당장 현금으로 바꿀 수 있다. 다른 하나는 150달러짜리이며 내일을 기점으로 한 달 안에는 현금으로 바꿀 수가 없다. 당신은 어떤 수표를 선택하겠는가?

경제학자에게 이러한 문제는 자기 절제에 관한 고전적인 실험에 속한다. 갖고 있는 돈을 한 달 안에 50퍼센트나 불릴 수 있는 방법은 적어도 합법적인 방식으로는 없다고 봐야 한다. 한 달 안에 돈을 2배로 불릴 수 있는 흔치 않은 기회가 있거나 재정적으로 시급해 다른 방법이 없을 때를 제외하고, 당장의 현금 100달러를 거절하고 한 달을 기다렸다 150달러를 받는 것이 더 나을 것이다. 어쨌든 이런 경우에는 일반적으로 늦게 큰돈을 받는 것이 유리하다. 단기적인 보상에 대한 유혹을 견디는 것은 부자가 되는 비결일 뿐 아니라 문명이 발달한 비결이기도 하다. 인류 최초의 농부가 곡식을 바로 먹어버리는 대신 밖으로 나가 씨를 뿌리기 위해서는 대단한 의지력이 필요했을 것이다.

그렇다면 이들보다 훨씬 잘 먹고 잘사는 자손들은 왜 한 달 뒤에 150달러를 받는 대신 지금 당장 100달러 받는 쪽을 선택할까? 이는 이러한 결정을 내리기 전 너무 많은 결정을 하느라 시달리거나 다른 일에 애를 씀으로써 자기 절제력이 고갈된 사람들이 택하는 비합리적이고 손쉬운 방법의 한 예라고 볼 수 있다. 빠르지만 작은 보상과 시간이 걸리지만 큰 보상 중에서 선택을 하기 전에 피실험자에게 청량음료를 줌으로써 효과가 증명된 것처럼 이 경우 포도당을 재빨리 투여하면 이런 단기적 사고를 막을 수 있다.[12]

사람들이 빠른 현금을 선택하는 또 다른 이유는 맥매스터 대학교의 마고 윌슨(Margo Wilson)과 마틴 데일리(Martin Daly)가 수행한 독창적인 연구에서 밝혀졌다.[13] 이들 진화심리학자들은 젊은 남녀 피실험자에게 내일 현금화할 수 있는 수표와 이후에 현금화할 수 있는 수표 중 하나를 선택하도록 하는 실험을 했다. 그런 다음, 표면적으로는 그들의 선호를 파악하기 위한 실험의 일환으로 사람과 자동차 사진에 등급을 매기도록 요구했다. 사진은 핫오어낫닷컴(hotornot.com)에서 가져온 것들로, 이 사이트는 사람들이 자신의 사진을 올리면 10점 만점 기준으로 점수를 매기는 곳이다. 젊은 남녀로 이루어진 피실험자 중 어떤 이들에게는 아주 높은 점수를 받은(9점 이상) 이성의 사진을 보여주고, 어떤 이들에게는 그리 높지 않은 점수(5점 정도)의 사진을 보여주었다. 또 다른 피실험자에게는 멋진 자동차 혹은 고물 자동차 사진을 보여주며 점수를 매기게 했다.

그런 다음 모두는 다시 한번 즉각적인 보상과 이후의 더 큰 보상 중에서 선택하라는 요구를 받았다. 사진을 보고 난 후, 피실험자들의 보상 기준에 변화가 생겼는지 확인한 것이다. 자동차 사진은 젊은 남자에게는 아무런 효과가 없었고, 젊은 여자에게는 약간의 효과가 있었다. 멋진 자동차를 본 젊은 여성은 조금 빠른 보상을 선택하는 방향으로 기울었다. 번쩍이는 스포츠카를 본 젊은 여성이 즉각적인 보상을 바랄 가능성은 있지만, 그 변화가 매우 미미해 연구자들은 이것을 통해 어떤 결론도 이끌어낼 수 없었다. 남자의 사진을 보고 영향을 받은 피실험자 여성은 더더욱 적었다. 이들의 결정은 멋진 남자 사진을 본 뒤에도, 멋지지 않은 남자의 사진을 본 뒤에도 변함이 없었다. 이는 그다지 멋지지 않은 여성 사진을 본 남자도 마찬가지였다.

하지만 극적인 변화를 보인 한 집단이 있었다. 멋진 여성 사진을 본 젊은 남자들이 미래의 더 큰 보상 대신 즉각적인 보상 쪽으로 옮겨간 것이다. 아마도 매력적인 여성의 모습이 남자들에게 즉각적인 현금에 대한 갈망을 불러일으킨 게 틀림없었다. 이들은 미래보다는 현재에 더욱 집중했다. 이런 결과는 어쩌면 과거의 진화 과정이나 인간 정신에 깊은 뿌리를 두고 있지 않을까 싶다. 현대의 DNA 분석 결과, 과거 대부분의 남자는 자손을 남기지 않았다고 한다.[14] 이들의 생식 가능성은 평균적으로 여성에 비해 절반에 지나지 않았다(칭기즈칸처럼 자손을 많이 남긴 가장이 있는 반면, 다른 수많은 남자의 유전적 혈통은 소멸되었다). 따라서 오늘날의 인류는 번식에 성공한 소수의 조상으로부터 이어져왔으며, 그 결과 인류의 뇌가 번식력을 향상시킬 기회만 있으면 재빨리 반응하는 것 아닌가 싶다. 또 다른 연구에서는 매력적인 여성의 모습(매력적이지 않은 여성은 제외하고)이 남자 뇌의 중격의지핵을 활성화하는 것으로 나타났는데, 이는 현금이나 단 음식 같은 보상으로 활성화되는 뇌의 한 부위이기도 하다. 과거에는 매력적인 여성에게 자기가 가진 것을 재빨리 보여주는 게 진화론적으로 이득이었을 수 있다. 오늘날에도 어떤 경우에는 여전히 이런 방식이 유용할 수 있다. 특히 당신에게 멋진 자동차가 있다는 게 여성의 결정에 큰 영향을 미친다고 생각한다면 말이다. 사실 이는 고급차나 다른 상품을 판매하는 이들의 명백한 전략이기도 하다. 광고 회사는 아름다운 여성이 옆에 있을 때 남자가 고급 제품에 돈을 잘 쓴다는 사실을 이미 오래전에 간파했다.

하지만 일반적으로 이런 단기적 사고는 삶을 살아가는 데 대단한 전략이라고 볼 수 없다—매력적인 것에 집착하는 남성이 아닐지라도 이는 마찬가지다. 마돈나가 〈물질적인 여자(material girl)〉에서 "잔돈을 절약하는 녀석들만 '우울한 날에 날 차지하지"라고 충고했듯이 말이다. 그러므로 당신이 재정적으로 중요한 결정을 앞두고 있는 남성이라면 여성이 아닌 숫자에 집중하는 게 좋다. 또한 만약 당신이 하루 종일 결정을 내리느라 시달려 의지력이 완전히 고갈된 상태라면, 엠파이어 클럽 VIP의 사진을 훑어보며 저녁 계획을 세우거나 장기적인 일을 도모하는 것은 확실히 삼가는 게 좋다.

돈은 다 어디로 갔는가
수량화한 자아는 답을 알고 있다

나는 자신의 일이나 금전 문제를 해결하지 못하는 게으른 자들이 곤란에 처하지 않은 경우를 본 적이 없단다. 그리고 습관적으로 돈 문제를 겪는 사람치고 명예를 지키는 경우가 거의 없으니, 네가 그런 운명에 처하지 않기를 하느님께 간청한다.
—찰스 다윈, 젊은 아들의 빚을 갚는 수표와 함께 동봉한 편지[1]에서

사람들은 회계사가 되기를 원치 않는다.
—애런 패처, 민트닷컴 창시자

얼마 전 낭비벽 심한 어떤 사람이 신경경제학자를 자처하는 한 무리의 연구자에게 자신의 신용카드 빚과 관련해 도움을 요청했다. 이들 연구자는 적어도 스탠퍼드 대학교의 연구실에 있는 기능적 자기공명영상(fMRI)을 통해 볼 수 있을 만큼 자세하게 쇼핑하는 사람들의 뇌를 관찰했다.[2] 연구자들은 사람이 이런저런 기계나 책 혹은 장식품 등에 돈을 쓰려고 고민할 때 뇌의 인슐라(insula) 부위에서 일어나는 활동을 측정했다.

인슐라 부위는 우리가 기분 나쁜 일에 대해 듣거나 그것을 보게 되면 불이 켜지는데, 이는 구두쇠가 물건 가격을 살펴볼 때 주로 일어나는 반응이다. 하지만 낭비벽 심한 사람이 쇼핑을 하면 인슐라는 똑같은 불쾌함을 표현하지 않는다. 애써 번 돈으로 색깔이 변하는 '무드 시계'를 사는 것을 고려하는 순간에조차 말이다.

검소함에 대한 일말의 희망은 어떤 특정한 낭비벽이 있는 사람의 후

회로 가득 찬 요청에 따라 수행한 별도의 실험에서 찾을 수 있었다. 그 사람은 바로 바우마이스터에게서 자기 절제에 대해 배우기 이전의 티어니 교수였다. MRI 검사를 해본 결과, 티어니 교수가 필요 없는 장비를 사려는 데도 인슐라는 별다른 반응을 보이지 않았다. 요컨대 낭비벽을 지닌 사람의 성향을 확인한 것이다. 이어서 연구자들은 새로운 시도를 했다. 최근의 비자카드 청구서를 티어니에게 보여준 것이다. 그러자 반응이 일어났다! 일종의 혐오감에 가까운 반응이 일어난 것이다. 연구자들은 티어니가 미지불한 2170달러 23센트짜리 청구서를 들여다보는 동안 "인슐라가 활성화되었다"고 보고했다. 이를테면 지불해야 할 돈 앞에서는 그의 뇌도 완전한 먹통은 아니었던 것이다.

이는 상당히 안심할 만한 연구 결과였다. 하지만 이러한 발견을 어떻게 현실에 적용할 것인가? 쇼핑몰에 갈 때마다 스탠퍼드 대학교 연구자들이 카드 청구서를 눈앞에서 흔들어댈 수도 없는 노릇이니 말이다. 어떻게 해야 낭비벽 있는 사람으로 하여금 낭비에 따른 결과에 대해 생각하도록 할 수 있을까? 가장 쉬운 해결책은 찰스 다윈이 낭비 성향을 지닌 아들에게 조언한 것처럼 예산을 정하고 자신의 소비 패턴을 관찰하는 것이다. 하지만 이런 방법은 애런 패처(Aaron Patzer)가 등장하기 전까지는 실천하기 어려운 허울 좋은 말에 지나지 않았다.

패처는 다윈이 원한 아들에 가까운 사람이었다. 10대 때부터 수표장을 꼼꼼히 기록하고 일요일마다 퀴큰(Quicken: 개인용 재무 소프트웨어 상품 명—옮긴이)으로 자신이 구매한 것을 꼬박꼬박 분류했다. 하지만 실리콘밸리에서 소프트웨어 회사를 창업하기 위해 전념하는 동안, 자신도 모르게 이러한 습관에서 멀어졌다. 그러던 중 재정적인 문제를 정리하기 위해 자리에 앉는 순간, 처리해야 할 수백 가지 일이 쌓여 있는 것을 발견했다. 이때부터 패처는 시간을 좀더 효율적으로 쓸 수 있는 방법을 고심했다. 컴퓨터가 대신 그 일을 해줄 수는 없을까? 누군가에게 시킬 방법은 없을까? 이런 짜증나는 일을 실리콘 칩이 대신할 수 없을까? 그 결과 탄생한 회사가 바로 민트닷컴이다.[3] 이 회사는 크게 성공해 2년 후에는 퀴큰 소프트웨어를 만든 인튜잇(Intuit)에 17억 달러에 팔렸다.

민트닷컴에서 개발한 프로그램은 현재 전 세계적으로 거의 600만 명의 재정을 책임지고 있으며, 자기 절제에서 두 번째로 중요한 단계인 행동 모니터링을 수행하는 데 광범위하게 적용되고 있다. 이는 또한 인공지능을 획기적으로 앞당기는 역할을 하고 있다. 컴퓨터 프로그램으로 여러분의 삶을 모니터링하는 다른 회사 제품의 기능—체중이 얼마인지, 수면은 잘 취하는지, 운동은 얼마나 하는지—과 마찬가지로 민트닷컴은 본질적으로 컴퓨터를 인간적인 노력을 위해 활용한다. 《프랑켄슈타인》이래로 공상과학 작가들은 인간이 창조한 어떤 존재가 자기 자신의 엄청난 힘을 인지하고 인간에 대항하는 것을 묘사해왔다. 정치적인 작가들은 광범위한 컴퓨터 감시 체제에 대한 우려를 표명해왔다—빅 브라더(Big Brother)가 우리를 지켜보고 있다! 오늘날 컴퓨터가 점점 영리해지고 더 많은 컴퓨터가 우리를 지켜보지만, 그 컴퓨터에 (적어도 아직은) 자의식이 생기거나 우리에게서 힘을 앗아가는 일은 벌어지지 않았다. 그보다 컴퓨터는 우리에게 자의식을 부추겨 우리의 힘을 고양한다.

자아 인식이란 동물에게서 볼 수 있는 가장 독특한 특징이다. 개는 거울에 비친 자기 모습을 보면 화를 내며 짖는데, 이는 자신이 자기 모습을 보고 있다는 것을 모르기 때문이다. 거울 실험[4]을 해보면, 대부분의 다른 동물도 어찌할 바를 모른다. 예컨대 동물의 몸에 냄새 나지 않는 재료로 점을 그려 넣고, 거울 앞에서 그 점을 확인하도록 하는 실험이다. 이는 동물이 그 점을 자기 몸에 있는 것이라고 인식하는지, 즉 점을 만지거나 혹은 다른 방식의 표현(몸을 돌려 거울 속의 점을 본다던가)을 하는지 확인하기 위한 실험이었다. 침팬지를 비롯한 다른 유인원은 실험을 통과했고, 돌고래와 코끼리를 비롯한 몇몇 동물도 실험을 통과했다. 하지만 대부분의 동물은 낙제했다. 점을 만지기 위해 대부분 몸 대신 거울로 발을 뻗은 것이다. 아기도 이 실험에서 실패했다. 하지만 두 살배기 아기는 거울을 보는 순간 깜짝 놀라며 자기 이마를 만졌다. 이것이 바로 자아 인식의 시작 단계다. 얼마 지나지 않아 이러한 특징은 청소년기의 저주로 바뀐다. 어찌 된 일인지 어린 시절의 당당한 자신감이 10대가 되면 부끄러움과 수치심으로 변한다. 물론 이는 자신의 불완전함에 지나치리만큼 예민하게 반응하기 때문이다. 요컨대 거울을 보며 심리학자들이 수십 년 동안 연구해온 질문을 던지는 것이다. 왜? 비참한 기분만 드는데 왜 자아 인식이 필요한 것일까?

나는 자의식이 있다. 고로 나는……?

1970년대에 타인의 시선을 의식할 수밖에 없는 상황에 놓인 피실험자를 대상으로 연구를 수행하던 사회심리학자들은 인간의 자의식이 왜 발전하는지 이해하기 시작했다. 이 분야를 선도한 로버트 위클런드(Robert Wicklund)와 셸리 듀발(Shelly Duval)은 초창기에 동료 연구자들로부터 자신들의 연구가 괴상하고 비과학적이라는 이유로 비웃음을 당했다.[5] 하지만 그들의 최종 연구 결과는 무시하기엔 너무 흥미로웠다. 연구자들은 사람들을 거울 앞에 세워두고 움직임을 촬영할 것이라고 말했다. 그러자 사람들은 끊임없이 움직였다. 자의식 강한 사람들은 연구자들이 제시한 과제를 더 열심히 해결하려고 애썼다. 질문에 좀더 합당한 대답을 했으며(이들의 대답과 실제 행동이 많이 일치했다는 뜻이다), 일관성 있게 행동했다. 또한 행동과 그들이 추구하는 가치가 많이 일치했다.

그중 특정한 패턴 하나가 눈에 띄었다. 사람들은 책상을 보면 '아, 저기 책상이 있군'이라고 생각한다. 하지만 자아는 그런 중립적인 형태로 표현되지 않는다. 사람은 자신에 대해 집중할 때, 자신이 스스로에 대해 느끼는 것과 자신이 그래야 한다고 생각하는 어떤 개념을 비교하는 경향이 있다. 거울을 보며 사람들은 보통 '아! 저게 나구나'에서 멈추지 않는다. 대체로 '머리칼이 엉망이군!' 아니면 '셔츠가 나하고 잘 어울리는데' 혹은 '자세를 똑바로 하도록 노력해야지'라고 생각하거나 아니면 '체중이 늘지 않았나?' 하고 생각한다. 자의식은 늘 자기를 자기 자신이 될 가능성이 있거나, 되어야 하거나, 될 수 있는 대상과 비교하도록 부추기는 구실을 하는 듯싶다.

이러한 개념을 위클런드와 듀발은 '기준'이라는 단어로 표현했다. 자아 인식은 스스로를 어떤 기준과 비교하는 과정을 포함한다. 처음에는 이러한 기준이 완벽을 내포하는 이상적 개념이 아닐까 추정했다. 이런 가정은 자아 인식이라는 게 항상 불쾌할 수밖에 없다는 결론을 초래한다. 자아는 절대로 완벽할 수 없기 때문이다. 위클런드와 듀발은 이러한 관점을 여러 해 동안 고수하면서, 자아 인식이란 본질적으로 불쾌한 것이라고 주장했다. 여러 면에서 이런 설명은 타당해 보인다—특히 10대의 불안을 이해하려 할 경우 더욱 그러하다. 그렇지만 진화론적인 관점에서 볼 때, 우리의 조상은 왜 불가능한 기준에 자신을 맞추려 했을까? 자신을 불쾌하게 여기는 것이 진화론적 관점에서 어떤 장점으로 작용했을까? 게다가 자아 인식이 본질적으로 불쾌한 것이라는 가정은 거울을 보거나 자기 자신을 생각하면서 만족해하는 (청소년기가 아닌) 수많은 사람을 생각해보면 앞뒤가 맞지 않는다. 이후의 연구에 따르면, 사람은 자신을 '평균적인 사람', 요컨대 자신보다 열등하다고 생각하는 사람과 비교하며 우월감을 느끼는 경향이 있다는 사실이 밝혀졌다. 또한 현재의 자신을 과거와 비교하며 즐거워하기도 하는데, 이는 일반적으로 나이가 듦에 따라 자신이 발전하고 있다고 여기기 때문이다(비록 육신은 늙어갈지라도).

　대부분의 사람이 자신을 기분 좋게 만드는 낮은 기준치에 스스로를 비교하긴 하지만, 그렇다고 이것만으로 자아 인식의 진화를 설명하는 것은 무리다. 자연의 흐름은 당신의 기분과 상관이 없기 때문이다. 단지 생존과 번식을 향상시키는 특성만을 선택할 뿐이다. 그렇다면 자아 인식은 어떤 도움이 될까? 가장 탁월한 해답은 심리학자 찰스 카버(Charles Carver)와 마이클 샤이어(Michael Scheier)[6]의 핵심적인 통찰로부터 나왔다. 즉 **자아 인식이 자기 조절을 돕기 때문에 '진화했다'**는 것이다. 두 사람은 피실험자를 거울이 있는 책상에 앉도록 했다. 거울은 부차적인 장식에 지나지 않았다. 요컨대 사람들에게 언급할 만큼 중요하지 않았다. 하지만 거울이라는 존재가 사람들의 모든 행동에 커다란 차이를 가져왔다. 거울을 통해 자기 모습을 보게 되면, 다른 사람에게 영향을 받기보다 자신의 가치관을 따르는 경향이 커진 것이다. 다른 사람에게 충격적인 모습을 보여주라고 요구했음에도 거울을 마주한 사람은 그렇지 않은 통제 집단보다 더 절제되고 덜 공격적인 모습을 보였다. 거울은 사람들이 좀더 열심히 실험에 몰두하도록 동기를 부여했다. 또한 누군가가 어떤 일에 대한 의견을 바꾸라고 강요하자 거울 앞에 있는 사람은 여기에 저항하고 자기 의견을 지키기 위해 애썼다.

할로윈 날 수행한 실험[7]에서, 한 심리학자는 자기 집을 방문한 꼬마 손님들에게 이름을 묻고 옆방으로 데려간 다음 사탕을 하나만 집으라고 했다. 탁자 위에는 맛있는 사탕이 가득 든 그릇이 여러 개 있었다. 아이들은 결과에 상관없이 그 지시를 어길 수 있었다. 방 안에 있는 거울을 벽 한쪽으로 치워놓자 많은 아이들이 그렇게 했다. 하지만 거울을 볼 수 있게 하자 아이들은 유혹을 더 많이 참고 견뎠다. 할로윈 분장을 해서 자신을 감추었지만, 거울을 통해 스스로의 모습을 보자 옳은 일을 해야 한다는 자의식이 생겨난 것이다.

자아 인식과 자기 절제의 연관성은 알코올을 이용한 실험에서도 입증되었다.[8] 연구자들은 술을 마신 후 일어나는 가장 큰 변화 중 하나는 자기 행동을 모니터링하는 기능이 줄어드는 것이라는 사실을 밝혀냈다. 자아 인식이 줄어들면서 자기 절제력도 떨어지고, 그로 인해 싸움을 하거나 담배 피우는 횟수가 늘고 과식을 하게 되고 성적인 실수가 잦아지고 다음 날 아침 수많은 후회 속에서 눈을 뜨는 것이다. 술을 깬 다음 날, 가장 힘든 것 중 하나는 자아 인식의 귀환이다. 자아 인식이야말로 우리가 사회적 동물로서 핵심적인 임무, 즉 나와 타인이 지정해놓은 기준에 자기 행동을 비춰보는 임무를 상기하는 지점이기 때문이다.

자신을 파악한다는 것은 자신이 어디에 있는지를 아는 것 이상이다.

자신을 파악함으로써 자신이 있어야 할 자리까지 알게 되기 때문이다. 우리의 조상은 공통된 가치관과 규율 그리고 이상을 기초로 집단생활을 했다. 따라서 이러한 기준에 맞춰 행동할 줄 아는 구성원은 사회적 예의를 무시하고 사는 이들보다 좋은 평가를 받았다. 기준을 따르기 위해 개인적 행동을 바꾸려면 의지력이 필요하다. 하지만 자아 인식 없는 의지력은 장님이 쏜 대포처럼 쓸모없게 마련이다. 사바나에서 살던 인류의 조상이 자아 인식을 내재적 성향으로 발전시킨 것은 바로 이것 때문이며, 이는 오늘날의 복잡한 사회 환경에서 더욱 발전할 수밖에 없다.

수량화한 자아

앤서니 트롤럽(Anthony Trollope)[9]은 하루 세 시간 이상 집필 활동을 하는 것은 불필요할뿐더러 권장할 만하지도 않다고 믿었다. 영국 우정공사에서 근무하며 역사상 가장 위대하고 유명한 소설가로 명성을 떨친 그는 5시 30분에 일어나 커피를 마신 다음 목소리를 가다듬기 위해 전날 쓴 원고를 30분 동안 읽었다. 그리고 두 시간 30분 동안 책상 위에 놓인 시계를 보면서 글을 썼다. 그는 25분마다 250단어를 쓸 수 있도록 끊임없이 자신을 채찍질했다. 쓴 단어를 일일이 헤아려 확인한 것은 물론이다. 트롤럽은 "시간이 흐르자 자동적으로 250단어가 튀어나왔다"고 회상했다. 이런 속도로 아침이 될 무렵 트롤럽은 2500단어를 쓸 수 있었다. 그렇다고 해서 매일 정확하게 작업량을 채운 것은 아니다. 직장에서의 업무나 여우 사냥 등의 일과가 잡혀 있을 때는 예외였다. 하지만 일주일 단위로 목표를 정해 그것을 달성했다. 소설을 쓸 때마다 트롤럽은 보통 일주일에 1만 단어를 목표로 작업 계획을 세우고 그 상황을 일기에 기록했다.

"매일 일기장에 그날의 작업량을 적었는데, 하루 이틀 정도 게으름을 피우면 일기장을 들여다보며 더 열심히 작업하리라 다짐하고 마음을 추슬렀다. 일기에는 '분량을 제대로 채우지 못하고 일주일이 흘러가면 눈에 물집이 생기고, 그렇게 한 달이 흘러가면 너무나 수치스러워 가슴이 슬픔으로 가득 찼다'는 구절도 있었다."

"눈에 물집이 생긴다." 우리는 어디에서도 자기 모니터링 효과를 이처럼 생생하게 기록한 심리학 저서를 만나지 못할 것이다. 트롤럽은 시대를 앞서간 사회과학자였다. 하지만 사후에 출간된 자서전에서 드러난 이 같은 집필 방법 때문에 그의 명성은 상당히 훼손되었다. 항상 원고 마감 약속에 시달리던 동료 작가와 평론가들은 트롤럽의 집필 방식에 진저리를 쳤다. 예술가가 어떻게 시간에 맞춰 작업할 수 있단 말인가? 예술적 영감을 어떻게 정확히 계획하고 모니터링할 수 있단 말인가? 하지만 트롤럽은 이러한 비평을 예견한 듯 자서전에서 이렇게 썼다.

"천재 작가라면 이런 집필 방식을 선택하지 않을 것이라는 얘기를 많이 들었다. 난 한 번도 나 자신이 천재라고 생각해본 적이 없다. 하지만 천재라고 생각해도 이 같은 속박을 택했을 것이다. 불복종을 허락하지 않는 법만큼 강력한 것은 없다. 이는 물방울이 떨어져 바위를 뚫는 것과 같은 힘이 있기 때문이다. 아무리 작아도 매일 하다 보면 헤라클레스가 단숨에 해치운 일 이상을 이룰 수 있다." 물론 한 시간 동안 1000단어를 쓰는 트롤럽 같은 작가는 극히 드물다. 속도를 늦추는 게 어쩌면 더 나았을지도 모른다(그러면 250단어에 대한 언급도 굳이 할 필요가 없었을 것이다). 하지만 트롤럽은 멋진 삶을 영위하면서도 《바체스터 타워(Barchester Towers)》와 《지금 우리가 사는 법(The Way We Live Now)》 같은 걸작을 창작했다. 다른 소설가들이 돈과 마감일에 시달릴 때, 트롤럽은 풍요를 누리며 항상 계획한 것보다 먼저 책을 마무리했다. 연재소설을 집필할 때에도 보통 두세 개 아니면 최소한 한 작품이라도 끝마치고 출판을 기다렸다.

"나는 내 문학 경력을 통틀어 한 번도 창작 작업에 늦은 적이 없다. '모방'에 대한 불안에 시달린 적도 없다. 필요한 시기보다 훨씬 빨리 완성한 원고가 항상 내 책상 안에 들어 있었다. 이 모든 것은 날마다 그리고 매주 작업한 분량을 꼼꼼하게 기록한 조그마한 일기장이 있었기에 가능했다."

트롤럽의 시계와 일기는 예술적 경지에 오른 19세기의 도구였으며 그의 목표에 충실하게 부합했다. 하지만 그가 펜과 종이로 작업하는 대신 컴퓨터를 사용했다면 어땠을까? 워드프로세스 프로그램에 열여섯 가지나 되는 다른 프로그램을 덧붙여 이용하고, 마흔 곳의 웹사이트를 방문하면서 작업해야 했다면? 또 종일토록 누군가가 5.2분마다 메신저로 말을 걸어 작업을 방해한다고 가정해보자. 시계가 과연 얼마나 효과를 발휘할 수 있을까? 일기가 모든 작업 과정을 다 추적할 수 있을까?

트롤럽이라 할지라도 컴퓨터 이용자를 매초 추적하는 프로그램인 레스큐타임(RescueTime: 시간 관리를 도와주는 애플리케이션—옮긴이) 같은 새로운 도구가 필요하지 않을까? 컴퓨터 사용자는 이 프로그램을 통해 매순간 자신이 시간을 어떻게 보내는지 정확히 알 수 있다—또한 이따금 우울한 현실을 자각하게끔 한다. 레스큐타임은 수십만 컴퓨터 사용자의 행동을 평준화하고 자료화해 통계를 낸다.[10] 레스큐타임의 창시자

토니 라이트(Tony Wright)는 우리가 보통 하루의 3분의 1 이상을 실제 중요한 작업과 상관없는 웹사이트, 곧 "정보 포르노의 길고 긴 꼬리"를 밟으며 보낸다는 사실을 발견하고 경악을 금치 못했다. 한 번에 보통 몇 분밖에 이런 사이트를 방문하지 않지만, 하루 종일 우리가 소비하는 시간은 무려 두 시간 30분이 넘는다.

이러한 시간 추적 장치는 어떤 사람에겐 너무 전체주의적인 것으로 여겨지겠지만, 실리콘 밸리에서 급성장하고 있는 산업 중 하나다. 스마트폰을 비롯한 각종 기기가 사람들에게 인기 있는 이유는 여러 가지 요소를 서로 편리하게 연결해주기 때문이다. 현대인은 행동의 상호 연관성을 갈수록 중시한다. 무엇을 먹고 얼마나 걷고 달리는지, 칼로리 소비량은 어떠한지, 맥박 수는 얼마나 다양하게 변화하는지, 수면 상태는 어떤지, 또 뇌의 작동은 얼마나 빠른지 그리고 섹스 빈도는 어떠한지, 소비 성향에 영향을 끼치는 것은 무엇인지, 부모님께 전화는 얼마나 자주 드리는지, 일하지 않는 시간은 어느 정도인지 이 모든 것을 연결해 계산하는 것이다.

2008년 케빈 켈리(Kevin Kelly)와 개리 울프(Gary Wolf)는 수량화한 자아(Quantified Self),[11] 혹은 줄여서 QS라고 일컫는 웹사이트를 만들어 이용자에게 자기 조절 기법을 소개했다. 아직은 QS가 다소 생경하지만, 이미 실리콘 밸리 이외의 지역으로 서서히 확산되고 있다. 또한 전 세계 도시를 중심으로 형성된 마니아층은 정보와 도구를 공유하며 서로를 격려하고 있다.

선견지명으로 유명한 인터넷 권위자이자 투자자인 에스터 다이슨은 QS 운동을 영리한 재정적 투자임과 동시에 미덕으로 가득 찬 공공 정책으로 간주한다. 즉 당신에게 좋은 것을 판매함으로써 번창하는 혁명적인 새로운 산업으로 여긴다. 이러한 시스템을 통해 앞으로는 치료받기 위해 병원에 가는 대신 질병 예방을 위해 자신을 스스로 모니터링할 수 있다. 장사꾼들이 권하는 패스트푸드나 인스턴트 음식의 유혹에 굴복하는 대신 건강과 양심적인 선택을 권장하는 메시지를 자신에게 집중적으로 주입해 스스로 자신의 삶을 계획할 수 있다. "지금까지 장사꾼들은 의지력을 빼앗는 물건을 파는 데 상당히 성공을 거두었습니다. 하지만 이젠 의지력을 강화하는 기술이 필요합니다."

다이슨은 항상 스스로를 엄격하게 훈련했다. 수십 년 동안 매일 한 시간씩 수영하는 것을 거른 적이 없다. 하지만 이제는 피트비트(Fitbit)사의 클립(clip: 개인의 건강 상태를 모니터링해주는 클립 형태의 기기―옮긴이)이나 보디미디어(BodyMedia)사의 암밴드(armband: 신체 활동량을 측정하는 팔 밴드―옮긴이) 그리고 제오(Zeo)사의 수면 코치 헤드밴드(sleep coach headband) 같은 새로운 전자 감지기로 자신의 상태를 확인하는 게 더 손쉽다는 것을 발견했다. 이러한 전자 감지기는 사람의 동작과 피부 온도, 습도나 뇌의 파동 등을 감지함으로써 하루 동안 사용하는 에너지 양을 정확하게 측정해주고 밤에는 몇 시간 동안의 수면을 취해야 하는지 알려준다.

"자아 수량화 방식이 내 행동을 전체적으로 변화시켰습니다. 좀더 걸으면 점수가 올라간다는 것을 알기 때문에 이제는 에스컬레이터보다 계단을 더 많이 이용합니다. 저녁 파티에 참석할 때도 집으로 일찍 돌아가 평소보다 한 시간 정도 이른 9시 30분에 잠자리에 들면 수면 시간을 늘릴 수 있다는 사실을 생각하지요. 점수에 따라 행동을 판단할 수 있으므로 여러 면에서 옳은 선택을 할 수 있습니다."

민트닷컴 같은 회사 덕분에 찰스 다윈의 재정적 조언을 따르기는 더 쉬워졌지만, 이러한 기기는 행동을 모니터링하는 구차한 일 이상을 수행한다. 행동을 추적하는 것이 첫 번째 단계이지만 그것만으로는 충분하지 않다. 토머스 제퍼슨[12]은 자신이 벌어들이고 사용한 돈을 강박적일 만큼 꼼꼼하게 관리했다. 1776년 7월 4일 혁명적인 인권선언문을 최종 채택할 당시에도 가계부에 온도계와 장갑 구입 비용을 잊지 않고 기록했다. 대통령으로서 루이지애나 매매(Louisiana Purchase: 1803년 미국이 프랑스로부터 미시시피 강 서부의 프랑스령 루이지애나 지역을 사들인 일을 말함—옮긴이)를 추진함과 동시에 백악관의 버터와 계란 구입 영수증도 챙길 정도였다. 그럼에도 그는 세밀함을 넓은 관점으로 확장하는 데는 실패했다. 뒤늦게 자산과 빚을 정리하다 자신이 빚더미에 파묻혀 있다는 사실을 알고 충격을 받았다. 자료를 기록함으로써 자신이 재정 문제를 잘 조절하고 있다는 착각에 빠졌던 것이다. 제퍼슨에게 필요한 것은 민트닷컴의 컴퓨터가 제공하는 것과 같은 분석이었다.

민트닷컴에서 제공하는 서비스는 당신의 은행 거래나 신용 거래를 보고 소비 패턴을 분석한다. 그리고 소비가 수입보다 많지는 않은지도 분석한다.[13] 민트닷컴이 당신의 습관을 바꾸지는 못하겠지만(컴퓨터가 당신의 자료를 분석할 수는 있지만 당신 돈에 손을 댈 수는 없다) 적어도 심사숙고하도록 도와줄 수는 있다. 당신에게 일주일의 재정 상태를 요약해서 이메일로 보내주고, 잔액이 얼마 남지 않았을 때는 문자로 그 사실을 알려주기도 한다. 또한 옷이나 식료품에 지나치게 많은 돈을 소비할 경우 '레스토랑에서의 지나친 소비'를 꾸짖는 이메일을 보내 경고하기도 한다. 민트 프로그램은 낭비벽 있는 사람의 뇌에 죄의식을 심어주는 것 외에

잘한 일에 대해서는 보상을 하기도 한다. 여러 가지 단기적·장기적 목표를 세운 후—휴가 계획이나 주택 구입 혹은 은퇴 계획 등—그 진행 과정을 보고받는 것이다.

패처는 이렇게 말한다. "민트는 당신이 목표를 정하고 계획 세우는 것을 돕고, 소비 방식을 지켜봅니다. 이를테면 한 달 동안 레스토랑에서 쓰는 돈을 100달러씩 줄이면 은퇴를 1.3년 앞당긴다거나, BMW를 12일 정도 먼저 살 수 있다는 것을 알려주지요. 우리는 보통 목표를 하루 단위로 설정하지 않습니다. 아이패드를 갖고 싶다거나, 커피를 마시고 싶다거나, 친구랑 외식을 하고 싶다거나 하는 등의 단기적 행동이 장기적으로 어떤 영향을 미치는지 알려줌으로서 예산을 짜는 데 실제로 긍정적인 도움을 줍니다."

민트는 통제 상태에 있는 실험이 아니라 상업적 활동이므로 이 같은 방식이 얼마나 효과적인지 아직은 정확하게 입증된 바 없다. 하지만 우리가 민트 연구소 직원들에게 소비자의 전체적인 소비 습관이 민트를 이용한 전후로 어떻게 변화했는지 문의했을 때는 이미 어느 정도 긍정적인 신호가 발견된 터였다. 물론 민트 효과와 2008년에서 2010년 사이에 일어난 좀더 큰 경제적 배경을 분리하기란 쉽지 않았다. 이때는 사람들이 2008년의 경제 공황에서 벗어나 서서히 소비를 늘리기 시작한 시점이기 때문이다. 하지만 30억 명에 달하는 익명의 유저에게서 추출한 20억 건의 거래를 분석한 자료에는 모니터링 효과가 분명하게 나타났다. 대다수(80퍼센트) 사람이 민트 프로그램에 합류한 후 소비를 줄였다. 민트 사이트에 자신의 예산과 목표를 설정한 다음에는 소비가 더욱 감소하는 추세를 보였다. 가장 커다란 효과는 식료품이나 레스토랑, 신용

카드의 쓰임새에서 나타났다—이들 범주에서 가장 두드러지게 소비가 감소되었다.

어떤 사람들은 자신의 총지출 현황을 보고 너무 충격을 받은 나머지 당장 과감하게 행동하겠다고 다짐하기도 하는데, 민트의 창시자는 좀 더 점진적으로 접근하라고 조언한다. 패처의 말을 들어보자. "너무 강하게 빨리 줄이면 지속적으로 실천하기 어려울뿐더러 새로운 방식을 혐오하게 될 것입니다. 레스토랑에서 한 달에 500달러를 쓰다가 갑자기 200달러를 쓰려면 결국은 너무 힘들어서 '그만두겠어!'라는 소리가 나올 수밖에 없죠. 하지만 400달러나 450달러를 쓰는 식으로 조금씩 줄이면 삶의 스타일을 완전히 바꾸지 않고도 소비를 줄일 수 있습니다. 그리고 다음 달에 다시 50달러나 100달러씩 줄여보는 것이죠. 매달 20퍼센트 정도 변화를 주면서 원하는 목표치에 도달하도록 하십시오."

그다지 부당하지 않은 비교

자기 절제의 첫 번째 두 단계인 목표 정하기와 자기 행동 모니터링을 하기 시작하면, 지속적인 질문에 부딪힌다. 지금까지 이룬 일에 중점을 둘 것인가, 아니면 해야 할 일에 중점을 둘 것인가? 물론 이에 대한 단순하고 보편적인 답은 있을 수 없다. 하지만 시카고 대학교의 아예렛 피시바흐(Ayelet Fishbach) 교수가 실험[14]을 통해 증명한 것처럼 이 둘의 차이는 크다. 아예렛과 그녀의 한국인 동료 구민정은 한국의 광고 회사 직원들에게 현재 직장에서의 역할과 프로젝트를 설명해달라고 요청했다. 그런 다음, 임의로 뽑은 과반수 직원에게는 광고 회사에 취직했을 때부터 지금까지 성취한 것에 대해 성찰해볼 것을 주문했다. 나머지 절반에게는 아직 성취하지 못했지만 미래에 계획 중인 목표에 대해 성찰해볼 것을 주문했다. 자신이 이미 성취한 것에 대해 쓴 직원은 성취하지 못한 것에 대해 쓴 직원에 비해 자신의 현재 역할과 일에 큰 만족도를 보였다. 반면 성취하지 못한 것에 대해 쓴 직원은 자신의 목표를 달성하고 새로운 프로젝트를 향해 도전하려는 의욕이 강했다. 이미 성취한 것에 중점을 둔 사람은 좀더 어렵고 도전적인 과제를 향해 나아가는 것에 그다지 열정적인 모습을 보이지 않는 것 같았다. 이들은 자신이 한 일과 현재 상태에 상대적으로 만족했다. 확실히 자신이 한 일을 되돌아보는 것은 만족감을 준다. 하지만 동기 부여와 야망을 위해서라면 앞으로 나아가는 일에 집중하는 것이 좋다.

아무튼 어떤 방식으로든 자신을 다른 이들과 비교함으로써 더 큰 이익을 얻을 수는 있다.[15] 하지만 정보가 지나치게 많아 비교하는 것조차 그리 쉽지는 않다. 민트 프로그램에서는 당신이 집세나 식대로 소비하는 비용 혹은 옷을 구입하는 데 쓰는 비용을 이웃 또는 국민 평균과 비교해준다. 레스큐타임은 다른 평균적인 컴퓨터 이용자와 비교해 당신이 얼마나 생산적인지 혹은 얼마나 쓸모없이 웹서핑이나 하고 있는지를 알려준다. 플로트랙(Flotrack)과 나이키플러스(Nikeplus)를 비롯한 여러 사이트는 친구 혹은 팀 동료를 상대로 육상 선수의 주행 거리와 시간을 비교해볼 수 있는 서비스를 제공한다. 당신의 에너지를 이웃과 비교하는 도구나 스마트폰 애플리케이션도 있는데, 캘리포니아의 전기 사용자들에 대한 연구에서 증명되었듯이 비교는 확실한 차이를 보였다. 이웃의 평균 전기료 납부액과 자신의 납부액을 비교한 고지서를 받은 사람 중에서 평균 납부액 이상의 고지서를 받은 이들은 지체 없이 전기 사용량을 줄였다.

이런 종류의 비교는 당신이 자신만의 자료를 다른 이들과 공유할 경우 더욱 그 힘이 커진다. 이 책에서 우리는 지금까지 만보기를 착용하고 매일 걷는 것처럼 자신을 모니터링함으로써 이익을 얻는 예를 살펴보았다. 하지만 그중에서도 가장 크게 혜택 받는 경우는 자신의 기록을 매일 친구들과 공유하는 사람이다. 이들은 바우마이스터가 자기 절제 연구를 시작하기 훨씬 이전 초기 실험에서 입증했던 견고한 심리학적 원칙, 즉 "공공 정보는 개인적인 정보보다 효과적이다"[16]는 원칙을 실현한 것이라고 볼 수 있다. 사람은 자기 자신이 알고 있는 것보다 다른 이가 자신에 대해 알고 있는 것에 더욱 신경을 쓴다. 만약 어떤 일에 대해 자기 자신만 알고 있다면 실패나 실수 혹은 자기 절제 붕괴 등을 쉽게 감출 수 있다. 그것을 합리화하거나 그저 무시해버릴 수도 있기 때문이다. 하지만 남들이 알게 되면 무시하기가 어렵다. 다른 사람은 당신이 늘어놓는 변명이 아무리 그럴듯하더라도 받아들이지 않을 수 있기 때문이다. 게다가 한 사람이 아닌 온 세상에 당신의 행동이 알려진다면 변명은 더욱 어려워진다.

하지만 공개적으로 자신을 드러낸다고 망신당할 가능성만 커지는 것은 아니다. 모니터링 기능을 아웃소싱함으로써 자신에 대한 부담을 덜 수 있다. 다른 사람은 지금껏 당신이 당연히 여겨왔던 발전의 신호를 포착해 당신에게 용기를 줄 수도 있다. 또한 일이 잘못될 경우 때로 눈을 밖으로 돌려 도움을 청하는 것이 최선의 방법일 수도 있다. 인기 있는 QS 애플리케이션 중 하나인 무드스코프(Moodscope)[17]는 우울증과 싸우던 사업가가 자신의 상태를 확인하기 위해 개발했다고 한다. 자신의 기분을 매일 손쉽게 측정할 수 있도록 애플리케이션을 개발한 것이다. 개발자는 또한 자신의 감정 기복을 기록해 일정한 패턴을 확인하는 것 이외에도 그 결과를 자동으로 친구들에게 보내는 선택 사양을 개발했다. 이런 방식으로 우울한 날에는 친구들이 자료를 보고 그에게 도움을 줄 수 있다.

다이슨은 이렇게 말한다. "디지털 기기나 자료는 자신과 주변 사람에게 동기를 부여하는 하나의 수단일 뿐입니다. 자신에게 가장 적합한 모델을 찾는 것이 중요합니다. 친구와 수치를 비교하는 것은 그들 앞에서 창피당하지 않기 위함일 수도 있고, 자신이 속한 집단을 실망시키지 않기 위해서일 수도 있습니다. 사람들은 각자 다른 방식으로 동기 부여를 합니다."

만약 당신에게 낭비벽이 있다면, '지름신'이 강림하는 순간 구두쇠 친구에게 알려줌으로써 스스로를 제어할 수 있다. 그리고 친구와 함께 소비 패턴을 연구함으로써 낭비벽의 원인이 무엇인지도 파악할 수 있다. 기분이 좋거나 의지력이 약할 때 충동구매를 하는 경향이 있는가? 아니면 우울하거나 불안할 때 쇼핑을 해야만 직성이 풀리는가? 만약 그렇다면 당신은 심리학자들이 잘못된 조절(misregulation)이라고 일컫는 병증을 앓고 있는지도 모른다. 이는 뭔가를 구매함으로써 실제로는 더 우울해질 수 있는데도 기분이 좋아질 거라는 잘못된 믿음을 말한다.

스스로 생각하기에 낭비벽이 심하지 않더라도 자신의 소비 성향을 추적하고 다른 사람과 비교해보는 것이 바람직하다. 어쩌면 자신이 엄청난 최악의 구두쇠는 아니지만 여전히 문제를 안고 있다는 것을 발견할 수도 있는데, 이는 놀랍게도 많은 사람에게서 볼 수 있는 현상이다. 행동경제학자들은 실제로 신경증적 과소비자보다 신경증적 구두쇠[18]를 더 많이 볼 수 있으며, 거의 5명 중 한 사람은 여기에 속한다고 본다. 뇌 스캔 결과, 이런 작용을 하는 유력한 용의자는 현금을 떠나보낸다는 생각에 히스테릭하게 반응하는 인슐라였다.

그 결과, 연구자들이 원시(遠視)[19]라고 일컫는 태도가 나타난다. 요컨대 현재를 희생하고 지나치게 미래만을 생각하는 태도다. 이런 구두쇠는 시간을 허비하고, 친구를 멀리하고, 가족을 괴롭히고, 자신을 비참하게 만든다. 연구 결과에 의하면, 구두쇠는 낭비벽이 있는 사람에 비해 더 행복한 것도 아니고 자신이 잃어버린 모든 기회를 되돌아보며 후회할 때가 많다고 한다. 이 시점에서 마지막 모니터링을 하면, 재산뿐만 아니라 자신의 인생을 돌아보았을 때 "빈손으로 왔다가 빈손으로 간다"는 속담을 다시금 확인할 수 있을 것이다. 수량화한 자아는 돈 말고도 훨씬 많은 것을 의미한다.

의지력은 강화할 수 있는가
(데이비드 블레인의 고통을 겪지 않고서도)

●●●●●●●●●●●●●●●●●●●●●●●

육신이 고통을 크게 겪을수록 정신은 더욱 환하게 피어난다.
—시리아 사막의 한 기둥 꼭대기에서 수십 년 동안 살았던 5세기의 수도사 '주상 성자 시메온'에게서 빌려온 데이비드 블레인의 철학

우리는 데이비드 블레인[1]의 행동을 과학적으로 설명하고자 한다. 여기에서 '설명'이란 그가 왜 그런 일을 하는가 하는 문제가 아니다. 그 문제는 적어도 심리학자에게는 불가능하며, 아마 정신과 의사들도 마찬가지로 어려운 일일 것이다. 유명한 마술쇼를 하지 않는 동안, 블레인은 스스로 묘사한 것처럼 고행하는 예술가로서 눈속임 아닌 의지력이 필요한 묘기를 선보인다. 블레인은 뉴욕의 브라이언트(Bryant) 공원에 있는 높이 24미터에 지름이 약 60센티미터밖에 되지 않는 둥근 기둥 꼭대기에서 안전 장비도 없이 35시간을 서 있었다. 또한 거대한 얼음덩어리에 둘러싸인 채 타임스 스퀘어에서 63시간 동안 잠을 자지 않고 버티기도 했다. 그리고 물 이외에는 아무것도 먹지 않고 머리와 뚜껑 사이의 공간이 15센티미터밖에 되지 않는 관에 갇혀 일주일을 보내기도 했다. 훗날 블레인은 또 한 번 물만 먹고 견디는 단식에 돌입했다. 44일에 걸친 이

단식이 끝난 뒤 블레인은 체중이 약 25킬로그램 줄어들었다(〈뉴잉글랜드 의학 저널〉). 이때 블레인은 44일 동안 어떤 음식도 먹지 않고 템스 강 위에 매달린 투명 상자 안에서 버텼다. 상자 속 온도는 영하 섭씨 45.5도를 넘나들었다.

"안락함을 부수는 공간이 제겐 항상 성장의 장소로 다가옵니다." 블레인의 이 말은 고통이 영혼을 꽃피운다는 주상 성자 시메온(St. Simeon Stylites)의 말을 생각나게 한다. 그렇다고 여기서 그의 생각을 분석할 의도는 없다. 행동의 '이유'는 우리의 영역이 아니니까 말이다.

우리의 관심은 블레인이 '어떻게' 그것을 이루었는가 하는 점이다. 고행하는 예술가가 아닌 우리에게 블레인이 그 고행을 어떻게 견디는지는 불가사의다. 그의 시련(혹은 정신 상태)을 떠올리면서 그를 지탱하는 게 무엇인지 밝히는 것은 그런 까닭에 의미 있는 일이다. 44일간 단식한 그의 비밀을 밝힐 수 있다면, 적어도 우리가 저녁에 아무것도 먹지 않고 버티는 데 도움이 되지 않을까? 생매장된 채 그가 일주일 동안 어떻게 버텼는지를 알아낸다면, 두 시간 동안의 예산 회의를 참고 견디는 데 도움이 되지 않을까? 자신의 의지력을 기르고 유지하기 위해 블레인은 정확하게 어떤 일을 할까? 예를 들어 '호흡 참고 버티기 세계 기록'에 도전했을 때처럼 처음부터 모든 것이 계획대로 되지 않을 때, 그는 어떻게 곧바로 포기하지 않고 계속 도전할 수 있었을까? 블레인은 쇼를 준비하면서 1년 이상 폐에 산소를 가득 채우고 수면 아래에서 움직이지 않은 채 에너지를 최소한으로 소비하며 버티는 연습을 했다. 그러는 동안 블레인의 심신은 완전히 이완되어 심장박동 수가 1분에 50회 이하로 떨어지거나 때로 20회 밑으로까지 내려가기도 했다. 그랜드케이맨(Grand Cayman) 섬에 있는 한 수영장에서 연습하는 동안, 블레인의 심장박동 수는 호흡을 정지하자마자 50회 이하로 떨어졌고, 별다른 스트레스 없이 수면 아래에서 16분 동안 숨을 참고 견딜 수 있었다. 그리고 세계 기록 16분 32초에 약간 못 미치는 순간, 차분하게 물 위로 모습을 드러냈다. 그는 물속에 있는 동안 전혀 고통을 느끼지 못했으며, 자신의 육신과 주위 환경을 거의 의식하지 못했다고 했다.

하지만 몇 주 후 〈오프라 윈프리 쇼〉에 출연해 기네스북 심사위원들 앞에서 호흡 참기 세계 신기록을 세울 때에는 TV 청중 앞에서 과제를 수행해야 하는 압박과 더불어 몇 가지 문제가 겹쳤다. 먼저 수영장 물속에 얼굴을 잠그고 있는 대신 물이 담긴 거대한 원통 유리 안에서 청중을 마주봐야 했다. 또 몸이 수면 위로 떠오르는 것을 막고 수직으로 서기 위해 유리 원통 바닥에 있는 밧줄로 발을 묶었다. 블레인은 발을 제자리에 고정시키기 위해 계속 근육을 사용해야 했다. 폐에 가득 담은 산소의 소비량이 그만큼 많았다는 얘기다. 맥박도 평소보다 높았다. 호흡을 참는 순간의 맥박 수가 100 이하로 떨어지지 않았다. 설상가상 누군가가 부주의하게 유리 원통 가까이 심장박동 모니터를 놓아두었다. 그 바람에 블레인은 끊임없이 삐삐거리는 맥박 소리에 압박감과 혼란이 가중되었다. 시작한 지 2분쯤 지나자 맥박수가 130까지 상승했다. 블레인은 스스로 통제하는 것이 불가능하다는 사실을 깨달았다. 이제 몸에 있는 산소도 다 사용해버렸다. 블레인은 명상의 희열 대신 빠른 맥박과 고통스럽게 몸속에 쌓이는 이산화탄소를 선명하게 느꼈다.

8분 정도가 지났다. 겨우 세계 기록의 절반에 불과했다. 블레인은 세계 기록을 깨지 못할 거라고 확신했다. 이윽고 10분이 지나자 몸이 중요한 신체 기관을 보존하기 위해 사지에서 피를 거둬가기 시작했다. 손가락이 덜덜 떨렸다. 12분이 지나자 다리가 욱신거리고 귀가 울리기 시작했다. 13분이 지나자 팔에 감각이 없고 가슴에 통증이 왔다. 블레인은 심장 발작을 일으키지 않을까 겁이 덜컥 났다. 1분 후 가슴을 죄는 고통이 찾아왔다. 숨을 쉬고 싶은 충동에 블레인은 거의 기절할 뻔했다. 15분에 들어설 무렵, 심장박동이 거칠어졌다. 맥박 수가 150에서 40으로, 다시 100으로 오르락내리락했다. 심장 발작이 다가올 징조였다. 응급조치 팀은 블레인이 기절할 경우를 대비해 발에 묶은 줄을 풀었다. 순간, 블레인의 몸이 약간 떠올랐다. 블레인은 곧 기절할 것 같은 예감 속에서도 몸을 수면 속으로 밀어 넣고 버텼다. 그리고 얼마 후, 청중의 환호 소리가 들렸다. 그제야 블레인은 자신이 이전 기록인 16분 32초를 깼다는 것을 깨달았다. 시계를 한 번 쳐다본 블레인은 그로부터 1분 후에 새로운 기네스 기록인 17분 4초를 달성하고 물 밖으로 나왔다. 블레인은 쇼가 끝난 직후 이렇게 말했다.

"완전히 차원이 다른 고통이었습니다. 누군가가 있는 힘껏 내 배를 때리는 듯한 느낌이 아직도 남아 있습니다."

그렇다면 블레인은 어떻게 자신의 의지를 관철할 수 있었을까?

"훈련 덕분입니다. 훈련은 쉽지 않은 상황을 헤쳐 나갈 수 있는 자신감을 심어주거든요."

블레인이 여기서 말하는 훈련은 단순히 최근 연습한 호흡 참기만을 의미하지 않는다. 1년 전부터 블레인은 이 기록을 달성하기 위해 엄청난 훈련을 해왔다. 아침마다 짧은 간격으로 여러 번 호흡 정지 훈련을 하며(순수한 산소 대신 그냥 공기로 호흡했다) 점차 그 시간과 고통의 강도를 늘렸다. 1시간에 48분 동안 호흡을 정지하는 훈련을 끝내고 나면 하루종일 두통에 시달렸다. 이런 일상적인 호흡 참기 훈련은 몸속에 이산화탄소가 차오를 때 느끼는 고통에 익숙해지기 위함이었다. 그가 다섯 살 때부터 해온 여러 가지 다른 훈련도 큰 도움이 되었다. 블레인은 오래전부터 의지력은 근육처럼 강화할 수 있는 능력이라고 믿었다. 이런 생각은 어린 시절의 영웅 해리 후디니(Harry Houdini: 1874~1926. 헝가리 출신의 미국 마술사—옮긴이)의 빅토리아식 훈련과 블레인 자신의 실험과 실수를 통해 굳어졌다.

브루클린에서 성장한 블레인은 매일 몇 시간이고 카드 속임수를 연습했다. 또한 수영장 전체 레인을 한 번도 물 위로 올라오지 않은 채 수영하는 연습도 했다. 그런 훈련 덕분에 물 위로 올라오지 않고 수영장을 다섯 번 왕복하는 시합에서 이겨 500달러의 상금을 차지하기도 했다. 겨울에도 외투를 입지 않았다. 아무리 추운 날에도 티셔츠 한 장만 걸친 채 몇 킬로미터씩 걸어 다니곤 했다. 또한 주기적으로 찬물 샤워를 하고, 간혹 맨발로 눈 위를 걷기도 했다. 침대 대신 딱딱한 바닥에서 잠을 잤고, 옷장 안에서 꼬박 이틀을 지내기도 했다(관대한 그의 엄마가 음식을 가져다주었다). 블레인은 또한 하루에 어느 정도의 거리를 달리거나 특정한 나무 밑을 지날 때마다 뛰어올라 나뭇잎 건드리기 등 여러 가지 목표를 세우고 달성하는 습관을 통해 자신을 단련시켰다. 열한 살 때는 헤르만 헤세의 《싯다르타》에 나오는 단식 고행 부분을 읽고, 4일 동안 물만 마시는 단식을 감행하기도 했다. 열여덟 살에는 물과 와인만 마시며 열흘 동안 단식하기도 했다. 고행하는 예술가가 된 다음부터 블레인은 위험한 쇼를 하기에 앞서 오래전부터 해온 단식을 수행한다.

블레인은 이렇게 말한다. "오랜 시간이 걸리는 목표를 마주할 때마다 일종의 강박 장애를 느낍니다. 스스로 엄청 괴상한 목표를 세우죠. 예를 들어, 공원의 자전거 전용 도로에서 조깅하면서는 자전거 타는 사람 모습이 그려진 바닥 그림을 볼 때마다 그 머리 위를 정확하게 밟고 지나는 규칙을 세우는 식이죠. 그런 사소한 규칙이 함께 조깅하는 사람을 짜증스럽게 만들기도 합니다. 하지만 만약 그렇게 하지 않으면 나중에 큰일을 성공시키지 못할 것 같은 생각이 듭니다."

왜 그런 것들을 믿을까? 자전거 타는 사람의 그림을 밟는 것이 호흡참기에 어떤 도움을 주는 것일까? 블레인은 이렇게 설명한다.

"머릿속으로 작은 목표를 세우고 그것을 이뤄나가다 보면 불가능할 것 같은 큰 목표도 성취할 수 있습니다. 특정한 어떤 것에 대한 훈련이 아니라 목표를 좀더 어렵게 잡고 그것을 성취하면, 다음 목표로 나아가는 데 힘과 여유가 생기죠. 저에겐 그게 바로 훈련입니다. 끊임없는 반복과 연습 말입니다."

블레인에겐 이런 훈련이 확실히 통하는 것처럼 보인다. 하지만 그의 고행을 과학적 증거로 내세우거나 모든 사람한테 적용하기에는 무리가 있다. 데이비드 블레인은 불특정한 하나의 예일 뿐이다. 차가운 물로 샤워를 하고 4일 동안 단식을 감행하는 행동은 어린아이의 전형이라고 볼 수 없다. 어쩌면 블레인의 능력은 훈련 덕분이라기보다 타고난 의지력에 힘입은 것일지도 모른다. 그리고 그 모든 훈련은 블레인이 얼마나 단련이 잘된 사람인지를 보여주는 증거일 수도 있다. 빅토리아 시대적인 사고를 지닌 다른 사람과 마찬가지로 블레인도 의지력은 근육처럼 강화시킬 수 있다고 믿었지만, 어쩌면 원래부터 매우 강한 근육을 타고난 것일 수도 있다. 이런 훈련 테크닉이 정말 효과적인지는 고행하는 예술가나 기둥 위에서 생활하는 성자를 롤 모델로 삼고 있지 않은 보통 사람을 대상으로 실험해볼 필요가 있다.

의지력 훈련

사회과학자들은 의지력 강화라는 생각을 처음엔 그리 탐탁지 않게 받아들였다. 바우마이스터의 연구실에서 수행한 자아 고갈 실험은 의지력이 바닥나면 자기 절제력도 잃게 된다는 것을 보여주었다. 하지만 초코칩 쿠키 대신 래디시를 선택한 것이 즉각적인 의지력 고갈을 초래하더라도, 일련의 훈련이 장기적으로 의지를 강하게 만들어줄 것이라고 가정할 이유는 전혀 없었다.

그럼에도 의지력이 강화될 가능성이 있다면 그 보상은 엄청날 것이다. 자아 고갈 연구에서 밝혀진 것들이 발표되자 연구자들은 의지력을 향상시키는 방법에 대해 토론하기 시작했다. 자아 고갈을 증명하기 위한 첫 번째 실험을 계획하고 주도했던 대학원생 마크 무라벤은 지도교수 바우마이스터, 다이앤 타이스와 함께 의지력 강화 훈련에 대해 토론했다.[2] 하지만 누구도 구체적인 방법을 몰랐다. 그래서 이들은 마구잡이식 접근을 시도해보기로 했다. 일단 피실험자들을 훈련한 다음 새로운 힘이 발달하는지 지켜보기로 했다. 여기서 가장 명백한 문제는 어떤 육상 선수가 다른 선수보다 근육이나 체력이 더 강할 수 있듯이 어떤 피실험자가 다른 피실험자들에 비해 처음부터 자기 절제력이 더 강할 수 있다는 사실이다. 이런 문제를 해소하기 위해서는 근육이나 체력의 개인 편차를 측정할 장치가 필요했다. 연구자들은 일단 대학생들을 연구실로 데려와 일차 자기 절제 테스트를 한 후, 절제력이 얼마나 떨어졌는지 보기 위해 빠른 고갈 테스트를 시행했다. 그리고 2주 정도 집에서 훈련할 수 있는 과제를 준 다음, 모든 학생을 돌려보냈다. 이때 연구자들은 '성격 형성'과 관련한 여러 가지 개념의 강화, 더 정확하게 말하면 어떤 정신적 영역이 강화되는지를 알아보기 위해 다양한 훈련 방법을 학생들에게 적용했다. 에너지가 어떤 특정한 반응을 고양하기 위해 다른 반응을 억누른 결과 자아 고갈 현상이 발생하는 것일까? 아니면 자신의 행동을 모니터하기 위해 지나친 에너지를 사용한 결과일까? 혹은 정신적 상태를 변화시키려고 에너지를 너무 많이 사용해서 생긴 것일까?

한 집단의 학생에게는 앞으로 2주 동안 해야 할 자세 교정 과제를 부여했다. 이 과제는 생각날 때마다 똑바로 서거나 앉는 훈련이었다. 대부분의 학생은 평소 구부정한 자세로 생활했다. 따라서 이 훈련은 습관을 극복하는 데 에너지를 쓸 수밖에 없었다. 두 번째 집단은 자기 모니터링에는 에너지가 필요하므로 의지력이 소모된다는 개념을 실험하기 위해 2주 동안 섭취한 모든 음식물을 기록하도록 했다. 물론 감추고 싶은 부분도 있어 식단을 약간 바꾸는 경우가 발생할 수는 있겠지만, 평소 식습관을 버릴 필요는 없었다. ("흠, 월요일엔 피자와 맥주, 화요일엔 피자와 와인, 수요일엔 핫도그와 콜라, 어쩌면 사과나 샐러드도 좀 먹어줘야겠군.") 세 번째 집단은 정신 상태의 변화가 불러오는 영향을 연구하기 위해 2주 동안 긍정적인 생각과 감정을 유지하라는 과제를 주었다. 우울해질 때마다 스스로 기분을 고양하는 것이 이들의 과제였다. 연구자들은 이들이 실험에 성공할 확률이 높다고 여겼다. 그래서 세 번째 집단의 피실험자 수를 다른 집단에 비해 두 배로 늘여 통계적으로 더욱 신뢰할 만한 결과를 얻고자 했다.

하지만 연구자들의 예상은 완전히 빗나갔다. 전략이 전혀 먹혀들지 않은 것이다. 2주 동안 감정 통제 훈련을 한 집단을 연구실로 불러 자기 절제 실험을 한 결과 어떠한 발전도 보이지 않았기 때문이다. 지금은 이러한 실패가 당시처럼 충격적이지 않을 것이다. 감정 조절은 의지력에 의존하지 않기 때문이다. 인간이란 존재는 억지로 사랑에 빠지거나 억지로 매우 강렬한 기쁨을 느끼거나 억지로 죄의식을 멈출 수 없다. 보통 자기 문제에 대한 관점을 바꾸거나 다른 일에 관심을 돌리는 등의 미묘한 방식으로 감정을 조절한다. 그러므로 감정 조절 훈련은 의지력을 강화하는 데 도움이 되지 못한다.

하지만 다른 훈련들은 도움이 되었다. 이는 매일 곧은 자세를 연습하거나 식단을 기록한 그룹에 의해 증명되었다. 이들은 2주 후 실시한 자기 절제 실험에서 점수가 올라갔으며, 통제 집단(2주 동안 아무것도 하지 않은 집단)에 비해 훨씬 향상된 모습을 보였다. 결과는 놀라웠다. 좀더 신중한 데이터 분석 결과, 결론은 더욱더 분명하고 강력했다. 예상외로 가장 훌륭한 결과는 올바른 자세를 연습한 집단에서 나왔다. 아주 귀찮은 충고(똑바로 앉아!)는 예상보다 훨씬 유용한 것으로 밝혀졌다. 구부정한 습관을 극복함으로써 학생들은 의지력을 강화할 수 있었고, 자세와 상관없는 다른 과제도 더 잘해낼 수 있었다. 하루에 얼마나 똑바로 앉고 섰는지를 기록한 일지를 보면, 특히 성실하게 충고를 따른 학생에게 발전은 더욱 두드러졌다.

실험은 또한 자기 절제에서는 두 가지 종류의 힘을 구별해야 한다는 중요한 사실을 보여주었다. 그것은 다름 아닌 단순한 힘과 체력이다. 첫 번째 연구실 실험에서 참여자들은 악력 기구를 가능한 한 오랫동안 잡고 버텨야 했다(이는 단순한 육체적 힘뿐 아니라 상당한 의지력을 요구하는 실험이다). 이어서 고전적인 '흰곰 생각하지 않기' 훈련으로 정신적 에너지를 소모한 다음, 다시 악력 기구를 쥐고 버티게 함으로써 의지력이 얼마나 고갈되었는지 측정해보았다. 그리고 2주 동안 자세 연습을 한 뒤 연구실로 돌아와 다시 똑같은 실험을 했다. 처음의 악력 테스트 실험에서는 그다지 높은 점수가 나오지 않았다. 즉 의지력이 그다지 향상되지 않았다. 하지만 이들을 피곤하게 만든 다음 다시 수행한 두 번째 버티기 실험에서는 체력이 훨씬 많이 남아 있었다. 자세 훈련을 한 결과, 의지력이 전에 비해 그다지 심하게 고갈되지 않고 다른 과제를 수행하는 데 필요한 체력이 남아 있었던 것이다.

당신도 의지력 향상을 위해 2주 동안 자세 훈련 등을 해보기 바란다. 연구자들이 다른 종류의 연습으로 비슷한 결과를 얻은 것을 보면, 똑바로 앉기 연습 자체에는 특기할 만한 사항이 없다. 이들이 제시한 기술 중에서 하나를 선택하거나 자신만의 특별한 기술을 창조하는 것도 괜찮다. 중요한 것은 습관적인 행동을 변화시키는 데 집중하는 것이다.

이와 관련해 단순한 방법 중 하나는 일상생활에서 다른 쪽 손을 사용하는 것이다. 우리의 여러 가지 습관은 사실 자주 사용하는 손과 관련이 있다. 특히 오른손잡이는 대부분의 일을 할 때 별다른 생각 없이 오른손을 사용한다. 그러므로 오른손 대신 왼손을 쓰려면 자기 훈련이 필요하다. 양치질을 하거나 컴퓨터 마우스를 사용하거나 문을 열거나 혹은 컵을 들어 올릴 때 왼손을 사용해보라. 온종일 그렇게 하는 것이 힘들다면 일정한 시간을 정해서 시도해도 좋다. 어떤 연구에서는 피실험자에게 오전 8시부터 오후 8시까지 손을 바꿔 사용하도록 했다. 극도로 지친 피실험자들은 저녁이 되어서야 겨우 익숙한 습관으로 돌아올 수 있었다. (왼손잡이를 위한 충고: 이런 전략은 별로 효과적이지 않을 수 있다. 수많은 왼손잡이는 사실 양손잡이인 경우가 많고, 오른손잡이가 지배하는 세상에서 오른손을 더 많이 사용할 수밖에 없다. 그러므로 오른손을 사용하는 것은 의지력과 그다지 상관이 없을 수도 있다. 고통이 없으면 얻는 것도 없다.)

또 다른 훈련 전략은 언어 습관을 바꾸는 것이다.[3] 언어 습관은 그 뿌리가 깊고, 변화를 위해서는 노력이 필요하다. 이를테면 완전한 문장으로만 이야기하는 습관을 길러보자. '그러니까'라든가 '있잖아요' 같은 표현을 쉴 새 없이 사용하는 청소년기의 언어 습관을 고쳐보라. 또 축약된 표현보다 모든 것을 제대로 된 이름으로 불러보라. '예에(yeah)'나 '엡(Yub)' 혹은 '나아(nah)'나 '놉(nope)'이라 대답하지 말고 '예스' 혹은 '노'라고 분명하게 말하라. 또한 사회에서 전통적으로 금기하는 욕을 쓰지 않도록 노력하라. 오늘날 많은 이들이 이러한 금기를 낡았거나 무의미한 것으로 치부한다. 그런데 왜 사회는 누구나 알지만 누구도 큰 소리로 말하면 안 되는 욕을 생산해내는 것일까? 금기하는 언어의 가치는 그것을 깨고 싶은 욕구를 참는 훈련에 기여한다.

욕구를 참다 보면 의지력이 향상되고, 이는 금연이나 예산 내에서 소비하는 것 같은 더 큰 과제를 수행할 때 좋은 예습이 될 수 있다. 하지만 이런 의지력을 오랫동안 유지하는 것은 쉽지 않다. 연구자들이 첫 번째 의지력 실험에서 확인한 것처럼 확실한 보상이 따르지 않고 의미가 불분명한 훈련은 넘어서기 힘든 도전으로 다가온다. 초기의 이러한 결과는 심리학자들 사이에 엄청난 놀라움을 선사했다. 그동안 자기 절제는 지적 능력과 함께 여러 면에서 이로움을 주는 두 가지 특성 중 하나로 인식되었다. 그런데 불행히도 지적 능력은 향상 가능성이 아주 낮은 특성을 갖고 있다. 헤드 스타트(Head Start: 미국의 저소득층 자녀를 위한 인지 발달 프로그램—옮긴이) 같은 프로그램도 학생들이 참여할 당시에는 지적 능력이 향상되었지만, 프로그램을 그만두자마자 효과가 빠르게 사라졌다.[4] 대체로 타고난 지적 능력에 관해서는 우리가 할 수 있는 일이 그다지 많지 않은 것 같다. 이러한 이유로 자기 절제는 더욱더 중요한 위치를 차지하게 되었고, 사회과학자들은 이를 향상시키기 위한 체계적인 프로그램을 실험하기에 이르렀다. 10여 년에 걸쳐 연구를 진행하는 동안, 과학자들은 피실험자가 정해진 훈련을 제대로 수행하도록 하는 데 어려움 겪었다. 그 때문에 자기 절제력 향상 프로그램은 성공과 실패가 항상 공존했다. 즉 의지력을 이론적으로 강화하는 훈련이 있다는 발견만으로는 충분하지 않았다. 실천 가능한 훈련이어야 했다.

체력 증강 비법

가장 성공적인 의지력 강화 전략은 오스트레일리아의 심리학자 메건 오튼과 켄 쳉에 의해 발전되었다.[5] 이들은 우선 자기 삶에서 특정 부분을 발전시키고자 하는 사람을 모아 이들에게 필요한 도움을 직접 베푸는 방법을 택했다. 그중 절반은 즉시 도움을 받았고, 나머지는 통제 집단으로서 조금 나중에 도움을 받았다. '대기자 통제 집단'이라고 일컫는 이러한 과정은 실험 집단과 통제 집단이 비슷한 목표와 욕구를 갖도록 하기 위한 장치라고 볼 수 있다. 모든 이들이 똑같은 서비스를 받았다. 하지만 어떤 이들은 얼마간 기다려야 했고, 그동안 의지력 강화 훈련을 받은 이들과 같은 실험과 측정을 거쳤다. 이러한 훈련은 사람들의 목표와 직접적으로 관련이 있으며 그에 대한 긍정적 효과를 확인함으로써 스스로를 격려하는 측면이 있다.

과학자들이 수행한 실험 중 하나는 지금까지 체력 단련을 하고 싶었지만 정기적으로 운동하기 힘들었던 사람들이 대상이었다. 그중 일부는 헬스클럽에 등록해 실험자와 함께 정기적인 운동 계획을 세웠다. 이들은 날마다 한 운동과 훈련을 기록하고 일지를 썼다. 또 다른 실험은 공부 습관이 향상되길 바라는 학생을 대상으로 수행했다. 즉각적으로 도움을 받은 학생들은 실험자와 함께 장기적 목표와 과제를 정한 다음, 그 과제를 더욱 세부적인 단계로 나누었다. 이들의 공부 계획은 다른 과제(아르바이트 등)를 고려해 짰으며 학생들은 매일 진행된 공부 범위를 기록하고 일지를 썼다. 또 한 실험은 효율적인 재정 관리를 하고자 하는 사람들을 대상으로 수행했다. 피실험자들은 실험자와 함께 절약을 하기 위한 예산과 계획을 먼저 세웠다. 수입과 지출이 어느 정도인지 추적하는 것 외에도 피실험자들은 돈을 소비하지 않기 위해 애쓴 자신의 감정과 갈등을 세밀하게 기록해야 했다. 이를테면 가게 진열대를 지나가며 유혹에 넘어가지 않도록 두문불출하거나, 돈을 절약하기 위해 휴가를 반납하거나, 평소 아무런 망설임 없이 사던 물건을 구입하지 않는 등의 기록을 빠짐없이 남겼다.

이러한 실험을 하는 도중, 피실험자들은 이따금 연구실로 와서 언뜻 자신의 발전과 상관없어 보이는 훈련을 받았다. 피실험자들에게 여섯 개의 검정색 사각형이 나타나는 컴퓨터 화면을 바라보게 한 것이다. 처음에는 그중 세 개의 사각형이 깜박거리다 나중엔 모든 사각형이 화면 위를 미끄러지며 제멋대로 자리를 바꾸었다. 그리고 5초 후에 피실험자들은 컴퓨터 마우스를 사용해 처음에 깜박거렸던 사각형을 찾아내야 했다. 다시 말해, 이 테스트에 성공하려면 처음부터 사각형을 잘 보고 그 움직임을 주시해야 한다. 여기서 힘든 부분은 이러한 훈련을 진행하는 동안 가까운 곳에 있는 TV에서 에디 머피(Eddie Murphy)가 스탠드 업 코미디를 하며 청중을 맘껏 웃긴다는 점이다. TV를 보기 위해 고개를 돌리거나 에디 머피의 농담에 귀를 기울이면 사각형의 움직임을 추적할 수 없다. 요컨대 높은 점수를 받으려면 농담과 웃음을 무시하고 지루한 사각형에 집중해야 한다. 이는 분명 자기 절제를 요구하는 과제였다. 참여자들은 각 실험마다 두 번씩 이 같은 테스트를 거쳤다. 처음 테스트는 연구소에 도착한 직후 아직 기운이 생생할 때 이루어졌고, 두 번째 테스트는 시간이 조금 지나 의지력이 고갈된 후 이루어졌다.

모든 실험에서 거의 비슷한 패턴의 결과가 나왔다. 몇 주 후, 정기적으로 체력 단련을 했거나 공부를 하거나 돈 관리를 해온 피실험자들은 에디 머피의 코미디를 무시하고 사각형 실험에서 큰 진전을 보였다. 특히 실험 막바지에 진행된 자기 절제 테스트에서는 고갈 효과에 매몰되지 않는 모습이 눈에 띄었다. 이는 훈련 결과 사람들의 체력이 향상되었음을 의미한다. 또한 정신적으로 의지력이 고갈되었을 때도 유혹을 견디는 힘을 갖게 되었음을 의미한다.

당연한 일이지만 이들은 자신의 목표를 향해서도 발 빠르게 나아갔다. 체력 단련 프로그램에 참여한 이들은 체력이 향상되었으며, 공부 습관 향상 훈련에 참여한 이들의 학업은 더욱 좋아졌고, 재정 관리 프로그램에 참가한 사람들은 더 많은 돈을 절약할 수 있었다. 그런데 여기서 정말 놀라운 것은 이들이 다른 부분에서도 향상된 모습을 보였다는 점이다. 공부 습관 향상 훈련에 참여한 학생들은 이전보다 자주 운동을 했고 충동구매도 자제했다. 또한 체력 단련과 재정 관리 프로그램에 참여한 학생들은 이전보다 공부를 더 열심히 했다.

한 분야에서의 자기 절제 훈련이 삶의 모든 부분을 향상시키는 효과가 있는 것 같았다. 이들은 담배도 전보다 덜 피웠으며 술도 적게 마셨고 집안도 더 깨끗이 청소했다. 싱크대에 그릇을 쌓아두는 대신 바로바로 설거지했고 세탁도 더 자주 했다. 예전보다 게으름도 줄었다. TV를 보거나 친구와 어울리는 대신 집안일이나 자신이 해야 할 일을 먼저 했다. 또한 바람직한 식습관으로 바꾸고 정크 푸드 먹는 횟수를 줄였다. 우리는 보통 체력 단련을 시작한 사람은 식습관도 더 좋아질 것이라고 생각하지만, 다른 연구에서는 그와 정반대 결과가 나타났다. 체력 단련을 하고 난 후 스스로 옳은 일을 한다는 생각에 자신에게 높은 칼로리의 음식으로 보상해주고 싶은 심리가 생긴 것이다(이것을 '라이선싱 효과(licensing effect)' 라고 하는데, 좋은 일을 하고 난 다음에는 죄를 지어도 좋은 것처럼 느끼는 심리를 말한다). 하지만 이 실험에서 체력 단련에 참가한 피실험자들은 이러한 유혹에 굴복하지 않았다. 예산 절약 프로그램에 참가한 이들도 마찬가지였다. 비싸고 신선한 음식이나 건강한 음식 대신 돈을 아끼기 위해 싼 식료품의 유혹에 굴복할 것이라는 연구자들의 예상은 여기서도 빗나갔다. 오히려 이들은 전체적인 자기 절제력이 향상되어 건강한 식료품에 기꺼이 돈을 투자하기 시작했다.

어떤 참여자들은 이 실험을 통해 화를 잘 내는 성격이 바뀌었다고 보고했다. 이러한 발견은 이후 오튼과 노스웨스턴 대학교의 엘리 핀켈(Eli Finkel)을 비롯한 심리학자들의 가정 폭력 관련 연구로 이어졌다.[6] 연구자들은 피실험자를 대상으로 배우자에게 '무시당하거나' 배우자의 외도 장면을 목격할 때 같은 여러 상황에서 뺨을 때리거나 주먹을 휘두르거나 무기로 공격하는 등의 물리적 폭력을 쓸 가능성에 대해 질문했다. 그런 다음 통제 집단을 제외한 나머지 피실험자를 2주 동안의 의지력 실험에 투입했다. 2주 후 피실험자들은 자신의 과거 행동 패턴이나 훈련에 참가하지 않은 통제 집단의 행동 패턴과 비교할 때, 폭력적으로 반응하는 경향이 줄었다고 보고했다(윤리적이고 현실적인 이유 때문에 연구자들은 참여자들이 사랑하는 이를 때리거나 모욕하고 괴롭히는 횟수를 실제로 측정할 수는 없었다. 단지 이들의 보고에 만족해야 했다). 자기 절제력 향상으로 가정 폭력이 감소한 것이다.

이러한 발견을 통해 우리는 의지력 훈련이 가져오는 놀라운 이점을 확인할 수 있다. 스스로 깨닫지 못하는 사이 수행한 특정 훈련이 삶의 다양한 측면에서 커다란 장점으로 작용하는 것이다. 연구실에서의 실험도 이를 뒷받침한다. 의지력이 점점 강해짐으로써 그것이 고갈되는 속도도 느려진다. 또한 벤저민 프랭클린이나 데이비드 블레인의 자기 절제 실험에서 보았듯이 한 분야의 자기 절제에 집중함으로써 우리는 더 큰 이익을 얻을 수 있다. 물론 우리 모두가 프랭클린이나 블레인처럼 뛰어난 자기 절제력을 갖추고 무언가를 시작해야 하는 것은 아니다. 훈련에 대한 의지만 있다면 당신의 전체적인 의지력은 적어도 실험 기간에는 향상될 수 있기 때문이다.

그렇다면 실험 후는 어떨까? 아무리 놀라운 결과라도 실험은 고작 몇 주 혹은 몇 달이면 종료되지 않는가?

여기서 우리는 다시 한번 데이비드 블레인의 예를 살펴볼 필요가 있다.

가장 어려운 스턴트

의지력에 대한 과학적 연구를 설명하기 전에 우리는 데이비드 블레인에게 어떤 도전이 가장 힘겨웠는지 물어보았다. 물론 단순하게 선택하기엔 어려운 문제였다. 도전 과제마다 너무나 많은 종류의 고통이 따랐기 때문이다. 〈오프라 윈프리 쇼〉에서의 17분 동안 호흡 참기는 끔찍했지만, 그건 그나마 짧기라도 했다. 블레인은 8층 건물 높이의 기둥에서 35시간 동안 서 있을 때, 막바지에 이르러서는 떨어지면 즉사하는 위험을 안고 환각과 졸음에 시달리며 지속적인 공포와 싸워야 했다. 또한 44일 동안 템스 강 위의 유리관에서 음식 없이 지내는 동안 끊임없는 육체적 고통에 시달렸다. 유리관 아래로 보이는 사람들이 행복하게 먹는 모습을 지켜보는 것도 고통스러웠지만, 거대한 전광판에 새겨진 "의지력이 부족할 때"라는 배터리 광고 문구를 읽는 것도 괴로웠다. 블레인은 그 광고를 유머로 받아들이려 했지만 고통은 점점 심해졌다. "38일째가 되자 몸에서 내장이 타들어가며 입안에서는 황산 냄새가 났습니다. 온몸이 아팠습니다. 근육이 타들어가면서 누군가가 칼로 팔을 찌르는 듯한 감각이 느껴졌죠."

하지만 블레인에게 가장 힘든 도전은 얼음에 갇혀 보낸 63시간이었다. 타임스 스퀘어의 6톤짜리 빙하 속에 갇혔을 때, 얼음은 얼굴에서 1센티미터 정도밖에 떨어져 있지 않았다. 그 순간 평소와 달리 엄청난 폐쇄 공포증이 몰려왔고 추위로 온몸이 떨리기 시작했다. 얼음 때문에 이후 사흘 동안 그는 끔찍한 추위에 시달렸다. 그런데 바깥 날씨가 따뜻해서 새로운 문제가 생겼다. 얼음이 녹기 시작하면서, 블레인의 목과 등에 얼음 조각이 떨어지는 고문과도 같은 시기가 온 것이다. 얼음이 녹기 전에도 블레인은 얼음에 몸을 기댔다가는 동상에 걸릴까봐 졸음을 참아야만 했다. 또한 TV 황금 시간대의 특별 쇼에서 벗어나길 기다리는 동안 겪은 수면 결핍은 그날의 막바지 단계에서 가장 큰 괴로움이었다.

"뭔가 잘못되어간다는 느낌이 들기 시작했습니다. 몸속 기관들도 제대로 작동하지 않았지만 정신적 병증만큼 괴로운 것은 없죠. 나는 얼음 안에 한 사내가 들어앉아 있는 것을 보고 몇 시쯤 되었냐고 물었죠. 그 남자는 '3시예요'라고 대답했습니다. 나는 '어이쿠, 난 10시까지 버틸 수 없을 거야, 여덟 시간이나 남았다니'라고 생각했죠. 여섯 시간이 남았을 때, 나는 이제 상황이 훨씬 나아질 거라고 자기최면을 걸었습니다. 두 시간만 참고 버티자. 이렇게 다짐했습니다. 도전을 이겨내기 위해 내가 개발한 일종의 관점 전환용 시간 벌기 기법이라고 할 수 있죠. 나는 그 다음 적어도 두 시간을 힘겹게 참으며 보냈습니다. 그러자 무슨 소리가 들려오기 시작했습니다. 얼음 속에 사람들의 몸이 끼어 있는 것도 보였죠. 그 당신엔 그게 수면 결핍 때문에 생긴 환각이라는 사실을 깨닫지 못했어요. 무슨 일이 일어나고 있는지 전혀 몰랐죠. 깨어 있으니까 눈앞에서 펼쳐지는 일이 사실이라고 느꼈을 뿐입니다. 아무튼 두 시간을 기다린 후, 다시 그 남자를 보며 물었습니다. '지금 몇 시죠?'"

블레인은 자신이 얼음을 통해 바라보는 남자가 아까 2시에 보았던 남자와 비슷하게 생겼다는 것을 느낄 만큼의 인지력은 남아 있었다. 그러다 사실은 두 사람이 똑같은 남자라는 것을 깨달았다.

"그 남자는 '2시, 아니 5시'라고 말했어요. 그때부터 상황이 급속도로 나빠졌죠."

블레인은 어떻게든 TV 황금 시간대까지는 버틸 수 있었다. 하지만 이후엔 지독한 어지럼증과 정신적 혼란, 육체적 피로 때문에 구급차에 실려 가야 했다.

"막바지엔 내가 드디어 연옥에 와 있다고 느꼈어요. 정말로 심판의 날이 가까웠으며, 그야말로 천국 아니면 지옥이라는 생각으로 기다렸습니다. 그 여덟 시간 동안은 내가 살면서 지금까지 겪었던 어떤 시간보다 끔찍했습니다. 무시무시한 뭔가를 통과해야 하는데 빠져나갈 도리가 없는 상황, 나 자신을 능가하는 힘이 필요한 시간이었습니다."

그렇다. 그야말로 가장 힘겨운 도전이었을 것이다. 그런데 블레인은 바우마이스터와 동료 심리학자들의 실험 얘기를 듣더니, 다른 생각이 난 듯 이렇게 말했다. "정말 완벽하게 이치에 맞는 말입니다. 스스로 단련하는 것이지요. 생각해보니, 도전을 위해 훈련하고 목표를 세울 때 나는 완전히 다른 사람이 되곤 했습니다. 삶의 모든 면에서 자기 절제가 가능해진 것입니다. 늘 책을 읽고, 식이 조절도 완벽하게 수행하죠. 또 아픈 아이들을 방문한다거나 하는 선행도 가능한 한 많이 하려고 합니다. 완전히 다른 에너지를 가지고 완벽한 자기 절제가 가능합니다. 하지만 도전 과제가 끝나면 그 즉시 극단적으로 변해 모든 면에서 완전히 자기 절제를 잊어버립니다. 마치 식이 조절을 하지 않는 순간, 독서도 할 수 없게 되는 것 같아요. 이전처럼 집중할 수도 없고, 시간을 똑같은 방식으로 사용할 수도 없습니다. 흥청망청 시간을 허비하고, 술을 마시는 등 멍청한 짓을 하며 지내죠. 도전을 끝내고 나면 석 달 만에 몸무게가 81킬로그램에서 105킬로그램 정도로 불어납니다."

그리니치빌리지에 있는 자신의 아파트에서 우리와 얘기를 나눌 당시 블레인은 중간 휴식기를 지내고 있었다. 그는 얼마 전 막막한 대양에서 며칠 동안 하루에 네 시간씩 아무런 보호 장치 없이 상어 떼와 어울리는 도전 과제를 마쳤고, 곧이어 유리병 속에 들어가 대서양을 횡단할 계획이었다. 하지만 이 계획은 아직 구체적인 단계는 아니었다. 따라서 블레인은 쉬면서 살을 찌우고 있었다. "여러분은 지금 자기 훈련과 완전히 반대 상황에 있는 나를 보고 계신 겁니다. 5일 동안 완벽한 식이 조절을 하다가 다음 열흘 동안은 대책 없이 먹기도 하죠. 그리고 또 열흘은 완벽하게 식이 조절을 하다 다음 20일 동안은 미친 사람처럼 먹어대죠. 그러다가 다시 훈련할 시기가 되고 정말로 심각해져야 할 때가 되면 지속적인 식이 조절로 일주일에 약 1.4킬로그램씩 체중을 감량합니다. 그러면 한 달에 약 5.5킬로그램 정도의 체중을 줄일 수 있죠. 그렇게 5개월이 지나면 완전히 딴사람이 되고, 자기 훈련 능력은 엄청나게 높아집니다. 사실 놀라운 일이죠. 일을 할 때는 자기 훈련이 잘되지만, 일상으로 돌아오면 간혹 완전히 정반대로 변하기도 하니까요."

상어들과 어울려 헤엄치고, 17분이나 호흡을 참고, 63시간을 얼음 속에 갇혀 지내다 마지막엔 연옥 경험까지 한 사나이가 단조로운 일상을 조절할 능력이 없다니! 블레인은 얼음 속에서 오랫동안 참고 견디기 부문에서 세계 기록을 세웠지만 기네스북에 등재되지는 못했다. 아직 귀찮은 서류 작업을 마치지 못했기 때문이다. 블레인은 서류를 곁에 두고 계속 게으름을 피우는 중이었다. 런던에서 44일 동안 단식한 적도 있지만 지금은 냉장고 속에 있는 음식에 저항할 의지력조차 없었다. 물론 그 중 한 가지 이유는 음식의 접근성에 있다. "이 아파트에서 지내며 44일 동안 단식할 수 있을 거라고는 생각하지 않아요. 런던의 유리 상자 안에서 지내는 동안은 공중에 매달려 있기 때문에 유혹에 굴복할 여지가 없었죠. 또 사람들이 보는 앞에서 단식을 한 것도 이유가 있습니다. 그렇게 하면 어쩔 수 없이 해야만 한다는 걸 스스로 자각하게 되거든요." 집에서 7주 동안 단식하는 것은 어렵다 하더라도 왜 매일 먹는 음식을 조금씩 줄이는 노력을 할 수 없을까? 왜 지금은 최소한의 자기 절제―좀더 효과적으로 먹고 독서하고 일하는―도 불가능하게 여겨지는 것일까?

그럴 만한 동기가 없기 때문이다. 대중이나 자신에게 증명해야 할 게 아무것도 없기 때문이다. 블레인 자신은 물론 대중도 필요하다면 스스로를 통제하는 능력이 그에게 있다는 것을 알고, 그가 힘든 도전 중간에 어느 정도 휴식을 취한다 해서 나무랄 사람은 아무도 없기 때문이다. 놀라운 의지력을 소유한 블레인조차도 자기 절제의 가장 어려운 부분을 처리할 때는 우리와 똑같은 문제에 직면한다. 즉 며칠이나 몇 주 동안이 아닌 몇 년에 걸친 꾸준한 자기 훈련이라는 문제가 바로 그것이다. 이것을 위해서는 다른 종류의 인내심에서 비롯된 기술이 필요하다.

어둠의 심연에서
스스로 벗어나기

총탄보다 더 중요한 무기는 바로 자기 절제다.[1]
─헨리 모튼 스탠리

1887년 헨리 모튼 스탠리[2]는 콩고 강을 거슬러 올라가며 자신도 모르는 사이에 재앙을 몰고 온 실험을 시작했다. 이 탐험은 언론인으로서 처음 아프리카를 탐험해 한 스코틀랜드 선교사를 발견하고, 서구에 그 사실을 알림으로써 유명세를 탄 1871년이 한참 지난 후에 이루어졌다. 당시 스탠리의 보고서 첫마디는 이랬다. "혹시 리빙스턴 박사님이십니까?" 이제 46세가 된 스탠리는 베테랑 탐험가로서 세 번째 아프리카 탐험을 이끌고 있었다. 미지의 열대 우림 속을 전진하면서 스탠리는 이후의 식량 보급을 위해 강가에 한 무리의 탐험대를 남겨두었다. 이 후발대의 지도자는 영국의 최고 명문가 출신이 맡았는데, 이들은 두고두고 국제적 망신거리가 되었다.

탐험 루트의 요새를 책임지게 된 영국 병사와 의사들로 구성된 후발대는 스탠리가 떠나자마자 곧 통제 불능 상태에 빠졌다. 몸이 아픈 아프리카 원주민에 대한 치료를 거부해 그들이 병과 식중독으로 죽어가도록 방치했다. 또한 젊은 아프리카 여성들을 납치해 노리갯감으로 삼기도 했다. 그중 한 여성이 집으로 돌려보내달라고 울며 애원했지만 거들떠보지도 않았다. 또 다른 여성은 탈출을 시도하다 붙잡혀 몸이 묶인 채 지내야 했다. 요새의 지휘관은 아프리카인을 야만적으로 때리거나 불구로 만들고, 날카로운 쇠창으로 찌르기도 했다. 또 대수롭지 않은 일로 총살을 시키거나 초주검이 되도록 매질을 했다. 대부분의 부하는 그런 폭정에도 아무런 반기를 들지 않았다. 요새 근처에 살던 피그미족이 음식을 훔치다 발각되자 그 벌로 귀를 자르기도 했다. 또 도둑들을 총살한 뒤 참수해 경고의 표시로 매달아놓기도 했다. 동식물 연구가이자 제임슨 위스키(Jameson Whiskey)가의 후계자이기도 했던 후발대의 한 장교는 식인 풍습의 제물이 된 11세 소녀가 죽는 장면을 돈을 지불하고 스케치로 남겼다.

이즈음 소설가 조셉 콘라드(Joseph Conrad)는 콩고 여행을 막 시작하려 했고, 그로부터 10년 후에는 《어둠의 속(Heart of Darkness)》이라는 소설에서 "중심이 텅 비어 있고", "야생 속에서 길을 잃어버린 결과", "여러 가지 욕망을 충족하는 데 절제가 부족한" 야만적 제국주의자 커츠라는 인물을 창조했다.[3] 하지만 스탠리의 후발대 이야기를 읽은 많은 유럽인에게 아프리카 야생 밀림의 위험성은 이미 너무나 자세히 알려져 있었다. 비평가들은 이런 종류의 탐험을 중단할 것을 촉구했고, 결국 스탠리에겐 실망스러운 일이지만 그게 마지막 탐험이 되어버렸다. 스탠리는 자기 팀원들의 행동을 비난하고 야생의 위험에 대해서도 수긍했지만, 그렇다고 상황을 반전시키지는 못했다.

후발대가 미처 날뛰는 동안 스탠리는 훨씬 더 깊은 야생 환경 속에서도 단련의 끈을 놓지 않았다. 그와 함께한 선발 탐험대는 울창한 이투리 (Ituri) 우림 속을 헤치며 길을 찾느라 수개월 동안 사투를 벌였다. 퍼붓는 비와 허리까지 오는 진흙탕 속에서 몸을 물어뜯는 파리떼와 개미떼에 맞서 고통스럽게 싸워야 했다. 허기진 상태가 지속되자 체력은 약해지고 염증과 궤양으로 몸은 형편없이 망가졌다. 게다가 말라리아와 이질 때문에 나날이 무기력해졌다. 또 아프리카 원주민의 독화살과 창에 부상을 입거나 살해당하기도 하고, 간혹 식인 풍습에 희생되기도 했다.[4] 어떤 때는 질병과 굶주림으로 대원 여럿이 한꺼번에 죽기도 했다. 스탠리와 함께 그가 "아프리카의 가장 어두운 곳"이라고 일컫은 햇빛이 닿지 않는 우림 지대까지 동행한 탐험 대원 중 살아 돌아온 사람은 3분의 1도 채 되지 않았다.

그렇게 깊숙한 야생에서 계속되는 비참한 상황과 공포를 견딘 탐험가는 역사상 몇 되지 않는다. 스탠리의 아프리카 탐험과 비교할 만큼 끔찍한 탐험을 든다면, 나일 강과 콩고 강의 원천을 찾아 대륙을 가로질러 감행한 탐험 정도가 있지 않을까 싶다. 그럼에도 스탠리는 해를 거듭하며 수많은 위험과 고난을 극복했다. 유럽에 있는 스탠리의 동료들은 그의 '의지력'에 감탄했고, 아프리카 사람들을 그에게 '바위를 깨뜨리는 자'라는 뜻의 '불라 마타리(Bula Matari)'라는 이름을 붙여주었다. 그의 탐험에 참여한 아프리카인 조력자와 짐꾼들은 스탠리의 노고와 결의에 감명을 받았다. 그뿐만 아니라 지옥 같은 상황에서도 친절과 평정을 잃지 않는 인품에 반해 기꺼이 그와 함께 일하고 싶어 했다. 어떤 이들은 야생의 환경을 인간을 야수로 변화시키는 주범으로 비난하지만, 스탠리는 자신이 야생으로부터 혜택을 받았다고 말했다. "나는 뛰어난 자연의 순수함만을 주장할 생각은 없다. 하지만 거칠고 무식하고 성급한 인간으로서 생을 시작한 나로서는 유럽인을 타락시킨다고 일컫는 아프리카 자연에서의 경험을 통해 진정한 교육을 받았다."5

그 교육을 통해 스탠리가 배운 것은 무엇일까? 야생에서의 삶은 왜 그를 잠식하지 않았을까? 살아 있는 동안 스탠리의 모험은 대중을 사로잡고, 예술가와 지성인에게 감동을 주었다. 마크 트웨인(Mark Twain)은 동시대의 유명인 중 스탠리만이 한 세기가 지난 후에도 여전히 명성을 떨칠 것이라고 예언하기도 했다. "내가 상당히 짧은 인생에 걸쳐 성취한 것을 그보다 더 짧은 생애 동안 스탠리가 성취한 것에 비교하는 순간, 10층짜리 건물처럼 높던 나의 자부심은 순식간에 무너지고 앙상한 지하실만 남는다."6 안톤 체호프(Anton Chekhov)는 스탠리 한 사람이 여남은 개의 학교와 100권 이상의 훌륭한 책과 맞먹는다고 했다. 그는 스탠리의 "어떠한 곤궁과 위험 그리고 개인적 행복에 대한 유혹에도 굴하지 않고 특정한 목표를 향해 나아가는 고집스러운 불굴의 모습"을 "최상의 도덕적 힘을 구현한 것"으로 보았다.7

하지만 영국과 유럽의 수많은 비평가는 미국에서 온 기자 출신의 스탠리를 항상 못미더워했고, 특히 후발대의 스캔들이 터진 후에는 그의 탐험 전략의 허점을 공격하려는 라이벌들로 넘쳐났다. 이후 전기 작가와 역사학자들이 스탠리와 1880년대 초 상아 무역으로 이득을 본 벨기에 군주 레오폴트 2세(Leopold II)의 교류 등—이는 훗날 《어둠의 속》의 직접적인 소재가 되었다—을 문제 삼아 비판하면서 그의 명성은 시들해졌다. 제국주의가 쇠퇴하고 빅토리아 시대의 특성이 인기를 잃자, 스탠리는 점점 자기 절제의 모범이라기보다 '이기적인 자기 절제 마니아'로 간주되었다. 또한 아프리카를 수렁에 빠뜨린 잔인한 착취자이자 무자비한 제국주의자로 묘사되었다. 사람들은 그를 때때로 영혼을 구제하기 위해 아프리카 대륙을 횡단한 외로운 여행자 리빙스턴과 비교하기도 했다.

그러던 중 최근 스탠리에 대한 새로운 관점이 나타났는데, 이는 그를 불굴의 영웅이나 무자비한 자기 절제 마니아로 보는 관점보다 훨씬 흥미롭다. 즉 스탠리가 야생에서 살아남은 것은 이기적 자세나 불굴의 의지 덕분이 아니라, 자기 한계를 받아들이고 장기적 전략을 세웠기 때문이라는 것을 심리학자들이 이해하기 시작한 것이다.

스탠리에 대한 이러한 새로운 관점은 영국의 소설가이자 빅토리아 시대의 강박증 전문가 그리고 리빙스턴의 전기 작가이기도 한 팀 질(Tim Jeal)에 의해 발견되었다. 리빙스턴의 삶을 연구하던 중 팀은 상투적인 '스탠리-리빙스턴 이분법'에 의문을 품었다. 지난 10년 동안 발견한 수천 통에 달하는 스탠리의 편지와 기록을 토대로 팀은 마침내 수정주의적 관점의 역작《스탠리: 위대한 아프리카 탐험자의 불굴의 삶(Stanley: The Impossible Life of Africa's Greatest Explorer)》을 출간했다. 많은 비평가들의 호평을 받은 이 전기에는 야망과 불안, 미덕과 사기가 결합해 더욱 용맹하고 인간적인 한 인물의 치명적인 성격적 결함이 잘 묘사되어 있다. 스탠리가 핵심적으로 감추고 있던 비밀을 염두에 둔다면, 야생에서 보여준 그의 자기 절제가 얼마나 놀라운 것인지 알 수 있다.

공감 격차

만약 자기 절제가 어느 정도 유전적 특성이라고 본다면, 스탠리의 삶은 시작부터 불리했다. 스탠리는 웨일스의 18세 미혼모에게서 태어났는데, 이후 그녀는 적어도 두 남자와의 사이에서 4명의 사생아를 더 낳았다. 스탠리는 한 번도 아버지를 만나지 못했다. 태어나자마자 외할아버지에게 맡겨진 그는 외할아버지가 돌아가시기 전인 여섯 살 무렵까지 함께 살았다. 그 후 다른 친척이 잠시 그를 맡았지만, 곧 다른 보호자가 나타나 스탠리를 데리고 여행길에 올랐다. 멀리 있는 숙모 집에 간다는 얘기를 듣고 나선 길이었지만, 결국 동행한 보호자는 석재로 된 커다란 건물에 당황해하는 스탠리를 남겨두고 사라졌다. 그곳은 워크 하우스 (work house: 17세기경 설립된 영국의 강제 노역소—옮긴이)였다. 어른이 되어서도 스탠리는 그 보호자가 도망치며 문을 닫는 순간 느꼈던 "생전 처음 완전히 버림받은 끔찍한 경험"을 평생 잊지 못했다.

당시 존 롤랜즈(John Rowlands)란 이름으로 불렸던 소년 스탠리는 워크 하우스에서 일했던 수치스러운 경험과 자신의 치욕적인 출생 비밀을 숨기려고 평생 노력했다. 열다섯 살에 워크 하우스를 떠나 뉴올리언스로 간 스탠리는 자신이 웨일스 출신이라는 것을 감추고 억양까지 바꾸며 미국인 행세를 했다. 자신을 헨리 모튼 스탠리라 소개하며, 그 이름을 뉴올리언스의 근면하고 친절한 면화 무역상인 양아버지에게서 받았다고 이야기했다.[8] 스탠리는 자신이 지어낸 양부모 이야기에서 그들을 자기 절제를 가르쳐준 사람들로 묘사했다. 상상 속의 양어머니는 죽음을 앞둔 병상에서도 "착한 사람이 되어라", "도덕적 절제야말로 하나님이 가장 좋아하시는 미덕이다"는 말을 남겼으며, 양아버지는 "미덕을 실천함으로써 의지력이 생기고 근육처럼 힘이 붙는다. 성스럽지 못한 욕구와 낮은 열정을 이기기 위해서는 의지를 키워 양심의 친구로 삼아야 한다"는 말을 남겼다고 쓰기도 했다.

상상 속의 양부모가 해준 이러한 조언이 실제 부모의 부덕을 감추려한 스탠리 자신의 삶의 방식과 정확하게 일치하는 것은 물론 놀라운 일이 아니다. 웨일스의 화려함과는 거리가 먼 워크 하우스에 살면서도 스탠리는 고생을 사서 하며 "의지를 실험"했다.

나는 나약한 자신과 싸우기 위해 학교 친구들이 달콤한 잠에 빠져 있는 한밤중에 조용히 일어나 무릎을 꿇고 모든 것을 알고 계신 하나님 앞에 발가벗은 내 영혼을 내보이곤 했다. ……또 음식에 대한 욕망을 절제할 것과 위장 기관을 경멸하는 뜻에서 한 끼 식사를 삼등분해 이웃에게 나누어주고, 슈에트 푸딩(Suet Pudding)의 절반은 욕심쟁이 폴케스(Ffoulkes)에게 줄 것이라고 신께 맹세했다. 다른 이들이 질투할 만한 것을 조금이라도 갖고 있다면 즉시 내려놓으리라 약속했다.⁹

그는 덕을 쌓으려면 시간이 필요하다는 것을 깨달았다. "때때로 내안의 악과 싸운다는 것이 완전히 부질없는 일처럼 느껴지기도 했다. 그러나 미약하지만 단계마다 조금씩 진전이 있었고, 인격이 서서히 향상되었다." 스탠리는 20대가 되자 성공적인 종군 기자로, 친구들에게는 자기 훈련의 전도사로 이름을 날렸다. 누군가가 휴가를 다녀오는 것이 어떠냐고 제안하자 스탠리는 장황한 설교를 하며 그 제안을 물리쳤다. 그는 친구에게 시간을 낭비하면 양심이 자신을 고문할 것 같아 맘 편히 휴가를 보낼 수 없다며 다음과 같은 편지를 쓰기도 했다. "기차역 주위의 소란스러움 속에서만 나는 살 수 있다네. 목표를 세우면 그것을 방해할 것은 아무것도 없지. 내 일에 충실하고 포기하지 않는 에너지로 자기 부정을 실천함으로써 나는 내 자신의 주인이 될 수 있다고 생각하네."

하지만 아프리카에 도착한 뒤, 스탠리는 의지력의 한계를 깨달았다. 그곳에서의 경험이 스스로를 단련하는 데 큰 도움이 된 것은 사실이었다. 하지만 험난한 상황과 유혹에 익숙하지 않은 이들에겐 아프리카라는 땅이 큰 타격이 될 수도 있다는 것 또한 인정했다. 스탠리는 이투리 우림에서의 탐험 경험을 이렇게 기술했다. "그 같은 열악한 환경을 경험해보지 않았다면, 매일 15시간씩 자기 절제에 안간힘을 써야 하는 우리의 처지를 이해할 수 없을 것이다." 후발대의 잔인함과 약탈 소식을 처음 접한 스탠리는 대부분의 사람이 그들을 "천성이 사악한" 자들이라고 잘못 단정할까봐 우려했다. 스탠리는 문명세계에 속한 사람들은 영국을 떠난 후 탐험 대원들에게 일어난 변화를 상상조차 할 수 없으리라는 것을 알고 있었다.

고국에 있을 때 이 남자들은 자신의 본능적 야만성을 드러낼 아무런 이유가 없었다. 그러다 갑자기 아프리카의 비참한 환경에 놓였다. 고기와 빵, 와인과 책, 신문과 사교 그리고 친구를 빼앗긴 것이다. 열병이 이들을 짓누르고 몸과 마음을 무너뜨리기 시작했다. 좋은 성품은 불안으로 변질되었다. 고단함 속에서 쾌활함은 온데간데없어지고 낙천성은 내면의 고통에 무릎을 꿇었다. 또한 이들은 도덕적으로나 육체적으로 과거의 모습이라고는 찾아볼 수 없는 그림자가 되었다.[10]

스탠리가 묘사한 것은 경제학자 조지 로웬스타인(George Loewenstein)이 명명한 "흥분과 냉정의 감정적 간극(hot-cold empathy gap)"[11] 상태다. 냉정하고 합리적이며 평화로운 상태일 때는 열정과 유혹의 순간이 다가왔을 때 어떻게 행동할지 짐작할 수 없다는 게 이 가설의 주요 내용이다. 자신이 거주하던 영국에서는 당연히 도덕적으로 행동하리라 생각했겠지만, 밀림 속에서 그 생각이 어떻게 바뀔지는 이들도 상상하지 못했을 것이다. 흥분과 냉정 사이의 감정적 간극이야말로 평범한 상황에서도 우리를 힘들게 하는 요소 중 하나다. 이러한 간극을 우리는 캐나다의 한 공동체에서 자란 한 친구에게서 확인할 수 있었다. 그 친구는 대부분 이상주의적 히피들로 이루어진 공동체에서 사는 부모 밑에서 자랐다. 이들의 이상적인 삶의 방식에는 오직 건강에 이롭고 자연 상태 그대로인 식품만을 먹는다는 것도 포함되어 있었다. 하지만 그 친구의 엄마는 아이들이란 가끔 슈퍼에서 산 쿠키도 먹어야 한다고 생각했다. 따라서 쿠키를 살 때마다 당분의 위해성과 정크 푸드의 위험성 그리고 은연중 글로벌 식품 회사를 돕고 있다는 부도덕성에 대해 이웃의 숱한 질타와 설교를 견뎌야 했다. 하지만 그 친구의 엄마는 계속 쿠키를 샀다. 곧이어 다른 문제가 생겼다. 슈퍼에서 산 쿠키가 계속 어디론가 사라진 것이다. 늦은 저녁, 와인이나 마리화나 같은 자연 성분의 물질을 섭취하면 공동체 사람들의 의지력은 고갈되었다. 당연히 쿠키에 대한 갈망이 글로벌 식품 회사에서 만든 정크 푸드에 대한 반감과 비교할 수 없이 커졌다. 어떤 부모는 아이들 몰래 쿠키를 숨겨두기도 했다. 공동체 어른 중에서 아이에게 쿠키가 어디에 있는지 알려준 사람은 그 친구의 엄마 '뿐'이었다. 어른들이 흥분과 냉정 사이의 감정적 간극을 겪는 사이 쿠키는 어딘가에 처박혀 있을 수밖에 없었다. 낮에는 쿠키를 정크 푸드라며 멀리했지만, 피곤한 상태에서 마리화나에 취하면 자신들이 그 사악한 쿠키를 얼마나 원하는지 깨닫는 것이었다.

미래에 대한 행동 규칙을 설정할 때, 우리는 때때로 냉정하고 침착한 상태에서 비현실적인 목표를 설정하기도 한다. 카네기 멜론 대학교의 로웬스타인 교수는 "배가 고프지 않을 때는 다이어트에 쉽게 동의할 수 있다"고 말한다. 또한 로웬스타인 교수와 댄 에리얼리 교수가 젊은 이성애자 남성들에게 여러 개인적 질문을 던져서 밝혀낸 것처럼 성적으로 흥분하지 않았을 때는 금욕적인 태도를 유지하기가 매우 쉽다. 예를 들어, 한 여성에게 호감을 느꼈는데 그 여성이 스리섬(threesome: 세 사람이 함께하는 성행위─옮긴이)을 제안한다면 받아들일 수 있을까? 40세 연상 여성과의 섹스를 상상할 수 있을까? 혹은 12세 소녀에게 성적으로 끌릴 수 있을까? 단순히 섹스만을 위해 거짓 사랑 고백은 가능한가? 그 여자가 싫다고 말해도 계속 시도할 것인가? 여자의 경계심을 허물기 위해 술이나 마약을 권할 의사가 있는가?

연구실 컴퓨터 앞에 앉아 위의 질문에 대답할 때 이들은 분명 냉정한 상태였고, 진심으로 자신들이 위에서 열거한 행동을 하지 않을 것이라고 생각했을 것이다. 하지만 다른 실험에서, 남자들이 자위 중이거나 성적으로 아주 흥분한 상태에서 똑같은 질문을 하자 그럴 수도 있다는 대답을 한 비율이 현저히 높았다. 거의 불가능해 보이던 일들이 상당히 가능성 있게 변한 것이다. 물론 이것은 하나의 실험일 뿐이지만, 인간이 어떻게 야생에 잠식당하는지를 보여주는 예이기도 하다. 성적으로 흥분한 상태에서는 있을 수 없는 일이 놀랍게도 있을 수 있는 일로 변해버리는 것이다.

　우리는 의지력을 인간의 가장 큰 힘이라고 말해왔다. 하지만 최선의 전략은 의지력을 모든 상황에 적용하지 않는 것이다. 즉 위급 상황을 대비해 아껴두라는 얘기다. 스탠리가 깨달은 것처럼 불가피한 순간을 위해 의지력을 보존하는 방법이 있다. 이런 방법을 실천하는 데는 의지력이 필요하지만, 장기적으로는 살아남기 위해 힘이 필요한 순간 큰 도움이 될 수 있다.

우리를 묶는 끈

스탠리가 처음 아프리카 깊숙한 밀림 속의 비참함을 경험한 것은 〈뉴욕 헤럴드〉로부터 불가사의한 대륙 어딘가에 있는 리빙스턴을 찾아오라는 임무를 받고 파견되었을 때였다. 여행 초반 얼마간은 늪지대를 헤치고 말라리아와 싸우며 보냈다. 결국 스탠리는 "비정상적인 환상과 미친 듯한 두통과 지독한 아픔"에 시달리며 의식이 혼미한 채 일주일을 보냈다. 그 후엔 부족들 간의 내전에 휘말려 탐험대 전체가 살육될 뻔한 위기를 가까스로 벗어났다. 여행이 시작된 지 6개월 후에는 수많은 사람이 죽거나 고립되었다. 그 당시 스탠리는 후발 대원을 충원받은 상태였지만 34명의 대원밖에 남아 있지 않았다. 이는 원래 탐험대의 4분의 1도 채 되지 않는 숫자였다. 적대적인 지역을 통과하기에는 터무니없이 적은 인원이었다. 게다가 다시 열병이 시작되어 스탠리를 괴롭혔다. 그는 만약 이 상태에서 계속 탐험을 한다면 죽고 말 것이라는 경험 많은 아랍 여행자들의 조언을 듣고 좌절했다. 하지만 어느 날 저녁, 스탠리는 열에 시달리면서도 촛불 옆에서 자신에게 보내는 글을 썼다.

> 나는 엄숙하고도 지속적인 맹세를 하기로 했다. ……최소한의 희망이 남
> 아 있는 한 맹세를 지키기로, 생사 여부에 상관없이 리빙스턴을 찾아낼
> 때까지 절대로 수색을 멈추지 않겠다는 내 결심을 굳건히 지키기로 마음
> 먹었다. ……인간이건 귀신이건 나를 막을 수 없으며 오직 죽음만이 나
> 를 막을 수 있다. 어쩌면 죽음조차도 나를 막지 못할 것이다. 나는 죽을
> 수 없다. 죽지 않을 것이다. 죽지 못한다!12

아무리 고열과 비정상적인 환영에 시달렸다 해도 스탠리가 자신을
불사조라고 믿었다는 것은 상상하기 힘들다. 하지만 글을 쓴다는 행위
는 일종의 선제적 예방 조치로써 스탠리가 의지력을 보존하기 위해 끊
임없이 사용한 전략이었으며, 이는 커다란 성공을 거두었다. 이러한 전
략의 핵심은 자신을 도덕적으로 묶어두는 것이다. 자신이 정도에서 벗
어나고 싶은 강렬한 유혹에 사로잡힐 것이며 의지력 또한 약화될 것이
라는 사실을 미리 깨닫는 것이다. 그리하여 정도를 벗어나는 것이 불가
능할 뿐만 아니라 말할 수 없이 치욕적이며 죄스러운 행위라는 것을 스
스로에게 주지시킨다. 이러한 선제적 예방 조치는 오디세우스(Odysseus)
와 그의 부하들이 세이렌(Seiren: 그리스 신화에 나오는 바다의 요정—옮긴이)의
죽음의 노래를 통과하기 위해 사용한 방법이기도 하다. 오디세우스는
부하들에게 자신을 돛대에 묶으라고 한 뒤, 자기가 아무리 세이렌에게
가게 해달라고 애원해도 풀어주지 말 것을 명령했다. 부하들에게는 귀
를 틀어막음으로써 아예 세이렌의 소리를 듣지 못하게 하는 또 다른 선

제적 예방 조치를 취했다. 이는 두 가지 전략 중 더 안전한 것에 속하는 데, 아예 유혹의 가능성을 차단해버리는 것이기 때문이다. 도박을 하지 않으려면 카지노 테이블 사이를 오가며 친구들에게 도박하는 것을 막아달라고 부탁하는 것보다 아예 카지노 근처에 가지 않는 것이 낫다. 아니면 미국의 일부 주에서 실시하는 방법을 써보는 것도 좋을 것이다. 그것은 바로 도박에서 이기더라도 돈을 챙길 수 없는 고객 명단에 이름을 올리는 것이다.

물론 모든 유혹을 예측할 수 있는 사람은 없다. 특히 오늘날에는 더욱 그렇다. 인터넷에서 끊임없이 쏟아져 나오는 유혹 말고도 우리가 아무리 실제 카지노를 피하려 해도 가상의 카지노에서 벗어날 길이 없다. 하지만 새로운 죄악을 창조해낸 기술은 그것을 미연에 방지하는 전략 또한 만들어냈다. 현대의 오디세우스는 특정 웹사이트에 접근하는 것을 차단함으로써 자신을 묶어둘 수 있다. 현대의 스탠리는 과거의 탐험가들이 당시의 미디어를 이용했던 것과 마찬가지로 웹을 이용해 스스로를 조절할 수 있다. 스탠리는 개인적인 편지와 신문 기사 그리고 공식적인 선언 등을 통해 여러 번 자신의 목표를 달성할 것과 명예롭게 행동할 것을 약속했다. 또한 자신이 유명해진다면, 실패조차도 대서특필되리라는 것을 잘 알고 있었다. 부하들에게 틈날 때마다 아프리카에서 술과 성적 유혹의 위험에 빠지지 말라고 설교한 스탠리로서는 자신이 무너질 경우 그것이 얼마나 불명예스러운 일인지 잘 알고 있었다. 불라 마타리로서 이러한 대중적 페르소나를 창조한 스탠리는 스스로 그에 맞는 삶을 강요했다. 맹세와 자신에 대한 이미지를 이용해 "스탠리는 의지력 약화로 실패할 여지를 없애버렸다"고 질은 말한다.

의지력 약화 때문에 자신의 이미지를 망칠까봐 걱정하는 사람은 유명인들뿐만이 아니다. 당신도 작가 드루 매거리(Drew Magary)처럼 '공개적 망신 다이어트(Public Humiliation Diet)'[13] 같은 소셜 네트워크 도구를 사용함으로써 미덕으로 통하는 선제적 예방 조치를 할 수 있다. 이를테면 공개적으로 자신의 치부를 노출하는 것이다. 매거리는 매일 자신의 체중을 측정해 트위터에 공개하기로 맹세했는데, 이를 실천한 결과 5개월 만에 약 27킬로그램의 체중 감량에 성공했다. 만약 망신 주는 일을 다른 사람한테 맡기고 싶다면, 당신이 브라우징하는 웹사이트 리스트를 그대로 당신이 지정한 사람들—상관이나 배우자—에게 이메일로 보내주는 커버넌트 아이즈(Covenant Eyes)[14]라는 소프트웨어를 설치하는 것도 괜찮다. 아니면 예일 대학교의 경제학자 이언 에어즈(Ian Ayres)와 딘 칼런(Dean Karlan) 그리고 대학원생 조던 골드버그(Jordan Goldberg)가 개발한 스틱케이닷컴(stickK.com)[15]의 '약속 계약(Commitment Contract)'이라는 프로그램에 가입하는 방법도 있다. 여기서 당신은 당신이 원하는 목표 중 무엇이든 선택할 수 있는데—체중 감소나 손톱 물어뜯는 버릇 고치기, 연료 사용량 줄이기나 헤어진 연인에게 전화 안 하기 등—약속한 목표에 도달하지 못하면 자동으로 벌칙을 준다. 스스로 자신을 모니터링하는 방법도 있고, 심판을 선택해 성공이나 실패 여부를 결정하게 할 수도 있다. 벌칙은 당신이 지정한 사람들—친구나 친척 혹은 원한다면 당신의 적—에게 스틱케이닷컴이 이메일을 보내는 단순한 벌칙일 수도 있지만, 신용카드에서 자선 단체로 돈을 자동 인출하게 하는 벌칙도 있다. 더 큰 벌칙으로는 빌 클린턴이나 조지 부시의 이름을 딴 대통령 도서관처럼 당신이 싫어하는 '반(反)자선 단체'로 돈을 지불하는 것을 선택할 수도 있다. 당연히 스틱케이닷컴 사용자들은 재정적 벌칙이나 심판이 개입할 경우 더 크게 자극을 받는 것으로 보인다. 이는 신문이나 책의 판매 부수를 올리기 위해 이야기를 만들어내야 했던 스탠리와 다를 바 없다. 범칙금이나 심판의 개입 없이 계약을 맺은 사용자는 35퍼센트의 목표를 달성한 반면, 범칙금과 심판을 계약 조건에 넣은 사용자들은 거의 80퍼센트 정도의 성공률을 보였다. 또 개인적으로 결과를 일일이 확인하지는 않았지만, 스틱케이닷컴 관계자들에 의하면 100달러 이상을 건 사용자는 20달러 미만을 건 사용자에 비해 성공률이 높았다고 한다. 물론 친구의 실패를 알림으로써 재정적으로 손해를 끼치지 않으려는 심판이 있을 수도 있으므로 어쩌면 진짜 성공률은 실제보다 낮을 수 있다. 또한 성공률이 얼마나 높든 이는 자기 행동을 변화시킬 준비가 된 사람들을 대상으로 한 조사이므로 스틱케이닷컴의 계약 덕분에 실제 성과가 어느 정도 올랐는지 정확하게 파악하기란 어렵다. 하지만 칼린을 비롯한 여러 경제학자들은 엄격한 오프라인 실험을 수행함으로써 감시와 벌칙에 의한 계약의 효율성을 증명했다. 금연을 시도하고자 하는 2000명 이상의 필리핀 흡연자를 대상으로 한 실험이 바로 그것이다.

경제학자들은 흡연자 중 일부에게 은행과 계약을 맺고 일주일에 한 번씩 이자가 붙지 않는 일정액을 예금하도록 했다.[16] 이들이 일주일마다 예금한 돈은 보통 담배를 사는 데 필요한 것이며, 그 액수는 전적으로 자율에 맡겼다. 이들은 매주 자신이 원하는 만큼 예금하거나 혹은 전혀 예금을 하지 않아도 되었다(많은 흡연자들이 중도에 예금을 포기했다). 그리고 6개월이 지나 이들은 소변 검사 결과를 제출했다. 만약 테스트 결과, 몸속에서 니코틴이 발견되면 은행 측에서 모든 예금액을 자선 단체에 기부하기로 했다. 금전적인 측면에서만 본다면 흡연자들에겐 이상적인 계약 조건이 결코 아니었다. 똑같은 돈을 이자가 붙는 예금 통장에 넣는다면 나중에 더 많은 액수를 받을 수 있기 때문이다. 이를테면 이자만 포기한 것이 아니라 예금한 돈을 모두 잃을 수 있는 위험을 떠안은 투자라고 볼 수 있었다. 실제로 6개월 동안 절반 넘는 흡연자들이 실험에 실패하고 도중하차했다. 흡연에 대한 욕구가 너무 큰 나머지 돈을 잃게 되리라는 것을 알면서도 포기해버린 것이다.

하지만 이러한 장려책은 실제로 일부 흡연자들이 금연을 하는 데 도움이 되었다. 이들은 6개월의 실험 기간이 지나고 예금액을 수령한 후에도 계속 금연했다. 실험 프로그램은 그 시점에서 공식적으로 종료되었고, 피실험자들은 더 이상 자신의 상태를 점검받지 않아도 되었다. 하지만 연구자들은 효과가 얼마나 오래가는지 알아보기 위해 그로부터 6개월 후 금연에 성공한 피실험자들에게 소변 검사를 요청했다. 담배를 멀리할 재정적 이유가 사라진 후에도 프로그램의 효과는 여전히 분명하게 남아 있었다. 다른 금연 프로그램에 참여한 통제 집단과 비교해 '약속 계약'을 받아들인 흡연자는 40퍼센트 이상 높은 금연 성공률을 보였다. 일시적인 금연을 대가로 인센티브를 받은 사람은 앞으로도 금연할 확률이 더 높다는 얘기였다. 선제적 예방 조치로 시작한 행동이 영구적이고 더욱 가치 있는 습관으로 굳어진 것이다.

뇌의 자동 조종 장치

당신이 유난히 재수 없는 어느 날 아침 잠에서 막 깨어난 헨리 스탠리라고 잠시 상상해보라. 당신은 막 이투리 우림 한가운데 있는 텐트에서 나왔다. 밖은 물론 컴컴하다. 이렇게 컴컴한 날을 맞이한 지 넉 달이 지났다. 지난 아프리카 탐험에서 기생충과 연이은 질병의 재발 그리고 어마어마한 양의 말라리아 예방약을 비롯한 여러 약물로 엉망이 된 위장은 오늘따라 더 괴롭다. 당신과 부하들은 열매나 뿌리, 버섯, 곤충, 구더기나 애벌레, 개미나 달팽이 등 뭐든 닥치는 대로 먹어야만 했다. 제대로 먹은 음식이라고는 얼마 전 탐험대를 위해 사살한 당나귀 고기밖에 없었다. 굶주린 사람들은 당나귀를 남김없이 먹어치웠다. 심지어 말굽을 차지하기 위해 싸우거나 당나귀 피가 땅 위에 떨어져 스며들기 전에 먼저 핥아먹으려고 아귀다툼을 벌였다.

10여 명의 대원은 배고픔과 질병, 부상과 심하게 곪은 상처 때문에 완전히 불구가 되어 '기아 캠프'라는 무시무시한 이름으로 일컫는 밀림 속에 남겨졌다. 당신은 그나마 건강한 대원들을 데리고 식량을 구하러 나섰지만, 중간에 여럿이 죽고 식량은 아직 어디에서도 찾을 수 없다. 기아 캠프를 벗어나 결국 다른 기아 캠프에 도착한 것 아닐까 하는 두려움이 엄습한다. 당신이 만약 숲에서 쓰러지기라도 한다면 어떻게 죽어갈지 소름끼치도록 생생하다. 그리고 시신을 향해 달려드는 숲 속 곤충들의 모습이 눈에 선하다. "시신이 식기도 전에 '정찰병'이 찾아온다. 처음에는 한두 마리가 그리고 조금 뒤에는 한 무리가 몰려올 것이다. 결국은 대가리가 번쩍거리는 각질로 덮인 맹렬한 노란색 벌레들이 무수히 덮칠 것이다. 그리고 며칠 지나지 않아 시신에는 오직 납작해진 누더기만 남고, 마지막에는 흰색 해골만이 반짝거릴 것이다."

하지만 아직까지, 오늘 아침까지 당신은 죽지 않았다. 캠프에 식량은 없지만 적어도 당신은 살아 있다. 이제 자리에서 일어나 자연의 부름에 응답한 다음 무엇을 할 것인가?

스탠리에게 이는 쉬운 질문이었다. 먼저 면도를 한다. 스탠리가 영국의 집에 고용한 하인이 훗날 회상한 것처럼 말이다. "주인어른은 여러 번의 탐험에서 언제나 꼼꼼하게 면도하는 것을 규칙으로 삼았다고 자주 얘기하셨죠. 거대한 숲 속에서도, 기아 캠프에서도, 전투가 있던 아침에도, 아무리 힘든 상황에서도 주인어른은 절대로 그 습관을 바꾸지 않았습니다. 주로 찬물과 무딘 칼날로 면도를 했다고 말씀하셨죠." 굶어서 죽을 지경인 사람이 왜 굳이 꼭 면도를 해야만 했을까? 우리는 스탠리의 전기를 쓴 작가 질에게 밀림에서의 이런 철저한 습관에 대해 질문해보았다. 질은 그것이 질서에 집착하는 남자의 전형적인 방식이라고 했다.

"스탠리는 항상 단정한 차림을 유지하려고 노력했습니다. 옷차림뿐만 아니라 글씨도 아주 단정했습니다. 일기나 저서 그리고 정리함 등을 보면 그가 얼마나 꼼꼼했는지 알 수 있습니다. 스탠리는 또 리빙스턴의 깔끔한 정리 습관을 칭찬하곤 했죠. 정돈하는 습관은 자신을 둘러싼 파괴적인 자연의 위력에 대한 일종의 해독제였다고 할 수 있습니다." 스탠리도 밀림 속에서 면도를 해야 하는 이유를 이렇게 밝힌 적이 있다. "나는 항상 자기 훈련과 자기 존중을 동시에 실천하는 의미에서 가능한 한 깔끔한 외모를 유지하려고 노력했다."

어쩌면 당신은 밀림에서 면도할 힘으로 식량을 구하는 것이 더 낫지 않을까 하고 생각할 수도 있다. 그런 식의 자기 절제 노력 때문에 훗날 좀더 중요한 일을 할 수 있는 의지력이 고갈되지 않을까? 하지만 이런 단정한 습관은 장기적인 면에서 자동적으로 심리 작용을 촉발해 그다지 많은 에너지를 사용하지 않고도 실질적인 자기 절제에 도움이 된다. 외면적 질서와 내면적 자기 훈련의 연관성에 대한 스탠리의 믿음은 최근의 뛰어난 몇몇 연구에서 확인되었다. 한 집단의 피실험자들은 잘 정돈된 깨끗한 연구실에 앉아 질문에 대답하고, 다른 집단은 부모님이 제발 방 좀 치우라고 소리칠 만한 연구실에서 똑같은 질문에 대답을 하게 했다. 지저분한 방에 있던 피실험자들은 작은 액수의 돈을 즉각적으로 받기보다는 더 큰 액수를 일주일 기다렸다 받는 것 같은 자기 절제 측정 실험에서 낮은 점수를 받았다. 또 스낵과 음료수를 제공한다고 하자 지저분한 방에 있던 피실험자들은 사탕과 당분이 많이 들어간 과자를 선호했다. 반면, 정리가 잘된 방에 있던 피실험자들은 주로 사과나 우유 같은 것을 선택했다.

온라인으로 실시한 비슷한 실험에서 어떤 피실험자들은 깔끔하고, 철자도 정확하고, 디자인도 잘된 웹사이트를 통해 질문에 답했다. 또 다른 피실험자들은 철자도 엉망이고 여러 가지 허점이 많은 엉성한 웹사이트에서 같은 질문에 답했다. 엉성한 웹사이트에서 답한 사람들은 언행도 거칠었고, 확실한 것보다는 도박을 선호했고, 보상은 크지만 기다려야 하는 것보다 즉각적인 작은 보상을 선택했다. 또한 자선 기금도 더적게 모였다. 자선이나 너그러움 같은 덕목은 자기 절제와 관련이 있다. 이는 부분적으로 인간의 본능적 이기주의를 극복하는 데 자기 절제가 필요할 뿐만 아니라 다른 사람을 생각하는 태도가 자기 훈련을 하는 데도 도움이 되기 때문이다. 깔끔한 연구실처럼 정리가 잘된 웹사이트는 무의식적으로 자기 훈련에 바탕을 둔 결정을 하게 만들고, 다른 이들을

돕도록 이끄는 미묘한 촉매 구실을 한다.[17]

매일 면도를 함으로써 스탠리는 큰 정신적 에너지를 소비하지 않고도 정리된 상태에서 삶을 누릴 수 있는 혜택을 얻었다. 그는 매일 아침 면도하기 위해 의식적인 결정을 내릴 필요가 없었다. 일단 어떤 행동을 습관화하기 위해 의지력을 발휘하고 나면 그다음부터는 거의 더 이상 의지력을 소진할 필요 없는 자동적인 심리가 작동한다. 기아 캠프에서 보여준 그의 의무적인 습관이 어쩌면 극단적으로 보일 것이다. 하지만 최근 바우마이스터가 네덜란드의 데니서 드 리더르(Denise de Ridder)와 카트린 핀켄나우어르(Catrin Finkenauer)와 함께 성격 테스트를 통해 자기 절제 분야에서 높은 점수를 받은 사람을 대상으로 연구한 결과를 분석해보면, 일정한 패턴에 들어맞는다는 것을 알 수 있다.[18] 이러한 연구는 학자들이 크게 두 가지 범주로 나누는 다양한 행동을 포함한다. 하나는 주로 자동적인 행동이고, 다른 하나는 절제된 행동이다. 연구자들은 논리적으로 볼 때 자기 절제력이 높은 사람은 절제 가능한 행동을 더 많이 할 것이라고 추측했다. 하지만 결과를 종합해 분석하자 정반대 패턴이 나타났다. 높은 자기 절제력을 보인 이들의 행동 양식은 거의 자동적으로 행해지는 경향이 뚜렷했던 것이다.

처음에 연구자들은 무척 당황했다. 연구 결과, 사람들이 절제된 행동을 위해 자기 절제를 사용하는 것이 아니라는 사실을 보여주었기 때문이다. 왜 그런 것일까? 연구자들은 확인하고 또 확인했지만 그 결과는 여전히 새로운 발견이었다. 결국 최초의 연구로 돌아가서야 그들은 지금까지의 결과가 무엇을 의미하는지 깨달았다. 이는 지금까지 우리가 생각해온 자기 절제에 심각한 인식의 변화가 필요하다는 것이었다.

자동적이라고 할 수 있는 행동은 사실 습관과 관련이 있으며, 절제된 행동은 오히려 특별하거나 일회적인 행동에 지나지 않는다. 자기 절제는 사람들이 좋은 습관을 정착시키고 나쁜 습관을 깨뜨릴 때 가장 효과적이다. 자기 절제를 잘하는 사람은 대체로 콘돔을 사용하고, 흡연이나 군것질 혹은 지나친 음주 같은 습관을 피하는 경향이 있다. 건강한 습관을 정착시키는 데는 의지력이 필요하며—의지력 강한 사람이 이러한 습관을 잘 지키는 이유이기도 하다—일단 습관이 자리 잡으면, 그다음부터는 특히 어떤 부분에서 삶이 순조롭게 흘러갈 수 있다.

메타 분석(meta-analysis: 어떤 특정한 주제에 대해 행한 여러 독립적인 연구 결과를 종합하는 방법—옮긴이)을 통해 발견한 또 다른 놀라운 점은 자기 절제가 특히 직장이나 학교에서의 성취에는 큰 도움이 되지만 식습관이나 다이어트에서는 가장 효과가 미미한 것으로 드러났다는 사실이다. 상대적으로 자기 절제력이 뛰어난 사람은 체중 관리에 더 나은 모습을 보이긴 했지만, 삶의 여러 다른 분야에서는 그 성취도가 훨씬 약했다(다이어트와의 비연관성에 대해서는 다음 장에서 다룰 것이다). 또한 자기 절제력은 정서적인 부분(행복감, 건강한 자존감, 우울증 극복)이나 가까운 친구, 연인 혹은 친척과의 관계에서 상당히 긍정적으로 작용했다. 하지만 가장 큰 효과는 학교나 직장에서의 성취도에서 나타났는데, 이는 우수한 학생이나 직장인이 대체로 좋은 습관을 갖고 있다는 사실을 다시 한번 확인해준다. 졸업생 대표가 될 수 있는 모범생은 큰 시험이 있기 전에만 밤샘 공부를 하는 학생이 아니라 학기 내내 공부에 열중하는 학생이다. 오랜 시간에 걸쳐 성과를 이뤄낸 직장인은 장기적으로 성공할 확률이 더 높다.

대학교수 사이에서는 종신교수가 되는 것이 가장 어렵고도 중요한 일인데, 대부분의 대학에서 종신교수가 되려면 독창적이고 품격 높은 논문을 출간하는 것이 핵심이다. 밥 보이스(Bob Boice)라는 한 연구자는 이제 막 교직 생활을 시작한 젊은 교수들의 집필 습관을 관찰했다.[19] 그런데 어떤 교수들은 준비가 될 때까지 자료를 수집한 다음 한꺼번에 집중적인 에너지를 발휘해 1~2주 동안 몰아서 집필했다. 또 다른 교수들은 꾸준한 속도로 하루에 1~2쪽씩 집필하고, 어떤 이들은 그 중간의 방식을 취했다. 몇 년 후 교수들을 추적해본 결과, 보이스는 그들의 지위가 현격하게 다르다는 것을 발견했다. 하루에 1~2쪽씩 꾸준히 집필한 교수들은 업무적으로 상당히 훌륭했고 대부분 종신교수가 되었다. 하지만 이른바 '폭풍 집필'을 한 교수들은 성과가 훨씬 나빴다. 많은 이들이 중간에 자리를 잃었다. 따라서 젊은 작가와 촉망받는 교수들에게 하고 싶은 충고는 이러한 결과와 다르지 않다. 즉 매일 집필하라. 자기 절제력을 발휘해 습관을 만들다 보면 장기적으로 볼 때 적은 힘으로 많은 것을 얻을 수 있다.

우리는 때때로 의지력을 삶의 핵심적인 순간에 보여주는 하나의 행동, 즉 일종의 영웅적인 개념으로 여긴다. 마라톤을 완주하고 발자국 남기기, 출산의 고통 이겨내기, 부상을 이기고 위기에 대처하기, 저항하기 힘든 유혹을 뿌리치고 불가능한 마감일 지켜내기 등등이 여기에 속한다. 물론 이것들은 기억에 오래 남을 훌륭한 이야기의 소재가 될 수 있다. 스탠리에게 가장 비판적인 전기 작가들조차도 마감일을 넘기지 않는 스탠리의 문학적 생산성에 감탄한다. 이투리 우림을 통과하는 끔찍한 여정에서 문명으로 돌아온 지 얼마 되지 않아 스탠리는 짧은 시간에 세계적인 베스트셀러가 된 《암흑의 아프리카에서(In Darkest Africa)》를 출간했다. 아침 6시부터 집필에 열중한 결과, 스탠리는 50일 만에 900쪽에 달하는 두 권의 책을 말 그대로 폭풍처럼 써낼 수 있었다. 하지만 여행 길에 늘 갖고 다니던 엄청난 양의 메모와 잘 정리한 기록이 아니었다면 탐험 이야기를 그토록 빠른 시간에 마칠 수 없었을 것이다. 스탠리는 매일 면도하듯이 습관처럼 일기를 씀으로써 다음 날 밀림에서 일어날 불상사에 대비한 의지력을 보존할 수 있었다.

하지만 난 됐어요!

33세 되던 해, 리빙스턴을 찾아낸 지 얼마 지나지 않아 스탠리는 사랑을 찾았다. 언제나 스스로 여성들에게 인기가 없다고 여겼지만, 새롭게 얻은 명성 덕분에 런던으로 돌아온 후 여성을 접할 기회가 많아졌고, 그때 미국에서 온 앨리스 파이크(Alice Pike)라는 여성을 만났다. 당시 앨리스는 겨우 열일곱 살이었다. 스탠리는 앨리스에 대해 "아프리카와 지리에 매우 무지하며 나는 그 모든 것이 두렵다"고 썼다. 하지만 스탠리는 그녀에게 빠져들었고, 한 달도 안 되어 약혼했다. 그리고 스탠리가 다음 번 아프리카 탐험에서 돌아오면 결혼하기로 약속했다. 스탠리는 동아프리카 해변에서 앨리스의 사진을 방수포에 싸 품에 안고 부하들이 약 6미터 길이의 레이디 앨리스(Lady Alice)호를 힘겹게 출항시키는 것을 지켜보았다. 이 배로 스탠리의 탐험대는 아프리카 중앙에 있는 거대한 호수를 항해하는 첫 번째 기록을 세웠다. 약 5600킬로미터를 항해한 후 스탠리는 서쪽을 향해 가장 위험한 지역으로 깊숙이 들어갔다. 루알라바(Lualaba) 강을 따라 항해할 계획이었다. 그 강은 리빙스턴의 말대로 하면 나일 강으로 이어지거나 니제르 강으로 이어질 수도 있고, 스탠리가 정확하게 예측한 대로 콩고 강이 나올 수도 있었다. 누구도 정확한 것은 몰랐다. 용감무쌍한 아랍 노예 무역상조차도 강 아래쪽의 호전적인 식인종에 대한 소문에 겁을 먹고 있었다.

강을 따라 내려가기 전 스탠리는 약혼자에게 쓴 편지에 몸무게가 28킬로그램이나 줄어들어 겨우 54킬로그램밖에 나가지 않는다고 썼다. 당시 스탠리가 시달린 여러 가지 질병 중 하나는 재발한 말라리아였다. 한낮에 기온이 섭씨 59도까지 올라가는 더위에도 그는 오들오들 떨어야 했다. 앞으로 더욱 끔찍한 난관이 기다리고 있었지만, 아프리카 반대편에 닿기 전 마지막으로 보낸 편지에서 스탠리는 그런 것에 대해 그다지 신경 쓰지 않았다. 스탠리는 편지에 이렇게 썼다. "그대를 향한 내 사랑은 변함없소. 당신은 내 꿈이고 기둥이며 희망이고 등불이오. 당신을 만나는 순간 혹은 죽음이 눈앞에 다가온 순간까지 나는 당신을 소중히 간직할 것이오."

스탠리는 이런 희망을 품은 채 또다시 레이디 앨리스호를 타고 콩고 강을 따라 5600킬로미터를 항해했다. 그리고 식인종들과의 전쟁에서 살아남아 대서양에 이르는 여행을 마무리하는 데 거의 3년이 걸렸다. 탐험대 절반이 중도에 목숨을 잃었고, 스탠리를 제외한 유럽인은 아무도 살아남지 못했다. 마침내 문명세계에 발을 디딘 스탠리는 약혼자가 보낸 편지를 열심히 찾았다. 하지만 그를 맞이한 것은 출판사에서 온, 불편한 진실을 담은 쪽지였다(미심쩍은 느낌표를 덧붙여서). "자네에게 이 일을 편지로 알려야 할지 도착할 때까지 기다려야 할지 오랫동안 고민했네만, 이제 해야 할 것 같네. 어쨌거나 자네 친구 앨리스 파이크가 결혼한다는 소식을 전하는 게 더 나을 것 같다고 판단했네!" 스탠리는 꿈속의 여인이 오하이오 주의 기차 제조공 아들과 결혼하기 위해 자신을 버렸다는 소식을 듣고 비탄에 빠졌다. 탐험 성공을 축하하며 자신의 결혼을 아무렇지도 않게 언급하면서 레이디 앨리스호야말로 "나보다 더 진정한 친구임을 증명했다"고 쓴 그녀의 편지를 받은 뒤에도 스탠리의 상처 입은 마음은 회복되지 않았다. 스탠리는 그 약혼이야말로 자신이 연애에 무능하다는 것을 보여주는 또 다른 증거처럼 느꼈다. 가슴에 자신의 짝이 아닌 여인의 사진을 품고 아프리카를 횡단한 것이다.

하지만 아무리 비극적으로 막을 내렸다 할지라도 스탠리는 그녀와의 관계와 사진을 통해 확실히 무언가를 얻었다. 즉 자신의 괴로움을 잊을 수 있었던 것이다. 약혼자의 정절에 대한 환상이 있었을지 모르지만 험난한 주변 상황과 대치하며 스테이(stay)와 무선 송신소에 초점을 맞춘 것은 영리한 전략이었다. 이는 어린이를 대상으로 한 고전적인 마시멜로 실험에서의 성공적인 전략보다 한층 세련된 버전이라고 볼 수 있다. 마시멜로를 계속 처다보는 어린이는 곧 의지력을 빼앗겨 즉시 마시멜로를 먹고 싶은 유혹에 굴복했다. 하지만 방을 둘러보거나 눈을 가린 아이들은 유혹을 참을 수 있었다. 이와 비슷하게 응급 구조대는 환자의 고통을 분산하기 위해 여러 가지 말을 걸고, 산파는 분만 중인 산모가 고통에 집중하지 못하게 눈을 뜨도록 한다. 이들은 스탠리가 "자기 망각"이라고 일컬은 것의 이점을 잘 알고 있는 셈이다. 스탠리는 또한 후발대가 무너진 것은 리더의 잘못된 결정 때문이라고 보았다. 즉 신속하게 밀림으로 전진하는 대신 계속 캠프에서 기다린 게 잘못이라는 것이다. 스탠리는 "이들의 잘못된 판단과 의심에 대한 치료책은 죽음 같은 단조로움이 아니라 행동이었다"고 썼다. 병들고 굶주리고 죽어가는 대원과 함께 밀림을 헤쳐 나가는 상황이 "너무나 흥미롭고 놀라운 일의 연속이어서 비열한 생각을 할 틈도 없었기에" 스탠리에게는 탐험이 일종의 정신적 탈출구가 되었다.

> 절망과 광기로부터 나 자신을 보호하기 위해 나는 자기 망각과 훗날 내일이 가져올 혜택에 의존해야 했다. 또한 동료들이 내가 항상 최선을 다했다는 것을 알아주고, 이들과 동질감을 느끼며 같은 목표를 갖고 함께한다는 사실에 위안을 받았다. 그 때문에 나는 맡은 일에 최선을 다할 수 있었고, 도덕적으로 무장할 수 있었다.[20]

'동질감'이나 '맡은 일' 따위의 단어는 오만과 엄격함으로 유명한 스탠리 같은 사람에게서 나온 것으로 받아들이기에는 미심쩍을 만큼 입에 발린 말처럼 들린다. 스탠리야말로 역사상 가장 냉정한 인사를 건넨 사람이 아니었던가? "혹시 리빙스턴 박사님이십니까?" 빅토리아 시대의 사람들조차 아프리카 땅 한가운데서 처음 만난 두 영국 남자들이 나눈 이 인사가 너무 딱딱하다고 생각했을 정도다. 하지만 이 유명한 인사는 질에 따르면 놀랍게도 사실이 아닌 것으로 밝혀졌다. 이 인사말이 처음 세간에 알려진 것은 스탠리가 리빙스턴을 만난 후 〈뉴욕 헤럴드〉에 보낸 기사를 통해서였다. 하지만 이 같은 얘기는 두 남자의 일기 어디에서도 찾아볼 수 없다. 스탠리는 두 사람이 만나 인사를 나눈 일화를 적은 일기를 찢어버렸다. 워크 하우스 출신이라는 만성적인 콤플렉스에 시달린 스탠리가 스스로를 고상한 인격을 갖춘 사람으로 묘사하기 위해 인사말을 조작한 것 아닐까? 스탠리는 신사처럼 항상 윗입술을 굳게 다문 영국 탐험가들을 동경했다. 그래서 자신의 탐험에 대해 냉정한 태도를 가장함으로써 은연중 그들을 모방했다. 하지만 스탠리에게는 영국 신사의 신중함과 그것을 표현하는 재주가 없었다. 다른 여러 탐험가가 아프리카에서의 폭력적인 경험과 훈련 전술을 빠뜨리거나 등한시한데 비해 스탠리는 자신을 더 강하게 보이기 위해 혹은 신문과 책의 판매 부수를 높이기 위해 그 부분을 특히 과장해서 전달하곤 했다.

그 결과 스탠리는 당대의 가장 냉혹하고 폭력적인 탐험가로서 명성을 얻었다. 그러나 사실은 질이 증언한 대로 스탠리는 신사로 알려진 리빙스턴보다 더욱 아프리카 사람들을 인간적으로 대했다. 그 시대 사람들에 비해 스탠리는 놀라울 정도로 인종적 편견에서 자유로웠다. 스와힐리어를 자유롭게 구사했으며 아프리카의 동료들과도 평생 친분을 유지했다. 또한 자신 수하에 있는 아프리카인들을 학대하는 부하를 엄격하게 질책했으며, 부하들이 부족민에게 폭력이나 기타 범죄를 저지르지 않도록 계속 주의를 기울였다. 협상이나 선물 전략이 실패하면 싸움에 돌입하는 경우가 있긴 했지만, 스탠리에 대한 이미지는 아프리카 전역에 전설로 남아 있다. 스탠리의 성공 비밀은 그가 생생하게 묘사한 전투에 힘입은 것이 아니라, 마지막 탐험이 끝난 후 그가 요약한 두 가지 원칙에 있다.

나는 절박한 위험이라는 스트레스를 통해, 먼저 자기 절제는 총탄보다 더 중요하다는 것을 배웠다. 그리고 둘째로 우리가 다뤄야 할 원주민에 대해 가슴에서 우러나는 진정한 연민 없이는 험난한 아프리카 여행에서 지속적인 자기 절제를 유지할 수 없다는 사실을 배웠다.

스탠리가 깨달은 것처럼 자기 절제는 이기심과 다르다. 의지력은 우리를 다른 사람과 어울리게 하고, 단기적인 개인적 이익을 넘어서도록 한다. 이는 미국 해군 특수 부대(Navy SEAL) 대원들이 스탠리의 현대적 버전이라 할 수 있는 지옥 주간 훈련[21]을 통해 배우는 것이기도 하다. 그들은 끊임없이 달리고 수영하고 포복해야 한다. 추위를 견디고 하루에 다섯 시간 미만의 수면을 감내해야 한다. 해군 특수 부대 교육을 받는 사람 중 보통 3분의 1은 견디지 못하고 중도에 탈락하는데, 그렇다고 마지막까지 살아남는 대원이 전적으로 육체적 강인함만 갖춘 사람은 아니라고 교관 에릭 그레이텐스(Eric Greitens)는 말한다. 지옥 주간 훈련을 이겨낸 소수의 대원을 떠올리며 에릭은 하나의 공통점을 꼽았다. "그들은 자신의 고통과 두려움에서 한 발짝 물러나 어떻게 하면 내 곁에 있는 동료를 도울 것인가라는 질문을 던지는 사람들이다. 또 순간적인 용기와 육체적 강인함을 넘어선 그 무엇인가와 더불어 타인을 생각하는 넓은 가슴을 갖고 있다."

역사적으로 볼 때 사람들을 이기적인 행동에서 벗어나게 하고 올바로 이끄는 가장 일반적인 방식은 종교적 가르침과 계명이었다. 이 주제에 대해서는 나중에 언급하겠지만, 연구자들이 증명했듯이 여전히 자기 절제에 효과적인 전략으로 사용된다. 하지만 스탠리처럼 당신도 무신론자라면 어떻게 하겠는가? 일찍이 종교에 대한 믿음을 잃어버린 스탠리는 (미국 시민전쟁을 목격하면서 신에 대한 믿음을 잃어버렸다고 한다) 빅토리아 시대적 사고로 무장한 이들을 화나게 했다. 그는 다음과 같은 질문에 대답해야만 했다. 전통적인 종교적 절제 없이 어떻게 도덕성을 유지할 수 있는가? 스탠리 같은 여러 저명한 무신론자들은 겉으로는 대중을 상대로 종교에 대한 립 서비스를 하면서 '의무'라는 개념을 설파하기 위한 세속적 방식을 탐색했다. 이투리 밀림을 통과하는 무시무시한 여정에서 스탠리는 자신이 가장 좋아하는 앨프리드 테니슨(Alfred Tennyson)의 〈웰링턴 공작의 죽음에 부치는 송시(Ode on the Death of the Duke of Wellington)〉라는 시를 즐겨 인용하며 부하들의 사기를 북돋웠다.

공정한 섬(fair island) 이야기에서 거듭 말하지만,
의무를 다하는 길은 영광의 길.

스탠리의 부하들이 항상 스탠리의 노력을 우호적으로 받아들인 것은 아니다. 어떤 사람은 테니슨의 시를 지긋지긋하게 여겼다. 하지만 적어도 그의 접근 방식에는 자기 절제의 올바른 원칙이 있었다. 즉 고귀한 생각[22]에 집중하라는 것이다. 최근 뉴욕 대학교의 겐타로 후지타(Kentaro Fujita)와 그의 논문을 도와준 야코프 트로페(Yaacov Trope)는 이런 전략의 효과에 대해 실험했다. 그들은 사람의 심리 과정을 높거나 혹은 낮은 수준으로 이끌어내기 위해 여러 가지 방법을 사용했다. 높은 수준이란 추상적이고 장기적인 목표로 설명할 수 있으며, 낮은 수준은 그 반대 개념이다. 예를 들어, 사람들에게 어떤 일을 왜 했는지 혹은 어떻게 했는지 질문한다고 가정해보자. 이때 '왜'라는 질문은 높은 수준의 사고를 요하며 미래에 중점을 둔다. 반면 '어떻게'라는 질문은 단순하게 생각하게끔 하고 현재에 중점을 둔다. 비슷한 결과를 낳는 다른 방식의 접근법 중엔 '가수' 같은 단어를 기준으로 수준의 높낮이를 정하는 것이 있다. 이때 신중하게 생각하게끔 만들기 위해 사람들에게 던지는 질문은 "가수는

무엇의 본보기인가?"이다. 이와 대조적으로 단순한 생각을 이끌어내는 질문은 "가수의 본보기에는 무엇이 있을까?"이다. 질문에 따라 연구자들은 사람을 좀더 포괄적이거나 구체적으로 생각하게끔 유도한다.

정신 상태에 대한 이런 조작은 사실 자기 절제와는 내재적 연관성이 없다. 그럼에도 신중하게 생각하게끔 유도된 사람들의 자기 절제는 향상된 것에 반해, 단순하게 사고하도록 자극받은 사람들의 자기 절제는 낮게 나타났다. 이 실험과 관련해 다른 측정 방식도 시도했지만 결과는 여전했다. 높은 수준의 사고를 한 후에 사람들은 미래를 생각해 빠른 보상을 마다하는 경우가 많았다. 악력 기구를 쥐는 실험에서도 더 오래 버텼다. 이런 결과를 통해 범위가 좁고 구체적이고 현재에 중점을 둔 실험 방식은 자기 절제에 방해가 되며, 범위가 넓고 추상적이고 장기적인 미래에 중점을 둔 실험 방식은 자기 절제에 도움이 된다는 사실을 알 수 있었다. 종교적인 사람들이 자기 절제에서 상대적으로 높은 점수를 보이고, 스탠리 같은 무신론자들이 다른 종류의 초월적 개념이나 극기 훈련 등을 통해 힘을 얻는 것도 이 때문이다. 스탠리는 항상 개인적 영광을 향한 자신의 야망을 양어머니가 임종 직전 말했다는 도덕적 '선함'에 대한 갈망과 결부시켰다. 가파르게 확장하는 아랍과 동아프리카 노예무역의 참상을 처음 목격했을 때, 스탠리에게는 리빙스턴을 발견하는 것과 더불어 또 하나의 사명이 가슴에 자리 잡았다. 노예무역을 종식시키는 것이 그의 평생 사명이 된 것이다.

궁극적으로 밀림에서의 생활을 이겨냈지만 가족과 약혼자 그리고 영국에서의 안락한 생활에서 밀려난 스탠리에게 가장 큰 힘이 된 것은 자신이 '신성한 사명'을 부여받았다는 강한 믿음이었다. 현대적 관점에서 보면 완전히 허풍쟁이로 보일 수도 있지만 스탠리는 진지했다. 스탠리는 이렇게 썼다. "나는 이 세상에 행복해지기 위해 온 것이 아니다. 특별한 임무를 위해 파견된 것이다." 또한 콩고 강을 따라 내려오는 동안 진지하게 "나는 악을 미워하고 선을 사랑한다" 같은 말로 자신을 다잡았다. 강물을 따라 여행하는 동안 가까운 동료 둘이 물에 빠져 목숨을 잃고, 자신도 굶주림과 식량에 대한 희망 없이 거의 죽음의 상황에 몰린 최악의 시점에서 스탠리는 자신이 해낼 수 있는 최고의 고귀한 생각을 짜내 스스로를 위로했다.

> 이 불쌍한 몸은 너무나 끔찍한 고통에 시달리고 있다. ……모멸스러운 취급을 받고, 아픔을 겪고, 지치고, 병들고, 어깨에 짊어진 일 때문에 거의 무너질 지경이다. 하지만 이는 나의 작은 부분에 지나지 않는다. 나의 진정한 자아는 어두운 곳에 잘 보존되어 있으며, 매일 환란을 당하는 육신의 비참한 환경에 지배당하기에는 너무나 도도하고 고귀하기 때문이다.

그 절망의 순간, 스탠리가 종교에 굴복하고 영혼을 믿게 되었을까? 어쩌면 그럴 수도 있다. 하지만 일생에 걸친 투쟁과 야생에서 자신의 에너지를 보존하기 위해 벌인 그 모든 각고의 노력을 고려해볼 때, 스탠리의 마음속에는 더욱 세속적인 믿음이 있었던 것 같다. 그의 '진정한 자아'는 다름 아닌 불라 마타리란 이름에서도 볼 수 있듯이 의지였다.

알코올 중독자 에릭 클랩튼과 메리 카의 금주에 성스러운 존재가 도움이 되었을까

성모님, 제 울음을 들어주소서.
수천 번도 넘게 당신을 저주했습니다.
내 영혼을 관통하는 분노
성모님, 저를 어쩔 수가 없어요.[1]
—에릭 클랩튼[2]의 〈성모〉 중에서

1년 전만 해도 누군가가 내게 "당신은 고해성사를 하고 무릎을 꿇고 묵주를 돌리며 기도하게 될 것이다"고 말했다면 나는 박장대소했을 것이다. 차라리 봉 춤을 추는 댄서나 국제 스파이 혹은 마약 운반책이나 암살자가 되는 것이 덜 심심할 거라고 대답했을 것이다.
—메리 카[3]의 자서전 〈빛〉 중에서

에릭 클랩튼(Eric Clapton)에게는 부와 명성 그리고 음악이 더 이상 아무런 의미가 없었다. 그저 죽고 싶은 수많은 순간 속에서 그를 지탱한 것은 단 하나의 생각이었다. 만약 자살해버리면 더 이상 술을 마실 수 없게 된다는 것. 그에게 술은 코카인이나 헤로인 혹은 수많은 마약에 탐닉하는 대신 삶을 함께한 위대한 연인과도 같았다. 30대 후반 헤이즐던(Hazelden) 재활원에 처음 입소해 알코올 중독 치료를 받던 중 에릭은 발작으로 큰 고통을 겪었다. 이제껏 "여자들이나 하는 마약"이라고 여겼던 바륨(Valium)을 복용해왔다는 사실을 대수롭지 않게 여기고 의료 팀에게 알리지 않았기 때문이다.

재활원을 나온 에릭은 몇 년 동안 술은 입에도 대지 않았다. 그러던 어느 날 여름 저녁, 그는 자동차를 타고 사람들로 북적거리는 집 근처 술집을 지나가고 있었다. 에릭은 그때 일을 이렇게 회상했다. "여름 저녁나절 술집에서 라임 조각을 꽂은 길고 멋진 맥주잔을 들고 서 있는 것이 얼마나 멋진 일인지 떠올리자, 보드카와 코카인 1그램 그리고 권총을 앞에 두고 자살을 생각하던 수많은 밤이 하얗게 지워졌다."

에릭은 맥주를 시켰고, 얼마 지나지 않아 다시 폭음과 자살 충동에 시달렸다. 그런 괴로움에 시달리던 어느 날 밤, 그는 신에게 구원을 바라는 〈성모(Holy Mother)〉라는 노래를 만들었다. 에릭은 가수로서의 경력을 망치고 결혼에 실패했으며 게다가 음주 운전으로 심각한 부상을 당하고도 술을 끊지 못했다. 아들이 태어나자 다시 헤이즐던 재활원으로 들어갔지만, 마지막 단계에서 술의 유혹을 이기지 못했다.

에릭은 자서전에서 이렇게 썼다. "나는 항상 술 생각에 사로잡혀 있었다. 완전한 두려움과 절망의 상태에 놓여 있었다." 재활원에서의 어느 날 밤, 공포에 빠져 혼자 방 안에 있을 때, 에릭은 문득 무릎을 꿇고 도움을 간청하는 자신을 발견했다.

"누구에게 간청하고 있는지도 몰랐다. 그저 내가 벼랑 끝에 다다랐다는 느낌이 들었다. 싸울 힘도 없었다. 그러자 항복이라는 말이 생각났다. 나는 절대로 항복할 수 없다고 생각했고, 자존심 때문이라도 허락하지 않으리라 믿었다. 하지만 나 혼자서는 도저히 헤쳐 나갈 수 없다는 것을 깨달았고, 결국 도움을 청하기 위해 무릎을 꿇었다." 그 이후 에릭은 단 한 번도 심각하게 술 마시는 것을 생각한 적이 없다. 53층에서 떨어져 죽은 아들 코너의 시신을 확인해야 했던 뉴욕에서의 그 끔찍한 날에도 마찬가지였다.

그날 밤 헤이즐던에서 에릭 클랩튼은 갑작스럽게 자기 절제라는 축복을 받았지만, 그가 어떻게 자기 절제를 할 수 있게 되었는지는 어떻게 그것을 잃어버렸는가라는 것보다도 더욱 설명하기 어려운 문제다. 술과 관련한 에릭 클랩튼의 문제는 심리학적 관점에서 정확한 설명이 가능하다. 알코올은 대부분의 사람이 믿는 것처럼 우리의 파괴적이고 멍청한 충동을 부추기는 게 아니다. 그보다는 단순히 절제를 할 수 없게 만든다. 술은 두 가지 방향에서 자기 절제를 감퇴시킨다. 즉 혈당을 낮추고, 자아 인식을 감소시킨다. 그러므로 술은 주로 자기 내부에서 한편으로는 갈망하고 한편으로는 저항하는 갈등에서 비롯된 행동에 영향을 미친다. 부적절한 상대와의 잠자리, 도를 넘어선 낭비, 폭력 시비, 폭음 등의 행동을 예로 들 수 있다. 이러한 내적 갈등은 만화가들이 주로 한쪽 어깨에는 천사가 다른 한쪽에는 악마가 앉아 있는 모습으로 묘사한 것과 일치한다. 요컨대 술이 몇 잔 더 들어간 다음에는 이런 갈등도 더 이상 의미가 없다는 얘기다. 천사는 더 이상 힘이 없다. 폭음을 멈추기 위해서는 술을 마시기 전에 개입하는 것이 좋으며, 헤이즐던에서처럼 그 일을 대신해줄 직원이 있는 경우라면 안심할 수 있다. 하지만 스스로 그 일을 짊어질 수 있는 강인함은 어디에서 오는 것일까? '항복'하기로 한 에릭의 결정이 어떻게 자기 절제력을 '더 많이' 키웠을까?

에릭은 이렇게 말한다. "무신론자라면 아마 태도의 변화라고 말했을 것이다. 어떤 면에서는 사실이기도 하다. 하지만 그보다 더 큰 무언가가 있다." 그때 이후 에릭은 매일 아침저녁으로 무릎을 꿇고 기도한다. 스스로 겸허해지기 위해서라고 한다. 그렇다면 왜 무릎을 꿇는 걸까? 단지 기도에 도움이 되기 때문이란다. 이는 마치 회개한 탕자들이 수천 년 동안 이어온 깨달음을 반복하는 것 같다. 때에 따라 사람들은 에릭 클랩튼이나 성 아우구스티누스처럼 술을 끊으라는 하나님의 계시를 직접

받기도 하는데, 이는 "모든 의심의 구름이 한꺼번에 사라지는" 경험을 동반하기도 한다.

또 어떤 경우에는 누구보다 냉소적인 불가지론자이며 텍사스 동부에 있는 석유 정제 산업 도시에서의 성장기를 담은 베스트셀러 회고록《거짓말쟁이 클럽(The Liars' Club)》을 쓴 메리 카(Mary Karr)처럼 태도 변화에 어느 정도 시간이 걸리기도 한다. 회고록에 의하면 일곱 번이나 결혼한 메리의 엄마는 알코올 중독자였는데, 한 번은 딸의 장난감을 불태우고 칼로 찔러 죽이려 한 적도 있었다고 한다. 카는 훗날 시인으로 성공했지만 공교롭게 자신도 알코올 중독으로 고통을 겪었다. 카는 만취 상태에서 고속도로를 질주하던 중 자동차가 전복되는 사고를 겪는다. 이후 술을 끊고 신께 의존하라는 알코올 중독자 모임(Alcoholics Anonymous, AA)의 조언을 따르기로 결심했다. 그리고 마루에 방석을 깔고 생전 처음 기도라는 것을 시작하기 위해 무릎을 꿇었다. 하지만 카의 입에서 나온 최선의 기도는 "신이시여! 대체 빌어먹을 당신은 어디에 있나요?"였다. 그녀는 여전히 신을 믿지 않았다. 하지만 그래도 술을 끊게 도와준 것에 대해 저녁마다 감사의 기도를 하기로 했다. 약 일주일 후, 카는 저녁 기도의 내용을 넓혀가기 시작했다. 요컨대 신께 감사드리는 것과 더불어 자신이 바라는 것들도 함께 기도했다. 그녀는 자서전《빛(Lit)》에서 이렇게 썼다.

"5분 동안 나는 쉬지 않고 신께 간청했다. 미친 소리같이 들리겠지만 일주일 만에 처음으로 술을 마시고 싶은 마음이 사라졌다." 물론 이후로도 신에 대한 회의는 없어지지 않았고, AA 회원들이 신께 항복하라고 재촉하자 카는 이렇게 투덜거렸다. "내가 신을 믿지 않는데 어쩌란 말인가? 마치 마네킹을 내 앞에 세워놓고 그것과 사랑에 빠지라고 하는 것과 같았다. 느낌을 강요할 수는 없지 않은가?" 카에게 종교는 너무나 비이성적인 것으로만 느껴졌다. 하지만 모건(Morgan) 도서관에서 열린 뉴욕 문학가들의 칵테일파티 때 너무나 간절하게 술의 유혹에 이끌리자 그녀는 여자 휴게실 한쪽 구석에서 그야말로 비이성적으로 무릎을 꿇고 기도하기 시작했다. "제발, 제발 제가 술을 마시지 않게 도와주세요. 제가 진심을 다하지 않은 것은 알지만 지금은 너무 절실해요. 제발, 제발, 제발요!" 클랩튼에게 그랬듯이 기도는 카에게도 통했다. "마치 마술사가 거둬가기라도 한 듯이 머릿속의 오래된 소음이 싹 사라졌다."

이러한 신비로운 일은 우리를 포함한 무신론자들로서는 특히 이해하기 힘든 부분이다(우린 둘 다 집에서건 교회에서건 하나님께 무릎을 꿇고 기도하는 데 많은 시간을 들이지 않는 타락한 기독교인이다). 하지만 자료를 살펴보니 '12단계 연구 모임(12 step meetings: AA에서 주관하는 모임의 일종―옮긴이)'이나 종교 의식을 통해 사람들이 어떤 힘을 얻는 것은 확실하다. 영성을 고취하는 여러 가지 방법에 대해 과학자들은―특히 심리학자들은 어떤 이유에서인지 더욱더 그렇다―회의론적 입장을 취한다. 하지만 자기 절제와 관련한 실질적인 결과는 인정할 수밖에 없다. 사회과학자들은 초자연적인 믿음을 받아들이지 못한다 하더라도 종교가 수천 년 동안 효과적인 자기 절제 메커니즘을 발달시켜온 대단히 영향력 있는 인간적 현상이라는 사실은 인정한다. AA에 뭔가 확실한 효과가 없다면 에릭 클랩튼이나 메리 카를 비롯한 수백만 명의 사람을 끌어들이지 못했을 것이다. 신에 대한 믿음이 자신을 조절하는 데 정말로 큰 도움이 될까? 아니면 무신론자조차 신뢰할 수밖에 없는 다른 무언가가 있는 것일까?

AA의 미스터리

조직화한 종교 단체를 제외하고 아마 AA는 자기 절제력 향상과 관련해 가장 규모가 큰 프로그램을 운영하는 단체일 것이다. AA에는 전문적인 모든 치료 프로그램을 다 합친 것보다 많은 알코올 중독자가 참여하며, 실제로 많은 전문 치료사들이 자기 환자를 AA 모임에 보내기도 한다. 그럼에도 사회과학자들은 AA에서 얻을 수 있는 이점이 정확하게 무엇인지 파악 못하고 있다. 체계적인 자료 없이 분산된 조직을 연구하기란 그리 쉽지 않다. AA의 지부는 독자적으로 운영되는 데다 회원을 익명으로 관리한다. 각 지부는 일반적으로 같은 12단계 프로그램을 운영하고 있지만, 이 단계 자체가 체계적으로 구성된 것은 아니다―이 12단계는 예수의 열두 제자 수에 맞춰 만들어졌다. 어떤 단계에서 효과를 얻을 수 있는지 확인하기 위해 연구자들은 적어도 12단계 중 어느 것 하나는 실험을 해봐야 했다.

AA 회원들은 때때로 알코올 중독을 당뇨병이나 고혈압, 우울증이나 알츠하이머 같은 질병과 비교하지만 그것을 분석하는 것은 어려운 일이다.[4] 물론 알코올 중독에는 심리적 요인이 분명히 개입되어 있지만―어떤 이들은 유전적으로 타고나기도 한다―AA 프로그램에 참여하는 것은 병원에 가는 것과 완전히 다르다. 당뇨병 환자나 고혈압 환자는 둘러앉아 서로에게 용기를 북돋워주는 방식의 치료를 하지 않는다. 수많은 회의론자들이 관찰한 바에 따르면, 임상의들은 우울증 환자의 교류가 이들의 치료에 도움이 될 거라고 생각하지 않는다. 대부분의 질병은 환자의 반복적이고 자기 파괴적인 행동이 직접적인 원인으로 악화되는 것은 아니다. 또 알코올 중독 환자와 달리 앞으로 병에 걸리지 않겠다고 굳게 다짐하는 심장병 환자나 알츠하이머 환자는 없다. 이에 비해 알코올 중독은 그 증세가 한층 복잡하며, 이러한 복잡성이 AA 연구의 모순된 결과와 함께 연구자들을 혼란에 빠뜨린다. 어떤 이들은 지속적인 증거 부족을 이유로 AA의 효율성을 의심하기도 한다. 또 연구자들이 교란변수(confounding variables)를 제외하고 결론 내리는 방식을 아직 모른다고 보는 이들도 있다.

AA를 옹호하는 사람들은 AA 모임에 자주 참여하는 알코올 중독자는 그렇지 않은 사람들에 비해 술을 더 적게 마신다는 점을 강조하지만 비평가들은 이러한 인과관계에 의문을 품는다. 잦은 모임으로 인해 술을 적게 마시는 것인가, 아니면 술을 적게 마심으로써 모임에 더 자주 참석하는 것인가? 술에 취해 차에서 굴러 떨어진 사람들은 너무 부끄러워 모임에 나타나지 못할 수도 있다. 아니면 동기가 약해지고 심리적으로 문제가 많이 생긴 탓일 수도 있다.

이 모든 불확실성에도 불구하고 연구자들은 AA의 효과를 증명할 수 있는 증거를 발견했다.[5] 두 가지 요인이 합쳐져 있어 연구자들이 한 요인의 원인과 결과를 각각 구별하고자 할 때는 주로 시간을 두고 추적해 선행하는 요인을 원인으로 보고 다음에 따르는 것을 결과로 간주한다. 2년에 걸쳐 알코올 문제로 시달리는 2000명 이상을 추적한 결과, 스탠퍼드 대학교의 존 매켈러(John McKellar) 교수가 이끄는 연구 팀은 AA 모임 참석이 알코올로 인한 문제를 완화한다는 것을 발견했다(그 반대가 아니다. 그들은 알코올 중독 여부가 이후의 AA 모임 참석에 영향을 준다는 증거를 찾지는 못했다). 또한 초기의 동기가 낮거나 심리적 문제를 안고 있는 경우를 감안하더라도 참석자들은 대체로 AA를 통해 이득을 얻은 경우가 많았다. 다른 연구자들도 AA는 적어도 아무것도 하지 않는 것보다는 효과적이라는 결론을 내렸다. 물론 회원들의 실패율도 높은 편이지만—주기적으로 재발하는 경우가 많다—다시 금주를 시도하는 경우가 많았다. 실제로 AA는 적어도 알코올 전문 치료 기관만큼은 효과적인 프로그램인 것으로 밝혀졌다.

1990년대에 이루어진 대규모 연구 프로젝트인 매치(MATCH)[6]는 모든 치료법이 효과는 있지만, 모든 이에게 똑같이 효과적이지는 않다는 이론을 실험했다. 이 이론에 의하면 AA를 통해 더 큰 효과를 얻는 사람이 있는가 하면, 다른 전문적인 치료법이 더 적합한 사람도 있다. 프로젝트에 참여한 알코올 중독자 중 일부는 AA에 참가하고, 일부는 인지 행동 치료(cognitive-behavioral therapy)와 동기 강화 치료(motivational-enhancement therapy) 전문가들에 의한 치료에 참가했다. 또 어떤 알코올 중독자들은 임의적으로 치료받도록 했고, 어떤 이들은 가장 잘 맞는다고 생각하는 방식을 골라 치료받게 했다. 몇 년에 걸친 치료와 수백만 달러를 투입한 연구 결과, 모든 치료법이 똑같이 효과가 있는 것으로 밝혀졌으며, 최적의 치료법을 찾아 환자를 배치했다고 해서 치료 효과가 뚜렷하지는 않은 것으로 나타났다(사실 아무런 치료도 받지 않은 통제 집단을 포함하지 않은 연구이기 때문에, 이 모든 치료법이 혼자서 자가 치료를 한 경우와 비교할 때 더 효과적이라고 보기는 어렵다).

아무튼 대체로 AA는 비용이 많이 드는 전문적 치료 방법보다 낮거나, 적어도 같은 효과가 있는 것으로 나타났다. 연구자들은 정확하게 AA의 어떤 면이 효과적인지 밝혀내지는 못했다. 하지만 우리는 AA에서 도움이 되는 부분을 명시할 수 있다. 우리는 기준이나 목표를 설정함으로써 자기 절제력이 생긴다는 것을 알고 있으며, AA 역시 분명하고 성취 가능한 목표를 설정하도록 회원들을 돕는다. 이를테면 "오늘은 술을 마시지 마라(AA의 만트라는 '하루에 한 번씩'이다)" 같은 것이다. 자기 절제에는 모니터링이 필요하며 AA는 거기에 필요한 도움을 준다. 며칠 동안 한 번도 술을 마시지 않은 회원에게는 칩을 주며, 이들은 보통 자신에 대해 이야기할 때 며칠 동안 멀쩡하게 넘겼는지 보고하는 것으로 시작한다. 또한 회원들은 정기적으로 혹은 매일 연락하는 후원자를 선택할 수 있다. 이 또한 강력한 모니터링 장치라고 볼 수 있다.

이외에도 AA 모임 참석과 음주 절제의 상관관계를 설명할 수 있는 몇 가지 논리가 더 있다. 그중 덜 영적인 논리는 회의적 경향의 사회학자들이 사용하는 용어에서 빌려온 이른바 '창고 관리법'인데, 이는 고등학교에서의 훈육 방식과 비슷하다. 이들에게 학교란 낮에 학생들을 가둬둠으로써 문제를 예방하는 일종의 창고이며, 학교 자체에서 얻을 수 있는 이득보다는 다른 곳에서 사고가 일어나지 않음으로써 얻을 수 있는 이득이 더 크다고 여긴다. 비슷한 논리로, 사람들은 저녁에 AA 모임에 참석함으로써 술 마시는 것을 피할 수 있다. 우리는 이러한 창고 논리가 AA의 전부는 아니며 중요한 부분도 아니라고 생각하지만, 어느 정도는 도움이 된다고 확신한다.

AA에 대해 좀더 긍정적으로 설명하면, 모임이 사회적 도움을 제공한다는 것이다. 모든 이들과 마찬가지로, 알코올 중독자와 마약 중독자는 사회적 인정을 얻기 위해 엄청난 자기 절제력을 발휘할 수 있다. 사실 이들은 동료 집단의 인정을 받고 싶다는 욕망 때문에 처음 술이나 마약 문제에 휘말리게 된 경우가 많다.[7] 대다수 사람들은 술이나 담배 맛을 처음에는 좋아하지 않는다. 또 낯선 마약을 몸에 주입하는 것에 대해 대부분 공포를 느낀다. 헤로인을 처음 몸에 주사하려면 예상보다 훨씬 강도 높은 자기 훈련이 필요하다. 10대들은 사회적으로 인정받기 위해 어떤 위험을 아무렇지도 않게 받아들이는 것이 중요하다고 확신한다. 그런 까닭에 자신의 두려움이나 부모님의 경고, 육체적 고통이나 감옥행혹은 죽을지도 모르는 위험성 같은 모든 것을 무시한다. 이들은 두려움을 극복하고 부정적인 감정을 숨기기 위해 스스로 더 많은 자기 절제를요구한다. 젊은 시절 에릭 클랩튼은 친구들과 영국 시골 마을에서 열린재즈 페스티벌에 갔을 때, 너무 취한 나머지 술집 테이블 위에 올라가춤을 추기도 했다. 그리고 그것이 다음 날 낯선 곳에서 혼자 깨어났을때 그가 떠올린 마지막 기억이기도 했다. 에릭은 그때 일을 이렇게 회상했다.

"돈이라고는 한 푼도 없는 데다 온몸은 배설물로 엉망이었다. 내가 어디 있는 것인지 짐작도 할 수 없었다. 그런데 정말로 미칠 노릇은 다시술을 마시고 싶어서 견딜 수가 없었다는 것이다. 술 마시는 행위가 이성을 초월한 무엇인 것처럼 여겨졌고, 술에 취하자 기묘하고 신비한 클럽의 회원이 된 것 같은 생각이 들었다."

이는 동료 집단에게서 받은 압력의 부정적 측면이라고 볼 수 있다. 하지만 클랩튼이나 카에게서 볼 수 있듯이 AA 모임에서 만나는 사람들 자체가 12단계나 신에 대한 믿음보다 더 중요한 요소일 수 있다. 즉 사람들이 바로 신인 것이다.

천국은 (지옥과 마찬가지로) 타인이다

가장 최근에 이루어진 혁신적인 알코올 연구는 알코올 남용으로 치료 중인 볼티모어 지역 사람들을 대상으로 이루어졌다.[8] 그중 다수가 법원 으로부터 전문적인 치료와 감옥행 중 하나를 택하라는 명령을 받은 처 지라 이들이 금주를 하기 위해 노력하는 이상적인 유형이라고 보기는 어렵다. 오직 감옥에 가지 않기 위해 재활 프로그램에 참여하는 경우도 있었을 것이다. 메릴랜드 대학교의 카를로 디클레멘트(Carlo DiClemente) 가 이끄는 연구 팀은 다양한 심리학적 가변성을 고려해 이들을 측정했 다. 연구 팀이 몇 개월 동안 집중적으로 피실험자들을 추적해 다양한 가 설을 실험해본 결과, 그중 몇몇 가설은 실패로 판명되었다. 하지만 연구 팀은 그들이 앞으로 금주나 재발 여부 혹은 재발 시 중독증이 얼마나 심 각할지─한두 잔에 그칠지, 완전히 폭음으로 이어질지─를 예측할 수 있는 중요한 외부 요소를 발견하는 데 성공했다. 알코올 중독자들은 술 을 끊기 위해 노력하는 과정에서 타인과 사회의 도움을 받은 적이 있느 냐는 질문을 받았다. 다른 이들에게 도움을 받은 사람은 술을 자제하는 횟수도 많았으며, 전체적으로 술을 덜 마셨다.

사회적 지원은 특별한 힘이 되며, 이는 우리에게 안팎으로 도움을 준 다. 이 세상에 혼자인 것이 얼마나 심한 압박을 주는지는 수많은 연구 결과가 말해준다. 혼자 살거나 외로운 사람은 사회적 연결망이 풍부한 사람보다 훨씬 많은 정신적 · 육체적 질병에 시달리는 경향이 있다. 물 론 정신적 · 육체적 문제가 있는 사람은 친구를 사귈 기회가 상대적으 로 적으며, 실제로 불리한 조건인 사람에게는 친구가 생기지 않는 경우 도 많다. 하지만 단순히 외롭거나 혼자 있다는 것이 문제가 될 수도 있다. 친구가 없다 보면 술과 마약을 남용할 여지도 많다.

그렇지만 모든 사회적 도움이 다 같은 것은 아니다. 친구가 있다는 것은 정신적·육체적 건강에 큰 도움이 될 수 있다. 하지만 모든 친구가 술꾼이거나 마약에 손을 댄다면 당신의 충동을 억누르는 데 별다른 도움이 되지 않을 것이다. 이들과 어울리기 위해서는 직접적으로든 간접적으로든 동참해야 한다는 압박을 받을 수 있다. 예를 들어, 19세기 미국에서는 '바비큐 법'[9]이라는 사회적 관습이 있었는데, 이는 바비큐 파티에 참석한 남자는 모두 취할 때까지 술을 마셔야 한다는 불문율이었다. 대접받은 술을 마시지 않는 것은 주인뿐 아니라 나머지 사람에게도 모욕으로 받아들여졌다. 여러 연구 결과, 사람들은 친구가 부추길 때 더 많은 술은 마시는 것으로 밝혀졌다. 술이나 마약 문제로 고통받는 사람들은 그것을 끊기 위해 사회적 지원이 필요하며, AA 같은 단체는 그런 면에서 큰 도움이 될 수 있다. 알코올 중독자는 주로 술꾼들에게 둘러싸여 지낸 시간이 많아 다른 부류의 동료가 주는 압박의 혜택에 대해서는 상상을 '못할' 수도 있다. 에릭 클랩튼만 하더라도 헤이즐던에 가서야 자신의 알코올 중독 문제를 해결하는 데 다른 사람의 도움이 절실하다는 것을 깨달았다. 메리 카도 처음에는 술을 끊으려고 교회에서 주관하는 AA 모임에 의무적으로 참석했지만, 이런저런 군중과 그들의 열렬한 간증에 거리감을 느꼈다.

카는 계속해서 AA와 거리를 두고 지내던 어느 날, 심한 폭음을 계기로 결국 AA의 조언을 받아들였다. 그 모임의 일원이자 보스턴 대학교의 한 교수를 개인 상담자 및 후견인으로 선택한 것이다. 신에 대한 후견인의 설교는 여전히 참기 어려웠지만, 매일 대화를 하면서 그녀는 차츰 달라졌다. "후견인의 도움으로 나는 두 달 동안 술을 마시지 않았다. 이를 악물고 불안을 참았지만 일주일에 몇 번 가는 교회 사람들을 제외하곤 누구도 내 투쟁을 알아주지 않았다." 두 여인은 두 달간 금주한 기념으로 커피를 마시며 AA 모임에 있는 낙오자와 패배자 그리고 이들의 '영적 얼간이 짓'을 비웃었다. 그러고 나서 후견인은 카에게 신의 힘과 교회 신도들을 다른 관점에서 바라볼 것을 제안했다.

"내 후견인은 이렇게 말했다. '여기 있는 사람들은 말이죠, 당신보다 수적으로도 많고 수입도 많고 더 대단한 사람들이에요. 그러니 간단히 계산해봐도 당신보다 큰 힘이 있죠. 그리고 금주에 대해서도 당신보다 더 잘 알고 있어요. 문제가 생기면 이 사람들에게 도움을 청해봐요.'"

집단의 힘 중 일부는 수동적으로 앉아 다른 사람의 이야기를 듣는 데서 나온다. 처음 참석하는 이들에게 AA 모임은 서로의 이야기를 듣고 질문과 대답을 주고받으며 조언을 나누는 것이 아니라, 그저 한 사람씩 돌아가면서 자기 이야기를 털어놓는 방식인 까닭에 무의미하게 느껴지기도 한다. 하지만 이야기를 함으로써 당신은 생각을 정리하고 행동을 가다듬으며 미래의 목표를 세울 수 있다. 개인적 목표도 일단 입 밖으로 내면 더욱 구체적으로 느껴진다. 특히 청중이 당신을 모니터링한다는 것을 인지할 때는 더욱 그렇다. 인지 치료를 받은 사람들을 대상으로 수행한 최근의 연구 결과, 타인 앞에서 맹세한 약속은 이루어질 확률이 높으며, 특히 연인 앞에서 맹세한 약속은 지킬 가능성이 더욱 크다[10]고 한다. 치료사 앞에서 술을 줄이겠다고 한 약속은 자기 절제에 별다른 영향을 끼치지 못하지만, 배우자에게 한 약속은 확실히 다른 모양이다. 어쨌든 배우자야말로 당신의 입에서 술 냄새가 나는지 어떤지 확인할 수 있는 가장 가까운 사람이기 때문이다.

　경제학자들은 동료 집단에 의해 받는 압력의 효율성을 확인해보기 위해 비영리 단체로부터 자금 대출을 받은 칠레의 노점상과 재봉사를 비롯한 여러 직업군의 수입 낮은 '영세 자영업자'들을 연구했다.[11] 대부분 여성인 이들은 일주일이나 2주일에 한 번씩 모여 훈련을 받는 동시에 서로 대출금 상환 상태를 확인했다. 경제학자 펠리페 카스트(Felipe Kast), 슈테판 마이어(Stephan Meier) 그리고 디나 포머란츠(Dina Pomeranz)로 이루어진 연구 팀은 이들을 각각 다른 저축 프로그램에 투입했다. 어떤 사람들에겐 이율이 없는 단순한 예금 통장을 주었다. 또 어떤 이들에게는 통장과 더불어 정기 모임에서 자신의 저축 목표액을 밝히고 진전 사항을 토론할 기회를 부여했다. 그러자 동료에게 저축액을 공개한 여성들의 저축액이 그렇지 않은 이들보다 거의 두 배 많은 결과가 나왔다. 그렇다면 이러한 집단의 힘은 어디에서 오는 것일까? '가상의 동료 집단'으로도 같은 효과를 얻을 수 있을까? 이어진 실험에서는 모임에서 자신의 저축액을 직접 말하는 대신, 일주일에 한 번씩 집단 내 다른 사람의 저축 성과(혹은 부진한 성과)를 담은 문자 메시지를 받았다. 놀랍게도 이 문자 메시지는 직접적인 모임과 거의 비슷한 효과를 가져왔는데, 이는 그 메시지가 사람들에게 이익의 핵심적인 부분을 제공해주기 때문이다. 정기적인 모니터링과 자신을 다른 동료와 비교할 수 있는 기회가 바로 그것이다.

　흡연은 오랫동안 뇌와 신체의 압도적인 욕구 때문에 생기는 개인적 충동으로 알려졌다. 그런 까닭에 2008년 〈뉴잉글랜드 의학 저널〉에 사회적 관계망을 통해 금연하기 쉽다는 연구 발표가 실렸을 때 학계는 매우 놀랍다는 반응을 보였다. 연구자인 니콜라스 크리스타키스(Nicholas Christakis)와 제임스 파울러(James Fowler)는 습관 개선에는 전염성이 있다는 사실을 발견했다.[12] 부부 중 한 사람이 담배를 끊으면 나머지 한 사람도 끊을 확률이 크게 높았다. 또한 형제나 자매 혹은 친구가 담배를 끊을 경우에도 확률은 역시 높았다. 작은 직장에서 함께 일하는 동료가 담배를 끊을 때에도 상당한 효과가 나타났다.

흡연 연구가들은 사람들이 담배를 거의 피우지 않는 장소에 특히 관심을 가졌다. 그런 곳에서 흡연하는 사람들이야말로 담배에 심각하게 중독되었다고 가정했기 때문이다. 실제로 상당히 인기 있는 이론 중 하나는 사랑도 돈도 금연을 하는 데 영향을 미치지 못하는 심각한 담배 중독자들만이 그런 장소에서 담배를 피운다는 것이다. 하지만 이후에 나타난 증거들은 이러한 이론과 모순되었다. 혼자 사는 사람들은 계속 흡연하는 데 반해, 대부분의 비흡연자와 생활하는 흡연자는 담배를 끊을 확률이 높다는 것이 밝혀진 것이다. 이로써 금연을 하는 데 사회의 영향력이 얼마나 크며 사회의 지원을 받는 것이 얼마나 도움이 되는지가 드러났다. 나중에 다시 언급하겠지만, 비만 연구에서도 사회의 영향은 이와 비슷하게 중요한 것으로 밝혀졌다.

신성한 자기 절제

만약 당신이 종교 모임에서 신께 장수하게 해달라고 기도한다면 그 기도가 이루어질 가능성이 높다. 사실 어떤 신에게 기도하는지는 중요하지 않다. 마이클 매컬러프(Michael McCullough)에 의하면 모든 종교 활동은 장수에 도움이 된다(덧붙이자면 그는 헌신적인 신자가 아니다).[13] 마이클은 사람들에게 종교적 헌신도를 물어보고, 이들을 오랜 기간 수십 건의 연구 활동을 통해 추적했다. 그 결과 종교가 없는 사람들은 더 일찍 사망했으며, 종교가 있는 사람은 없는 사람에 비해 25퍼센트 정도 더 오래 사는 것으로 나타났다. 삶과 죽음을 가르는 이러한 차이는 상당히 큰 편이다. 2000년 출간된 이런 연구 결과는 그 이후로도 여러 연구자에 의해 확인되었다. 물론 장수하는 사람 중에는 신이 자신의 기도에 직접 응답해준 것이라고 믿어 의심치 않는 이들도 있다. 하지만 신의 존재에 관한 문제는 연구실에서 실험이 불가능하므로 사회과학자에게 그다지 매력적인 가설은 아니다. 그래서 이들은 좀더 세속적인 원인을 찾아냈다.

종교적인 사람은 다른 사람에 비해 술에 취하거나, 위험한 성생활을 즐기거나, 불법 마약에 빠지거나, 흡연 등의 건강하지 못한 생활습관을 멀리하는 경향이 있다. 이들은 항상 안전벨트를 착용하고, 정기적으로 치과 검진을 받으며, 비타민을 복용했다. 또한 사회적 지원을 더 많이 받고, 불행이 닥쳤을 때 믿음으로 정신적 갈등을 극복할 가능성이 높았다. 종교와 자기 절제라는 주제와 관련해 80여 년에 걸쳐 수백 건의 연구 자료를 분석한 결과 매컬러프와 마이애미 대학교의 동료 브라이언 월러비(Brian Willoughby)가 내린 결론은 종교인의 자기 절제력이 일반인보다 높다는 것이다.[14] 이들의 분석 결과는 2009년 심리학계에서 가장 저명하고 권위 있는 〈심리학회보(Psychological Bulletin)〉에 실렸다. 여기서 드러난 종교의 효과 중 어떤 부분은 놀라울 게 없었다. 종교가 가족의 가치와 사회적 조화를 고취한다는 것은 이러한 가치가 부분적으로는 신의 의지 혹은 다른 종교적 가치와 연결되어 있기 때문이다. 그보다 덜 명백한 이점은 종교를 통해 서로 다른 목표와 가치 사이의 갈등이 감소한다는 것이다. 앞에서 확인했듯이 목표 사이에 갈등이 생기면 자기 조절 능력이 떨어지므로 종교는 분명한 우선 과제를 부여함으로써 그러한 문제를 줄여준다.

더욱 중요한 것은 종교가 자기 절제의 핵심적인 두 가지 메커니즘에 영향을 미친다는 점이다. 의지력과 모니터링 기능 향상이 바로 그것이다. 이미 1920년대부터 연구자들은 일요일 교회 활동에 많은 시간을 보내는 학생이 연구실의 자기 훈련 실험에서 더 높은 점수를 획득했다는 결과를 보고했다. 부모와 교사가 관찰한 바에 따르면, 종교에 헌신하는 아이일수록 상대적으로 충동적인 면이 덜했다. 정기적으로 기도나 다른 종교 의식을 행하는 사람들의 자기 절제 상태를 실험한 연구자가 있는지 확실히 모르지만, 이러한 종교 의식은 바른 자세로 앉기나 정확한 언어 습관과 마찬가지로 의지력을 키우는 데 도움이 되는 것으로 보인다.

종교적 명상은 때때로 명확함과 노력을 동반한 고도의 집중력이 필요하다. 선 명상에서 수행 초보자는 열까지 호흡을 센 후 그것을 계속 반복하는 연습을 한다. 우리의 마음은 자연스럽게 이리저리 움직인다. 따라서 호흡이라는 좁은 틀에 집중하는 것은 정신적 단련에 도움이 된다. 묵주를 돌리며 기도하거나 히브리어 찬송가를 부르거나 힌두의 만트라를 외는 것도 마찬가지 역할을 한다. 신경과학자들이 기도나 명상하는 사람을 관찰한 결과, 자기 조절이나 집중 절제를 맡은 뇌의 활동이 왕성해지는 것을 볼 수 있었다.[15] 심리학자들은 사람들이 무의식적으로 종교 관련 단어를 보게끔 하는 실험을 했다.[16] 다시 말해, 화면을 재빨리 지나가는 종교적인 단어를 읽게 한 것이다. 무의식중에 '하나님'이나

'성경' 같은 단어에 노출된 사람들은 '마약'이나 '혼전 섹스' 같은 유혹적인 단어에 천천히 반응했다. 매컬러프는 이렇게 말한다. "사람들은 종교를 이러한 유혹을 누그러뜨리는 구실과 연관 짓는 것 같다." 그는 기도나 명상 같은 의식이 "일종의 자기 절제를 위한 무산소 운동과 같다"[17]고 말한다.

독실한 신자들은 기도하기 위해 일상적인 활동을 멈추는 자기 절제 훈련이 생활화되어 있다. 이슬람교에서는 매일 기도하는 시간이 정해져 있다. 또 유대인들의 대속죄일이나 이슬람교의 라마단, 40일에 걸친 사순절을 비롯해 많은 종교에서는 특정 기간 금식을 요구하기도 한다. 또한 코셔(kosher: 유대인의 전통적인 식사법에 따라 식물을 선택, 조제하는 것—옮긴이)나 채식주의같이 특정한 식습관을 요구하기도 한다. 또 어떤 종교 절차나 명상법은 특정한 자세(무릎 꿇기나 가부좌하기)를 취하도록 요구하는데, 이러한 불편한 자세를 유지하려면 자기 훈련이 필요하다.

종교는 또한 행동을 모니터링하는 기능이 있는데, 이는 자기 절제에서 또 다른 중심적인 단계 중 하나다. 신앙심 깊은 사람은 때때로 누군가가 자신을 내려다보고 있다는 느낌을 받는다. 그러한 감시자는 신이나 초월적 존재라고 할 수 있으며, 당신이 행하고 사고하는 모든 것을 잘 알고 있다. 따라서 마음 깊숙한 곳에 있는 생각과 이유도 파악할 수 있다. 당신이 하는 일이 겉으로는 아무리 좋아 보여도 그게 나쁜 의도라면 신을 속일 수는 없다. 마크 볼드윈(Mark Baldwin)과 동료들이 수행한 유명한 실험에서, 여대생들은 컴퓨터 화면에서 외설적인 메시지를 읽었다. 그런 다음 연구자들은 그중 몇몇 여학생에게 슬쩍 교황의 사진을 보여주었다.[18] 이어서 자신을 평가하라고 요구하자, 교황의 권위를 받아들이고 그의 존재를 하느님의 계율과 연관시킨 가톨릭 신자 여대생들은 상대적으로 자신을 부정적으로 평가했다. 아마도 무의식적으로 교황 이미지가 머릿속에 각인되어 외설적 내용을 읽고 즐긴 것에 반감을 표시한 것 아닐까 싶다.

신앙인이 전지전능한 신을 믿든 그렇지 않든 그들은 대체로 다른 사람의 시선에 예민하다. 즉 자신이 속한 공동체 사람들의 시선을 의식한다. 교회에 규칙적으로 참석하는 사람이라면 공동체의 규범이나 규칙에 따라 행동을 조절해야 한다는 압박감이 있다. 그들은 교회 바깥에서 자주 어울리며 잘못을 저지르면 사람들이 부정적으로 보리라는 것을 의식한다. 또한 가톨릭의 고해성사나 유대교의 대속죄일 같은 의식에서 알 수 있듯이 종교는 사람들의 도덕적 과오나 실수를 뉘우치고 반성할 수 있는 모니터링 체계를 요구한다.

물론 종교 생활을 시작하는 데에도 어느 정도 훈련이 필요하다. 예배에 참석해야 하고 기도문을 외워야 하며 규칙을 따라야 하기 때문이다. 신앙인의 자기 절제력이 높은 이유 중 하나는 일반적으로 자기 절제에 강한 사람이 교인이 되는 경우가 많기 때문이다. 하지만 이러한 요인을 감안하더라도 연구자들은 자기 절제가 종교를 통해 향상되는 증거를 발견했으며, 그런 이유로 많은 사람이 자기 절제가 필요한 시점에 본능적으로 종교를 선택한다. 또 개인에게 고난이 닥쳤을 때 어떤 사람은 어린 시절에는 믿었으나 성장하면서 등을 돌렸던 종교로 되돌아가기도 한다. 이러한 종교적 깨달음은 만약 과거에 제대로 살았더라면 지금과 같은 문제—술이나 마약 혹은 빚—를 겪지 않았을 거라는 희미한 후회를 동반하겠지만, 그래도 그 후회의 밑바닥에는 종교적 단련을 통해 새

삶을 시작할 수 있으리라는 희망이 있다.

평생 무신론자로 살았던 메리 카는 결국 너무나 완벽하게 종교에 굴복해 가톨릭 세례를 받았다. 그리고 엄격하면서도 장기적인 기도와 명상 수련으로 유명한 성 이냐시오(St. Ignatius)의 영신 수련회에 참여하기도 했다. 물론 그녀가 선택한 것이 모든 사람을 위한 길이라고 할 수는 없다. 하지만 자기 절제력을 향상시키기 위해 가톨릭이나 다른 종교를 받아들이기로 마음먹었다면 진정한 믿음 없이는 큰 이득을 얻지 못할 것이다. 심리학자들은 다른 사람에게 잘 보이기 위해 혹은 인맥을 쌓기 위해 종교 활동에 참여하는 사람들은 진정한 신앙인에 비해 자기 절제력이 그다지 높지 않음을 발견했다. 매컬러프는 신앙인의 자기 절제는 신의 분노에 대한 두려움 때문이라기보다 이들이 흡수한 종교적 체계의 가치에서 우러나오며, 그 때문에 이들의 개인적 목표에는 신성한 기운이 깃든다고 결론지었다.

그러면서 매컬러프는 무신론자에게 자신의 소중한 가치관을 찾아 나설 것을 권한다. 헨리 스탠리가 아프리카에서의 노예무역 종식을 '신성한 의무'로 삼은 것처럼 다른 이들을 헌신적으로 돕는 것이 그 가치가 될 수도 있다. 아니면 다른 이의 건강을 위해 힘쓰거나 좀더 인간적인 가치의 보급 혹은 미래 세대를 위한 환경 보전에 힘쓰는 것도 좋다. 전통적인 종교가 약화된 나라에서 환경 결정론이 특히 강하게 전파된 것은 우연이 아닐 것이다. 신에 대한 경배의 자리에 자연의 아름다움과 초월성이 자리 잡은 것이다. 소비와 낭비를 줄이라는 환경 운동가들의 주장은 아이들에게는 종교적 설교나 빅토리아 시대의 가르침과 그다지 다를 바 없다. 세속적인 환경 운동은 자기 훈련의 형식만 바꾸고 그 규칙의 종류만 달리할 뿐이다. 코서 대신 유기농 식품을 주장하고 자급자족이 구원의 자리를 대신한 것이다.

《성경》을 멀리하는 사람이 새로운 삶의 규칙을 정리해놓은 수많은 책을 사는 것도 그저 우연이라고만은 볼 수 없다. 이들은 십계명 대신 AA의 12단계나 불교의 8정도 혹은《성공하는 사람들의 7가지 습관》따위를 받아들인다. 또 모세의 하나님을 믿지 않더라도 돌판에 새겨진 십계명의 이미지는 즐겨 찾는다. 종교적 규칙과 도그마에 대해 당신이 불안을 느끼거나 무가치하게 여기더라도 그것을 쓸모없는 미신으로 치부하지는 말아야 한다. 이러한 규칙도 통계 자료와 수학적 게임 논리 그리고 경제적 용어로 분석해보면, 얼마든지 세속적인 과학자들을 만족시킬 만한 요소가 있기 때문이다.

명시적 규정

에릭 클랩튼이 무너진 여름 어느 날 저녁, 술집을 지나다 유혹을 이기지 못한 것은 이른바 '과도한 가치 폄하(hyperbolic discounting: 보상이 가까울수록 인내심을 잃는 현상—옮긴이)'[19] 때문이라고 할 수 있다. 이 현상을 정확하게 설명하려면 그래프와 쌍곡선을 동원해야겠지만, 여기서는 오래된 우화와 가상의 은유를 섞어 설명하려 한다.

어느 토요일의 에릭 클랩튼을 상상해보라. 그는 말 그대로 구원의 길목에 선 회개하는 죄인으로서 17세기의 우화《천로역정》에 나오는 영웅과도 같다. 에릭도 천상의 도시를 향해 여행 중이었다고 가정해보자. 들판을 가로질러 여행하던 중 멀리 도시의 황금 첨탑이 눈에 들어오고, 에릭은 그쪽을 향해 부지런히 걸음을 재촉한다. 그날 저녁 도시에 들어선 에릭은 길을 걷다 바로 눈앞 모퉁이에 있는 술집을 발견한다. 멀리서 보면 그저 조그마한 건물일 뿐이라 그의 시선은 여전히 건물 뒤 황금 첨탑에 머물러 있다. 하지만 순례자 에릭이 가까이 다가갈수록 술집이 점점 커지더니 이내 완전히 시야를 가리고 만다. 이제 황금 첨탑 따위는 눈에 들어오지 않는다. 갑자기 천상의 도시가 눈앞의 조그마한 건물보다 하찮게 느껴진다. 결국 순례자 에릭의 최후는 술집 마룻바닥에 쓰러지는 것으로 마무리된다.

이는 과도한 가치 펌하의 결과다. 우리는 가까이에 유혹이 없으면 쉽게 무시하지만, 유혹이 눈앞에 나타나면 이성을 잃고 장기적인 목표를 망각한다. 유명한 심리학자이자 행동경제학자인 조지 에인슬리(George Ainslie)는 미국 국가보훈처와 함께 장·단기적 보상이라는 익숙한 실험을 재치 있게 변형해 이러한 모순적 행동에 얽힌 수수께끼를 풀어보려 했다. 예를 들어, 만약 복권에 당첨된다면 오늘을 기점으로 6년 후 100달러가 주어지는 상금을 선택하겠는가, 아니면 9년 후 200달러가 주어지는 상금을 택하겠는가? 대부분 후자를 택할 것이다. 하지만 오늘 당장 주어지는 100달러의 상금과 3년 후의 200달러 상금 사이에서 하나를 선택하라고 한다면 어떨까? 합리적인 계산을 한다면 똑같은 논리로 좀더 많은 액수를 위해 더 기다리는 게 낫다는 결론을 내리겠지만, 대부분의 사람은 조금이라도 빨리 받을 수 있는 100달러를 선택할 것이다. 우리의 판단이 즉각적인 현금의 유혹에 흐려져 미래의 이익을 비합리적으로 평가 절하하는 것이다. 에인슬리는 사람들이 단기적 유혹에 노출되면 미래의 이익에 대해 평가 절하하는 경향이 날카로운 쌍곡선처럼 그려지는데, 그 때문에 이러한 경향을 과도한 가치 폄하 현상이라고 일컬었다. 미래를 무시함으로써(몇 시간 뒤를 생각할 수 없는 버몬트의 마약 중독자들처럼) 우리는 내일 아침에 대한 걱정을 깨끗하게 잊고 평생 금주하겠다는 맹세를 망각해버리는 것이다. 미래의 이익 따위는 술집에서 느끼는 즉각적인 쾌락에 비해 하찮게 여기는 것이다. 딱 한 잔만 마시러 술집에 들르는데 무슨 큰일이 나겠는가?

물론 대부분의 사람이 한잔하러 술집에 들르는 것은 별문제가 되지 않는다. 특별한 날에만 담배를 한 대씩 피우고 몇 달간 다시 피우지 않아도 아무런 문제가 없는 사람이 있는 것처럼(그리 많지는 않지만). 하지만 당신이 술이나 담배를 조절할 수 없는 사람이라면, 한 잔의 술이나 담배 한 개비를 가벼운 문제로 볼 수 없다. 절친한 친구의 결혼식이라는 이유로 샴페인 한 잔을 들이켜서는 안 되는 것이다. 한 번 무너지면 그것이 습관이 되어 장기적인 패턴으로 고정될 위험이 있기 때문이다. 순례자 에릭의 경우 한잔하러 마을 선술집에 들른다는 말은 결국 한 잔이 두 잔이 되고 끝내 천상의 도시에 도달하지 못한다는 의미다. 그러므로 술집에 너무 가까워져서 판단이 흐려지기 전에 스스로를 다스리는 것이 좋다.

가장 간단한 전략은 술집을 피하는 것이다. 너무 가까워지기 전에 술집으로 가는 길에서 벗어나 돌아가는 것이다. 하지만 이러한 전략을 얼마나 지속적으로 유지할 수 있을까? 이를테면 술집을 돌아가기로 결정하더라도 돌아가는 길 맨 아래쪽에 피할 수 없는 다른 술집이 있다면? 순례자 에릭은 내일 저녁 그 술집 앞에 도착하면 결국 유혹에 굴복하게 될 것만 같아 두려울 뿐이다. 천상의 도시까지 술 한 방울 마시지 않고 걸어서 도착하리라던 꿈이 깨지는 것을 느끼면서 순례자 에릭은 스스로 변명하기 시작한다. '내일 저녁 결국 술에 취하고 말 거라면, 지금 한 잔하는 것이나 뭐가 다르겠는가? 그래! 현재를 즐기자! 건배!' 그에겐 오늘 밤의 유혹을 견디기 위해서는 내일의 유혹에도 굴하지 않으리라는 자신감이 필요하다.

요컨대 순례자 에릭에게는 '명시적 규정'의 도움이 필요한 것이다. 이는 에인슬리가 법조인들에게서 차용한 용어로, 선명하고 단순하며 구체적인 규칙을 말한다. 당신이 명시적 규정을 건너뛰게 되면 반드시 그것을 인지할 수밖에 없다. 스스로 '적당한' 음주와 흡연을 하겠다고 약속하는 것은 명시적 규정이 아니다. 적당함에서 지나침으로 이동하는 경계에는 분명한 선이 없다. 왜냐하면 그러한 이동은 천천히 이루어지고, 마음도 변화에 지나치게 잘 적응해 자신의 실수를 보지 못하고, 자신이 너무 멀리 왔다는 사실을 알아차리지 못하기 때문이다. 그러므로 스스로 적정하게 마시겠다는 규칙을 따를 것이라고 확신하기 어렵다. 이와 대조적으로 관대함이 제로인 경우는 명시적 규정에 속한다. 어떤 경우에도 예외를 두지 않고 완전히 금욕하는 것이다. 물론 이는 모든 자기 절제 문제에 해당하는 것은 아니지만—다이어트를 한다고 해서 아무것도 먹지 않을 수는 없다—다양한 상황에서 효과를 볼 수 있다. 명시적 규정을 전적으로 따른다면, 현재의 자아는 자신감을 얻고 미래의 자아는 그 규정을 준수하려 할 것이다. 또한 지키려는 규칙이 성스러운 것이라면, 요컨대 신의 계명이나 신에게서 받은 의심할 여지 없는 법칙이라면, 그것은 더욱더 확고한 명시적 규정이 된다. 미래에 그것을 지켜야 할 이유가 더욱 분명해지며, 당신의 신앙은 자기 절제의 한 형태가 된다. 자기 충족감을 가져다주는 규율이므로 앞으로도 꼭 지키고 말 것이다.

에릭 클랩튼은 어느 날 헤이즐던에서 그 명시적 규정을 발견했고, 아들이 죽은 뒤 얼마 되지 않아 AA 모임에 나간 후로 그 힘을 더욱더 확신하게 되었다. 에릭은 12단계 중 세 번째 단계에 대해 이야기하면서―당신의 의지를 신의 손에 맡기기―헤이즐던에서 무릎을 꿇고 신의 도움을 청하는 순간, 술에 대한 충동이 어떻게 사라졌는지 증언했다. 그 이후 에릭은 아들이 죽었을 때조차, 자신이 절대로 술을 입에 대지 않으리라는 것을 의심하지 않았다고 사람들에게 말했다. 모임이 끝나자 한 여인이 다가와 말했다.

"당신은 방금 나의 마지막 변명을 앗아가버렸어요. 전 항상 마음 한구석에 아이들에게 무슨 일이 생기면 술을 마실 수밖에 없을 거라고 생각했거든요. 근데 그게 아니라는 걸 방금 보여주셨어요." 그 여인의 말을 듣고 에릭 클랩튼은 자신이 죽은 아들의 명예를 가장 멋진 방법으로 지켜주고 있다는 것을 깨달았다. 그 여인에게 에릭이 선물한 것을 무엇이라고 부르든―사회적 지원, 신앙, 신에 대한 믿음, 명시적 규정―그로 인해 그 여인은 자신을 구원할 의지를 얻은 것이다.

강한 아이로 키우기
자존감 대 자기 절제

당신이 누구건 어디서 왔건 당신은 슈퍼스타예요.
그렇게 타고난 거랍니다!
—레이디 가가

악동은 태어나지 않는다. 만들어지는 것이다.
—내니 뎁[1]으로 알려진 데버러 캐롤

리얼리티 TV 쇼 덕분에 미국 중산층 부모들도 부자에게만 한정되었던 특권을 누릴 수 있게 되었다. 영국 유모에게 육아 문제를 맡길 수 있게 된 것이다. 불행한 가족사가 그렇듯이 집집마다 이야기는 다양하지만 〈내니 911(Nanny 911)〉이나 〈슈퍼내니(Supernanny)〉 둘 다 일화의 기본 골격은 비슷하다. 대체로 거칠게 뛰어다니는 아이들의 등장으로 시작을 알린다. 울부짖고 소리 지르고 침 뱉고 머리를 잡아당기고 마시던 잔을 집어던지거나, 아무 데나 크레용으로 낙서하고 장난감을 부수며, 부모를 때리고 형제의 목을 조르는 패턴이 반복된다. 〈내니 911〉 시리즈 초창기의 유명한 일화인 '공포의 작은 집(The Little House of Horrors)'에서 볼 수 있듯이 세인트루이스 교외 농장에 있는 주택의 아이들은 말 그대로 벽을 타고 기어오른다. 그때 드디어 완벽한 빅토리아 시대 의상을 차려입은—검은색 치마와 세로줄무늬 검은색 조끼, 검은색 스타킹과 암적

색 모자 그리고 금색 단추와 체인이 달린 같은 색 망토—영국 유모가 도착한다. 그리고 내레이터가 엄숙하게 선언한다. "미국의 부모들이여, 도움의 손길이 오고 있습니다!"

어떻게 이런 일이 일어나게 되었을까?

당신은 이 프로그램이 아이들의 장난을 지나치게 과장한 것이라고 생각할지도 모른다. 하지만 프로듀서들은 황금 시간대에 방영하는 프로그램 속성상 최악의 상황을 보여줄 수 없었다고 말한다. 이를테면 롱 아일랜드에 사는 네 살짜리 아이가 친엄마에게 "썩 꺼져버려!"라고 욕하는 장면 같은 것 말이다. 도대체 무엇이 잘못된 것일까? 우리의 즉각적인 반응은 부모를 탓하는 것이며, 이는 세인트루이스 부모의 예를 통해 확인할 수 있다. 하지만 외부의 도움을 청해야 할 정도인 부모에게 모든 책임을 돌릴 수만은 없다. 이런 버릇없는 녀석들을 만들어낸 것은 미국의 부모만이 아니기 때문이다. 이들은 미국의 지도적 교육자와 언론인, 무엇보다 심리학자들에게 큰 영향을 받았다고 할 수 있다.

자존감에 대한 이론은 대중의 심리적 이익을 위해 좋은 의도로 적용되었고, 처음에는 실제로 밝은 미래를 약속하는 것 같았다. 바우마이스터도 초기에는 자존감 연구에 많은 공을 들였다. 자존감 높은 학생들이 주로 높은 점수를 얻고, 이와 반대인 학생들은 학업 면에서 고전하는 연구 결과를 보고 바우마이스터는 상당히 고무되었다. 또 다른 연구에서는 미혼모나 마약 중독자, 범죄자의 자존감이 상당히 낮은 것으로 드러났다. 이러한 상관관계는 크지 않았지만 통계적으로는 상당했고, 이런 결과를 바탕으로 너대니얼 브랜든(Nathaniel Branden) 같은 심리치료학자들이 이끄는 운동이 활성화했다. 브랜든은 이렇게 썼다. "불안증과 우울중을 비롯해 친밀함에 대한 두려움, 배우자를 자주 갈아치우는 습관이나 아동 성희롱에 이르기까지 이 모든 심리적 문제에는 낮은 자존감이라는 요소가 개입되어 있다는 것을 확신한다."[2] 캘리포니아 자존감대책 위원회(California's task force on self-esteem) 회장이 된 마약 치료 전문가 앤드루 메카(Andrew Mecca)는 이렇게 설명한다. "실제로 모든 사회적 문제는 개인의 자기애 결핍에서 출발한다."[3] 이 모든 열정적 태도는 심리학자와 교사, 언론인과 휘트니 휴스턴(Whitney Houston) 같은 예술가들이 주장하는 새로운 자녀 양육법으로 귀결된다. 휴스턴은 이러한 그녀의 철학을 1980년대의 히트곡 〈가장 위대한 사랑(The Greatest Love of All)〉에 녹여 전달했다. 성공의 열쇠는 자존감이다. 휴스턴은 아이들이 성공하려면 바로 "이들이 내면에 품고 있는 모든 아름다움"을 보여주어야 한다고 말한다.

물론 가설이지만 아이들이 '난 정말 잘해'라고 스스로 생각하도록 용기를 줌으로써 학업을 향상시키고자 하는 수백만 부모들에게는 상당히 매력적이다. 이들은 집에서 아이들에게 더 많은 칭찬을 쏟아 붓는다. 스포츠 팀의 코치는 승자뿐 아니라 모든 아이가 트로피를 받을 수 있도록 배려하고, 걸스카우트는 '독창적인 나!(uniquely ME!)'라는 프로그램을 창조해냈다. 학교에서는 자신의 가장 멋진 점을 열거하고 친구들끼리 서로 어떤 점을 좋아하는지 토론한다. '서로 칭송하는 사회(mutual admiration society)'는 한때 험담으로 여겨졌지만, 요즘의 젊은이들은 그것을 마치 사회적 규약처럼 받아들이며 성장한다. 휘트니 휴스턴의 메시지는 다음 세대의 레이디 가가에게로 전달되었다. 그녀는 콘서트에서 팬들에게 이렇게 외쳤다. "당신이 누구건 어디서 왔건 당신은 슈퍼스타예요.

그렇게 타고난 거랍니다!" 팬들은 곧 환호했고, 레이디 가가는 밝은 손전등을 객석에 골고루 비추며 이들의 환호에 답했다. 그리고 외쳤다. "여러분, 오늘 돌아가서 나를 더 사랑하기보다 '여러분 자신'을 더 많이 사랑하세요!"

서로 칭송하는 모든 행위는 기분 좋을 뿐 아니라 관습적인 교육보다 장기적으로 긍정적인 영향을 미칠 수 있다. 캘리포니아 주에서 연구자들에게 자존감의 가치를 평가해달라고 의뢰했을 때, 그 결과는 확실한 것처럼 보였다. 보고서를 편집한 캘리포니아 대학교 버클리 캠퍼스의 저명한 심리학자 닐 스멜서(Neil Smelser)는 보고서 첫 쪽에 이렇게 적었다. "사회를 병들게 하는 대부분의 문제는 이 사회를 구성하는 대다수 구성원의 낮은 자존감에서 비롯된다."[4]

그는 또한 지금까지 이에 대한 확실한 과학적 증거가 입증되지 않은 게 '실망스러운' 것은 굳이 뉴스거리도 되지 않는다고 덧붙였다. 하지만 연구 작업이 이루어지면 더 나은 결과가 나오리라 예상했다. 연구에는 수많은 예산이 투입되었다. 연구는 계속되었고, 다른 기관에도 같은 연구 주제를 위임하기로 했다. 이번에는 캘리포니아 주정부 같은 정치 기관이 아니라 심리과학협회가 위탁한 연구였다. 하지만 연구 결과는 휘트니 휴스턴이나 레이디 가가의 공연에 영감을 줄 만한 것과는 거리가 멀었다.

자존감에서 나르시시즘까지

바우마이스터를 비롯해 보고서 작성에 참여한 심리학자들은 조사의 질을 높이기 위해 수천 건의 연구를 분석하고 정리했다.[5] 그중에는 자존감과 훌륭한 학업 성적의 상관관계를 이해하기 위해 고등학교 학생들을 수년에 걸쳐 추적한 자료도 있었다.[6] 그렇다. 자존감 강한 학생들은 실제로 성적도 높았다. 하지만 무엇이 먼저일까? 학생들의 자존감이 좋은 성적으로 이어지는 것일까, 아니면 좋은 성적 때문에 자존감이 생기는 것일까? 연구 분석 결과, 10학년의 성적을 바탕으로 12학년의 자존감 수준을 예측하는 것은 가능했지만, 10학년 때의 자존감 수준으로 12학년의 성적을 예측하는 것은 실패했다. 다시 말해, 성적이 먼저이고 자존감이 그 뒤를 따르는 것처럼 보였다.

신중하게 수행한 또 다른 연구에서 도널드 포사이스(Donald Forsyth)는 버지니아 코먼웰스 대학교의 심리학과 학생들을 대상으로 자존감 키워주기를 시도했다. 그는 중간시험에서 C 학점이나 그 이하의 학점을 받은 학생들에게 임의로 자존감을 길러주는 메시지를 매주 보냈다. 그리고 비슷한 성적을 받은 어떤 학생들에게는 자존감과 상관없는 메시지를 일주일에 한 번씩 보냈다. 매주 받는 격려의 메시지가 학생들의 자존감을 강화하는 데는 도움이 되었을지 모르지만 이들의 성적에는 도움이 되지 않았다. 오히려 반대의 결과가 나왔다. 학기 말 시험에서 이들은 통제 집단보다 더 낮은 성적을 받았을 뿐 아니라 중간시험 때보다 성적이 더 낮게 나왔다. 이들의 성적은 평균 59점에서 39점으로 떨어졌다. 이는 아슬아슬한 통과 점수에서 가망 없는 점수로의 전락을 의미했다.

또 다른 증거로는 전국적으로 보면 학생들의 성적이 떨어질 때도 자존감은 상승했다는 연구 결과를 들 수 있다. 학업이 나빠지는데도 기분은 좋은 것이다. 바우마이스터는 실제로 굉장히 끔찍한 일을 저지른 사람―살인 청부업자나 연쇄 강간범―이 놀라울 정도로 자존감이 높다는 관찰 결과를 보고 혼란에 빠졌다.

수많은 과학 논문을 분석한 결과, 심리학자들은 적어도 미국과 캐나다 그리고 유럽에는 낮은 자존감으로 인한 전염병적 징후는 없다고 결론 내렸다(이를테면 미얀마에서는 자존감이 어떤 영향을 미치는지 그다지 알려진 바가 없다). 대부분 사람들은 이미 자기 자신에 대해 충분히 만족한다. 특히 아이들은 자신에 대해 매우 긍정적인 관점으로 인생을 시작한다. 따라서 과학 논문의 내용과 바우마이스터의 집 안에서 오간 다음과 같은 대화는 입증할 수 없지만 묘하게 일치한다.

> 딸(4세): 난 모든 걸 다 알아요.
> 엄마: 아냐, 아가야. 그렇지 않단다.
> 딸: 아니야. 난 모든 걸 다 안다고요.
> 엄마: 그럼 36의 제곱근이 뭔지 아니?
> 딸: (눈도 깜박하지 않고) 진짜 큰 숫자는 비밀이니까, 말 안 해줄래요.
> 엄마: 큰 숫자는 아니야. 겨우 6이거든.
> 딸: 나도 알아요.

이 아이는 부모가 군이 자존감을 고양하려고 노력하지 '않은' 경우에 속한다.

연구 팀은 또한 높은 자존감이 사람들을 특별히 효율적이거나 다른 사람과 잘 어울리도록 도와주는 것은 아니라는 결론을 얻었다. 자존감 강한 사람은 자신이 다른 사람보다 인기가 많고 매력적이며 사회적으로 재능이 많다고 여기지만, 객관적인 연구 결과 다른 이와 그다지 큰 차이가 없는 것으로 밝혀졌다. 이들의 자존감은 보통 학업이나 직장에서의 더 나은 결과로 이어지지 않았고 담배나 술, 마약 혹은 조숙한 성적 행동 등을 예방하는 데에도 도움이 되지 않았다. 낮은 자존감과 마약 중독 혹은 10대 임신 같은 현상은 서로 연관성이 있을 수 있지만, 이러한 문제가 낮은 자존감 때문이라고 하기는 어렵다. 오히려 그 반대인 경우가 많다. 누구라도 16세에 임신한 마약 중독자라면 자신에 대해 자부심을 갖기 어려울 것이다.

전문가들은 높은 자존감이 줄 수 있는 두 가지 확실한 이점이 있다고 한다. 하나는 자존감으로 인해 주도력이 상승한다는 것이다. 자존감이 높은 사람은 자신의 신념에 따라 행동하고, 그것을 지키려는 의지력이 더 강하고, 다른 사람도 그렇게 대하며, 새로운 일에 과감하게 뛰어든다(불행히도 이런 경향에는 남들이 말리는데도 굳이 어리석고 파괴적인 행동을 감행하는 것도 포함된다). 두 번째, 높은 자존감은 일반적으로 행복 지수를 높이고, 불행을 극복하며, 우울증을 물리치고, 실패에서 회복하도록 더 큰 자신감을 불어 넣는 긍정적인 감정의 은행 같은 역할을 한다. 이런 장점은 판매원처럼 일상적인 고객의 거절에 굴하지 말아야 하는 직업을 가진 사람에게는 필요하겠지만, 그 같은 고집스러운 태도가 반드시 축복인 것만은 아니다. 상식적인 충고를 무시하고 고집을 부리고 쓸데없는 일에 돈과 시간을 낭비하는 결과를 불러올 수도 있기 때문이다.

대체로 자아는 높은 자존감의 덕을 볼지도 모른다. 하지만 그 대가는 오만함이나 자만 같은 부작용을 감당해야 하는 타인이 치르는 경우가 많다. 최악의 경우 자존감은 자신의 우월감을 스스로 확신하는 나르시시즘으로 이어지기 쉽다. 나르시시스트는 자신의 마음속에서 스스로 전설적인 존재이며, 자신의 거창한 이미지에 사로잡혀 있다. 이들은 타인에게 칭송받고 싶은 갈망으로 들끓는다(하지만 굳이 사랑받고 싶은 생각은 없다. 원하는 것은 타인의 찬양이기 때문이다). 또한 특별한 대접을 받기 원하며 비판에는 매우 거칠어진다. 그리고 첫인상은 무척 호감이 가지만 그것을 유지하기는 힘들다. 심리학자 딜로이 폴허스(Delroy Paulhus)가 피실험자들에게 서로를 평가해달라고 요청하자 나르시시스트는 대부분 사람들이 가장 호감을 표하는 인물로 꼽혔다. 하지만 그것은 처음 몇 차례 만남에서뿐이었다. 몇 달이 지난 후 이들은 대부분 최하위권으로 밀려났다.[7] 신이 주신 선물은 이 세상에서 유지하기 힘든 모양이다.

대부분의 심리학 연구를 살펴보면, 나르시시즘이 최근 몇십 년간 특히 미국 젊은이들 사이에서 크게 증가했다[8]는 것을 알 수 있다. 대학교수들은 요즘 학생은 공부는 하지 않고 좋은 학점을 기대한다며 불만을 터뜨린다. 고용자들도 젊은 사원이 마땅한 대가를 치르지 않고 빠른 승진을 기대한다며 불평한다. 이러한 나르시시즘 경향은 네이선 디월(Nathan DeWall)의 연구 팀이 지난 30년간의 노래 가사를 분석한 연구를 통해 더욱 명백하게 드러났다.[9] '나는(I)' 혹은 '나에게/나를(me)' 같은 단어가 들어간 유행가가 아주 보편적이 되었다는 것이다. 휘트니 휴스턴의 〈가장 위대한 사랑〉은 2008년 〈지금까지의 존재 중 가장 위대한 남자(The Greatest Man That Ever Lived)〉라는 타이틀의 자전적 가사를 쓰고 노래한 위저(Weezer)의 리드 보컬 리버스 쿼모(Rivers Cuomo) 같은 뮤지션에 의해 새로운 전기를 맞았다고 할 수 있다.

이러한 나르시시즘의 광범위한 파급은 아이들의 자존감 운동에서 골칫거리로 전락하고 있는데, 당분간 변화가 있을 것 같지는 않다. 자존감이 자라나는 아이들을 성공적이고 정직하고 바람직한 시민으로 만들어주지 않는다는 증거가 있음에도 그 운동이 지속되고 있기 때문이다. 너무나 많은 부모와 학생 그리고 교육가들이 아직도 자존감이라는 손쉬운 약속에 유혹을 느낀다. 버지니아 대학교의 포사이스 교수가 가르치는 학생들처럼 과제가 어려워지면 자존감 강한 학생들은 때때로 거기에 더 이상 신경을 쓰지 않기로 결정한다. 자신들이 얼마나 멋진지를 알아봐주지 않는 것은 그 사람의 문제이기 때문이다.

뛰어난 아시아인

젊은 미국인들에 대한 심리학적 연구에서 관찰된 나르시시즘과 관련해 하나의 뚜렷한 예외적 경향이 발견되었다. 그것은 바로 젊은 아시아계 미국인에게는 나르시시즘이 나타나지 않는다는 사실이었다. 이는 아마도 이들의 부모 세대가 자존감 운동의 영향을 덜 받은 것과 더불어 자기 훈련에 익숙한 문화적 전통을 지녔기 때문일 것이다. 아시아 일부 문화권에서는 일찍이 미국이나 다른 서구 문화권에 비해 자기 절제라는 덕목의 중요성이 강조되었다. 중국의 부모나 유치원 교사들은 일찍부터 아이들에게 화장실 훈련을 비롯한 여러 기본적인 본능 제어 학습을 시킨다. 어떤 연구에 의하면, 평균적으로 중국의 만 2세 유아는 미국의 만 3~4세 유아에 해당하는 조절 능력을 갖도록 교육받는다.

중국 유아와 미국 유아의 차이는 자연적 욕구를 참는 실험에서 더욱 명백하게 드러난다.[10] 한 실험에서는 유아들에게 여러 장의 그림을 보여주며 달 그림이 나올 때마다 '낮'이라 말하고, 해 그림이 나올 때마다 '밤'이라고 말하게 했다. 또 다른 실험에서는 유아가 흥분했을 때 속삭이는 것을 자제하도록 시키고 '사이먼 가라사대(Simon says) 게임(아이들 놀이의 하나. 'Simon says…'라고 말한 지시문에 맞는 행동을 해야 함—옮긴이)'을 하도록 했다. 이 게임과 실험에서 중국의 만 4세 유아는 같은 또래 미국 유아에 비해 일반적으로 더 나은 모습을 보였다. 중국 유아의 우월한 자기 절제력은 부분적으로는 유전자가 그 요인일 수 있다. 중국 어린이들은 미국 어린이에 비해 유전적으로 ADHD(주의력 결핍 과잉 행동 장애) 인자가 훨씬 희박하다는 연구 보고도 있다. 하지만 중국과 다른 아시아권의 문화적 전통이 자기 훈련에서 중요한 역할을 하는 것은 의심할 여지가 없다. 또 이러한 아시아계 미국인 가정의 전통이 자녀들의 낮은 나르시시즘적 경향과 높은 성공률에 영향을 미치고 있음이 틀림없다. 아시아계 미국인은 미국 인구 중 4퍼센트에 지나지 않지만 스탠퍼드나 컬럼비아·코넬 같은 명문 대학교의 전체 학생 중 25퍼센트를 차지한다. 이들은 다른 인종의 학생들보다 졸업할 가능성이 많으며, 평균적인 미국인보다 25퍼센트 많은 월급을 받을 가능성이 높다.

이들의 성공으로 아시아인은 미국인이나 유럽인에 비해 지적 능력이 뛰어나다는 일반적인 개념이 생기기도 했지만, 제임스 플린(James Flynn)은 이들의 성취를 다른 측면에서 설명한다. 플린은 IQ 연구를 다시 한번 꼼꼼하게 확인해보고, 중국계 미국인이나 일본계 미국인의 IQ 점수가 유럽계 백인종과 거의 비슷하다는 결론을 내렸다. 오히려 아시아계 미국인의 IQ[11]가 편차가 크긴 하지만 평균적으로 약간 낮다는 것이 밝혀졌다. 여기서 커다란 차이점은 아시아계 미국인은 자신들의 지적 능력을 훨씬 더 잘 활용한다는 점이다. 플린이 말하는 의사나 과학자, 회계사 같은 이른바 전문 직업군에 속한 사람은 대체로 특정한 한계점보다 IQ가 높다. 백인 미국인의 한계점은 IQ 110 정도인데, 중국계 미국인은 한계 IQ 103으로도 같은 부류의 전문직을 얻는 데 성공했다. 게다가 IQ 지수가 한계점을 상회하는 사람 중 중국계 미국인이 실제로 전문직에 종사할 확률은 상당히 높다. 이는 IQ 지수 103이 넘는 중국계 미국인이 전문직에 종사할 가능성이 IQ 지수 110이 넘는 백인 미국인보다 더 높다는 뜻이다. 이런 패턴은 일본계 미국인에게도 유사하게 나타났다. 자기 절제력—열심히 공부하고, 부지런하고, 꾸준하고, 책임감 있는 태도—때문에 동아시아 이민 가정의 자녀들은 IQ 지수가 높은 미국 가정의 자녀들만큼이나 우수한 학업 성적을 보여준다.

　노스캐롤라이나로 이민해 두 딸을 키운 한국 출신의 김씨 부부 가족에게 차후의 보상이라는 주제는 상당히 친숙하다고 볼 수 있다. 두 딸 수와 제인[12]은 외과 의사와 변호사로 성공했으며, 아시아 부모들의 양육 기술과 성취를 묘사한 《반에서 최고(Top of the Class)》라는 책을 공동 저술해 출간하기도 했다. 책에는 이들의 부모가 두 살도 채 되기 전에 글자를 가르친 이야기와 슈퍼마켓에서 아무리 징징거려도 절대 사탕을 사주지 않던 엄마에 대한 이야기가 나온다. 아이들이 단것을 사달라고 조르기도 전에, 즉 슈퍼의 계산대에 닿기 전에 수와 제인의 엄마는 다음 주에 책 한 권을 읽으면 그다음 쇼핑 때에는 사탕을 사주겠다고 미리 말하곤 했다. 훗날 수가 대학에 입학한 다음 저렴한 중고차를 한 대 사달라고 하자 부모는 거절하는 대신 의대에 들어가면 새 차를 사주겠다고 제안했다. 김씨 부부는 실제로 딸들에게 물질적인 혜택을 베풀었지만 각각의 선물은 값어치 있는 성취에 대한 일종의 보상으로 주어진 것이다.

많은 아시아계 미국인의 성공 이야기는 발달심리학자들로 하여금 올바른 부모 역할에 대한 그들의 이론을 재고하는 계기가 되었다. 발달심리학자들은 자녀의 감정은 그다지 고려하지 않고 융통성 없는 목표와 엄격한 규칙을 설정하는 부모의 '권위주의적' 스타일에 반대해왔다. 그 대신 부모에게 한계를 정해놓되 자율적이고 자녀의 욕구를 중시하는 '권위 있는' 스타일을 추구하라고 조언했다. 이처럼 따뜻하고 배려 있는 방식을 사용하면 권위주의적 가정에서 성장할 때보다 적응력과 자신감이 넘치고, 학습이나 사회적 측면에서 더욱 우수한 인재가 배출되리라 예상했다. 하지만 루스 차오(Ruth Chao)를 비롯한 심리학자들은 아시아계 미국인 가정을 연구한 결과, 많은 부모가 상당히 엄격한 규칙과 목표를 설정한다는 사실을 알 수 있었다. 이민자 부모나 자녀들은 이러한 양육 방식을 억압이라기보다는 헌신이라고 생각하는 경향이 강했다. 중국계 미국 부모들은 유교적 개념인 '단련하다'란 의미의 '교순(敎順)', '다스리다' 혹은 '사랑하다'란 의미의 '관(管)'을 따라 자녀들에게 자기 절제 의식을 키워주려는 경향이 강하다.[13] 미국인의 기준에서는 이들 부모가 너무 차갑고 완강해 보이겠지만, 이들의 자녀는 학교 안팎에서 나날이 발전하고 있다.

아시아계 미국인 부모와 유럽계 미국인 부모의 대조적인 육아 방식은 로스앤젤레스 지역에 대한 연구에서 잘 드러난다.[14] 자녀들의 학업 성취를 위해 부모가 해야 할 일이 무엇인지 질문하자, 중국에서 이민 온 엄마는 대부분 높은 목표를 세우고 어려운 기준을 제시하며 집에서 좀 더 공부하도록 시킨다고 답했다. 반면 유럽계 미국 토박이 엄마들은 자녀를 심하게 압박하지 않는 것을 원칙으로 삼았으며, 학업에 크게 중점을 두지 않았다. 유럽계 미국인 부모는 바로 이 점을 가장 중요한 특징으로 내세웠다. 즉 자녀들의 사회적 발전을 강조하고 '배우는 즐거움'과 '너무 애쓰지 않는 것'에 중점을 두었다. 또 다른 미국 토박이 엄마들의 관심사는 자녀의 자존감을 고취하는 것이었다. 반면 중국 엄마들이나 '중국식 자녀 교육'을 자신의 책《타이거 마더(The Battle Hymn of the Tiger Mother)》를 통해 열렬히 변호한 에이미 추아(Amy Chua)[15]는 이런 주제에 전혀 관심을 보이지 않았다.

추아의 자녀 양육법—푹 재우지 않기, 아이들과 놀아주지 않기—은 우리가 보기엔 지나치게 극단적이며, 특히 세 시간씩 바이올린 레슨을 강요한 부분은 더욱 그렇다. 하지만 우리는 자존감 운동이 안고 있는 문제점을 직시한 그녀의 관점에 찬사를 보낸다. "미국 부모가 자녀들에게 가장 쉬운 과제에조차 칭찬을 퍼붓는 것을 볼 때—연필로 아무렇게나 선을 그린다거나 막대기를 흔드는 것조차도—나는 중국 부모가 서양 부모에 비해 두 가지 면에서 낫다고 생각한다. 그 하나는 아이들의 꿈을 높이 설정하는 것이고, 두 번째는 자녀들의 높은 성취 능력에 대한 믿음이 있다는 점이다." 추아가 선택한 최선의 전략—분명한 목표를 정하고, 규칙을 적용하고, 실패를 벌하고, 뛰어난 행동에 보상을 주는 것—은 사실 〈내니 911〉에서 데버러 캐롤(Deborah Carroll)이 미국 가정의 아이들을 다루는 방식과 그리 다르지 않다. 데버러는 '공포의 작은 집' 일화에서 소개한 폴의 진짜 골치 아픈 자녀 같은 아이들을 다루는 '전 세계 최상급 유모 팀'에 속한 유모다. 미국 아이들을 다룰 때는 무엇보다 웨일스에서 보낸 자신의 어린 시절을 참고한다며 데버러는 이렇게 말한다.

"내가 학교에 다닐 때는 금상이나 은상을 받는 게 정말로 어려운 일이었지요. 내가 뭔가를 정말로 열심히 해서 성취감을 얻는 것은 아주 중요한 일이었죠. 내가 할아버지 서츠를 다려드리면 할머니보다 잘 다렸다며 꼭 용돈을 주시곤 했는데, 그 성취감을 잊을 수 없어요. 자존감이란 그저 네가 가장 멋지다는 칭찬이 아닌, 그런 성취감에서 우러나온답니다." 에이미 추아나 노스캐롤라이나 김씨 부부의 딸들 그리고 수많은 아시아계 미국인 이민자처럼 내니 뎁(Nanny Deb)도 스스로 심리과학협회의 연구자 팀과 같은 결론에 도달했다. 즉 자존감은 잊고 자기 절제에 노력하라는 것이다.

내니 뎁과 세쌍둥이

캐롤이 세인트루이스 근교에 있는 폴의 집에 도착했을 때, 그녀는 벽을 기어오르고, 마루에 침을 뱉고, 가벼운 가구에 매달려 그네를 타는 비디오 속 골치 아픈 아이들에 대해서는 별로 걱정하지 않았다. 사실 네 살짜리 아이들을 다루는 것은 쉽지 않다. 더구나 하나도 아닌 셋이 정신없이 뛰어다닐 때는 더욱 골치 아플 수밖에 없다. 하지만 수많은 끔찍한 미국인 가정을 거친 캐롤에게 그 정도 문제는 특별히 까다로운 게 아니었다.

"이런 가정의 아이들은 사실 다루기가 무척 쉬워요. 아이들이 원하는 것은 틀이지요. 안전한 틀을 필요로 하고 '내가 돌봐주겠어. 앞으로는 괜찮을 거야'라고 말해주는 누군가를 원하는 거랍니다. 그보다 부모를 바로잡는 것이 더 어려워요. 아이들을 컨트롤하기 위해서는 스스로를 컨트롤하는 것부터 배워야 하니까요."

캐롤은 18세에 전문적인 유모가 된 이후 이런 유형의 부모를 수없이 많이 겪었다. 런던에서 처음 유모가 되었을 때, 캐롤은 영국인과 결혼한 미국인 엄마가 있는 가정에서 일했다. 그런데 아이가 날뛸 때마다 엄마는 어떻게 해야 할지 모른 채 당황했다. 캐롤은 그때 일을 이렇게 회상한다. "아이는 기분이 안 좋으면 말 그대로 테이블 위에 올라가 데굴데굴 굴렀죠. 그러면 엄마는 '거긴 정말 안 좋은 곳이야, 아가'라고 말하곤 했죠. 사실 아이들이 보채는 건 잘못된 게 아니라 자연스러운 일이에요. 우리가 하는 일은 그것에 다른 방식으로 대처하는 것이죠."

폴 부부는 영국에서 만난 미국인 엄마처럼 무르지는 않았지만 훈육 부분에서는 마찬가지로 무력했다. 아빠인 팀은 집에 돌아와 거실이 장난감으로 뒤덮인 것을 보고는 하키 스틱을 들더니 장난감을 모조리 옷장에 집어넣었다. 짓궂게 행동하는 어른들에게 익숙한 스튜어디스 출신 엄마 신디는 세쌍둥이의 기세에 눌려 아이들 스스로 장난감을 치우거나 옷을 입게 하는 일조차 못했다. 캐롤이 아이들에게 양말을 신으라고 하자—유치원에 갈 나이의 아이들에게는 그리 힘들지도 않은 일—세쌍둥이 중 하나인 로렌은 부엌에 있는 엄마한테 달려갔다. 그러고는 히스테릭하게 울부짖으며 엄마에게 매달려 양말을 신겨달라고 졸랐다.

신디는 이렇게 말한다. "정말 답답해요. 적어도 30분은 떼를 쓸 거예요. 한동안은 정말 괴롭죠. 로렌은 한 번 시작하면 끝도 없이 칭얼거리며 조르거든요. 그러면 나도 정신을 잃고 집중력이 떨어져서 아무한테나 소리를 치고 결국은 아이들을 곧장 침대로 보내버리게 되죠."

이번에도 평소와 다름없이 아이가 이겼다. 신디는 결국 로렌의 양말을 신겨주었고, 캐롤은 그 모습을 언짢게 바라보았다. 캐롤은 신디에게 이렇게 말했다. "4년 반 동안 로렌은 줄곧 이렇게 멋대로 굴었고, 부인은 애가 하는 대로 내버려두었어요. 그럼 로렌이 초등학교 2학년이 되어 수학 공부를 하기 싫다고 떼를 쓰면 어떻게 하실 거예요?"

이런 장면을 보고 있노라면 과거 부모가 아이들 때리는 것을 의무로 생각했다는 사실을 믿을 수가 없다. "회초리를 아끼면 자식을 망친다." 이는 과거의 전형적인 충고였고, 버릇없는 아이의 모습은 잘못된 자녀 교육의 핵심으로 여겨졌다. 청교도 성직자 코튼 매더(Cotton Mather)는 더 직설적으로 표현했다. "망치는 것보다는 매질이 낫다."[16] 우리는 여기서 아이의 엉덩이를 때리거나 회초리 드는 것을 옹호하려는 게 아니다. 하지만 부모가 훈육 주체로서 자신의 역할을 되찾아야 한다고 생각한다. 그렇다고 자녀를 심하게 다루거나, 아이들에게 감정적으로 대응하거나, 가혹한 체벌을 하라는 것은 아니다. 그저 아이들의 행동을 천천히 관찰하고 그에 맞는 적절한 상벌을 내리는 게 필요하다는 것이다.

아이를 밖으로 쫓아내는 처벌이건 10대 자녀가 운전하는 것을 금지하는 처벌이건 부모가 반드시 지켜야 할 세 가지 기본 원칙이 있다. 바로 엄격함과 민첩성 그리고 일관성이다. 많은 사람이 엄격한 훈육을 가혹한 처벌과 연결시키지만, 사실 이는 세 가지 원칙 중에서 가장 덜 중요한 것이다. 연구자들은 가혹한 처벌이 문제 해결에 예상 외로 효과적이지 않을뿐더러 오히려 역효과를 낼 수 있다고 말한다. 가혹한 처벌은 미덕을 가르치기보다 아이들에게 인생이란 잔인하며 폭력도 정당화할 수 있다는 가르침만 줄 뿐이다. 아이들과 동물을 대상으로 한 실험에서는 오히려 처벌 속도가 훨씬 더 중요한 요소로 밝혀졌다. 연구실 쥐에게 시행착오를 통해 학습을 시키려면 즉각적으로 처벌해야 하는데, 가능한 한 잘못된 행동을 한 지 1분 이내가 좋다. 아이들에게는 그렇게까지 빠른 속도로 처벌할 필요는 없지만, 처벌이 늦어지면 늦어질수록 자기 잘못과 그때의 심리 상태를 망각해버릴 가능성이 크다.

부모에게 가장 어렵고 중요한 처벌의 원칙은 일관성이다. 이상적으로 볼 때, 부모는 아이들이 잘못할 때마다 신속하지만 차분하고 부드러운 태도로 처벌하는 것이 좋다. 엄격한 몇 마디를 신중하고 규칙적으로 아이들에게 해주는 것만으로도 때때로 효과는 충분하다. 이런 방식은 처음에는 아이들보다 부모에게 더 부담스러울 수 있다. 부모는 피곤할 때나 모든 이들이 재미난 시간을 보내고 있을 때, 분위기를 망치지 않기 위해 아이들의 잘못된 행동을 모른 척하거나 용서로 얼버무리는 경우가 많다. 아니면 아이들을 부드럽게 대하는 것이 좋다며 스스로의 행동을 정당화할 수도 있다. 아니면 부모끼리 서로 아이를 관대하게 대하자며 잘못을 눈감아주기로 합의할 수도 있다. 하지만 부모가 처음부터 엄격함을 유지한다면 장기적으로는 힘이 덜 든다. 지속적인 훈육이 올바른 행동거지를 유지하도록 만드는 경향이 있기 때문이다.

신디 같은 부모는 아이를 훈련하는 것을 가슴 아파하지만, 유아와 부모를 오랜 시간 연구해온 심리학자 수전 올리어리(Susan O'Leary) 같은 이들은 간단하고 침착하고 일관성 있게 꾸짖는 것에 대해서는 아이들도 좋게 반응한다고 말한다. 부모가 일관성 없이 하나의 잘못을 봐주고 나면, 다음번 잘못에 대해서는 더 큰 처벌을 하는 것으로 보상하려는 경향이 있다. 이때 부모의 자기 절제력이 필요하다. 기분 좋을 때는 아이들에게 친절하다가도 화가 나거나 심한 잘못을 했다고 생각될 때는 무서운 처벌을 하는 것이다. 이것이 자녀들의 관점에서 어떻게 받아들여질지 생각해보라. 어느 날은 아이가 영리하다며 모든 어른이 재미있게 웃는다. 그런데 다른 날에는 비슷한 얘기를 했는데도 한 대 쥐어 박히거나 소중히 여기는 물건을 빼앗기기도 한다. 자기 행동에는 차이가 거의 없거나 조금밖에 없는데도 어느 날은 아무런 처벌도 받지 않고, 또 어떤 날은 심한 질책을 받는다. 이럴 때 아이들은 불공정에 대해 적개심을 느낌과 동시에 자신이 얼마나 바람직하게 행동하는지보다 잘못된 행동을 들켰는지 여부 혹은 부모의 기분이 어떤가가 더 중요하다고 생각한다. 이를테면 레스토랑 같은 곳에서는 부모가 다른 사람의 시선을 의식해서 야단치지 않으므로 예의를 지키지 않아도 된다고 생각할 수 있다.[17]

캐롤은 말한다. "부모는 사람들 앞에서 아이를 교육하는 것에 어려움을 겪어요. 다른 사람이 자신들을 평가한다고 느끼기 때문이죠. 사람들이 나쁜 엄마라고 말할까봐 두려워하고요. 하지만 그런 생각을 머리에서 지워야 해요. 버릇없이 행동하는 아이를 레스토랑에서 끌고 나오면 사람들이 쳐다보겠지만, 그런 건 신경 쓰지 말아야 해요. 아이들에게 옳은 행동이 무엇인지 보여주는 일관성 있는 태도가 정말로 중요하기 때문이죠. 아이들은 무엇이 옳고 그른 행동인지를 구별하면서 성장할 필요가 있어요."

캐롤이 이런 일관된 교육 태도를 폴의 가정에 도입하면서 기적 같은 일이 일어났다. 약속했던 일주일이 지날 무렵, 세쌍둥이는 스스로 침대를 정리하고 장난감을 치우기 시작했다. 로렌은 자랑스럽게 스스로 양말을 신었다. 부모는 평화를 찾았고, 행복해 보였다. 적어도 TV 프로그램 속에서는 일상적인 혼란이 축복으로 바뀌었다. 그렇지만 캐롤과 카메라가 물러가고 난 이후에도 이런 교육 방식이 정말로 효과가 있을까? 우리는 그때부터 6년이 지난 2010년 다시 폴의 가족을 찾아갔다. 신디는 그때의 실험이 성공했다고 단언했다. "우린 더 이상 커다란 문제 없이 지내고 있어요." 그러면서 TV 속의 악명 높았던 골칫거리들이 이제는 학업도 우수하고 학교에서 다른 학생들을 이끄는 훌륭한 아이들로 성장했음을 알려주었다. 집에서도 아이들은 여전히 각자 맡은 집안일을 했다.

"캐롤이 올 때까지는 아이들이 집안일을 스스로 할 수 있을 거라고 생각도 못했어요. 아이들에게 그런 일을 시키는 게 무리라고 생각한 거죠. 하지만 애들에겐 무엇을 해야 할지 보여주는 틀과 지침이 필요했어요. 부모가 '얼른 가서 네 방을 치워!'라고 말하는 것은 쉽지만, 그것은 아이에게 전혀 도움이 되지 않아요. 그냥 벽을 쳐다보고 있으라고 말하는 거나 마찬가지예요. 아이들과 함께 가서 무엇을 어떻게 해야 할지 정확하게 보여줄 필요가 있어요. 예를 들면, 옷을 어떻게 개서 어느 옷장에 넣는지를 확실하게 보여주는 거죠." 간혹 부모가 도와주길 바라긴 했지만, 아이들은 이내 그런 일을 스스로 처리했다.

부모 또한 아이들을 위해 뭐든 해주던 과거의 습관으로 돌아가려는 경향을 자제해야 했다. "간혹 식탁에 시리얼 그릇이 그대로 놓인 걸 보면 가져다 씻고 싶은 충동이 들어요. 아이들을 찾아서 시키는 것보다는 내가 씻는 게 편하니까요. 하지만 애들이 어디 있건 데려다가 자기 그릇은 스스로 개수대에 가져다놓게 하는 원칙을 지키려고 노력해요. 이때가 바로 나 자신에게 자기 절제가 필요한 순간이죠."

이 시점에서 부모를 위해 던지는 익숙한 질문이 있다. 당신은 어떻게 자기 절제에 성공하고, 그것을 유지하는가? 신디가 관찰한 것처럼 자신도 모르는 사이에 원칙을 잊을 때가 많은 일상 속에서 어떻게 침착하고 일관되게 아이들을 훈련시키는가? 대답은 다시 한번 목표와 기준의 설정이라는 문제로 돌아간다.

아기와 뱀파이어를 위한 규칙

아이들은 규칙을 읽고 자기 일을 스스로 시작하기 전부터 자기 절제를 배울 수 있다. 퍼버 메서드(Ferber Method: 리처드 퍼버 박사가 아기의 수면 문제를 해결하기 위해 고안한 방법. 아기가 외부의 도움을 받기 전에 미리 설정된 시간만큼 울게 놔두어 스스로 진정하게 하는 '아기 훈련'을 말한다—옮긴이)라는 빅토리아 시대의 육아 방법에서 차용한 기술을 적용해본 부모에게 물어보라. 잘 시간에 아기들이 엄마를 찾으면서 울 때 부모는 본능에 반해 우는 아이를 무시해야 한다. 아기를 얼마간 울도록 내버려둔 다음 달래주고, 또 얼마 동안 울도록 하는 것이다. 이런 과정을 반복하면 아기는 울음을 조절할 수 있고 부모 없이도 혼자 잠들 수 있다. 물론 아기가 목이 터져라 우는 것을 외면하는 것은 부모로서 대단히 힘든 일이지만, 아기는 대체로 울지 않고 혼자 잠드는 습관을 빠르게 익힌다. 일단 아기가 이런 자기 절제를 하게 되면 모든 사람이 편안해진다. 아기는 잠잘 시간이나 혼자 밤중에 깨었을 때 더 이상 불안해하지 않고, 부모도 더 이상 잠 못 들거나 아기 침대 옆을 서성거리지 않아도 된다.

우리는 이런 방식을 수유에 성공적으로 적용한 부모를 보았다. 우는 아기에게 곧바로 젖이나 우유병을 물리는 대신 아기에게 알았다는 신호를 보낸 다음 얼마 후 젖이나 우유병을 물리는 것이다. 물론 처음에는 우는 아기를 무시하는 것이 힘들고 어떤 부모에게는 그런 시도를 하는 것조차 잔인하게 느껴질 수 있다. 하지만 일단 아기가 자지러지게 울지 않아도 먹을 수 있다는 것을 배우면 아기와 부모 모두 동시에 편해질 수 있다. 아기는 스스로 조절할 힘이 있고 어떻게 행동하는 게 바람직한지 배우며, 자랄수록 행동에는 결과가 따른다는 사실을 깨닫는다.

거의 모든 전문가는 어린이에게 분명한 규칙이 필요하며, 그 규칙에 따른 책임감을 기르는 것이 건강한 성장에 핵심적인 요소라고 입을 모은다. 하지만 규칙은 어린이들이 잘 알고 이해할 수 있을 때 의미가 있으며 분명할수록 좋다. 캐롤은 '집 안에서의 규칙'을 전달하는 모임을 열고, 아이들의 방에 각각 해야 할 집안일을 적은 리스트를 붙여놓고, 그 옆에 점수 매기기용 나무 막대를 세워둔다. 아이들이 스스로 침대나 방을 치우고 식기를 씻으면 나무 막대에 색깔 있는 고리를 한 개씩 던져 넣게 하는 것이다. 고리를 하나씩 얻을 때마다 아이들에게 TV 보기나 게임을 허락하는데, 하루에 최대 한 시간 정도의 보상을 준다. 만약 아이들이 잘못된 행동을 하면 처음에는 경고를 주고, 그럼에도 계속 잘못할 때는 부모가 준 고리를 하나 치운다.

이런 규칙을 일관성 있게 적용하려면 서로 무슨 일을 해야 하는지 알 수 있도록 부모가 아이 돌보는 사람과 유기적으로 협력해야 한다. 보상과 처벌 시스템은 일찍부터 설정하는 것이 좋고, 아이에게 그 이유를 정확하게 설명해야 한다. 성장한 아이들에게는 목표가 무엇인지 물어보는 것이 필요하다. 목표를 확인한 다음에는 집안일을 하면 용돈을 준다거나 추가로 일할 때는 보너스를 주는 방법 등으로 올바른 보상을 해줌으로써 아이가 목표에 도달할 수 있도록 도움을 주는 것이 좋다. 하지만 이러한 금전적 보상이 가치가 있으려면 부모 스스로 자제할 줄 알아야 한다. 딸 수가 원하는 차를 의대에 들어간 다음에야 사준 김씨 부부를 생각해보라. 암청색 도요타 터셀(Tercel)은 당신에겐 꿈에 그리던 차가 아닐지 모르지만 수에게는 너무나 소중했다. 수는 그 후 몇 년 동안 애지중지 그 차를 사용했다. 결국 수명이 다 되어 폐차할 때가 되자 수는 상심해서 울기까지 했다. 터셀을 손에 넣기 위해 엄청나게 노력한 터라 수에게는 그 차가 무엇보다 소중했던 것이다.

여섯 살쯤 되면 아이들은 저축에 대해 배울 기회가 있지만 실제로 실천하기는 쉽지 않다. 심리학자 아네트 오토(Annette Otto)는 어린이들이 즐기는 놀이를 관찰하면서 그 애들이 사고 싶어 하는 장난감을 위해 돈을 모으긴 하지만, 장난감 가게로 가는 동안 다른 유혹에 빠져 돈을 써버리는 것을 보고 저축이 쉽지 않다는 것을 확인했다.[18] 대부분의 6세 어린이는 게임 초기에 돈을 다 써버리고 장난감 살 돈이 충분치 않다는 것을 뒤늦게 깨닫곤 한다(그러곤 저축을 아예 포기해버린다). 이와 대조적으로 9세나 12세 이상의 아동은 일단 목표로 삼은 액수를 저축한 다음, 남은 돈을 다른 용도로 소비하는 경우가 많다. 이러한 미래 지향적 태도를 고취하기 위해 부모는 아이들에게 통장을 만들어주거나 일정한 목표를 정하고 그에 따라 보상하는 것이 좋다. 연구 결과에 따르면, 통장을 가진 어린이가 성장해서 저축할 확률이 더 높다[19]고 한다. 부모와 함께 돈 문제를 의논하는 아이들도 마찬가지다.

어떤 부모는 아이가 좋은 성적을 받으면 현금으로 보상한다. 또 어떤 부모는 아이들이 해야 할 당연한 일에 보상하는 것을 반대한다. 이러한 보상과 관련해 가장 강력한 논쟁은 심리학자들이 과잉 정당화 효과(over-justification effect)[20]라고 일컫는 것으로서 요컨대 보상 때문에 놀이가 일로 변한다는 것이다. 더 정확하게 말하면, 좋아하는 일에 대해 보상을 받기 시작하면 그 일을 돈을 벌기 위한 노동으로 간주한다는 것이다. 이 논리대로라면, 성적에 대한 보상이 배움에 대한 아이들의 고유한 즐거움을 반감시키지 않을까?

우리는 이 논리에 찬성할 수 없다. 첫째, 성적에는 이미 외부적 보상의 성격이 있다. 여기에 금전적 보상이 따른다 해서 배움에 대한 고유한 즐거움과 과잉 정당화 효과 사이의 관계가 변화하지는 않는다고 본다. 둘째, 돈을 벌기 위해 일을 잘하는 것은 성인에게 중요한 요소이므로 성적을 잘 받아서 돈을 받는 것도 어찌 보면 성인이 되기 위한 준비 과정일 수 있다. 성적을 위해 돈을 받다 보면 배움에 대한 개인적 열정이 다소 없어진다 하더라도 위의 사실은 변하지 않는다(솔직히 말해, 우리도 연구 과정을 즐기긴 하지만 배움에 대한 즐거움이 하나의 동기로서 지나치게 과대평가된 것은 아닌지 의심스러울 때가 있다). 돈은 가치를 상징한다. 특히 돈이 뛰어난 성취와 연관되면 성적에 대한 금전적 보상은 돈이 사회와 가족 그리고 학교에서 갖는 가치를 인식시키는 역할을 한다.

학교 다니는 아이에게 일상적으로 돈을 주면 보상 없이는 학교에 다니고자 하는 열의를 감소시킬지 모른다는 점에 동의한다. 하지만 특별한 노력이나 성취에 금전적으로 보상하는 것이 무슨 문제란 말인가? 성적에 따른 금전적 보상에 관한 실험 결과는 약간 혼란스럽다.[21] 어떤 경우에는 보상 때문에 학업이 별로 나아지지 않았고, 또 어떤 경우에는 보상이 현저히 효과적인 것으로 나타났다. 가정에서 이것을 실험한다고 해서 나쁠 것은 없다고 생각한다. 물론 금전이 아닌 다른 형태의 보상도 좋다. 단, 기억해야 할 것은 자기 절제를 가르치고 싶다면 어떤 보상이든 일관성 있게 해야 한다. 좋은 성적을 받았다고 해서 무턱대고 돈을 쥐어주는 것은 삼가야 한다. 대신 미리 목표를 설정해두는 것이 좋다. 예를 들어, A 학점에는 얼마를 주고 B 학점에는 얼마, C 학점에는 얼마 하는 식으로 정해두는 것이다. 아이가 어리다면 보상액을 미리 정해주는 것이 좋겠지만, 좀더 나이가 들었을 때는 보너스와 벌점에 대해 합의한 일종의 계약서를 만드는 것도 좋은 방법이다. 아이들이 성장하면서 그 규칙이나 보상은 달라지겠지만, 교육 시스템을 일정하게 정해두는 것이 중요하다. 이것은 아이들이 10대에 가까워지면서 다루기 힘들어질 때에도 일관되게 적용해야 한다.

청소년기의 문제는—부모의 관점에서 보면—성인과 같은 욕구와 충동을 느끼지만, 자기 절제력은 아이 수준에 머물러 있는 데서 발생한다. 생물학적으로 성장함에 따라 아홉 살이나 열한 살 때의 균형이 깨지고 새로운 성적·공격적 충동이 생겨나서 자극적인 새로움을 추구하는 경향이 생긴다. 그러다 어느 시점이 되면 10대도 자신들에게 도움이 필요하다는 사실을 깨닫는다. 이는 소설 《트와일라잇(Twilight)》이 10대 청소년에게 수백만 권이나 팔린 이유와 무관하지 않다. 이 책에서 뱀파이어인 에드워드와 10대 소녀 벨라는 서로를 사랑하게 될 경우 벨라의 인간성은 물론 목숨까지도 잃게 된다는 사실을 알고 있다. 그리하여 이들은 힘겨운 투쟁을 한다.

에드워드: 벨라, 그만 자자.

벨라: 싫어. 네가 한 번 더 키스해줬으면 좋겠어.

에드워드: 넌 내 자제력을 과대평가하는구나.

벨라: 뭐가 더 탐나? 내 피, 아니면 내 몸?

에드워드: 둘 다.[22]

이들의 고군분투는 동시대 라이벌 작가였던 제인 오스틴(Jane Austen)의 소설보다 더욱 명성을 날렸던 19세기 메리 브룬튼(Mary Brunton)의 《자기 절제(Self-Control)》나 《단련(Discipline)》 같은 로맨틱 소설[23]의 주된 소재이기도 했다. 19세기 농부들은 산업화된 도시의 자유가 아이들을 유혹한다고 불평했지만, 그러한 유혹은 오늘날 교외에서 벌어지는 파티의 유혹이나 인터넷에서 판치는 유혹에 비하면 점잖은 수준이다. 오늘날에는 뱀파이어가 될 위험이 없는 10대조차도 에드워드가 벨라에게 다음과 같이 말할 때 어떤 심정인지 잘 이해한다. "너랑 같이 있을 때, 절대로 자제력을 허물면 안 된다는 걸 난 알아."[24]

부모는 청소년이 적절한 자제력으로 충동을 억누를 수 있을 때까지 외부의 엄격한 규칙을 적용하는 불편한 임무를 감수해야 하며, 동시에 자녀를 성인에 가깝게 대접해야 하는 부담도 갖고 있다. 이때 최상의 타협이라면, 규칙을 만드는 데 10대 자녀의 의견을 충분히 반영하고, 새벽 2시에 들어오는 자녀를 불러 세워 규칙을 정하기보다는 차분하고 평화로운 때에 정하는 것이 좋다. 10대 자녀가 스스로 규칙 정하기에 참여하면 그 일을 부모 마음대로 정한 결과라기보다 자신의 개인적 목표로 간주하기 시작한다. 통금 시간을 정할 때도 자녀를 참여시키면 결정을 훨씬 존중하게 되고, 위반 시 그에 대한 책임도 질 것이다. 목표 설정에

10대 자녀가 참여할수록 다음의 자기 절제, 즉 스스로를 모니터링하는 단계로 나아가기가 쉽다.

방황하는 눈

스탠퍼드 대학교 근처의 어린이들을 대상으로 수행한 마시멜로 실험으로 유명해지기 전 월터 미셸은 트리니다드에서 일하는 동안 자기 절제에 대한 새로운 발견을 했다.[25] 그가 트리니다드로 간 이유는 인종에 대한 고정관념을 연구하기 위해서였다. 트리니다드 농촌 지역의 주요 인종은 아프리카인과 인도인이었는데, 이 두 인종은 서로에 대해 부정적이고 선입견을 갖고 있었다. 인도인은 아프리카인을 미래에 대한 계획이 없고 절약하기보다는 흥청망청 낭비하는 사람들로 보았으며, 아프리카인은 인도인을 삶에 대한 열정이 부족하고 즐거움을 모르는 구두쇠로 취급했다. 미셸은 이러한 고정관념을 실험하기 위해 양쪽 인종 집단의 아이들을 모아놓고 막대 사탕 두 개 중에서 하나를 선택하게 했다. 둘 중 하나는 크기뿐만 아니라 가격도 열 배나 비쌌다. 하지만 그것을 선택하면 일주일을 기다렸다 받을 수 있었다. 다른 막대 사탕은 싸고 크기도 작지만 당장 받을 수 있었다.

이 실험에서 미셸은 인종에 대한 고정관념과 어느 정도 부합하는 증거를 찾았지만, 그보다 더욱 중요하고 의미심장한 결과를 얻었다. 가정에 아빠가 있는 아이들이 이후의 보상을 훨씬 적극적으로 선택하는 경향을 보인 것이다. 대부분의 인종적 또는 민족적 변수는 이러한 요인으로 설명할 수 있었다. 왜냐하면 대부분의 인도 아이 가정에는 양쪽 부모가 있는 데 반해, 아프리카 가정은 엄마 홀로 자녀를 기르는 집이 상당수였기 때문이다. 미셸은 아프리카 가정 아이들에 대한 분석에서도 역시 아빠의 가치를 재발견할 수 있었다. 아빠와 함께 사는 아이 중 절반 정도가 차후의 보상을 선택한 것에 비해, 아빠 없는 가정의 아이 중에서는 이런 선택을 한 아이가 한 명도 없었던 것이다. 이와 비슷하게 아빠 없는 집의 인도 아이 중에서도 차후의 보상을 선택한 아이는 아무도 없었다.[26]

1958년 발표된 이러한 발견은 편부모 가정의 결점을 지적하는 것이 경력에 도움에 되지 않던 시대상과 맞물려 그 당시나 이후 몇십 년간 그다지 주목을 끌지 못했다. 대니얼 패트릭 모이니헌(Daniel Patrick Moynihan)은 그러한 주장을 펼쳐 거센 비난을 받기도 했다. 1960년대부터는 연방정책이나 사회적 가치의 변화, 이혼율의 급증 등으로 편부모 가정의 자녀가 급격하게 증가했는데, 보통은 편모 밑에서 자라는 경우가 많았다. 여기서 우리는 편모를 비하하려는 뜻은 전혀 없다. 이들의 고된 노력과 헌신을 폄하하려는 뜻도 전혀 없다. 하지만 미셸의 실험 결과와 같은 현상이 너무나 많이 발견되어 이러한 사실을 더 이상 무시할 수 없게 되었다. 물론 빌 클린턴이나 버락 오바마 같은 예외도 많지만, 편부모 슬하에서 자란 아이는 양쪽 부모 밑에서 성장한 아이에 비해 인생의 성취도가 낮은 경향이 두드러졌다. 다른 사회경제적 요인을 감안하더라도 양쪽 부모가 있는 가정에서 성장한 아이가 학교에서의 성적도 더 우수한 것으로 나타났다. 이 아이들은 건강하고 감정적으로도 유연한 것으로 밝혀졌다. 사회적 관계도 좀더 만족스럽고 반사회적인 행동을 하는 경우도 더 적었다. 좋은 대학에 갈 가능성이 더 크고, 감옥에 갈 가능성은 더 적게 나타났다.

이에 대한 그럴듯한 설명으로는 편부모 가정의 자녀가 자기 절제 면에서 유전적 불리함을 타고났다는 점을 들 수 있다. 엄마나 아빠가 가정을 버리고 도망갔다면 그(혹은 그녀)는 충동적으로 행동하기 쉽고 자제력이 떨어지는 유전자를 가졌을 가능성이 많다. 따라서 자녀가 그러한 유전자를 물려받았을 가능성도 많다. 어떤 연구자들은 이 이론을 확인하기 위해 아빠나 엄마가 가정을 버린 게 아니라 다른 이유로 떨어져 살게된 경우의 자녀들을 대상으로 연구를 수행했다(해외로 파견 근무를 나갔거나, 아이가 어릴 때 부모 중 한쪽이 사망한 경우). 예상했던 대로 그 결과는 중간이었다. 이들 자녀도 결점이 상대적으로 많기는 했지만, 부모한테 버림받은 아이들에 비해서는 그 문제의 정도가 크지 않았다. 따라서 이런 증거들로 볼 때 아이들의 성격은 유전적·환경적 요인의 결합으로 형성된다는 것을 알 수 있다.

유전자의 역할이 무엇이든 편부모 가정의 자녀에게 영향을 끼치는 명백한 환경적 요인이 있다. 즉 아이들을 지켜보는 눈이 적다는 것이다. 감시는 자기 절제에서 핵심적인 부분이며 양쪽 부모가 있을 때 아이들을 지켜보는 것은 더욱 쉬워진다. 편부모의 경우에는 중요한 일―식탁차리기, 아이들 건강 돌보기, 공과금 내기 등등―을 하느라 규칙을 만들고 적용하는 데 우선순위를 두지 못하기 쉽다. 하지만 부모가 다 있다면이런 일을 분담할 수 있으며 아이의 성격 형성을 위해 시간과 에너지를더 많이 투자할 수 있다. 60여 년 전에 시작된 연구 결과를 보면 지켜보는 어른이 많을수록 그 차이는 더욱 커진다.

1940년대 초 청소년 범죄를 예방하기 위해 상담사들은 한 달에 두 번

250명 넘는 소년의 가정을 방문했다. 이들은 가족과 가정 그리고 소년들의 생활을 관찰한 뒤 보고서를 작성했다. 연구를 시작할 당시 소년들은 평균 10세 정도였고, 16세 즈음에 연구를 종료했다. 그리고 수십 년이 지나 그 소년들이 40~50대가 되었을 때, 조앤 매코드(Joan McCord)라는 연구원은 그 보고서를 분석해 이들의 10대 때 경험과 성인이 된 후의 행동—특히 범죄 행동—을 비교해보았다.[27] 그 결과 10대 때 지켜보는 어른이 없다는 게 범죄 행동에 대한 가장 강력한 예측 요인으로 밝혀졌다. 상담사들은 당시 이들 10대의 학교 밖 행동이 어른에 의해 얼마나 자주 통제되는지 기록해놓았는데, 어른들의 관리 감독 아래 시간을 많이 보내면 보낼수록 나중에 형사상 · 민사상 범죄에 연루될 가능성이 적었다.

이런 관리 감독의 중요성은 시간이 지난다고 해서 없어지지 않는다. 최근 3만 5000명 이상을 대상으로 실시한 마리화나 사용에 관한 연구를 살펴보면, 불법 마약이 부모의 감독과 얼마나 큰 연관성이 있는지 알 수 있다.[28] 부모가 아이들이 어디에서 무엇을 하는지 어떤 아이들과 어울리는지 확인할 경우, 아이들이 불법 마약을 할 가능성은 그렇지 않은 부모의 아이들보다 훨씬 적었다. 또 최근 수행한 당뇨병 소아들에 대한 연구에서도 부모 감독의 다양한 이점이 증명되었다.[29] 부모가 10대 자녀들이 방과 후나 밤에 어디에서 무엇을 하는지, 또 어떤 친구와 어울리는지, 돈을 어떻게 쓰는지 파악하고 있을 때 10대들의 자기 절제력은 더욱 높아진다. 당뇨 제1형은 주로 유년기에 유전적 이유로 발생하는 경우가 대부분이지만, 자기 절제력이 강하고 부모가 엄격하게 감독하면 그렇지 않은 청소년보다 혈당 수치가 낮았다(따라서 당뇨 증세가 덜 심각하다).

실제로 부모가 아이들의 행동이나 친구, 소비 습관을 정확하게 파악하고 있으면 자기 절제력이 약하더라도 당뇨 증세를 줄일 수 있다.

아이들을 더 많이 지켜볼수록 자기 절제력을 키울 수 있는 기회는 커진다. 이는 앞에서 언급한 것처럼 아이들을 똑바로 앉게 한다거나, 올바른 문법을 구사해 말하는 습관을 들인다거나, '나'로 시작하는 말버릇이나 '예스' 대신 '예에'로 얼버무리는 말버릇을 고치는 등의 의지력 강화 훈련을 통해 지도할 수 있다. 자기 절제력을 발달시킬 수 있는 훈련이라면 사실상 무엇이든 상관없다. 음악 레슨이나 시 외우기 또는 식사 때 기도하는 예절을 가르치는 것도 괜찮으며, 비속어를 쓰지 못하게 하고 감사 메모를 자주 적게 하는 것도 좋다.

의지력이 커짐에 따라 아이들은 그것에 의존하지 않는 방법도 배워야 한다. 미셸의 마시멜로 실험[30]에서 많은 아이들은 유혹을 참기 위해 마시멜로를 똑바로 바라보며 스스로의 의지력을 강화하려 했다. 하지만 효과가 없었다. 금지된 마시멜로를 쳐다봄으로써 오히려 유혹이 커졌으며 의지력이 약해지자마자 마시멜로를 먹어치웠다. 그에 비해 마시멜로를 먹기 위해 15분 동안 기다리는 데 성공한 아이들은 주의력을 분산함으로서 유혹을 이겨냈다. 이 아이들은 귀를 막거나 등을 돌리거나 신발 끈을 만지작거리며 시간을 보냈다. 어떤 연구자들은 마시멜로 실험에서는 주의력을 통제하는 것이 중요하며 의지력을 강화하는 것은 중요하지 않다고 결론 내렸다. 하지만 우리는 여기에 동의하지 않는다. 물론 주의력을 통제하는 것은 중요하다. 하지만 주의력을 통제하기 위해서는 의지력이 필요하다.

이기기 위한 게임

반세기 이상 TV는 아이들을 화면 앞에 잡아두는 데 성공했고, 또 그만큼 아이들의 잘못된 행동에 따른 비난은 오롯이 TV 몫으로 돌아갔다. 우리는 일반적인 TV 때리기에 동참하고 싶지 않다. 수많은 아이가 TV를 보면서 유익한 것을 배웠기 때문이다. 하지만 TV에서 절대 배울 수 없는 것이 한 가지 있다면, 스스로를 통제하는 것이다. 성공적인 TV 쇼는 여타 시간 보내기와 달리 특별한 정신적 노력 없이도 사람의 모든 주의를 집중시킨다. 그에 비해 웹서핑은 그만큼 수동적이지는 않지만, 자기 훈련을 고취시키는 것과 거리가 멀다. 특히 우리가 사이트 여기저기를 기웃거리며 트위터의 메시지나 짧은 포스팅만 읽을 때는 더욱 그렇다.

그렇다면 아이들이 문자 메시지나 유튜브의 비디오보다 더 긴 내용에 집중할 수 있도록 가르치려면 어떻게 해야 할까? 보통 독서를 권하는데, 우리 역시 대환영이다(어떤 작가가 그걸 마다하겠는가). 하지만 글을 배우기 이전의 아이들에게는 제대로 된 게임으로 주의력을 길러주는 것도 좋다. 최근의 가장 성공적인 자기 절제 프로그램 중 하나를 살펴보면, 러시아 심리학자 레프 비고츠키(Lev Vygotsky)와 그의 동료들이 특정 분야에 대한 어린이의 재능을 향상시키기 위해 놀이를 활용한 고전적 실험에 근거를 둔 것도 있다. 이 실험에서 어린이들은 보통 오랫동안 가만히 있지 못했지만, 자신이 경비 역할이라고 생각하면 인내심이 강해졌다. 이와 비슷하게 상점에 가서 사올 물건을 외운다고 생각하면 단어를 외우는 것이 훨씬 쉬워진다.

실험실의 연구 결과는 이후 유아 훈련 프로그램인 '마음의 도구(Tools of the Mind)'에 적용되었는데, 이는 어린이에게 미리 설정된 가상 놀이를 몇 분 이상 (가능하다면 며칠까지) 하도록 하는 것이다. 우리가 살펴본 바와 같이 자기 절제는 대부분 오랜 시간에 걸쳐 행동을 통합하는 것—미래의 이익을 위해 순간적인 만족감을 무시하는 것—과 관련이 있으므로 며칠에 걸친 게임은 유아가 장기적인 사고를 할 수 있도록 도와준다. 또 다른 아이들과의 놀이에서 주의력을 유지하고 자기가 맡은 역할을 수행하기 위해서는 조절이 필요하다는 것도 알게 된다. 유아들은 간단한 소꿉놀이나 병정놀이 같은 역할 놀이에서도 다른 아이들과 소통하면서 게임의 규칙을 따라야 한다. 표준 실험실의 테스트를 통한 개별적인 연구 결과 '마음의 도구' 프로그램[31]에 참여한 아이들은 평범한 다른 유치원에 다니는 아이들과 비교할 때 자기 절제력이 현저히 향상되었다.

좀더 나이 많은 아이들은 비평가들의 공분을 사고 있는 또 다른 현대적 도구, 즉 비디오 게임을 통해 이득을 얻는다. 어떤 비디오 게임은 아무 생각도 없고 쓸데없이 폭력적이며 아이들을 지나치게 오랫동안 가상세계에서의 복수에 매달리게 만든다. 하지만 로런스 커트너(Lawrence Kutner)와 셰릴 올슨(Cheryl Olson)에 의하면, 대부분의 게임 비판 이론은 만화책의 유해함을 경고하는 것만큼이나 과학적 근거가 없다고 한다. 여러 자료를 분석하고 중학생을 대상으로 실제 연구를 수행한 끝에 이 두 하버드 대학교의 연구자들은 대부분의 청소년들에게 비디오 게임이 그리 유해하지 않으며, 오히려 음악을 연주하거나 각종 운동을 하거나 단련이 필요한 여러 취미에서 얻는 이득을 게임에서도 얻을 수 있다고 결론지었다.[32] 복잡한 컴퓨터 게임에서 이기려면, 먼저 집중을 해야 하고 복잡한 규칙을 익혀야 하며 목표를 이루기 위해 정확한 단계를 밟아야 한다. 단순히 TV를 보는 것보다 훨씬 더 복잡한 훈련이 필요한 것이다.

한편, 자존감 운동은 다행스럽게도 게임 산업에서 전혀 자리를 잡지 못했는데, 이는 아이들에게 얼마나 훌륭한 전사인지를 알려주는 것이 그다지 흥미를 불러일으키지 못하기 때문일 것이다. 아이들은 오히려 '초보자'로 시작해 게임을 통한 성취 과정에서 존경을 받게 되는 캐릭터를 선호한다. 게이머들은 실패를 거듭하며 일정한 기술을 획득한다. 일반적인 10대 게이머들은 사이버 상에서 수천 번의 죽음과 역경을 겪으면서도 계속 다시 시도하는 자존감을 보여준다. 부모와 교육자들이 모든 아이에게 트로피를 안겨주자는 철학에 심취해 있는 동안, 아이들은 더 높은 수준을 요구하는 게임을 찾고 있는 것이다. 게이머들이 수많은 오크를 무찌르려면 집중력이 필요하고, 가상의 금을 캐려면 인내심이 필요하다. 또 새로운 무기나 헬멧을 얻기 위해서는 민첩성이 필요하다.

게임에 사로잡힌 아이들을 한탄하기보다는 게임 디자이너들이 개발한 기술을 좀더 연구해보는 것이 좋을 것이다. 이들은 자기 절제의 기본적인 단계를 더욱 정교하게 세분화했다. 분명하고 획득 가능한 목표를 설정하고, 즉각적인 피드백을 제공하며, 계속 연습하고 발전할 수 있도록 용기를 북돋우는 것이다. 게임에 몰두하는 사람들의 열성에 영감을 받은 일부 선구자들은 게임 기술을 ('퀘스트'를 설정하고 '레벨 업'을 하는 방식으로) 학교나 직장 같은 실제 상황에 적용하기도 한다.[33] 비디오 게임이 낡은 미덕에 새로운 매력을 부여한 것이다. 성공은 조건적이지만, 계속 시도하다 보면 언젠가는 당신 손에 들어올 수 있다.

다이어트에서
최악의 상황

여러분! 뱃속과 논쟁하는 것은 어렵지요. 귀가 없으니 말입니다.
—플루타르크

대체 어떻게 이런 일이 또 일어날 수 있을까?
—오프라 윈프리

부유한 나라에서 사람들이 복근만큼 널리 갈망하는 것은 없다. 수입이 늘어날수록 다이어트 산업에 그 돈을 갖다 바치지만, 이상적인 몸매는 점점 더 불가능한 것처럼 여겨진다. 체중 감소는 사람들이 해마다 가장 애용하는 신년 결심임과 동시에 실패를 거듭하는 일이기도 하다. 장기적으로 다이어트는 대부분 실패한다. 그러므로 우리는 영원히 날씬한 몸을 약속할 수 없다. 하지만 체중 감소에 큰 도움이 될 만한 방법을 알고 있으니, 일단 좋은 소식부터 전해보자. 당신이 체중 조절에 대해 진지하게 고민하고 있다면, 일단 다음의 세 가지 규칙을 따르기 바란다.

1. 절대 다이어트하지 말 것.

2. 절대 초콜릿이나 다른 음식을 포기한다고 선언하지 말 것.

3. 자신이나 다른 사람을 판단할 때, 과체중과 의지력 부족을 절대 동일

시하지 말 것.

당신이 올해 안에 4.5킬로그램 체중 감소라는 결심을 지키지 못할 수
도 있지만, 그렇다고 해서 다이어트에 돌입하거나 단 음식을 멀리할 필
요는 없다. 또 다른 일에 대한 성취 능력을 불신할 필요도 전혀 없다. 아
무리 대부분의 사람이 그렇게 생각한다 하더라도 과체중은 의지력 결
핍의 신호가 아니기 때문이다. 현대 미국인에게 자기 절제를 어디에 사
용하는지 물어보라. 많은 이들이 다이어트를 일순위로 꼽을 것이다. 대
부분의 전문가도 수십 년 동안 비슷한 가정을 해왔다. 연구자들이 컨퍼
런스나 과학 잡지 기사에서 자기 절제의 문제점을 제시할 때, 다이어트
는 다른 어떤 예보다 자주 거론된다.

하지만 최근 연구자들은 자기 절제와 체중 감소의 관계는 모두가 생
각했던 것보다 훨씬 그 상관관계가 적다는 것을 발견했다. 요컨대 세계
에서 가장 유명한 다이어트 체험자 이름을 따서 '오프라 패러독스'[1]라
고 일컫는 현상을 발견한 것이다. 뉴스캐스터로 활약하던 방송 초기에
오프라 윈프리의 체중은 약 57킬로그램에서 64킬로그램 사이를 오갔는
데, 이 때문에 오프라는 다이어트 전문의를 찾아가 하루에 1200칼로리
만 섭취하겠다는 계획을 세웠다. 그 계획을 착실히 따른 결과, 첫 주에
오프라는 약 3킬로그램을 줄였고, 한 달 안에 다시 57킬로그램까지 빠
졌다. 그렇지만 다시 천천히 체중이 늘어나기 시작했다. 그러다 급기야
96킬로그램에 달하자 오프라는 4개월 동안 아예 고형질의 음식을 먹지
않고, 액체 다이어트를 시작해 이번에는 약 66킬로그램 정도로 체중을
줄였다. 하지만 몇 년 사이 오프라는 그 어느 때보다 체중이 불어 결국

107.5킬로그램에 육박했다. 오프라의 일기는 체중 감소를 염원하는 기도로 가득 찼다. 에미상 후보에 올랐을 때, 오프라는 라이벌인 필 도나휴(Phil Donahue)가 수상하기를 기도했다. 이때 일을 오프라는 이렇게 회상했다. "그렇게 되면 자리에서 일어나 살찐 엉덩이를 씰룩거리며 복도를 지나 수상 무대로 올라가지 않아도 될 테니까요." 거의 희망을 잃어갈 즈음 오프라는 개인 트레이너인 밥 그린(Bob Greene)을 만났고, 이 만남은 두 사람의 인생을 변화시켰다.

밥 그린은 다이어트 요법 훈련과 오프라에게 제공한 식단을 책으로 엮어 베스트셀러 작가가 되었으며, 베스트 라이프 푸드(Best Life food)라는 자체 개발 식품을 판매하기 시작했다. 오프라는 그린과 개인 요리사(역시 나중에 베스트셀러가 된 책을 썼다) 그리고 영양사와 의사 등 여러 전문가의 도움을 받아 식단과 운동 습관 그리고 생활 방식을 바꾸었다. 일주일간의 식단 메뉴를 정해놓고 언제 참치나 연어, 샐러드를 먹을 것인지까지 정확하게 계산해 실천했다. 오프라의 비서는 식단과 운동 스케줄을 짜고 조정하는 역할을 했다. 또한 오프라는 친구이자 영적 세계를 다루는 작가 마리앤 윌리엄슨(Marianne Williamson)에게 감정 상담을 받으며 체중과 사랑의 관계에 대해 대화를 나누기도 했다.

그 결과는 2005년 각종 잡지의 커버를 장식했다. 매끈하고 윤기 흐르는 73킬로그램의 윈프라 모습이 공개된 것이다(하지만 첫 번째 다이어트를 '시작할' 당시만 해도 이때보다 9킬로그램이나 적게 나갔다는 것을 기억하라). 윈프리의 성공은 그녀의 팬뿐만 아니라 에모리 대학교의 인류학자 조지 아멜라고스(George Armelagos)에게도 영감을 주었다. 아멜라고스 교수는 이러한 역사적 변화를 '헨리 8세와 오프라 윈프리 효과'[2]라고 일컬었다.

과거 영국 튜더 왕가에서 헨리 8세만큼 살찐 사람도 드물었다. 그의 식단을 유지하기 위해서는 수백 명의 농부와 정원사, 어부와 사냥꾼, 푸줏간 주인과 요리사 그리고 또 다른 하인들이 필요했다. 하지만 오늘날에는 평범한 사람들도 헨리 8세만큼이나 뚱뚱해질 수 있다. 오히려 가난한 사람이 지배 계급보다 비만인 경우가 많다. 날씬함은 이제 평범한 사람들로선 유전적인 행운을 타고나지 않는 한 성취하기 너무 어려워 일종의 계급적 상징처럼 되었다. 날씬하기 위해서는 오프라 윈프리 정도의 재력과 수많은 새로운 신하들이 필요한 것이다. 요컨대 개인 트레이너와 요리사, 영양사와 상담사, 수행 비서 등등.

그렇지만 〈오프라 윈프리 쇼〉의 관객도 눈치챘다시피 수많은 신하로 이루어진 그 왕국조차 날씬함을 보장하지는 못했다. 윈프리도 저 기념비적인 잡지 커버에 실린 지 4년이 지난 뒤, 스스로 생각해도 놀라울 정도의 솔직한 기사를 통해 그 사실을 인정했다. 이번에는 90킬로그램에 달하는 윈프리의 최근 모습과 과거 72킬로그램 나갈 당시의 사진이 나란히 게재되었다. 윈프리는 독자들에게 이렇게 고백했다. "전 자신에게 화가 나 견딜 수 없어요. 부끄러운 일이지요. 이렇게 세월이 많이 흐르고 수많은 노하우가 있음에도 여전히 체중에 대해 얘기해야 한다는 걸 믿을 수 없네요. 날씬했던 예전 모습을 보면서 생각하죠. '대체 어떻게 이런 일이 또 일어날 수 있지?'" 윈프리는 자신의 모습을 과로와 의학적 문제의 결합 때문에 생긴 의지력 고갈의 결과라고 설명한다. 하지만 아무리 그렇다 해도 오프라 윈프리는 자기 훈련의 대가임이 분명하다. 그만한 자기 절제 없이는 삶의 대부분을 그토록 성공적으로 이끌지 못했을 것이기 때문이다. 오프라 윈프리는 놀라운 의지력과 세계 최고의 조언가, 헌신적인 모니터 요원 그리고 체중 증가의 흔적을 찾으려는 수백만 명 앞에 매일 서야 한다는 압박 속에서 살고 있다. 하지만 이 모든 에너지와 동기와 능력에도 불구하고 오프라는 체중 조절에 실패했다.

이것을 우리는 오프라 패러독스라고 한다. 요컨대 자기 절제력이 뛰어난 사람조차 자신의 체중을 일정하게 유지하는 것에 어려움을 겪는다는 뜻이다. 이들은 의지력을 동원해 여러 가지 방면—학교와 직장, 개인적 관계와 감정적 영역—에서 뛰어난 모습을 보이지만, 날씬한 몸을 지키는 데는 다른 사람보다 그다지 성공적이지 않다. 바우마이스터와 그의 네덜란드 동료가 자기 절제력이 뛰어난 사람들에 대한 열 건 넘는 연구 자료를 분석한 결과는 다음과 같다.[3] 즉 자기 절제력이 높은 사람이 평균적인 사람들에 비해 약간 체중 조절을 잘했지만, 그 차이는 다른 분야에 비해 그다지 크지 않았다. 이러한 패턴은 바우마이스터가 조이스 에링거(Joyce Ehrlinger), 윌 크레쇼니(Will Crescioni) 그리고 플로리다 주립대학교의 다른 동료들과 과체중 대학생을 대상으로 연구한 체중 감소 프로그램에서 확연하게 드러났다.[4] 프로그램 초기의 성격 테스트에서 자기 절제력이 높은 학생은 낮은 학생에 비해 체중이 약간 적고 운동 습관도 양호했으며, 이러한 장점은 프로그램이 진행된 12주 동안 더욱 증가했다. 이들이 제한된 식단과 늘어난 운동량을 무리 없이 잘 따랐기 때문이다. 그러나 이러한 자기 훈련이 체중을 조절하는 데 도움이 되긴 했지만, 연구 도중이나 그 이전과 그리 커다란 차이를 보이지는 않았다. 자기 절제력이 높으면 낮은 경우보다 결과가 좋긴 했지만 그 차이는 미미했다.

만약 연구자들이 체중 감소 프로그램 이후 학생들을 추적했다면, 많은 학생의 체중이 오프라 윈프리나 다른 여러 가지 다이어트를 한 사람과 마찬가지로 곧바로 다시 증가한 것을 확인했을 것이다. 자기 절제가 운동 습관을 들이는 데 도움이 되긴 하지만, 운동만으로는 체중 감소를 보장할 수 없다.[5] 칼로리를 더 많이 소비함으로써 체중이 줄어든다는 것은 얼핏 논리적인 것처럼 들린다. 하지만 운동을 한 후에는 음식에 대한 갈망이 더욱 커진다. 결국 운동량의 증가가 장기적인 체중 감소로 이어지지는 않는다는 얘기다(물론 운동은 다른 여러 가지 측면에서도 매우 가치 있다). 다시 말해, 자기 절제력이 뛰어나건 그렇지 않건 혹은 운동을 하건 안 하건 다이어트를 통해 영원히 체중 감소에 성공할 가능성은 거의 없다는 것이다.

한 가지 이유는 기본적인 생물학적 조건과 관련이 있다. 당신이 자기 절제력을 이용해 메일 확인이나 리포트 작성 또는 조깅을 할 때 당신의 몸이 본능적으로 반응하지는 않는다. 또 TV를 보는 대신 밀린 세금을 내기로 했다고 해서 당신의 몸이 위협을 느끼지는 않는다. 리포트를 쓰거나 웹서핑을 하거나 상관없는 것이다. 당신이 지나치게 운동을 하면 몸은 아프다는 신호를 보낼 수 있지만, 조깅을 존재론적 위협으로 받아들이지는 않는다. 하지만 다이어트는 다르다. 젊은 오프라 윈프리가 경험한 것처럼 몸이 한두 번의 다이어트에는 반응하겠지만 곧 다시 저항을 시작한다. 뚱뚱한 실험용 쥐에게 처음 다이어트를 시키면 체중은 줄어들 것이다. 하지만 다이어트를 중단하면 다시 서서히 살이 찌고, 또다시 다이어트 실험에 투입하면 이번에는 체중을 줄이는 데 전보다 오랜 시간이 걸린다. 그리고 또다시 다이어트 실험이 끝나면 살찌는 시간이 전보다 훨씬 빨라진다. 이런 상황이 서너 번 반복되다 보면 더 이상 다이어트 효과를 볼 수 없다. 아무리 칼로리를 적게 소비해도 한 번 붙은 살은 더 이상 빠지지 않는 것이다.[6]

기근에서 살아남은 인간은 진화 과정을 통해 생존할 수 있었다. 그러므로 몸이 충분한 음식을 섭취하지 못하는 경험을 하게 되면 체중을 유지하기 위해 전력을 다한다. 다이어트를 시작하면 당신의 몸은 이런 상황을 기근으로 판단해 최선을 다해서 지방 세포를 지키려고 한다. 그러므로 다이어트로 확실한 체중 감소에 성공하고 싶다면, 그것을 한 번의 소중한 기회로 남겨두는 게 좋다. 체중 감소 여부에 건강과 생존 문제가 달려 있는 만년을 위해 한 번의 기회를 남겨두는 것이 좋다는 얘기다.

당장 효과를 보이는 체중 감소에 돌입하기보다는 자기 절제력을 발휘해 점진적이고 지속적으로 효과가 나타나는 방법을 선택하는 것이 좋은데, 그러려면 특히 전략을 신중하게 짜야 한다. 이때 당신은 목표 설정부터 의지력 강화를 위해 스스로 모니터링하는 것까지 자기 절제의 모든 단계에서 힘든 시련과 마주하게 될 것이다. 누군가가 디저트가 가득 담긴 카트를 몰고 지나갈 때, 당신은 그저 보통의 시련을 맞이하는 게 아니다. 그 시련은 마치 완벽한 폭풍과도 같다.

자기 절제의 첫 번째 단계는 현실적인 목표 설정이다. 체중을 줄이려면 거울을 바라보면서 자신을 파악한 다음, 좀더 날씬한 몸을 만들기 위한 상식적인 계획을 세운다. 이것은 간단해 보이지만 성공하기 어렵다. 사람들의 목표가 하도 비현실적이기 때문이다. 한 번은 영국의 최대 마권 업체 윌리엄 힐 에이전시(William Hill agency)에서 체중 감소 계획을 세운 사람들에게 내기를 제안했다.[7] 내기 돈의 50배에 이르는 보상을 내건 에이전시는 그 내기에 참여한 사람들이 체중을 얼마 동안 얼마만큼 줄일지 스스로 결정하게 했다. 내기를 건 사람에게 스스로 조건을 정하고 그 결과까지 정하게 하다니 마권업자들이 제정신인가? 이는 마치 육상 선수에게 자기가 정한 시간 안에 결승선에 들어오도록 제안한 것이나 마찬가지였다. 하지만 이 모든 장점과 7000달러가 넘는 보상금에도 불구하고 80퍼센트에 달하는 사람이 내기에서 졌다.

특히 여성이 내기에서 질 가능성이 많은데, 이는 수많은 여성이 비현실적인 다이어트 목표에 매달린다는 점을 상기하면 놀라운 일도 아니다. 그들은 거울을 들여다보며 연구자들을 당혹스럽게 만드는 꿈, 요컨대 '글래머러스한 날씬함'이라는 불가능한 꿈[8]을 꾼다. 36-24-36 사이즈란 지방질이 거의 없으면서도 엄청난 가슴을 지닌 선천적 변종이나 성형 수술로 다시 태어난 여성에게만 가능한 몸이다.

이런 몸이 이상형이니 수많은 사람이 불가능한 목표를 세우는 것도 무리는 아니다. 아무리 거울 속에 비친 모습이 싫더라도 급격한 다이어트는 삼가는 자제력이 필요하다. 대부분의 다이어트는 처음엔 효과가 있지만 장기적으로는 비참하게 실패한다는 점을 잊지 말아야 한다.[9] 이것을 이해하기 위해 연구실에서 밀크셰이크 실험을 한 후 발견한 이상한 현상을 살펴보기로 하자.

아무렴 어때 효과[10]

연구실에 도착한 피실험자들은 일반적으로 '배고픈' 상태, 즉 연구자들이 '음식 결핍 상황'이라고 일컫는 상태였다. 그들은 몇 시간 동안 아무것도 먹지 못했다. 연구자들은 어떤 이들에게는 살짝 배고픔만 면할 정도의 밀크셰이크를 주었고, 다른 이들에게는 보통 사람이라면 배부르다고 느낄 정도로 커다란 잔에 두 번이나 밀크셰이크를 따라주었다. 그런 다음, 밀크셰이크를 전혀 주지 않은 다른 피실험자들과 더불어 다른 음식을 주고 맛을 평가해달라고 부탁했다.

사실 이것은 전략이었다. 만약 피실험자들이 음식을 먹는 자신의 모습을 연구자들이 관찰한다는 사실을 알면 즉시 식욕을 잃고 자제할 게 틀림없었다. 그래서 연구자들은 단순히 여러 가지 스낵에 대한 의견을 묻는 척하며 각자의 접시에 갖가지 크래커와 쿠키를 놓고 그 옆에 등급을 매기는 데 필요한 종이를 놓아두었다. 그들은 등급을 매기면서 원하는 만큼 과자를 먹을 수 있었다. 또 과자를 다 먹는다 하더라도 등급을 매기는 데 필요한 절차이므로 전혀 문제 될 게 없다고 스스로를 정당화할 수 있었다. 피실험자들은 등급 매기기가 이 실험과 전혀 상관없다는 것을 몰랐다. 그리고 오로지 그들이 쿠키와 크래커를 얼마나 많이 먹고, 밀크셰이크 양이 이들에게 어떤 영향을 끼치고, 피실험자 중 다이어트를 하는 사람이 그렇지 않은 사람과 어떻게 다른지에만 관심이 있다는 사실도 전혀 눈치채지 못했다.

다이어트를 하지 않는 피실험자들의 반응은 예상대로였다. 커다란 잔에 가득 담은 밀크셰이크를 두 잔이나 마신 이들은 크래커만 조금 먹더니 얼른 맛 평가 난을 채웠다. 적당한 양의 밀크셰이크를 마신 이들은 크래커를 좀더 먹었다. 하지만 몇 시간 동안 아무것도 먹지 못한 상태에서 배가 고픈 이들은 쿠키와 크래커를 계속 먹어댔다. 연구자들은 모든 것을 완벽하게 이해할 수 있었다.

하지만 다이어트 중인 피실험자들은 의외의 반응을 보였다. 커다란 잔에 밀크셰이크를 가득 마신 이들까지 몇 시간 동안 아무것도 먹지 못한 피실험자보다 더 많은 쿠키와 크래커를 먹어치운 것이다. 이 결과는 피터 허먼(Peter Herman)이 이끄는 연구 팀을 놀라게 했다. 다시 한번 실험을 했지만 결과는 비슷했다. 이 결과를 통해 마침내 연구자들은 신중하게 자기 억제를 해온 사람들이 왜 먹는 것에 대한 자제력을 잃어버리는가 하는 의문에 대한 답을 얻기 시작했다.

연구자들은 이런 현상을 '역규제적 섭식 경향(counterregulatory eating)'이라는 공식 용어로 부르는데, 실험실에서나 동료들끼리는 단순히 '아무렴 어때 효과'라고 일컫기도 한다. 다이어트를 하는 사람은 보통 하루에 섭취하는 최대 칼로리에 대한 일정한 목표가 있다. 그런데 실험실에서 마신 큰 밀크셰이크 두 잔처럼 예상치 못한 이유로 목표치를 초과할 경우 그날의 다이어트를 실패한 것으로 간주한다. 그날은 이미 마음속으로 다이어트에 실패한 날이라고 여기므로 그다음엔 아무래도 상관이 없는 것이다. 그래서 이들은 '아무렴 어때, 오늘은 그냥 즐기자'고 생각한다. 그 결과 평소보다 많이 먹는 폭식을 하게 된 것이다. 물론 이는 합리적인 행동은 아니다. 하지만 다이어트 중인 사람은 허먼의 오랜 동료인 재닛 폴리비(Janet Polivy)가 뒤이어 수행한 실험에서 증명한 것처럼 이러한 폭식이 얼마나 해로운지 잘 인식하지 못한다. 다시 한번 다이어트 중인 사람과 다이어트를 하지 않는 사람을 실험실로 불러들인 이 실험에서, 폴리비는 다이어트 중인 피실험자들에게 하루 동안의 최대 칼로리를 충분히 채울 만한 음식을 주었다. 그런 다음 다시 모든 피실험자에게 4등분한 샌드위치를 제공했다. 그리고 피실험자들에게 샌드위치를 몇 조각이나 먹었는지 물어보았다.

대부분의 피실험자는 어려움 없이 대답했다. 방금 먹은 샌드위치 개수를 기억하는 건 어려운 일이 아니니 말이다. 하지만 그중 한 집단이 유난히 대답을 얼버무렸다. 하루에 먹을 양을 초과할 만큼 많은 샌드위치를 먹은 다이어트 그룹이 바로 이들이었다. 그중 어떤 이는 자기가 먹은 양보다 적게 먹었다고 대답했고, 어떤 이는 더 많이 먹었다고 대답했다. 그날의 다이어트가 실패하지 않는 한 그들은 대부분 자신이 먹은 것을 기억했다. 하지만 일단 그날의 다이어트가 실패해 '아무럼 어때 효과'가 나타나기 시작하면 그때부터 먹는 양을 계산하지 않으며, 다이어트를 하지 않는 사람보다 먹는 것에 개의치 않는다.[11] 잘 알다시피 자기 모니터링은 자기 절제에서 목표 설정의 다음 단계이다. 그런데 자신이 먹은 것에 대한 계산을 포기해버린다면 어떻게 그것이 가능하겠는가? 대안적 희망이 있다면 충분한 음식을 섭취했다는 몸의 신호를 알아듣는 것 정도일 것이다. 하지만 다이어트를 하는 이들에게 이는 실패할 수밖에 없는 전략으로 밝혀졌다.

진퇴양난에 빠진 다이어트 참여자

인간은 음식을 적당한 양만 섭취할 수 있는 선천적 재능을 가지고 태어났다. 아기의 몸은 음식이 필요할 때면 배고프다는 감각을 통해 신호를 보낸다. 몸에 충분한 음식이 공급되면 아기들은 더 이상 먹지 않으려 한다. 불행히도 어린이들은 학교에 들어갈 때쯤 이러한 능력을 잃어버리고, 어떤 사람들은 지속적으로 그 능력이 저하되어 정말로 필요한 순간에도 그것을 활용할 수 없게 된다. 과학자에게는 이런 현상이 왜 일어나는지 오랫동안 수수께끼로 남아 있었는데, 본격적인 연구는 식습관에 대한 획기적인 혁명이 일어난 1960년대부터 시작되었다.

어느 날 오후 시행한 한 실험에서 연구자들은 피실험자들에게 스낵을 먹으면서 여러 가지 설문지를 작성하도록 한 다음, 벽에 걸린 시계를 조작해 시간을 비정상적으로 흐르게 했다. 시계가 빨리 움직이자 비만인 사람은 다른 이들에 비해 더 많이 먹었다. 이는 시계를 보고 저녁 먹을 시간이 가까워졌다고 생각해 자신이 배고플 것이라고 여긴 탓이었다. 자신의 내면적 신호에 귀를 기울이기보다 시계라는 외적 신호에 의존해 음식을 섭취한 것이다. 다른 실험에서는 피실험자에게 제공하는 스낵 종류를 차별화해 어떤 이들에게는 껍질 깐 땅콩을 주고 어떤 이들에게는 껍질째로 주었다. 보통 체중인 사람들은 땅콩 종류에 상관없이 일정한 양을 먹었다. 하지만 과체중인 사람들은 껍질 깐 땅콩을 그렇지 않은 땅콩을 주었을 때보다 훨씬 더 많이 먹었다. 이는 껍질을 깐 땅콩에서 어서 먹으라는 신호를 더 강하게 받기 때문이라고 추정된다. 과체중인 사람은 다시 한번 외적 신호에 더욱 강하게 반응했고, 처음엔 연구자들도 이것이 문제의 원인일지 모른다는 가설을 세웠다. 즉 배가 부르다는 신체의 내적 신호를 무시하기 때문에 살이 찐다는 가설이었다.[12]

이는 상당히 근거 있는 가설이지만, 연구자들은 마침내 자신들이 원인과 결과를 혼동했다는 사실을 깨달았다. 과체중인 사람이 내적 신호를 무시하는 것은 사실이지만, 이 때문에 비만이 되는 것은 아니다. 오히려 그 반대다. 이들은 과체중 때문에 다이어트를 시작하고, 다이어트는 신체를 내부가 아닌 외부의 신호에 의존하도록 만든다. 다이어트란 외부 규칙을 신체에 강요하는 계획 아니던가? 그래서 다이어트를 하는 사람은 자신의 내적 느낌이나 배고픔이 아니라 외적 계획에 따라 먹도록 훈련받는다. 다이어트를 한다는 것은 배고픈 시간이 많다는 뜻이다 (다이어트 식품 마케터들은 항상 그렇지 않다고 약속하지만 말이다).

더 정확히 말해, 다이어트는 배고픔이라는 감정을 무시하고 배고플 때 먹지 않는 것을 배우는 것이다. 따라서 먹기 시작하라는 신호를 무시하면서 다이어트를 시도하지만, 사실 시작과 중단 신호는 서로 긴밀하게 연결되어 있으므로 결국 언제 먹고 언제 멈춰야 하는지를 알려주는 신호 체계가 무너지고 만다. 특히 일정한 양을 정확하게 먹어야 하는 다이어트를 할 경우에는 더욱더 그렇다. 규칙을 따르는 한 당신은 얼마나 먹어야 할지 알고 있으므로 문제가 없다. 하지만 한 번 규칙을 벗어나기 시작하면 다른 모든 것과 마찬가지로 당신을 이끌어줄 지침은 어디에도 없다. 그 때문에 다이어트 중인 사람과 과체중인 사람은 커다란 잔에 밀크셰이크를 두 잔이나 마시고도 계속 먹는 양을 늘리는 것이다. 밀크셰이크를 마셔서 배가 부르지만 포만감을 느끼지 못한다. 이들에게는 명시적인 규정만 있을 뿐이다. 한 번 그 규정을 넘어서면 더 이상의 한계는 없다.

당신은 이 실험의 진정한 교훈은 다이어트 중인 사람은 밀크셰이크를 주는 실험에 참여하지 말아야 하는 것이라고 주장할 수도 있다. 피실험자들이 연구실에서 그 많은 칼로리를 섭취하지 않았다면 그들이 명시적 규정을 넘어섰을 리 없고, 자신의 일일 다이어트 계획을 어기지도 않았을 테니 말이다. 그리고 항상 규칙을 지키고 일일 한계량을 초과하지 않는다면, 절대 '아무럼 어때 효과'에 굴복하지 않을 테니 말이다. 또 배가 고플 수는 있지만 규칙을 준수할 의지력이 있는 한 절대로 폭식을 하지는 않을 테니 말이다.

물론, 이 모든 가정을 어느 정도 이해할 수는 있다. 하지만 그러기에 앞서 실제로 다이어트 중인 사람들의 의지력을 영화와 아이스크림 그리고 초콜릿을 이용해 실험한 결과를 살펴볼 필요가 있다. 이 일련의 실험은 캐슬린 보스와 토드 헤더튼에 의해 실행되었다. 심리학자들은 일단 습관적으로 다이어트를 하는 젊은 여성을 모집해 고전적인 최루성 영화라고 할 수 있는 〈애정의 조건(Terms of Endearment)〉을 보여주었다. 이 영화는 암으로 죽어가는 젊은 여인이 어린 두 아들과 남편 그리고 자신의 엄마에게 작별을 고하는 내용이다. 피실험자 중 절반에게는 영화를 보는 동안 감정적 반응을 절제하라고 지시했다. 그리고 나머지 절반의 피실험자에게는 마음껏 감정을 발산하고 눈물을 흘려도 된다고 했다. 그 후 모든 피실험자에게 자신의 기분에 대한 설문조사를 실시하고, 그다음엔 한 사람 한 사람 다른 방으로 초대해 표면적으로는 이전 실험과 전혀 상관없는 일을 시켰다. 여러 종류의 아이스크림을 맛보게 한 것이다. 아이스크림은 여러 개의 큰 통에 담겨 있었는데, 그 양이 들쑥날쑥해 얼핏 보기에는 누가 얼마나 먹었는지 잘 알 수 없었다.

하지만 연구자들은 피실험자가 먹기 전후의 아이스크림 통 무게를 정확하게 재어 먹은 양을 측정했다. 실험을 통해 연구자들은 여성의 기분과 먹은 아이스크림 양 사이에는 아무런 관련이 없다는 것을 밝혔다. 요컨대 피실험자들은 영화가 슬프다고 해서 아이스크림을 더 먹지는 않았다. 하지만 중요한 것은 이들의 기분이 아니라 의지였다. 영화를 보는 도중 감정을 억제해야 했던 다이어트 참여자들은 식욕을 억제하는 데 더 큰 어려움을 보였다. 의지력이 고갈된 그들은 영화를 보면서 울어도 괜찮다는 말을 들은 여성보다 절반 이상의 아이스크림을 더 먹어치웠다. 물론 이것은 자아 고갈의 한 예에 불과하다. 그럼에도 이러한 예에서 우리는 식습관과 다이어트가 표면적으로는 아무런 상관도 없어 보이는 요인들과 연결되어 있다는 사실을 알 수 있다. 영화를 보면서 감정을 억제하려고 노력하다 보면 나중에 별로 상관없고 분리된 상황에서 과식을 하게 되는 것이다.

다이어트 중인 젊은 여성들의 의지를 실험한 또 다른 연구에서는 각각의 여성이 (최루성 영화가 아니라 야생의 큰뿔양에 관한) 자연 다큐멘터리를 보는 도중 초콜릿이 담긴 그릇을 놓아두었다. 어떤 여성들에게는 초콜릿 그릇을 가까이 두어 지속적으로 유혹에 시달리게 했고, 또 다른 여성들에게는 조금 떨어진 곳에 두어 유혹을 극복하기가 좀더 쉽도록 했다. 피실험자들은 나중에 음식이라곤 눈에 띄지 않는 방에서 자기 절제를 위한 전형적인 실험이라고 할 수 있는 어려운 퍼즐 풀기를 해야 했다. 그러자 바로 옆에 초콜릿 그릇이 있던 피실험자들은 이러한 유혹에 저항하느라 의지력을 소진했다는 것을 증명하기라도 하듯이 쉽게 퍼즐 풀기를 포기했다. 만약 당신이 다이어트 중이고 자제력을 유지하고 싶다면, 초콜릿이 든 그릇 가까이에 오래 있지 말아야 한다. 너무나 강렬한 유혹을 어떻게든 견딘다 하더라도 당신의 의지력은 고갈될 수밖에 없고 나중에 과식할 위험은 더욱 커진다.

하지만 젊은 여성과 음식이 포함된 세 번째 실험에서처럼 이 위험을 피할 수 있는 또 다른 방법이 있다. 보스와 헤더튼은 이번엔 다이어트를 하는 젊은 여성뿐만 아니라 다이어트를 하지 않는 여성도 실험에 참여시켰는데, 그 결과 확실한 차이가 드러났다. 다이어트를 하지 않는 피실험자는 도리토스(Doritos)나 스키틀스(Skittles) 혹은 초콜릿, 가염 땅콩 같은 간식을 옆에 두고도 별다른 의지력을 사용하지 않았다. 간식을 먹는 이도 있었고 먹지 않는 이도 있었지만, 어떤 쪽이든 자신을 억제하기 위해 고군분투하지는 않았다. 그 결과 상대적으로 다음 과제를 수행할 수 있는 에너지가 넘쳤다. 하지만 다이어트를 하는 사람들은 다이어트 계획을 지키기 위해 본능과 싸우느라 의지력이 서서히 소진되었다. 즉 살찌는 음식을 마주한 다이어트 중인 사람들이 사교 모임 같은 곳에서 겪곤 하는 곤경에 빠진 것이다. 이들은 어느 정도는 유혹에 저항할 수 있지만, 그때마다 의지력은 점점 낮아졌다.

의지력이 약해지면서 이들은 음식 조절을 미치도록 어렵게 하는 특별한 도전에 다시금 직면하게 된다. 즉 계속되는 유혹에 저항하려면 잃어버린 의지력을 되찾아야 한다. 하지만 의지력을 재충전하려면 포도당이 필요하다. 다시 말해, 영양학적 진퇴양난에 빠진 것이다.

1. 다이어트를 하는 사람은 먹지 않기 위해 의지력이 필요하다.
2. 다이어트를 하는 사람이 의지력을 갖추려면 먹어야 한다.

다이어트 중인 사람이 먹을 것인가 말 것인가 하는 딜레마에 빠지면 대개 다이어트를 어느 정도 느슨하게 하는 게 최선이 아닐까 하고 생각하게 된다. 음식을 조금 먹고 나서 다시금 양심이 제대로 작용하도록 하는 게 최고의 방법이라는 생각이 드는 것이다. '이봐, 다이어트에 성공하기 위해 규칙을 조금 어기는 거야.' 하지만 일단 다이어트 규칙에서 벗어나면 자신에게 이렇게 말하기 쉽다. '아무렴 어때, 마구 먹어 치우지 뭐.'

달콤한 음식은 특히 저항하기 어려운데, 이는 앞에서 살펴보았듯이 자기 절제를 하느라 혈관 속의 포도당이 고갈되기 때문이다. 다이어트 중 초콜릿이나 아이스크림의 엄청난 유혹에 시달려본 적이 있다면, 그게 억제된 욕망 이상의 유혹이라는 사실을 알 것이다. 이는 너무나 정상적인 생리적 반응이기 때문이다. 우리 몸은 자기 절제를 하느라 혈관 속 포도당이 소진되었다는 사실과 당분을 많이 함유한 음식이 에너지로 가득 찬 포도당을 가장 빨리 충전시키는 방법이라는 것을 잘 '알고' 있다. 최근의 실험실 연구에서, 음식이나 다이어트와 아무런 상관도 없는 자기 절제 관련 과제를 수행한 피실험자 대학생들은 이후에 단 음식에 맹렬하게 이끌렸다. 다음 과제에 임하기 전 간식을 제공하자 자기 절제를 많이 해야 했던 학생은 달콤한 간식을 더 많이 먹었고, 그렇지 않은 학생은 염분이 함유된 것을 더 많이 먹었다.

만약 단것에 대한 갈망이 너무도 강렬하다면, 그에 대비한 방어 전략을 몇 가지 소개하겠다. 우선, 쾌락을 유예하는 전략을 도입하는 것이다. 굳이 원한다면 나중에라도 단 디저트를 먹을 수 있다고 스스로를 달래보라(이 전략에 대해서는 나중에 다시 언급하겠다). 그리고 다른 음식을 섭취하라. 여기서 기억해야 할 것은 자기 절제를 하느라 에너지를 소진했기 때문에 몸이 에너지 충전을 갈구한다는 점이다. 이때 몸은 달콤한 음식을 원하는데, 이는 그것이 에너지 회복을 위한 가장 친숙하고 효과적인 방법이기 때문이다. 이러한 방법은 의외로 효과가 있다.

또한 기억해야 할 것은 에너지가 소진되고 나면 감각이 더 선명해진다는 점이다. 에너지가 소진된 사람에게 욕구와 식욕은 특히 더 강할 수밖에 없다. 다이어트는 때때로 의지력을 요하는 일이므로 의지력 고갈에 시달리는 것은 당연하다.[13] 그러다 보면 이러한 의지력 고갈이 일상생활에서 일어나는 좋은 일이나 나쁜 일에 영향을 미치게 된다. 또 평소 음식을 비롯한 여러 가지에 대한 갈망을 더욱 강력하게 느낀다. 그 결과 수많은 다이어트 당사자들이 음식에 대한 욕구나 느낌에 무감각해지는 것이다.[14]

다이어트 중인 사람들이 겪는 딜레마를 풀어줄 마법 같은 해결책은 없다. 아무리 엄청난 의지력을 바탕으로 시작했다 할지라도, 다이어트 도중 디저트 뷔페 옆에 앉아 장시간 '안 돼'라고 주문을 외다 보면 어느새 '돼'라고 외치는 자신을 발견할 것이다. 일단, 가까이에 디저트를 두지 않는 게 우선이고, 그것보다는 다이어트 자체를 피하는 게 낫다. 엄격한 다이어트에 의지력을 소진하기보다 포도당을 충분히 섭취한 다음, 확실하고 장기적인 전략에 따라 자기 절제를 해나가는 것이 바람직하다.

전투 계획

당신이 배고픔에 시달리지 않고 아직 포도당이 충분하다면, 고전적 자기 절제 전략을 사용해 살과의 전쟁을 준비할 수 있는데, 이때는 선제적 예방 조치가 선행되어야 한다. 물론 궁극적으로 가장 확실한 선제적 예방 조치는 오디세우스가 배의 돛대에 스스로를 묶은 것처럼 위공장문합술(gastric bypass surgery: 위의 크기를 줄이는 수술—옮긴이)로써 물리적으로 먹지 못하게 하는 것이지만, 그것보다 온건한 방법도 많다. 살찌는 음식을 눈앞에 보이지 않게 치우는 것도 한 가지 방법이다. 실험실에서 초콜릿을 멀리 두었을 때 피실험자들의 의지력이 보존된 것처럼 의지력도 보존하고 칼로리를 과하게 섭취하는 것도 막을 수 있다. 사무실에서 수행한 한 실험에서, 사탕을 책상 위에 두지 않고 서랍 안에 넣어두자 소비율이 3분의 1 정도 줄어들었다.[15] 늦은 밤에 간식을 먹지 않기 위한 단순한 선제적 예방 조치는 저녁을 먹은 다음 바로 양치질을 함으로써 야식의 유혹을 피하는 것이다. 그렇다고 해서 물리적으로 음식을 먹지 못하는 것은 아니지만, 이 같은 습관이 뿌리내리면 무의식적으로 더 먹지 않는 데 도움이 된다. 또 간식에 대한 관심도 줄어든다. 당분에 대한 탐욕스러운 본능과 다시 양치질을 하기 싫어하는 게으른 본능 사이에서 균형점을 찾아야 하는 것이다.

아니면 마권업자가 제공하는 내기에 참여하거나 스스로 목표와 처벌을 정하는 팻벳닷넷(fatbet.net)이나 스틱케이닷컴 같은 웹사이트와 체중 감소 계약을 맺는다거나 하는 좀더 정교한 선제적 예방 조치를 선택하는 것도 좋다. 당신이 싫어하는 자선 단체에 수백 수천 달러를 기부하는 것과 같은 조치도 효과가 있지만, 불가능한 목표를 세워놓고 기적을 바라지는 말아야 한다. 당신의 현재 체중에서 5~10퍼센트를 줄이겠다는 것은 현실적인 목표라고 할 수 있지만, 그 이상은 몸의 자연스러운 흐름에 역행하므로 어렵다. 윌리엄 힐 에이전시의 내기에 참여한 사람들의 일반적 내기 패턴은 전체 36킬로그램 감량을 목표로 일주일에 1.4킬로그램씩 줄이는 것이었다. 그러므로 대부분 실패한 것이 놀라운 일은 아니다. 그에 반해 스틱케이닷컴에 돈을 건 사람들은 일주일에 0.9킬로그램 이상, 전체 몸무게의 18.5퍼센트 이상의 감량을 허락하지 않는 사이트의 정책 때문에 더 좋은 실적을 거두었다. 식습관을 극단적으로 바꿈으로써 빠른 체중 감량에 성공할 수 있을지는 몰라도, 지나치게 혹독한 다이어트를 어떻게 영구적으로 실천할 수 있겠는가? 소소한 변화를 통해 장기적으로 지속해나가는 것이 오히려 좋은 결과를 가져온다. 목표를 이루려면 시간을 할애해 다시 체중이 늘어나는 것을 방지하면서 다이어트를 진행하는 것이 좋다. 당신의 감량 목표에 도달하기 위해 보상이나 처벌 방식을 택하려면 일관된 방식의 인센티브를 적용하는 것이 좋다.

또한 심리학자들이 '실행 의도(implementation intention)'[16]라고 일컫는 전략을 시도해보는 것도 좋다. 이는 생각을 조절하는 데 필요한 시간과 노력을 덜어주는 방법이다. 다시 말해, 섭취 칼로리 양에 대한 소소한 계획을 짜는 대신, 파티에서 살찌는 음식을 접했을 때 같은 특정 상황에서 어떻게 할 것인가 하는 행동 계획을 정해두는 것이다. 실행 의도는 '만약에 ~ 그러면'으로 이어지는 공식을 취한다. 나는 x라는 일이 일어나면 y라는 행동을 할 것이다. 행동 조절이 자동적으로 이뤄지는 이런 방법을 많이 쓰면 쓸수록 노력도 그만큼 덜 들게 된다. 이러한 방법은 1장에서 설명한 것처럼 잘못된 색깔 이름이 붙은 색을 분류하는 스투룹 효과에 대한 실험을 통해 증명되었다. 녹색 잉크병에 '녹색'이라는 글씨가 쓰여 있으면 잉크 색을 알아보기가 훨씬 쉽지만, 녹색 잉크병에 '파란색'이라고 쓰여 있다면 녹색 잉크를 알아보는 데 시간이 걸린다. 또 영국의 한 연구자가 피실험자들을 대상으로 확인했듯이 만약 의지력이 이미 고갈된 상태라면 색을 구분하는 데 시간이 더 걸린다. 하지만 연구자들은 피실험자의 심적 부담을 덜어주는 훈련을 통해 약해진 의지력을 상쇄할 수 있다는 사실을 발견했다. 잉크 색 구별 과제를 수행하기에 앞서 피실험자들에게 다음과 같이 주지시키는 것이다. "잉크병에 쓰인 단어를 보더라도 그 의미를 무시하고 두 번째 글자에 집중해 잉크병 안에 든 색깔을 맞추겠어." 이러한 구체적인 계획을 수립하자 색 구분 작업은 자동적이고 심적 부담이 적은 방식으로 진행되어 의지력이 약화된 경우에도 그다지 힘들지 않았다.

그러므로 파티에서 음식의 유혹을 받을 경우, 다음과 같은 계획을 세워 스스로를 방어하라. "만약 칩 종류가 나온다면 절대로 먹지 않겠어. 뷔페라면 채소와 지방이 없는 고기만 먹겠어." 이는 간단하지만 자기 절제를 되찾기 위한 놀랍고도 효과적인 방법이다. 자동적으로 칩 종류를 무시함으로써 의지력이 약해졌을 때에도 큰 노력 없이 목표를 이룰 수 있다. 또한 칩의 유혹을 잘 넘기고 다음 음식의 유혹을 견딜 수 있는 의지력도 보존할 수 있다.

더욱 극단적인 선제적 예방 조치 방식은 파티 자체를 아예 거부하고 칼로리를 적게 섭취하거나 날씬한 사람들과 어울리도록 노력하는 것이다. 그렇다고 통통한 친구들을 외면하라는 얘기는 아니지만, 당신의 체중과 어울리는 사람 사이에는 상관관계가 있을 수 있다. 사회적 연결망을 분석하는 연구자들은 비만인 사람에겐 날씬한 사람과 마찬가지로 그들끼리만 어울리는 경향이 있다는 사실을 밝혀냈다.[17] 신체적 거리만큼이나 사회적 거리도 확연하다. 이웃보다는 친한 친구의 체중이 불었을 때 당신이 비만이 될 확률은 더욱 커진다. 원인과 결과를 분리하기란 어렵다. 그러므로 습관과 취향이 비슷한 사람끼리 모이는 것은 당연하다. 반대로 비슷한 처지의 사람이 모여 서로의 행동과 생활 기준을 강화하기도 한다. 웨이트 워처스(Weight Watchers: 다이어트 제품과 프로그램 서비스 브랜드—옮긴이) 회원들처럼 체중 감량에 대해 고민하는 사람과 모여 시간을 보냄으로써 체중 감량 효과를 보는 것도 같은 이유에서이다.[18] 이는 앞에서 살펴보았듯이 친구나 친척이 담배를 끊게 되면 흡연자가 금연할 가능성이 커지는 것과 마찬가지다.

동료 집단의 압력은 유럽인이 미국인에 비해 왜 체중이 덜 나가는지를 설명하는 데 도움이 된다. 유럽인은 하루 종일 음식을 먹기보다 식사 시간에만 먹는다는 사회적 규칙을 따른다. 식습관을 연구하기 위해 미국의 캠퍼스에 있는 연구소를 방문한 유럽의 사회과학자들은 대학생들이 시도 때도 없이 음식을 즐기는 까닭에 언제든지 실험 대상으로 삼을 수 있다는 사실에 놀라움을 금치 못했다. 프랑스나 이탈리아에서는 식사 때를 제외하고는 식당 문을 여는 경우가 흔치 않다. 이러한 사회적 규범 때문에 자동적인 정신 작용을 통해 의지력을 보존할 수 있는 습관이 형성되는 것이다. 간식을 먹을지 말지 고민하고 유혹과 싸우는 대신 유럽인들은 실행 의도라는 생활 방식에 의존한다. "지금은 오후 4시니까 난 아무것도 먹지 않겠어."

체중과 칼로리 체크하기

몸무게를 줄이려면 얼마나 자주 체중을 재는 게 좋을까? 체중은 자연스럽게 변동하는데, 특별한 이유 없이 늘어나면 의기소침해질 수 있으니 매일 체크하라는 것이 일반적인 조언이었다.[19] 하지만 체중 감량 전문가들은 의지를 잃지 않고 체중 감량에 성공하려면 일주일에 한 번씩 몸무게를 재는 게 좋다고 말한다. 이러한 충고는 바우마이스터를 비롯한 자기 절제 전문가들에겐 의아하게만 들렸다. 여러 연구를 통해 자기 절제력을 키우기 위해서는 끊임없이 모니터링하는 게 중요하다고 밝혀졌기 때문이다. 그들은 이윽고 체중 감량에 성공하고 체중 증가를 막기 위해 노력하는 사람들을 추적하는 신중하고 장기간에 걸친 연구를 수행했다. 그중 어떤 이들은 매일 체중을 확인했고, 어떤 이들은 그렇지 않았다. 그리고 마침내 일반적인 전문가들의 지혜가 틀렸다는 사실이 밝혀졌다.

매일 체중을 재는 사람들은 체중이 다시 늘어나는 것을 훨씬 성공적으로 막아낼 수 있었다. 또 폭식할 위험도 적었고, 매일 체중계에 올라감으로써 실망을 하거나 우울해질 확률도 적었다. 체중 감량에 관한 모든 시도 중에서 일반적인 전략 한 가지는 여전히 유효하다. 즉 자신에 대해 신중하고 자기 절제력이 향상되어야 한다는 것이다. 매일 체중을 기록하는 게 귀찮다면 전자 기록 기능을 갖춘 체중계를 이용하는 것도 좋다. 어떤 저울은 체중 기록을 스마트폰이나 컴퓨터로 전송함으로써 모니터링의 즐거움(혹은 불쾌함)을 누릴 수 있도록 해준다.[20]

연구자들은 대수롭지 않지만 이상한 미스터리, 즉 왜 수감자들은 살이 찔까[21]라는 의문을 풀기 위해 연구하던 중 아주 단순한 관찰과 감독조차도 확연한 차이를 만들어낸다는 사실을 발견했다. 당연한 말이지만, 수감자들이 뚱뚱해지는 이유는 감옥의 음식이 저항할 수 없을 만큼 맛있어서가 아니었다. 수감자들을 위해 미식 전문 요리사를 고용할 까닭이 없을 테니 말이다. 하지만 대부분의 죄수는 출소할 때 몸무게가 늘어난다. 코넬 대학교의 브라이언 원싱크(Brian Wansink)에 의하면, 이는 죄수들이 허리띠를 하지 않고 몸에 달라붙는 옷 또한 입지 않기 때문이다. 상하의가 하나로 붙어 있는 헐렁한 죄수복을 입고 있으면 일반인처럼 바지가 조인다거나 벨트 구멍을 늘여야 할 것 같은 느낌은 전혀 받지 않는다.

몸 이외에 자신이 먹는 음식을 관찰하는 것도 큰 효과가 있다. 자신이 먹는 모든 음식을 의식적으로 기록한다면, 아마 섭취하는 칼로리 양이 줄어들 것이다. 한 연구에 따르면, 푸드 다이어리를 쓴 사람은 다른 방법으로 다이어트한 사람에 비해 거의 두 배 가까운 체중 감량에 성공했다.[22] 또 까다롭긴 하지만 실제로 각 식품에 얼마의 칼로리가 들어 있는지 기록하는 것도 도움이 된다. 사실 일반인을 비롯해 전문 영양사조차도 접시에 놓인 음식의 실제 양을 과소평가하는 경향이 있다. 특히 접시에 많은 양이 놓여 있으면 더욱 그렇다. 또 영양학자의 경고와 연구자들이 '건강 후광 효과(health halo)'[23]라고 일컫는 '저지방' 혹은 '유기농' 같은 문구로 소비자를 유혹하는 식품 회사 때문에 우리는 더욱 혼란을 느낀다. 존 티어니는 피에르 샹동(Pierre Chandon)과 알렉산데르 체르네프 (Alexander Chernev)가 참여한 실험에서 브루클린의 파크 슬로프(Park Slope) 지역 사람들을 대상으로 이러한 현상을 연구해보기로 했다. 어떤 주민에게는 치킨 샐러드와 펩시로 구성된 애플비(Applebee) 세트 메뉴 그림을 보여주고, 다른 이들에게는 똑같은 메뉴에 '무 트랜스 지방'이라는 상표가 붙은 크래커를 추가한 세트 메뉴 그림을 보여주었다. 그러자 사람들은 크래커 포장지에 적힌 문구에 홀린 나머지 크래커를 추가한 메뉴가 크래커가 아예 없는 메뉴보다 칼로리가 적다고 생각했다. 즉 '무 트랜스 지방'이 마음속에 '칼로리를 뺀 것'이라는 인식을 심어준 것이다. 또 다른 연구에서도 보통 사람이나 전문가 할 것 없이 대부분 저지방이

라고 쓰인 식품을 맹신해 그 결과 더 많이 먹는 경향이 있다는 것이 밝혀졌다.[24]

이러한 문제를 극복하기 위해서는 식품의 상표나 메뉴에 적혀 있는 칼로리를 주의 깊게 살피거나 스마트폰이 있을 경우 칼로리를 모니터링하는 기능을 갖춘 애플리케이션을 활용하는 것도 괜찮다. 식품의 칼로리를 계산하는 것이 불가능하다면—많은 사람이 실패하긴 하지만—적어도 눈앞에 있는 음식에 주의를 집중하지 않도록 노력해보라. 먹는 행위와 가장 흔하게 결합되는 것은 사교 모임과 TV 시청이다. 양쪽 다 칼로리 섭취량을 상당히 늘리는 주범이다. 연구자들은 TV를 보면서 간식을 먹을 때는 섭취량이 늘어나기 마련이며,[25] 지루한 프로그램보다는 잘 만들어진 코미디나 호러 영화처럼 주의를 집중시키는 영화를 볼 때 섭취량이 증가한다는 사실을 잇달아 밝혀냈다. 또 다른 실험에서는 다이어트 중인 여성들이 영화를 보면서 평소의 세 배에 달하는 간식을 섭취하는 것을 확인하기도 했다.

사람들은 가족이나 친구와 함께 식사하는 자리에서는 음식보다 분위기에 주의를 기울이므로 평소보다 많이 먹는 경향이 있다.[26] 여기에 와인이나 맥주 같은 알코올이라도 들어가면 자아 인식이 느슨해지면서 모니터링 기능도 떨어지므로 더욱더 주의를 집중하기가 힘들다. 코넬 대학교의 브라이언 원싱크 팀이 수프 그릇에 튜브를 몰래 연결해 계속 수프를 채워 넣은 유명한 연구[27]를 통해 입증했듯이, 술에 취하지 않았을 때조차 사람들은 수프가 계속 채워지는 것도 모른 채 끊임없이 먹는다. 눈앞에 놓인 것을 먹는 습관에 익숙해 바닥이 보이지 않는 수프 그릇을 계속 비우는 것이다. 식욕 대신 외적 신호에 의존하게 되면 음식

양이 많이 나오는 상황에서는 불리할 수밖에 없으며, 이런 일은 우리가 알지 못하는 사이 빈번하게 일어난다. 만약 음식이 큰 그릇에 나오거나 음료수가 넓은 잔에 담겨 나올 경우, 우리는 3차원의 양에 대한 감각이 예민하지 않기 때문에 얼마나 많은 칼로리를 추가로 섭취하는지 모르기 십상이다.[28] 만약 극장 매점에서 팝콘의 높이를 세 배로 늘인다면 우리는 당장 그 차이를 알아볼 수 있다. 하지만 팝콘 봉지의 넓이, 깊이 그리고 높이를 똑같이 조정해 세 배로 늘이면 그 차이를 바로 알아보기가 쉽지 않다. 그러다 보면 큰 사이즈의 팝콘을 시켜놓고 다 먹어치우게 되는 것이다. 물론 우리가 극장이나 식당에서 사용하는 포장지나 그릇을 조절할 수는 없지만, 집에서는 작은 그릇이나 잔을 사용함으로써 먹는 양을 조절하는 것이 얼마든지 가능하다.

또한 먹고 나서 식탁을 바로 치우지 않는 방식으로 자신의 식습관을 모니터링할 수도 있다. 스포츠 바(술을 마시면서 TV로 경기를 시청할 수 있는 술집—옮긴이)에서 실험한 결과, 손님들이 먹고 남긴 닭 날개를 점원이 치우지 않고 그냥 두었더니 훨씬 적게 먹는 것으로 드러났다. 다른 테이블에서는 사람들이 닭요리를 먹자마자 열심히 치웠는데, 이는 결과적으로 자신이 얼마나 많이 먹었는지를 잊게 하는 효과가 있었다. 그렇지만 먹었다는 증거물이 아직 테이블에 남아 있다면 망각하는 것이 불가능하다. 닭 뼈가 일종의 모니터링 역할을 하는 것이다.

"절대 안 돼"라고 말하지 마라

다이어트 연구 결과만 보면 상당히 우울해지기 쉽다. 하지만 그래도 적지 않은 예외가 있으며 마지막을 위해 남겨둔 긍정적인 부분도 있다. 긍정적인 부분이란 자기 절제의 핵심적인 의문, 즉 자기 부정은 왜 그토록 어려운가라는 문제를 파악하기 위해 연구자들이 실시한 디저트 실험에서 비롯되었다. 마크 트웨인이 《톰 소여의 모험》에서 쓴 것처럼 "어떤 일을 하지 않겠다고 약속하는 것은 그 일을 꼭 하고야 말겠다고 다짐하는 것과 다름없다". 이는 인간 심리의 가장 실망스러운 부분 중 하나이기도 하지만, 니콜 미드(Nicole Mead)와 버네사 패트릭(Vanessa Patrick)은 다른 종류의 자기 부정에 시선을 돌림으로써 출구를 찾아냈다.[29]

이들의 실험은 사람들을 자극하는 음식 사진에 대한 정신적 반응에 관한 것이었다. 실험에 참여한 사람들에게 레스토랑에서 디저트로 제공하는 음식을 상상해보라고 요청했다. 그중 어떤 이들에겐 자신이 가장 좋아하는 후식을 골라 먹는 상상을 하도록 했다. 하지만 나머지는 다음 두 가지 방식으로 디저트를 먹지 않고 무시하도록 했다. 즉 임의로 선택한 피실험자 한 무리에게는 디저트를 전혀 먹지 않겠다고 결심한 것처럼 상상하게 했고, 다른 무리에게는 지금은 먹지 않겠지만 나중에 맘껏 먹어도 된다고 상상하게 한 것이다. 요컨대 한 집단은 쾌락을 완전히 부정한 것이고, 또 다른 집단은 쾌락을 뒤로 미룬 것이다.

그런 다음 연구자들은 사람들이 얼마나 자주 디저트에 대해 생각하고 집착하는지 조사해보았다. 이 연구자들은 끝내지 못한 일이 얼마나 마음에 방해가 되는지 잘 알고 있었다(3장에서 언급한 자이가르닉 효과 덕분이다). 따라서 연구자들은 디저트를 나중에 즐기기로 한 이들이 특히 심적 괴로움을 많이 겪을 거라고 예상했다. 하지만 놀랍게도 "지금은 안 돼. 나중에 먹자"라고 다짐한 사람들은 다른 두 집단—한 집단은 디저트를 먹는 상상을 했고, 다른 집단은 아예 먹지 않기로 결정했다—에 비해 초코케이크 그림을 보고 오히려 덜 괴로워했다. 연구자들은 확실하게 부정하는 것이 상황을 종료시키는 계기가 되므로 마음속에 갈망이 덜 생길 거라고 생각했다. 더 이상 이론의 여지가 없는 것이었다. 하지만 그 반대 현상이 일어났다. 즐거움을 미루는 것이 아예 종료시키는 것보다 덜 괴로웠다. 적어도 다이어트에 관한 심리 실험에서, 마음은 아무리 아니라고 해도 액면 그대로 받아들이지 않았다.

하지만 진짜 음식이 놓여 있다면 어떨까? 이것을 확인하기 위해 연구자들은 피실험자를 한 사람씩 데려와 초콜릿(연구실에서 가장 손쉽게 애용하는 실험 도구) 그릇을 곁에 두고 짧은 영화를 한 편 보게 했다. 이때 어떤 피실험자에게는 영화를 보면서 맘껏 먹기로 결정했다고 상상하도록 했다. 또 어떤 피실험자에게는 아무것도 먹지 않기로 결정했다고 상상하도록 했다. 그리고 세 번째 피실험자 집단에게는 지금 초콜릿을 먹지 않고 나중에 먹기로 결정했다고 상상하도록 했다. 일반적으로 그 지시는 효과가 있었다. 먹고 싶은 만큼 먹기로 결정한 사람들은 먹는 것을 포기하거나 미룬 이들에 비해 훨씬 많은 양을 실제로 먹었다. 이어서 연구자들은 피실험자들에게 거짓으로 실험이 다 끝났다고 말하면서 설문을 계속했다. 즉 피실험자들을 실험실에 남게 한 다음 한 사람씩 설문에 참여하도록 한 것이다. 표면적으로는 실험실의 설비 품질에 관한 설문이었다.

이 과정에서 연구자들은 마치 생각났다는 듯 초콜릿이 담긴 그릇을 다시 내밀며 피실험자에게 이렇게 말했다. "당신이 오늘 마지막 피실험자군요. 다른 분들은 다 가셨으니 여기 남아 있는 걸 전부 드셔도 되겠

네요." 그 말을 남기고 연구자는 실험 참여자가 아무도 보지 않는 곳에서 혼자 설문지를 채우고 남은 간식을 먹도록 자리를 떴다. 물론 다른 실험에서처럼 연구자는 신경을 많이 썼다. 간식 접시의 무게를 사전에 재둔 것은 물론이고, 피실험자가 떠난 후 다시 무게를 재어 그 차이를 비교했다.

아무도 없는 상태에서 초콜릿만 곁에 놓여 있는 것은 나중에 간식 먹는 기쁨을 누리려던 사람에겐 그야말로 황금 같은 기회가 찾아온 것이라고 할 수 있다. 사람들은 보통 아무것도 먹지 않기로 결심한 이들은 초콜릿을 멀리하거나 살짝 맛만 보는 반면, 나중에 먹기로 결정한 이들은 걸신들린 듯이 먹어치우리라 예상할 것이다. 하지만 정반대 상황이 벌어졌다. 나중에 먹기로 결심한 이들이 자기 부정적 결심을 한 이들보다 현저히 적은 양의 간식을 먹은 것이다. 만약 먹지 않기로 결심한 이들과 먹는 것을 미룬 이들이 똑같은 양을 먹었다 해도 그 결과는 상당히 의외라 할 수 있다. 나중에 먹기로 결정한 이들은 이후에 얼마든지 먹고 싶은 대로 먹을 수 있으니 말이다.

나중에 먹겠다고 결심한 이들이 다른 이들에 비해 적게 먹었다는 사실은 상당히 획기적인 발견이었다. "나중에 먹으면 돼"라고 스스로를 타이름으로써 현재 뭔가를 조금 먹는 것 같은 효과를 얻는 것 아닐까 하는 추측이 가능하기 때문이다. 그것을 통해 갈망을 어느 정도 잠재우는 동시에 실제로 식욕을 억제하는 효과도 있는 것이다. 실험 마지막 단계에서, 모든 피실험자에게 초콜릿이 담긴 그릇을 주었더니 나중에 먹기로 결심한 사람들은 그전에 마음대로 간식을 먹은 사람들보다도 적은 양을 먹었다. 그뿐만이 아니었다. 이러한 억제 효과는 실험실 밖에서도 위력을 발휘하는 것 같았다. 실험이 끝난 다음 날, 모든 피실험자는 다음과 같은 질문이 담긴 메일을 받았다. "누군가가 지금 사탕을 준다면 얼마만큼 먹겠습니까?" 이 질문에 나중에 먹겠다고 결정한 이들은 아예 먹지 않겠다고 결정한 이들이나 각자의 몫을 충분히 먹은 이들에 비해 사탕에 대한 갈망이 덜하다고 대답했다.

디저트를 거부하는 데는 의지력이 필요하지만, 마음에게는 "절대 안 돼"라고 말하는 것보다 "나중에"라고 하는 편이 훨씬 부담이 적은 것이다. 결국, 장기적으로는 갈망도 줄어들고 실제 섭취도 줄어든다. 게다가 다른 실험에서 증명한 것처럼 기다림을 통해 더 큰 즐거움을 얻을 수도 있다. 이 실험에서 연구자들은 피실험자들을 대상으로 자신이 가장 좋아하는 영화배우와 오늘 키스를 할 수 있다면 얼마를 지불하겠는지, 그리고 사흘 후에 키스할 수 있다면 얼마를 지불하겠는지 질문했다. 보통 사람들은 즉각적인 즐거움을 위해 더 많은 돈을 지불하겠지만, 이 경우에는 나중에 키스하는 데 더 많은 돈을 지불하겠다고 했다. 이와 유사하게 크렘브륄레(Crème brûlée)나 초코케이크를 나중에 먹겠다고 함으로써 기대감을 유지할 수 있다. 반대로 어떤 것을 완전히 멀리하다가 나중에 포기하면 "아무렴 어때" 하며 정신없이 먹기 쉽다.

그러므로 음식에 관해서라면 "절대로 안 돼"라고 말하지 마라. 디저트를 잔뜩 실은 카트가 도착하더라도 금지된 디저트를 향해 갈망의 눈초리를 보내지 마라. 언젠가는 꼭 먹겠다고 다짐하되 오늘 밤은 안 된다고 생각하라. 스칼렛 오하라(Scarlett O'Hara: 소설 《바람과 함께 사라지다》의 여주인공―옮긴이)처럼 생각해보자. "내일은 또 다른 맛이 기다릴 거야."

결론: 의지력의 미래
적은 노력으로 더 많이 얻기(게으름을 피우지 않는다면)

순결과 금욕을 저에게 내려주소서. 하지만 조금 뒤에 내려주소서.
—성 아우구스티누스의 기도, 성자가 되기 전 젊은 시절에

젊은 아우구스티누스[1]처럼 우리 모두는 언젠가 자기 절제를 할 수 있게 되길 바란다. 하지만 우리처럼 성자와 거리가 먼 사람들에게 언제쯤 그런 날이 올까? 의지력은 유한하고 유혹은 끊임없이 증식하는데, 어떻게 이런 미덕이 영원하기를 기대할 수 있을까?

자기 절제의 방해 요소를 과소평가하는 것은 아니지만, 개인적으로나 사회적으로 우리는 자기 절제의 전망이 밝다고 생각한다. 물론 유혹은 나날이 정교해지고 있다. 그러나 그것에 저항하기 위한 무기도 역시 발전해왔다. 의지력의 장점도 어느 때보다 명확하게 받아들여지고 있다. 이에 대한 방대한 연구 결과를 우리는 한 문장의 간단한 규칙으로 요약할 수 있다. 즉 인생의 스트레스를 줄이는 방법은 엉망이 되기 전에 멈추는 것이다. 다시 말해, 현실적으로 성공할 수 있게끔 삶의 목표를 설정하라는 것이다. 최근 바우마이스터와 그의 동료들이 대서양을 사

이에 두고 양 대륙에서 수행한 연구를 통해 관찰했듯이 성공한 사람들은 재앙을 막기 위한 마지막 방어 전략으로써 의지력을 사용하지 않는다. 온 종일 독일인 피실험자를 대상으로 실험한 결과(앞에서 언급한 자동 발신 장치를 이용한 연구[2]에서), 연구자들은 자기 절제력이 강한 사람은 다른 사람에 비해 욕구를 참는 데 보내는 시간이 상대적으로 '짧다'는 것을 발견하고 놀라움을 금치 못했다.

처음 바우마이스터와 독일 동료들은 이런 결과에 당황했다. 자기 절제는 욕구에 저항하는 것과 연관되어 있는데, 왜 자기 절제력이 강한 사람들은 그것을 더 많이 사용하지 않을까? 곧이어 그것을 설명할 수 있는 논리가 등장했다. 그들은 상대적으로 유혹과 내면적 갈등에 덜 시달리기 때문에 의지력 소진도 그만큼 덜하다는 것이다. 이러한 설명은 바우마이스터와 함께한 네덜란드 연구자의 다른 실험 결과와 일치한다.[3] 그는 자기 절제력이 훌륭한 사람은 그것을 비상사태 때 사용하기보다는 오히려 학교나 직장에서 일상생활을 효과적으로 수행하기 위해 사용한다는 것을 밝혀냈다. 이는 미국의 최근 연구 결과에서도 증명되었다.[4] 즉 자기 절제력이 뛰어난 사람은 일상생활에서 스트레스를 덜 받는다. 그들은 자기 절제력을 위기를 헤쳐 나가기보다는 그것을 방지하는 데 사용했다. 또 맡은 일을 끝내는 데 충분히 시간을 들였다. 차가 망가지기 전에 카센터에 가서 수리를 했으며, 마음껏 먹어도 되는 뷔페는 피했다. 그리고 수세적이기보다는 공세적인 입장을 취했다.

이 책의 마지막 장에서, 우리는 공세적 전략에 대해 살펴보고 너무나 명확하지만 많은 이들이 무시하는 규칙을 여러분에게 상기시키려 한다. 즉 일을 계속 미루지 마라. 꾸물거리는 습관은 거의 보편적인 악덕에 속한다. 마르쿠스 키케로(Marcus Cicero: 고대 로마의 정치가·철학자·웅변가—옮긴이)[5]는 미루는 습관을 "혐오한다"고 말했고 조너선 에드워즈(Jonathan Edwards: 미국의 목사·신학자—옮긴이)는 "미래의 시간에 의존하는 죄악과 어리석음"을 반대하는 데 모든 설교 시간을 할애했다.[6] 현대의 연구 결과에 의하면 95퍼센트 이상의 사람들이 적어도 가끔은 일을 미룬다고 대답했으며(나머지 5퍼센트가 누구인지, 혹은 그들이 누구를 속이려 하는지 우리는 알 수 없다), 사회가 점점 발전하고 유혹이 다양해짐에 따라 상황은 더욱 악화되고 있다.[7] 지난 40년 동안 전 세계의 자료를 분석해온 심리학자 피어스 스틸(Piers Steel)에 의하면 일 미루기를 개인적 성향으로 규정하는 사람들이 현저하게 증가했다고 한다. 요컨대 조사 대상 중 약 20퍼센트가 일을 미루는 경향이 있었다. 미국의 경우는 조사 대상 중 절반 이상이 스스로 만성적으로 일을 미룬다고 생각했으며, 직장인들은 업무 시간의 4분의 1, 즉 하루에 2시간 정도 일을 미루면서 보낸다고 대답했다. 이것을 월급으로 환산하면 고용주가 1년에 1만 달러 정도를 게으름 피우는 대가로 지급한다는 얘기다.

심리학자나 일을 미루는 당사자나 이러한 습관이 일을 완벽하게 처리하고자 하는 강박관념 때문이라고 치부하는 경향이 때때로 있었다. 완벽주의자는 일을 시작할 때 흔히 자신의 이상과 맞지 않기 때문에 불안과 걱정에 휩싸인 나머지 딜레마에 빠지거나 일을 중단해버린다. 물론 이는 이론적으로 타당하며, 어떤 경우에는 사실일 수 있다. 하지만 연구자들은 일을 미루는 사람과 완벽주의 사이에 신뢰할 만한 연관성을 확실하게 찾지는 못했다. 처음에 심리학자들이 이 둘 사이의 연관성을 믿었던 이유 중 하나는 선택적 편향 때문일 수 있다. 즉 이상이 높으면서 일을 잘 미루는 사람은 그보다 야망이 덜한 사람들에 비해 자기 문제를 해결하는 데 도움을 청하는 경향이 있으며, 그러다 보니 같은 맥락에서 자기 문제를 치유하고자 때때로 심리학자에게 도움을 청한다는 것이다. 하지만 높은 이상을 가진 사람 중에도 자기 일을 미루지 않고 완벽하게 해내는 이들이 많다.

사실, 일을 미루는 사람들에 관한 연구에서 잇달아 밝혀진 것처럼 문제점은 오히려 충동적 성향이 아닐까 싶다.[8] 충동적 성향과의 연관성은 여자보다 남자에게서 일 미루기 문제가 더 크게 나타나는 것을 통해서도 설명할 수 있는데, 특히 젊은 남성에게서 이런 경향이 많이 발견된다. 즉 남성에게는 제어하기 힘든 충동적 성향이 강하다. 어려운 일에 부딪히거나 힘들고 지루한 일에 지치면, 일을 미루는 사람들은 다른 일을 함으로써 기분을 전환하려는 충동에 굴복한다. 요컨대 부엌 청소를 하거나 학기 말 과제를 하는 대신 비디오 게임 같은 즉각적인 즐거움을 주는 행동을 하며 장기적 결과를 무시하려 한다. 그러다 마감일에 대한 생각이 미치면 끝까지 기다려보는 게 더 나을 수도 있다고 스스로에게 말한다. "마감일의 압박이 있어야만 난 일을 가장 잘 할 수 있어!" 하지만 바우마이스터와 다이앤 타이스가 발견했듯이 대부분의 사람은 스스로를 속이고 있다.

마감일 테스트[9]

일 미루기에 관한 실험은 그 대상이 놀라울 정도로 풍부한 환경에서 진행되었다. 그곳은 바로 대학 캠퍼스였다. 대학생들은 보통 깨어 있는 시간의 3분의 1을 빈둥거리며 보낸다는 사실을 자인하는데, 실제로 낭비하는 시간은 더 길 수도 있다. 케이스 웨스턴 대학교에서 건강심리학을 가르치던 타이스 교수는 자신의 수업을 듣는 학생 중에서 미루기를 잘하는 이들을 몇 가지 방법을 이용해 분류했다. 먼저, 학기가 시작되었을 때 타이스 교수는 학생들의 학습 습관에 대한 설문 조사를 했다. 그런 다음 금요일까지 과제를 제출하도록 했다. 또 마감일을 놓친 학생은 다음 주 화요일 수업 시간에 제출해도 되며, 만약 두 번째 마감일도 못 지켰다면 그 주 금요일까지 교수실에 직접 제출하라고 했다. 나중에 타이스 교수는 일 미루기에 관한 설문 조사를 했는데, 이때 미루기 지수가 높게 나온 학생들은 처음 두 번의 마감 시간 이전에는 아예 숙제를 시작하지도 않았다. 이들에게는 두 번 연장된 마지막 날이 진정한 마감일이었다.

한편, 학생들이 낸 과제물은 이 실험과 아무런 관계도 없는 시험관이 채점했는데, 타이스와 바우마이스터는 그 정보를 바탕으로 학생들의 학업 능력과 제출 날짜를 비교해보기로 했다. 그 결과 미루기 좋아하는 학생—설문 조사와 과제 제출 시점을 종합해서 측정했다—은 모든 면에서 성적이 형편없었다. 과제 점수도 낮았고, 중간시험과 학기 말 시험 모두 성적이 좋지 않았다. 그렇다면 이들에게 다른 방식으로 이로운 점은 없을까? 건강심리학 수업에서 학생들은 별도 프로젝트의 일환으로 자신의 건강을 기록해야 했다. 여기에는 학생들의 병력이나 증세뿐 아니라 학교 내 병원이나 보건소 방문 횟수까지도 포함되었다. 1학기 동안의 연구 결과를 분석한 타이스는 소스라치게 놀랐다. 미루기를 좋아하는 학생들이 더욱 건강하다는 사실이 밝혀진 것이다! 이들은 통증도 덜 호소했고 병원 방문 횟수도 적었다. 어떤 면에서는 균형이 맞는 결과이기도 했다. 부지런한 사람은 일을 미루는 사람에 비해 일도 제때 마치고 성적도 잘 나오지만, 후자는 적어도 더 나은 건강을 유지할 수 있으니 말이다. 마감일에 맞추려면 자기 절제가 필요하고, 그 때문에 면역 체계의 포도당이 고갈될 수도 있다. 하지만 바우마이스터와 타이스는 그 결과에 대해 깊이 생각하는 동안, 학생들의 건강 기록 작성 과제가 학기 마지막 주 이전에 끝났다는 사실을 떠올렸다. 이때는 일 미루기를 좋아하는 학생들이 자기 과제에 손을 대기 이전이다. 다시 말해, 과제에 손을 대기 전까지는 건강할지 모르지만 학기가 완전히 종료될 무렵, 그러니까 마감일이 가까워지면 어떨까?

그리하여 연구자들은 다음 학기에 다른 강좌에서 실험을 계속했다. 이번에는 시험이 완전히 끝나는 순간까지 학생들의 질병과 증상 그리고 병원 방문 기록을 작성하도록 했다. 여기서도 학기 초에는 미루기를 좋아하는 학생들은 성적이 낮고 건강 상태가 좋았던 반면, 부지런한 학생 중에는 과제를 하느라 감기에 걸려 코를 훌쩍이는 경우가 더러 있었다. 미루기 좋아하는 학생들은 원반던지기를 하며 놀거나 파티에 참석하거나 실컷 잠을 자며 시간을 보냈다. 마감일에 여유가 있는 한 미루기 좋아하는 학생들에게 인생은 즐거움 그 자체였다. 하지만 드디어 계산을 해야 할 시기가 왔다. 학기 말이 되자 미루기 좋아하는 학생들은 다른 학생들에 비해 훨씬 더 큰 스트레스에 시달렸다. 이제 정신을 차리고 미뤄온 일을 해야 할 때가 된 것이다. 이때 이들의 증상과 질병이 갑작스럽게 증가했다. 실제로 학기 말이 되자 일을 미루던 학생들은 나머지 학생들에 비해 훨씬 건강이 나빠져 이전의 양호하던 건강 상태가 무색

할 지경이었다. 밤새워 과제를 하느라 전체적으로 건강이 더 나빠진 것이다.

그중 최악의 학생들은 끝까지 미루다 세 번째와 마지막 마감도 지키지 못했다. 이들은 많은 대학이 학업을 미루는 학생에게 제공하는 I 학점 제도(Incomplete grade: 학생이 하나의 교육과정에 필요한 모든 학업을 완수하지 않았을 때 받게 되는 학점—옮긴이)에 기대어 다음 학기로 해야 할 일을 넘겨야 했다. 대학은 I 학점 제도를 운용하는 대신, 학생의 학점을 매길 수 있도록 수업과 관련한 모든 자료를 모아 다음 학기의 특정 금요일 5시까지 교무처에 제출하도록 했다. 따라서 이 금요일은 그야말로 확실하고 변동 불가능한 마감일이었다. I 학점 그룹에 속한 타이스의 학생들에게는 더 이상의 여지가 없었다. 그중에는 학기 초 실시한 설문 조사에서 가장 높은 미루기 지수를 받은 여학생도 포함되어 있었다. 대학의 정책에 따르면, 아직 결정되지 못한 학점을 이수하기 위해서는 학생 스스로 계획을 짜서 교수와 함께 필요한 과제를 수행하고 적절한 성적을 얻어야 했다. 그런데 몇 주가 흘러가도록 그 여학생에게서 아무런 소식이 없었다. 드디어 운명의 금요일 오후가 되었다. 교무처로 성적을 보내야 할 시간이 채 두 시간도 남지 않은 상태에서 여학생이 전화를 걸었다.

"안녕하세요, 타이스 교수님." 여학생의 목소리는 차분했다. "죄송한데, 지난 학기 수업에 제출해야 했던 과제가 뭔지 가르쳐주시겠어요?"

여러분도 짐작했겠지만, 그 여학생은 마감 시간 안에 과제를 제출하지 못했다. 어떤 시점이 되면 의지력도 소용이 없다. 하지만 대부분의 사람, 만성적인 미루기 습관에 젖어 있는 사람조차도 공세적 방법으로 이런 운명을 피해갈 수 있다. 이 책에서 우리는 이미 자기 절제에 관한 수백 가지 실험과 전략에 대해 언급했다. 이제 그것들을 다시 살펴보고 활용해보자.

의지력 101, 첫 번째 레슨: 자신의 한계를 파악하라

당신이 성취하고자 하는 것이 무엇이건 1장에서 배운 두 가지 기본적 가르침을 통해 공세적 태도를 취할 수 있다. 즉 의지력에는 한계가 있으며, 당신은 의지력이라는 그 한 가지 동력을 사용해 여러 가지 일을 처리한다. 충분한 수면과 식사를 했다면, 매일 아침 당신은 새롭게 충전된 의지력과 더불어 하루를 시작할 수 있다. 그러나 시간이 지날수록 의지력은 조금씩 사라진다. 우리는 현대 생활의 복잡성 때문에 표면적으로는 서로 연관이 없어 보이는 일과 요구가 사실은 내면적으로 같은 원천에 기반을 두고 있다는 사실을 망각하기 쉽다.

전형적인 하루 일과를 생각해보자. 아침에 잠을 더 자고 싶지만 억지로 눈을 뜨고 교통 체증을 참으며 출근한다. 또 상관이나 배우자가 당신을 화나게 하거나 가게 점원이 잠깐만 기다리라고 하더니 6분이나 지난 후 물건을 가져다줄 때도 아무 소리 않고 참는다. 지루한 회의 시간에 동료가 계속 떠들 때도 흥미롭다거나 주의를 집중하는 듯한 표정을 지어야 한다. 화장실에 가고 싶은 것도 참는다. 그리고 어려운 프로젝트의 첫 번째 과제를 시작한다. 점심때 나온 감자튀김을 다 먹고 싶지만 거의 절반을 남긴다(자신과 협상을 한 후에). 그리고 억지로 조깅에 나서 하루 운동량을 채울 때까지 계속한다. 이처럼 서로 상관없는 일과를 처리하기 위해 당신이 사용한 의지력은 다음 일과를 위해 남겨둔 에너지마저 고갈시킨다.

　사실 이러한 고갈이 특히 결정을 내리는 데 어떤 영향을 미치는지 직관적으로 파악하기는 힘들다. 실제로 누구도 자신이 결정을 내릴 때 얼마나 피곤한지 본능적으로 알아차리지 못한다. 저녁 메뉴는 무엇으로 할지, 휴가를 어디로 갈지, 누구를 고용할지 또 돈을 얼마나 쓸지, 이 모든 결정을 하는 데는 의지력이 필요하다. 가상의 결정조차도 의지력이 필요하다. 그러므로 힘든 결정을 한 뒤에는 자기 절제력이 약화될 수밖에 없다는 것을 기억해야 한다.

　또 중요한 것은 노력이지 그 결과가 아니라는 것을 기억하라. 유혹과 싸우다 포기하더라도 당신의 의지력은 고군분투한 만큼 고갈될 수밖에 없다. 포기했다고 해서 이미 사용한 의지력이 회복되는 것은 '아니다'. 결국 당신이 할 수 있는 일은 의지력을 더 이상 고갈시키지 않는 것뿐이다. 온종일 여러 가지 유혹과 충동에 굴복했다 할지라도, 어떤 유혹을 견디기 위해 어느 정도 에너지를 사용할 수밖에 없을 것이다. 또 자신이 별로 좋아하지 않는 일을 할 때에도 의지력은 필요하다. 사실, 절실하게 원하지 않는 일―데킬라를 단숨에 들이켜거나 섹스를 하거나 시가를 피우는 일 등―을 하게 되면 의지력은 더더욱 고갈된다. 이와 마찬가지로 가장 피곤한 결정은 다른 사람 눈에는 분명해 보이지만 자신에게는 어려운 결정이다. 합리적인 관점에서 볼 때, 예산에 맞고 여분의 방이 하나 있는 아파트를 구하는 것이 바람직하다. 하지만 전망이 무척 환상적이지만 현실적인 관점에서 적당하지 않은 아파트를 포기할 때는 의지력이 고갈될 수 있다.

증상 관찰하기

사실 의지력이 고갈되는 '느낌'은 확실하지 않다. 따라서 사소하고 놓치기 쉬운 신호를 잘 포착할 필요가 있다. 어떤 일이 필요 이상 당신을 열받게 하는가? 어떤 일이 보통 이상으로 더 강력하게 느껴지는가? 단순한 일조차도 결정을 내리기 어려울 때가 있는가? 평소보다 훨씬 결정을 내리는 데 망설이거나 정신적·육체적으로 실천하기 어렵게 느껴지는가? 만약 그런 느낌이 든다면, 지난 몇 시간을 돌아보고 혹시 의지력이 고갈된 게 아닌지 살펴보라. 만약 의지력 고갈이 의심된다면, 그것이 자신의 행동에 미칠 영향을 고려해보고 남아 있는 의지력을 잘 관리하도록 하라.

의지력이 고갈되면 평소보다 더욱 강한 좌절감을 느낄 것이다. 또 나중에 후회하게 될 말을 할 확률도 높아진다. 먹고 마시고 돈을 쓰는 등 여러 가지 충동을 참는 것이 더욱 어려워진다. 앞서 언급했듯이 당신 삶에서 스트레스를 줄이는 방법은 일을 망치지 않는 것이지만, 의지력이 고갈되면 실수할 가능성이 커지므로 결국 돈을 더 많이 쓰게 되거나 관계를 망치거나 살이 찌게 될 위험성이 커진다. 그러므로 에너지가 고갈된 상태에서는 구속력 있는 결정을 내리는 것을 조심하라. 단기적 이익을 추구하고 장기적 비용이 들어가는 결정을 내리기 쉬우니 말이다. 어떤 결정을 내릴 때는 그것의 장기적 결과에 중점을 두는 게 좋다. 비합리적인 편견과 게으른 지름길에 굴복하지 않으려면 이성을 토대로 결정을 내리고 그것이 합당한지 숙고하라.

공정하고 균형 잡힌 판단을 하는 것은 힘겨운 일이다. 그러다 보면 현재 상태에 머무르려 하고, 특히 균형을 잡는 데 많은 정신적 노력이 필요한 경우에는 아예 타협하지 않으려는 경향이 커진다. 4장의 의지력이 고갈된 가석방 심사권을 가진 판사처럼 그 선택이 타인에게 상처가 되더라도 우리는 더 쉽고 안전한 선택을 하려 한다. 이러한 영향을 잘 알고 있으면, 의지력이 고갈된 상태에서 부닥칠 위험을 어느 정도 억제하는 데 도움을 받을 수 있다.

하지만 2장에서 소개한 영화배우 짐 터너처럼 그 영향을 잘 알고 있다 하더라도 어떤 상황에서는 가장 쉬운 결정조차 할 수 없을 때가 있다. 당뇨병과의 싸움에 대한 토크쇼에서 터너는 혈당이 위험할 정도로 떨어진 어느 날 해변에서 있었던 이야기를 들려주었다. 그 상황에서 벗어나기 위해 터너는 당시 네 살이던 아들과 함께 속히 그곳을 떠나야겠다고 생각했다. 그리고 아들의 장난감을 모아 두 개의 상자에 담기 시작했다. 별것 아닌 일이었지만 포도당 수치가 너무 떨어진 탓에 터너는 무엇을 해야 할지 몰라 당황했다. 어떤 장난감을 어떤 상자에 넣어야 하지? 터너는 머릿속에 떠오른 첫 번째 규칙―원래 있던 장소에 정확하게 넣을 것―에 사로잡힌 채 사투를 벌이며 장난감을 정리했고, 그러는 사이 시간은 흘러 혈당은 점점 더 떨어졌다. 드디어 그 자리를 벗어나 공중 화장실과 스낵바가 있는 해변 쪽 건물로 향하는 데는 성공했지만, 이번에도 역시 또 하나의 결정 사항에 가로막혔다.

"나는 그 자리에 선 채 마음속으로 15분 동안 같은 질문을 되뇌었죠. 먼저 화장실부터 갈까, 먹으러 갈까? 아들이 나를 잡아당겼지만 결정할 수 없었습니다. 너무 피곤해서 결국 주저앉고 말았죠. 아들은 울고불고 난리를 쳤고, 결국 30분이 지나서야 겨우 정신을 차리고 스낵바로 갈 수 있었습니다."

만약 일상적인 결정을 내리지 못해 힘든 순간이 온다면 터너의 일을 떠올려보라. 화장실 가는 걸 결정하는 것도 힘들어 해변에 주저앉아 있는 그의 모습을 떠올려보라. 포도당 결핍이 불러올 수 있는 결과는 이처럼 무섭다. 터너는 이렇게 말한다. "뇌가 어디로 사라져버린 것 같은 느낌이죠. 아무것도 집중할 수 없어요. 멍하니 앉아서 뭔가를 해야겠다는 생각은 들지만 왜 아무것도 못하는지 알 수가 없습니다." 사실 터너도 자신을 구제한 선택을 하기 전까지 아무것도 할 수 없었다. 그것은 다름 아닌 뭔가를 먹는 것이다. 실험실의 연구자들은 당분이 듬뿍 들어간 효과 빠른 음료로 기본적인 연료를 보충해주려 하지만, 몸에 더 좋은 것은 단백질이다. 건강한 음식을 공급해주고 30분 정도 기다려보라. 그러면 결정하는 게 그리 힘들지 않게 느껴질 것이다.

싸울 대상을 선택하라

현실적으로, 당신을 엄습하는 스트레스를 조절하는 것도, 예측하는 것도 불가능하다. 그러니 차분하거나 평화로운 시기를 선택해 공세적인 계획을 세우는 것이 좋다. 운동 프로그램을 짜보라. 새로운 기술을 배우는 것도 좋다. 담배를 끊고 술을 줄이고 건강한 식단을 위해 습관 한두 가지를 바꿔 지속적으로 실천해보라. 이런 일들은 상대적으로 할 일이 적은 시간, 요컨대 의지력을 쏟아 부을 수 있는 시간을 선택해서 실행하는 것이 좋다. 그런 다음 신중하게 싸울 대상을 선택하고, 무엇이 가장 문제인지 파악하라. 강철 같은 의지와 고통을 감내하는 어마어마한 인내력을 갖춘 데이비드 블레인 같은 사람조차 자신의 한계를 알고 있다.

밀림을 뚫고 전진한 스탠리의 모험을 이야기하며 끊임없이 달라붙는 모기떼와 수많은 벌레에 대해 언급하자 블레인은 몸을 움츠리며 말했다.

"난 그렇게 못해요. 사방에 모기가 있으면 도망치고 말지요. 그건 내가 도저히 감당할 수 없는 일입니다."

싸울 대상을 선택할 때는 즉각적인 도전을 넘어서 장기적인 안목으로 삶을 바라보라. 당신이 있고 싶었던 지점인가? 무엇이 나은 방법인가? 어떤 일을 할 수 있는가? 물론 매일 이런 질문을 할 수도 없고 특히 바쁠 때는 더욱 엄두가 안 나겠지만, 적어도 1년에 하루 정도는—생일 같은 때도 좋다—자신을 돌아보고 작년 한 해를 정리해보는 것이 좋다. 이것을 해마다 습관처럼 시행하면 지난해에 정리해놓은 노트를 보면서 과거에 비해 얼마나 발전했는지 확인할 수 있다. 어떤 목표를 이루고 어떤 목표가 남아 있는지 또 어떤 목표가 달성하기 어려운지도 알 수 있다. 적어도 대략적이나마 5년 단위로 목표를 세우고, 중간 중간 3장에서 얘기한 대로 구체적인 월별 계획 같은 것을 짜는 게 좋다. 한 달 안에 성취하고 싶은 목표를 세우고, 그것을 어떻게 성취할지 생각해보라. 융통성 있게 계획을 세우고, 차질이 생길 수도 있다는 점을 염두에 두라. 월말에 진척 사항을 확인하면서 기억해야 할 것은 모든 목표를 제때 이루어야 할 필요는 없다는 것이다. 중요한 점은 매달 조금씩 당신의 삶이 나아지는 것이다.

불가능할 것 같은 거대하고 빠른 변화는 오히려 역효과를 불러올 수 있다. 만약 한꺼번에 금연하는 것이 불가능하다면 하루에 두세 개비로 줄여보도록 하라. 평소 술을 많이 마시는 편이어서 도저히 단번에 끊지 못하겠다면 주말에만 마시거나 아니면 일주일에 몇 번 마실지 계획을 세워보는 것도 괜찮다. 당신은 저녁에 술을 마시다 스스로를 점검하기 위해 한 시간 정도 술을 중단하고 계속 마실지 여부를 결정할 만큼 의지력이 있는가? 만약 그럴 수 있다면 이는 나중에 닥칠 문제를 예방할 수 있는 좋은 방법이다. 하지만 그렇게 할 수 없다면 스스로를 속이지 마라. 계획이 효과적이려면 자신의 의지력까지도 계산에 넣어야 한다. 오늘 하루, 오늘 저녁 그리고 다음 달에는 어떻게 의지력을 사용할 것인가? 만약 앞으로 세금 정산 혹은 여행 같은 추가적인 계획이 있다면, 어디서 여분의 의지력을 얻을 것인지 생각해보라. 필요하다면 다른 요구 사항을 줄이는 것도 좋다.

시간을 배분할 때는 필요 이상으로 단조롭고 지루하게 계획을 짜지 않도록 하라. 파킨슨의 법칙(Parkinson's Law: 영국의 역사학자이자 경영 연구가인 파킨슨이 사회를 풍자적으로 분석해 제창한 사회생태학적 법칙―옮긴이)[10]을 기억하라. 요컨대 일이 끝나는 시간에 맞춰 업무량을 조절하라. 피곤한 일을 할 때는 확실하게 시간제한을 두라. '지하실 청소하기'나 '옷장 정리하기' 같은 일은 매우 단조로워서 하루를 낭비하기엔 너무 아깝지만, 막상 하다 보면 하루 종일 걸릴 수도 있다. 하지만 한두 시간 안에 마치는 것으로 제한을 두면, 이번 주 토요일에 그 일을 마칠 수 있다(그리고 나면 다음 주말에는 또 다른 짧은 과제를 해치울 수 있는 여유가 생긴다). 생산성에 관한한 위대한 스승이라 할 수 있는 데이비드 앨런조차도 파킨슨의 법칙을 따른다. 《끝도 없는 일 깔끔하게 해치우기》와 관련한 강연을 하기 위해 여행할 때, 데이비드는 떠나기 35분 전에야 짐을 챙겼다고 한다. "짐을 싸는 데 딱 35분이 걸린다는 것을 알고 있거든요. 만약 그보다 빨리 시작하면 짐을 싸느라고 여섯 시간을 허비하게 되죠. 마감 시간을 정해놓으면 그전에는 하기 싫던 결정도 재빨리 할 수 있고, 자신을 잘 받아들이게 되죠. 나에겐 더 큰 싸움이 기다리고 있으니까요."

해야 할 일 혹은 하지 말아야 할 일 리스트 만들기

우리는 3장 대부분을 영광스러운 체크리스트 이야기에 할애했지만, 여전히 그것을 꺼리는 독자도 있다는 것을 안다. 따분하고 마음이 움직이지 않는 일이기 때문이다. 그렇다면 하지 말아야 할 일 리스트 만들기는 어떤가? 일단 리스트를 적어놓으면 앞으로 하지 않아도 신경 쓸 필요가 없는 일 말이다. 자이가르닉 효과에서 살펴보았듯이 끝마치지 못한 일을 무시하려 하면 할수록 무의식은 마치 중간에 끊긴 노래가 귓가에 계속 울리는 것처럼 우리를 괴롭힌다. 미루거나 잊는 것으로 그 일을 뇌에서 지워버릴 수도 없다.

하지만 일단 구체적인 계획을 세우면 당신의 무의식은 진정될 것이다. 무엇을 할지, 누구와 연락할지, 또 어떻게 진행할지(사람을 직접 만날지, 전화로 통화할지, 아니면 이메일로 연락할지) 같은 적어도 다음 단계의 구체적인 계획을 세우는 것이 필요하다. 언제 어디서 할 것인지 구체적인 계획을 세운다면 더 좋겠지만, 이는 그다지 핵심적인 사항은 아니다. 무엇을 할지 결정하고 리스트에 적어놓았다면 당신의 무의식은 느긋하게 쉴 수 있다.

계획 오류를 조심하라

목표를 설정할 때는 심리학자들이 계획 오류(planning fallacy)[11]라고 일컫는 것을 조심하라. 계획 오류는 어린 학생부터 베테랑 실무자까지 누구에게나 영향을 미칠 수 있다. 고속도로나 건물이 6개월 앞당겨 완공되었다는 소식을 들어본 적이 있는가? 하지만 작업이 늦어지고 예산을 초과하는 것은 일반적인 일이다.

계획 오류는 학위 논문을 쓰는 대학생을 대상으로 한 실험에서도 확인할 수 있다. 심리학자 로저 뷸러(Roger Buehler)와 그의 동료들은 대학생들에게 학위 논문을 언제 마칠 수 있는지 최선의 경우와 최악의 경우를 각각 예측해보라고 했다. 학생들은 평균 34일 정도 걸릴 것이라고 대답했지만, 실제로는 거의 두 배 가까운 56일 만에 논문을 마쳤다. 그중 모든 것이 제대로 되지 않는 최악의 경우를 가정해서 정한 마감 시간에는 그나마 무난히 끝낼 수 있을 거라고 예상했지만—사실 '모든 것이' 제대로 되지 않는 경우란 드물기 때문이다—실제로는 그렇지 않았다. 최악의 경우를 설정한 학생 중 정한 시간 안에 논문을 끝마친 학생은 절반도 되지 않았다. 이러한 계획 오류는 모든 사람에게 영향을 미치지만, 마지막 순간 집중해 일을 한꺼번에 마치겠다고 작정한 사람, 이를테면 미루기 좋아하는 사람에게는 그 영향이 더욱 심각하다. 만약 마감을 하기까지 상당히 많은 시간이 남았다면 이러한 전략이 통할지 모르지만 대부분의 경우엔 그렇지 않다. 일을 미루기 좋아하는 사람은 대개 해야 할 일에 걸리는 시간을 과소평가하는 경향이 있다. 그래서 나중에야 시간이 충분하지 않다는 사실을 깨닫는다. 타이스의 게으른 제자들이 지난 학기에 과제를 작성하는 데 얼마나 시간이 걸렸는지 진지하게 되돌아보았다면, 다음번 과제를 할 때는 몇 시간이고 여유를 더 두었을 것이다.

계획 오류를 피하는 방법 중 하나는 자신의 과거를 기억하는 것이다. 학위 논문 실험에서 학생들에게 과거 프로젝트를 염두에 두고 계획을 세우라고 지도하자, 논문 완성 시점에 대한 예측이 훨씬 더 현실에 가깝게 이루어졌다. 또 다른 발견은 이로 인해 학생들이 다른 학생의 논문 완성 시점에 대해서도 훨씬 현실적이고 정확한 예측을 할 수 있었다는 점이다. 우리 모두는 미루기를 좋아하건 그렇지 않건 자신의 일에 대해 낙관적으로 전망하는 경향이 있다. 따라서 다른 사람으로 하여금 우리의 계획을 점검하도록 하는 것도 의미 있는 일이다. 당신의 계획을 요약한 이메일을 보내거나 대화 도중 간단히 계획을 언급해보라. 아니면 좀 더 체계적으로(너무 복잡하게는 말고), 민트닷컴을 통해 수백만 명의 재정을 관리해주는 애런 패처를 따라 해보는 것도 괜찮은 방법이다.

애런 패처는 이렇게 말한다. "우리는 관리자와 직원들에게 일주일에 간단히 세 개 정도의 목표를 세우라고 합니다. 세 개 이상의 목표를 세우면 안 되고, 세 개 미만이라도 괜찮습니다. 그리고 매주 지난주에 한 일을 확인하면서 목표를 달성했는지 여부를 점검하고, 이번 주에 해야 할 가장 중요한 목표를 각각 세 개씩 정하지요. 자신이 세운 목표 중 하나나 두 개 정도만 달성하고 나머지는 못해도 상관없습니다. 하지만 중요한 목표를 끝마치지 못한 상태에서는 다음 목표로 건너뛰지 못합니다. 이런 방법은 단순하지만, 우선순위를 정하고 그것을 엄격하게 지키도록 해줍니다."

매일 양말을 갈아 신는 것처럼 기본을 잊지 마라

목표를 향해 일하다 보면 당신의 뇌는 자동적으로 의지력을 아끼기 위해 다른 방향으로 확장될 것이다. 1장에서 언급한 대로 시험 때만 되면 양말 갈아 신기나, 머리 감기, 설거지, 몸에 좋은 음식 먹기 같은 일상적인 행동을 게을리 하는 학생들을 기억하는가? 그 학생들은 이러한 일상적인 일을 건너뛰는 것이 모든 에너지를 시험에 쏟기 위해 필요한 대가라고 생각할 것이다. 하지만 이들의 냄새나는 양말을 견뎌야 하고 엉망인 기숙사를 청소해야 하는 룸메이트에게는 공평하지 않다. 이에 대한 불만은 결국 모든 사람을 지치게 만든다. 장기적으로, 이런 정돈되지 않은 상태는 당신의 에너지를 더 빼앗고 관계를 악화시킬 뿐이다.

더러운 다락방에서 하루 종일 작업에 몰두하는 배고픈 예술가 이미지는 잊어버려라. 자기 절제는 식단을 바꾸고 수면을 충분히 취하는 것 같은 기본적인 것에서부터 시작된다. 가끔은 풍성한 디저트를 즐기는 것도 좋지만, 정기적으로 건강에 좋은 음식을 챙겨 먹음으로써 심신에 충분한 에너지를 공급해야 한다. 수면은 어쩌면 음식보다 중요한 요소일 수 있다. 수면 결핍에 대한 연구를 진행할수록 부정적인 영향이 속속 드러난다. 충분한 휴식을 취한 뒤 아침에 자연스럽게 눈을 뜨는 것은 머그잔에 가득 담긴 커피로 겨우 잠을 깨는 것과 비교할 바가 못 된다. 아침에 상쾌함을 느끼는 것은 햇볕과 아무런 상관이 없다. 이는 심신이 얼마나 고갈되어 있느냐와 직접 연관되어 있다. 휴식을 취하면 의지력이 강해진다.

의지력을 고양하는 오래된 방식 중 하나는 깔끔함을 유지하는 데 약간의 에너지를 사용하는 것이다. 7장에서 언급한 것처럼 사람들은 깔끔한 책상보다 지저분한 책상을 대할 때, 정돈되고 잘 디자인한 웹사이트보다 엉망인 웹사이트를 접할 때 자기 절제력이 저하되는 것으로 나타났다. 당신은 침대나 책상이 깨끗하건 어떻건 상관없다고 말할 수도 있지만, 정리정돈에는 전염성이 있다.

당신의 행동에 영향을 미치는 여러 다른 요소에 대해서도 주목하라. 나쁜 습관은 일상생활에서 강화된다. 출근길에 들르는 도넛 가게나 오후에 피우는 담배 혹은 초콜릿이 듬뿍 든 간식, 일이 끝난 후의 음주, 안락한 의자에 앉아 매일 같은 시간에 아이스크림을 먹으며 보는 TV 프로그램⋯⋯. 이러한 일상을 바꾸면 나쁜 습관을 끊기가 더욱 쉽다. 출퇴근하는 길을 바꿔보라. 오후엔 산책을 하는 것도 좋다. 퇴근 후에는 헬스클럽에 다니거나 아이스크림은 오직 부엌에서만 먹기로 한다거나 꼿꼿이 앉아서 TV를 보라. 일할 때는 다른 컴퓨터로 웹서핑을 하라. 정말로 깊이 각인된 나쁜 습성, 예를 들어 흡연 같은 습관을 없애려면 친숙한 사람과 장소 그리고 일과 관계없는 낯선 곳에서 금연을 시작해보는 것도 좋다.

긍정적 미루기의 힘

일반적으로 미루기는 좋지 않지만 때때로—아주 드물게—긍정적인 미루기라는 것도 있다. 앞장에서 우리는 초콜릿의 유혹에 처한 사람들이 나중에 먹기로 결심함으로써 그 유혹에서 벗어난 실험을 언급했다. 보상을 미루는 이러한 전략은 완전히 부정하는 것보다 효과적인 것으로 밝혀졌다. 이 같은 '나중에 하겠어' 전략은 다른 유혹에도 효력이 있다.

TV 쇼가 너무 재미있어 일에 집중할 수 없다면, 나중에 다시 시청하겠다는 마음으로 녹화해두라. 그러면 막상 일이 끝나고 더 이상 TV 보는 것을 미룰 수 없어도 그 쇼가 그토록 보고 싶지 않다는 사실을 깨달을 것이다. 나쁜 습관을 미룸으로써 나중엔 그 일의 특별한 의미가 없어진 것이다.

또 하나 긍정적 효과를 불러일으키는 미루기 방법은 마감일 지키기를 기치로 내세운 앨곤퀸 원탁 모임(Algonquin Round Table: 1920년대~1930년대 미국 남녀 문인들의 비공식 모임—옮긴이)의 회원이었던 작가 로버트 벤츨리(Robert Benchley)가 주장한 것을 들 수 있다. 〔그의 동료 작가였던 도로시 파커(Dorothy Parker)는 〈뉴요커〉 편집자들에게 마감을 넘기게 된 변명을 항상 이런 식으로 했다. "누군가가 내 연필을 쓰고 있어서요."〕[12] 한 풍자적인 수필에서 벤츨리는 열대어에 대한 과학적 기사를 읽고, 책꽂이를 만들고, 그 책꽂이에 책을 정리하고, 20년 동안 서랍 속에 처박혀 있던 친구의 편지에 답장을 보내는 등 여러 가지 일을 짧은 시간 안에 할 수 있는 비결을 언급한 적이 있다. 즉 일주일 동안 해야 할 체크리스트를 작성한 다음 자신이 해야 할 최우선 리스트—기사 쓰는 일—뒤에 끼워 넣는 것이다.

벤츨리는 이렇게 말한다. "나의 놀라운 에너지와 능률적인 일처리 비법은 무척 간단하다. 심리학적 원칙을 지키는 것이다. 즉 바로 그 순간에 해야 할 일이 아니라면 누구나 무슨 일이든 할 수 있다."[13]

바우마이스터와 타이스가 학기 과제물 실험에서 발견한 현상을 벤츨리도 깨달았던 것이다. 즉 일을 미루기 좋아하는 사람은 대체로 다른 일을 함으로써 해야 할 일을 회피하며, 아무것도 하지 않고 그냥 앉아 있는 경우는 드물다. 하지만 레이먼드 챈들러(Raymond Chandler)가 발견한 것처럼 이런 경향을 더 나은 방식으로 이용할 수도 있다.

대안을 남기지 않는 방법(그리고 다른 공세적 방법)

앤서니 트롤럽의 집필 방법은 5장에서 언급한 것처럼 자기 훈련의 한 기법이다. 하지만 시계를 옆에 두고 15분마다 250단어를 쓸 수 있는 트롤럽과 달리 그렇게 할 수 없는 우리는 어떻게 해야 할까? 다행히도 평범한 우리를 위한 전략이 있다. 이는 매일 같은 양의 글을 써낸 작가의 능력에 씁쓸함을 느낀 레이먼드 챈들러가 개발한 전략이다.

챈들러는 《깊은 잠(The Big Sleep)》을 비롯한 여러 권의 고전 추리 소설을 쓰면서 자신만의 독특한 시스템을 개발했다. "나는 영감이 떠오를 때까지 기다립니다." 하지만 그는 매일 아침 체계적으로 작업했다. 챈들러는 전문 작가라면 최소 하루에 네 시간 정도는 자신의 일을 위해 시간을 비워둬야 한다고 믿었다. "쓰기 싫다면 굳이 쓰지 않아도 되고, 시도할 필요도 없지요. 창문 밖을 바라보거나 물구나무를 서거나 마루에서 빈둥거리는 것은 괜찮지만 책이나 잡지 보기, 편지 쓰기, 수표 정리하기처럼 다른 일을 하면 안 됩니다."

대안을 남기지 않는 이런 방법은 모든 일을 미루는 것에 대응하는 단순하고도 놀라운 도구가 될 수 있다.[14] 당신의 일이 챈들러처럼 오직 혼자서 해야 하거나 분명하지 않을지라도 어떤 단 한 가지 일을 하기 위해 시간을 비워둠으로써 효과를 거둘 수 있다. 이를테면 당신에게 가장 중요한 목표를 달성하기 위해 하루를 시작함과 동시에 90분 정도의 시간을 할애하는 것도 괜찮다. 이메일이나 전화, 인터넷에 방해받지 않는 시간을 보내는 것이다. 챈들러의 방식을 한 번 따라 해보라.

"글을 쓰든지 아니면 아무것도 하지 마라. 이는 학교에서 질서를 잡기 위한 원칙과 동일하다. 아이들에게 예의 바른 태도로 가만히 있으라고 하면, 지루함을 피하기 위해서라도 무언가를 배울 것이다. 나는 그 방법이 통한다는 걸 발견했다. 그러기 위해서는 아주 간단한 두 가지 규칙을 따라야 하는데, 하나는 글을 쓸 필요가 없는 것이고, 두 번째는 다른 무엇도 하면 안 된다는 것이다. 그러면 나머지는 자연스럽게 해결된다."

"나머지는 자연스럽게 해결된다." 공세적 태도를 취함으로써 얻는 효과치고는 별다른 어려움이 없는 방법인 것 같다. 챈들러는 그 밖에 우리가 앞서 언급한 다른 기술적인 방법도 함께 사용했다. 대안을 남기지 않는 것은 아주 분명한 선을 지키는 방법이다. 에릭 클랩튼이나 메리 카가 맹세한 금주 선언처럼 분명하고 실수의 여지가 없는 경계를 지키는 것이다. 챈들러의 특정한 규칙—쓰지 못한다면 다른 무엇도 하지 않는 것—또한 의지력의 소모를 줄여주는 실천 계획으로서 "만약 x라면 y를 하겠어"의 범주에 드는 전략이다. "옷을 사러간다면 지갑에 든 현금만 쓰겠어" 같은 굳은 실행 계획을 갖고 옷가게에 들어가면 빚을 불러오는 유혹을 견디기가 더욱 쉬울 것이다. 이런 규칙을 따를 때마다 그것이 일상적인 습관으로 굳어지고, 나중에는 자동적으로 실천 가능해져 당신은 의지력을 보존하는 지속적인 기술을 갖게 되는 것이다. 그리고 이것 또한 하나의 습관이다.

물론 아예 신용카드를 갖고 가지 않으면 옷가게에서 빚지는 것을 더 쉽게 피할 수 있다. 선제적 예방 조치는 확실한 공격 무기이다. 정크 푸드는 작은 포장 단위로 사거나 아예 구입하지 마라. 저녁 시간이 지나서 엄청나게 배고플 때 식사 계획을 세울 게 아니라 일주일 전에 미리 짜두라. 자녀에 대한 계획이 있다면, 아이를 낳자마자 허둥거리며 고민할 게 아니라, 급여에서 미리 돈을 조금씩 덜어 저축해두는 것이 좋다. 당신에게 도박 성향이 있다면 카지노로 가기 전에 돈을 따더라도 받지 못하게끔 명단에 미리 이름을 올려두라. 대안을 남기지 않는 방법으로 선제적 예방 조치를 하려면 인터넷을 설정된 기간 동안 못하게 하는 소프트웨어 프로그램〔예를 들어, 프리덤(Freedom) 같은〕을 사용하라.[15]

선제적 예방 조치는 앞서 이야기한 흥분과 냉정 사이의 감정적 간극, 즉 냉정한 숙고의 시간과 나중에 흥분한 상태에서의 느낌이 극단적으로 다를 수 있다는 사실을 인식하지 못하는 오류를 피할 수 있도록 도와준다. 자제력과 관련해 가장 공통된 문제 중 하나는 의지력에 대한 지나친 자신감이다. 최근 수행한 실험에서, 흡연자들은 영화를 보는 내내 담배에 불을 붙이지 않은 채 입에 물고 유혹을 견디는 내기에 참여했다. 많은 흡연자들이 내기에 참가했지만 대부분은 졌다. 그러므로 담배를 다른 곳에 두고 다니는 선제적 예방 조치가 훨씬 효과적이다.

추적하기

모니터링은 계획에서 핵심적인 부분이다. 계획을 전혀 세우지 않았다 하더라도 모니터링만으로 효과를 얻을 수 있다. 자신의 소비 패턴을 추적하는 것이 돈 씀씀이를 줄이는 데 도움이 되는 것처럼 매일 몸무게를 재거나 푸드 다이어리를 적는 것은 체중 감량에 효과가 있다. 트롤럽처럼 매일 일정한 양을 정해놓고 쓸 수 있는 능력을 갖추지 못한 작가라

할지라도 자신만의 창작 분량을 하루의 시작과 끝에 적어놓음으로써 효과를 볼 수 있다. 어떤 수치를 기록했다는 사실을 인지하는 것만으로도 미루기를 어느 정도 방지하는 효과가 있다(혹은 글자 수를 헤아리는 데 도움이 되지 않더라도 그나마 좋은 느낌이 드는 일을 할 수 있다). 자신이 한 일을 신중하게 파악하면 할수록 결과는 더 효과적이다. 매주 체중을 재는 것도 도움이 되며, 매일 재는 것은 그보다 더욱 바람직하다. 체중을 재고 그 기록을 남긴다면 더할 나위 없이 좋다.

자신을 스스로 모니터링하는 것은 지겨울 수도 있다. 하지만 그 지겨운 일을 대신해주는 새로운 도구가 개발되었다. 5장에서 얘기한 대로 우리는 이제 민트 같은 프로그램을 통해 신용카드와 은행 거래를 모니터링하거나 예산을 짜고 목표에 얼마나 근접했는지 확인할 수 있다. 또 엑스펜서(Xpenser)나 트위트왓유스펜드(Tweetwhatyouspend) 같은 프로그램을 통해 핸드폰 메시지나 이메일로 자신의 현금 소비 내역을 받아볼 수도 있다.[16] 사업가들은 건강과 기분 혹은 수면 같은 삶의 모든 측면을 모니터링해주는 프로그램[17] 개발에 뛰어들고 있으며, 수량화한 자아 혹은 라이프해커(Lifehacker) 같은 웹사이트[18]에 들어가 보면 이러한 상품을 수십 개씩 찾을 수 있다.

즉각적으로 용기를 북돋워주는 것 외에도 모니터링 기능은 장기적인 계획을 세우는 데 도움을 준다. 기록을 하다 보면 당신 자신이 얼마나 왔는지 확인할 수 있으며, 이는 미래를 위해 좀더 현실적인 목표를 설정하는 데 도움이 된다. 규칙을 깨고 게으름을 피운 날, 가망 없는 인간이라고 스스로를 비하하고 싶을 때에도 자신이 한 일을 돌아보면 어느 정도 진전이 있다는 것을 확인할 수 있다. 지난 6개월간의 꾸준한 체중 감소를 표시한 차트를 손에 쥐고 있다면, 이번 주에 얼마간 살이 쪘다고 해서 그리 의기소침할 필요는 없다.

자주 보상해주기

목표를 세울 때는 그것을 달성했을 경우 어떻게 보상할지도 함께 정하되 지나치게 엄격한 잣대를 적용하지 마라. 의지력을 자기 부정에만 사용한다면 우울하고 힘들기만 한 의무가 될 것이다. 하지만 무엇인가를 얻기 위해 의지력을 사용한다면 아무리 고단한 일이라도 즐거움을 찾을 수 있다. 우리는 앞서 모든 사람에게 트로피를 주는 방식의 자존감 운동을 비판했지만, 진정한 성취를 이루었을 때 얻는 트로피는 충분한 값어치가 있다. 부모 노릇을 다룬 장에서 설명했듯이 자기 절제를 위한 가장 성공적인 전략은 영국인 유모나 아시아계 미국인 엄마 혹은 컴퓨터 게임 디자이너에 상관없이 일정한 보상을 받는 것이다. 학교나 직장에서는 도무지 희망이라곤 없어 보이는 젊은이들이 컴퓨터 앞에서는 한층 생산적인 재능을 발휘하며 몇 시간이고 게임에 집중한다. 스크린 속 정보를 읽어내고 장 · 단기적 목표를 조율하고 선택해 마우스를 클릭하는 것은 쉬운 일이 아니다. 오늘날 컴퓨터 게임 산업이 놀라울 정도로 성장했는데─전형적인 미국의 21세 젊은이들은 컴퓨터 게임에 연간 1000시간을 쓴다─이는 컴퓨터 게임 디자이너들이 인센티브에 대한 사람들의 반응을 수없이 관찰해온 결과이다.

　온라인 게임은 지금까지의 동기 부여 전략에 대한 가장 본질적이고 큰 규모의 실험이라 해도 과언이 아니다. 수백만 온라인 게이머들의 즉각적인 반응을 통해 게임 디자이너들은 어떤 종류의 인센티브가 효과적인지 정확하게 알 수 있다. 그것은 바로 작은 보상 틈틈이 큰 보상을 한 번씩 끼워 넣는 것이다. 게임 도중 지거나 죽더라도 게이머들은 동력을 상실하지 않는데, 이는 게임이 처벌보다는 보상을 강조하기 때문이다. 게이머들은 자신이 실패했다기보다 아직 성공하지 않았다고 느낀다.[19]

우리는 이러한 감정을 현실 세계에 적용할 필요가 있고, 지속적인 보상을 함으로써 성공의 길에 도달할 수 있다. 1년 동안 금연하는 것처럼 커다란 목표를 성취했을 때는 큰 보상을 해줄 필요가 있다. 그동안의 담배 구입 비용을 평소에는 꿈도 못 꾸는 고급 레스토랑에서 식사하는 데 쓰는 방법도 권할 만하다. 하지만 조그만 성취를 위해 사소한 보상을 해주는 것 역시 중요하다. 동기 부여에는 사소한 보상이 중요하다는 것을 간과하지 마라. 양치질을 하게 하는 확실한 방법은 무엇일까? 브라운(Braun)사의 전동 칫솔 광고처럼 사람들에게 2분간의 양치질이 끝난 후 환히 웃는 모습을 보여주는 것이다. 만약 이런 최면성 사진 광고의 효과가 없다면 다른 방법은 어떨까? 에스터 다이슨은 몇 년 동안 치실을 제대로 사용하지 않다가 드디어 제대로 된 방법을 찾아냈다. 앞에서도 언급했지만 에스터는 삶의 거의 모든 부분에서 훌륭하게 자기 훈련을 한 사람이며, 아침마다 한 시간씩 수영하는 것도 여기에 포함된다. 어느 날 저녁, 그녀는 한 가지 깨달음을 얻었다. "만약 오늘 밤 치실로 치아 청소를 한다면, 내일은 수영 시간을 5분 줄여주겠다고 나 자신에게 얘기했죠. 그 이후부터 전 밤마다 치실로 치아 청소를 합니다. 물론 믿을 수 없이 멍청한 짓 같지만 효과는 엄청나지요. 누구나 스스로 사소한 부분을 발견할 필요가 있습니다. 그리고 거기엔 보상이 따라야 합니다."

자기 절제의 미래

사람들은 최근까지도 자기 절제를 위해 전통적인 방법에 의존했다. 즉 신에게 그 일을 맡긴 것이다. 아니면 자신이 믿는 종교의 사제들에게 맡기기도 했다. 신성한 계율과 교단에서 비롯된 사회적 압력은 인간의 역사를 통해 가장 강력한 자기 절제의 무기 역할을 해왔다. 종교의 영향력이 약해진 오늘날 사람들은 친구나 스마트폰 등을 이용해 자기 절제를 남에게 의탁한다. 또 행동을 모니터링하고 내기를 제안하는 웹사이트나 교회에서 만나는 이웃, 온라인으로 연결된 사회 복지사의 도움을 받기도 한다. 우리에겐 모든 것을 수량화하고 공유할 수 있는 도구가 있다. 그러면서 점점 더 많은 사람이 자기 절제 약화가 사회적·개인적 문제의 핵심이라는 사실을 깨닫게 되었다. 현대화가 진행되면서 새롭게 부유층으로 떠오른 사람들은 처음엔 과거에 금지되었던(혹은 감당할 수 없었던) 과실을 탐닉하는 데 몰두하는 것 같았다. 하지만 결국엔 이들도 더욱 큰 만족감을 주는 삶의 방식을 찾기 시작했다.

자기 절제의 핵심은 단순히 '생산성'을 높이는 것이 아니다. 생산성이 높은 오늘날에는 벤저민 프랭클린이나 빅토리아 시대 사람들처럼 힘들게 일할 필요가 없다. 19세기의 일반 노동자들은 하루에 한 시간도 제대로 쉬지 못하고 일해야 했다. 은퇴는 생각할 수도 없었다. 하지만 오늘날의 어른들은 깨어 있는 시간의 5분의 1 정도만 일하는 데 쓴다. 그 나머지 시간은 인류 역사상 전례 없는 축복이라 할 수 있을 만큼 놀라운 선물이다.[20] 하지만 이런 선물을 제대로 즐기려면 과거와 비교할 수 없을 만큼의 자기 절제가 필요하다. 수많은 사람이 즐거움을 제대로 누리지 못하고 미루는 경향이 있는데, 이는 우리가 행동경제학자들이

'여유 자원(resource slack)'[21]이라고 일컫는 것을 계산하면서 계획 오류에 빠지기 쉽기 때문이다. 즉 우리 대부분은 미래에 지금보다 훨씬 많은 자유 시간이 주어질 것이라고 예상한다. 그래서 지금부터 일주일 후라면 절대 받아들이지 않을 과제도 3개월이 남아 있으면 선선히 하겠다고 말하고 나서 나중에 시간이 없다고 하기엔 너무 늦었다는 걸 깨닫는 것이다. 연구자들은 이것을 '예스 …… 아이쿠!' 효과라고 부른다.

그리고 우리는 동물원 방문이나 주말 나들이 같은 현재의 즐거움을 계속 미룬다.[22] 이러한 즐거움을 미루는 현상이 지나쳐 항공사를 비롯한 여러 업체가 해마다 소멸되는 마일리지 등으로 10억 달러의 이익을 남길 정도다. 결국 지나친 절약으로 후회하는 지독한 구두쇠처럼 즐거움을 미루기만 하는 사람 또한 가보지 못한 여행과 즐기지 못한 쾌락을 후회하게 될 것이다. 일이냐 놀이냐에 상관없이 공세적인 태도로 임한다면, 당신은 스트레스도 덜 받고 더 큰 행복을 누릴 수 있다. 당신에게 천국이란 열대 섬에서 아무것도 하지 않고 3주일을 보내는 것일 수 있지만, 서둘러 계획을 세우지 않는다면 그 꿈조차 이룰 수 없다. 또 당신이 만약 일 중독자라면 천국에서는 절대로 일하지 않겠다는 명시적 규정을 해놓는 게 필요하다.

자기 절제는 궁극적으로 자기 계발보다 훨씬 중요하다. 지상에서의 시간을 즐기고 사랑하는 사람과 그 기쁨을 누리는 것은 소중한 일이다. 바우마이스터의 실험을 통해 입증된 자기 절제의 여러 가지 장점 중에서 가장 마음에 와 닿는 부분은 바로 의지력이 강한 사람은 무엇보다 이타적이라는 것이다.[23] 이들은 자선 단체에 더 많이 기부하고, 자원봉사 활동을 하고, 갈 곳 없는 사람들에게 피난처를 제공할 가능성이 더 높다. 인간의 조상들에게는 다른 종족과 어울려 살아가는 것이 중요했다. 따라서 의지력도 인간의 역사에서 진화할 수밖에 없었고, 그것은 오늘날도 마찬가지다. 내면의 절제는 타인에 대한 친절함으로 이어진다.

이 책에서 소개한 자기 절제의 모든 결함과 결점에도 불구하고 이를 낙관하는 이유는 바로 그 때문이다. 의지력은 여전히 진화한다. 우리는 수많은 새로운 유혹에 굴복하고 있으며, 앞으로도 예상할 수 없는 유혹이 우리를 기다리고 있을 것이다. 하지만 아무리 새로운 유혹의 기술이 등장하고 다가올 유혹이 무섭다 하더라도 인간에게는 그것을 극복할 능력이 있다. 의지력은 인간을 지구상에서 가장 적응력 강한 동물로 만들었으며, 우리는 어떻게 하면 그것을 서로를 돕는 데 사용할 것인가를 조금씩 찾아가는 중이다. 의지력이야말로 인간을 고유한 종으로 자리매김한 요소이자 우리를 강하게 만드는 미덕이라는 것을 다시 한번 강조한다.

감사의 글

이 책이 나올 수 있도록 도움을 준 모든 분께 감사를 드리고 싶다. 우선, 우리의 아이디어를 발전시키는 데 도움을 준 편집자 Ann에게 우리를 소개해준 뛰어난 에이전트 Kris Dahl께 감사를 표한다. 또한 우리에 대한 희망을 버리지 않고 인내심을 보여준 Ann의 도움과 지원에 깊은 감사를 표한다. 아울러 펭귄 출판사 팀원 여러분, 고갈되지 않는 의지력의 소유자 Lindsay Whalen과 Yamil Anglada 그리고 ICM의 Laura Neeley에게 특히 감사드린다.

또한 자신들의 연구와 관련해 흔쾌히 우리와 함께 토론하고 조언을 해준 동료들에게 특별한 감사의 말을 전하고 싶다. 먼저 이 책의 프로젝트를 제안한 Dan Ariely에게 감사한다. Kathleen Vohs는 빠르게 변화하는 자기 조절 분야의 새로운 발견과 발전 방향에 대해 많은 조언을 해주었다. 또한 George Ainslie, Ian Ayres, Jack Begg, Warren Bickel, Benedict Carey, Christopher Buckley, Ruth Chao, Pierre Chandon, Alexander Chernev, Stephen Dubne, Esther Dyson, Stuart Elliott, Eli Finkel, Catrin Finkenauer, Winifred Gallagher, Daniel Gilbert, James Gorman, Todd

Heatherton, Wilhelm Hoffman, Walter Isaacson, Dean Karlan, Ran Kivetz, Gina Kolata, Jonathan Levav, George Loewenstein, Dina Pomeranz, Michael McCullough, William Rashbaum, Martin Seligman, Piers Steel, June Tangney, Gary Taubes, Dianne Tice, Jean Twenge, Christine Whelan 그리고 Jim & Phil Wharton께 감사드린다.

우리는 또한 자신들의 일화를 책에 싣도록 해준 많은 분께 감사드린다. Amanda Palmer, Jim Turner, David Allen(그의 GTD 시스템은 아직도 티어니에 의해 활용되고 있다), Drew Carey, David Blaine, Eric Clapton, Mary Karr, DEborah Carroll, Cyndi Paul과 가족들 그리고 Oprah Winfrey께 감사드린다. 또한 Henry Stanley에 대한 정보를 친절하게 제공해주고 역사적 정확성을 위해 우리 원고를 살펴준 훌륭한 전기 작가 Tim Jeal에게도 특별히 감사의 인사를 드린다. Aaron Patzer, Martha Shaughnessy 그리고 민트닷컴—Chris Lesner, Jacques Belissent, T. J. Sanghvi, David Michaels Todd Manzer를 포함해—에서는 20억 건이 넘는 재정 거래에 대한 분석 자료를 제공해주었다.

바우마이스터의 집필 활동은 플로리다 주립대학교에서 얻은 안식년 동안, 캘리포니아 대학교와 샌타바버라 대학교의 지원을 받아 이루어졌다. 특히 플로리다 주립대학교의 프랜시스 엡스(Francis Eppes) 석좌교수직이란 학자로서의 위치가 집필 활동에 많은 도움을 주었다. 또한 국립보건연구원의 '자기 절제와 스트레스'에 대한 보조금 1RL1AA017541의 도움을 받기도 했다. 더불어 이 책에 소개한 여러 연구 작업은 국립보건연구원의 과거 연구 보조금 프로젝트 '자아 고갈 패턴과 자기 절제 실패'에서 지원받은 것임을 밝힌다(MH-57039).

티어니의 연구 작업은 MFA 연구 인턴십 프로그램(research internships program)의 일환으로 티어니와 함께 작업한 컬럼비아 대학교의 창작 프로그램 대학원생 Nicole Vincent-Roller의 끝없는 연구 자료에 힘입은 바 크다. 그녀와 프로그램 지도 교수 Patricia O'Toole께 감사드린다.

마지막으로 우리의 가족에게 감사드린다. 특히 책을 쓰느라 의지력이 고갈된 우리를 견뎌준 Dianne, Athena, Dana, Luke에게 고마움을 전한다. 우리에겐 가족의 힘이 지속적인 영감의 원천이었다.

옮긴이의 글
의지력, 잠들어 있는 가능성 깨우기

오랫동안 우리는 살아남기 위해 자기 절제라는 덕목을 중시하고 이를 위해 노력해왔다. 여러 가지 도덕 이론이나 철학으로 무장하고 있지만, 자기 절제의 본질은 생명체로서 살아남기라는 핵심적인 목표에 기반을 두고 있다. 아름다운 목소리와 용모로 뱃사람을 홀리는 세이렌의 유혹에 빠지지 않기 위해 자신의 몸을 돛대에 묶은 오디세우스나, 베짱이가 빈둥거리며 노래 부르는 동안 부지런히 겨울 채비를 해서 살아남은 개미에 대한 우화를 보라. 하고 싶은 대로 하며 누리기만 한다면 언젠가 자연과 우주의 준엄한 심판을 받게 된다는 것이다!

이러한 냉정하고 엄격한 생존 논리와 결합된 도덕 윤리는 서양에서는 고대 플라톤 시대부터 빅토리아 시대를 관통하며 위세를 떨쳤고 우리나라도 예외는 아니었다. 조선 시대 성리학의 세계는 절제와 금욕을 추구하는 군자들의 유토피아이며, 철저한 자기 절제와 의지력이 방종이나 자유로운 삶의 태도보다 도덕적으로 높은 자리를 차지한 시대였다고 볼 수 있다. 자기 절제와 자기 훈련, 금욕이라는 미덕을 무엇보다 중시하다 보니 개인적 자유나 욕망의 분출은 상대적으로 제한될 수밖에 없었다. 이러한 경향에 대한 반발로 20세기는 억제된 욕망을 해방시키려는 움직임으로 시작되었다. 오랜 시간 돛대에 묶여 있던 오디세우스가 스스로 밧줄을 끊어버린 것이다!

이 책은 여기서부터 시작한다. 플로리다 주립대학의 심리학 교수 바우마이스터가 〈뉴욕 타임스〉의 티어니와 팀을 이루어 집필한 이 책은 빅토리아 시대의 윤리적 세계관의 연장선에서 의지력을 길러야 한다고 설법하는 도덕책이 아니다. 오히려 이전보다 훨씬 강력하고 손쉽게 닿을 수 있는 각종 쾌락으로 가득한 현대 사회에서 길을 잃지 않고 자신이 원하는 삶을 살아가려면, 자기 절제가 절대적으로 필요하다는 인식에서 출발한다. 이러한 자기 절제에는 의지력이 필요하며, 의지력이란 지금까지의 통념대로 추상적이고 정신적인 에너지가 아니라, 우리의 신체와 긴밀히 연관된 구체적 메커니즘이라는 것을 바우마이스터는 무수한 실험과 연구 결과를 통해 입증한다. 다시 말해, 의지력은 근육과 같이 너무 많이 사용하면 피로감을 느끼고 꾸준한 연습과 훈련을 통해 기를 수 있으며, 우리가 섭취하는 포도당을 통해 충전되는 구체적이고 생생한 물리적 동력인 것이다. 이러한 동력을 적절하고 현명하게 사용하면 우리 삶은 더욱 조화롭고 풍요로워진다.

물론 유명한 고행 예술가 데이비드 블레인처럼 얼음 덩어리에 둘러싸인 채 63시간 동안 잠도 자지 않고 버티거나 44일 동안 물만 먹는 단식에 돌입하거나 하는 극단적인 방식으로 우리의 의지력을 실험할 필요는 없을 것이다. 우리가 의지력을 기르고 이를 위해 자기 절제를 하는 것은 지금보다 더 나은 삶을 위해서이며, 자신이 원하는 것에 좀더 가까이 다가서기 위한 방편이기 때문이다.

숱한 연구 사례와 유명인들의 일화에도 불구하고 이 책이 과연 진정한 과학적 근거를 갖추고 있는지 의문스러운 독자도 있을 것이다. 하지만 이상적이고 추상적인 과학적 공식보다는 일상의 훈련을 통해 터득한 좋은 습관이 우리의 삶에 진정으로 중요한 바탕이 되는 것 아닐까? 그러므로 사회과학의 여러 연구 사례와 일상적이고 보편적인 지혜가 결합된 이 책을 읽다 보면 자신의 현재를 살펴보고 또 미래를 내다볼 수 있는 안목이 생기지 않을까? 의지력이 추상적이고 모호한 것이 아니라 일상의 훈련과 실천을 통해 얻을 수 있는 힘이라는 것 그리고 자신 안에 숨겨진 자기 절제의 힘과 의지력을 재발견할 수 있다는 것만으로도 이 책은 충분한 가치가 있다고 생각한다.

이 책에서 주장하듯 자기 절제가 능한 사람은 이타적이고 타인에게 관대한 사람이다. 자신의 욕망을 조절할 줄 알고 순간의 탐닉에 사로잡히지 않는 사람은 멀리 그리고 넓게 바라볼 수 있는 사람이기도 하다. 따라서 의지력은 인류가 이 지구상에서 행복하게 오래 살아남을 수 있는 지혜로운 수단인 셈이다.

이덕임

주

서론

1. 찰스 다윈(Charles Darwin): *The Descent of Man* (New York: American Home Library, 1902), 166.

2. 성격적 강점에 대한 연구: 행동 프로젝트의 가치〔C. Peterson, M. Seligman, eds., *Character Strengths and Virtues* (Washington, DC: American Psychological Association, 2004) 참조〕. 이 프로젝트에서 목록에 대한 통계 연구는 닐 메이어슨(Neal Mayerson) 이 진행했다.

3. 독일 자동 발신 장치 연구: W. Hoffman, K. Vohs, G. Förster, and R. Baumeister (2010에 완성해서 2011년에 과학 논문으로 발표). 호프만은 현재 시카고 대학교에 재직 중이다.

4. 빅토리아 시대와 도덕: 빅토리아 시대의 도덕과 종교에 관한 특별 논문은 W. E. Houghton, *The Victorian Frame of Mind, 1830-1870* (New Haven, CT: Yale University Press, 1957) 참조. 그 밖의 관련 자료: P. Gay, *Bourgeois Experience: Education of the Senses* (New York: Oxford University Press, 1984).

5. 《자조론》: Samuel Smiles, *Self-Help: with illustrations of Character, Conduct, and Perseverance* (London: John Murray, 1866), 104.

6. 《의지의 힘》: Frank Channing Haddock, *Power of Will* (Meriden, CT: Pelton, 1916), 7.

7. 새로운 자기 계발 베스트셀러: C. B. Whelan, "Self-Help Books and the Quest for Self-Control in the United States, 1950-2000" (Ph.D. dissertation, University of Oxford, 2004), http://christinewhelan.com/wp-content/uploads/Self-Help_Long_Abstract.pdf;

P. Carlson, "Let a Thousand Gurus Bloom," *Washington Post Magazine*, February 12, 1995, W12 참조.

8. 데일 카네기(Dale Carnegie): *How to Win Friends and Influence People* (New York: Gallery Books, 1998), 63-70.

9. 실현할 수 있는 희망: Norman Vincent Peale, *The Power of Positive Thinking* (New York: Simon & Schuster, 2003), 46.

10. 그 돈을 이미 소유한 것으로 믿어라: N. Hill, *Think and Grow Rich* (Radford, VA: Wilder Publications, 2008), 27.

11. 앨런 휠리스(Allen Wheelis): *The Quest for Identity* (New York: Norton, 1958).

12. B. F. 스키너(B. F. Skinner): *Beyond Freedom and Dignity* (New York: Knopf, 1971).

13. 미국 학생들의 수학 실력: J. Mathews, "For Math Students, Self-Esteem Might Not Equal High Scores," *Washington Post*, October 18, 2006, http://www.washingtonpost.com/wp-dyn/content/article/2006/10/17/AR2006101701298.html.

14. 만족감을 미루는 것에 대한 미셸의 연구: 유명한 '마시멜로 실험'을 비롯한 미셸의 연구에 대한 최근의 요약: W. Mischel and O. Ayduk, "Willpower in a Cognitive-Affective Processing System: The Dynamics of Delay of Gratification," in R. Baumeister and K. Vohs, eds., *Handbook of Self-Regulation: Research, Theory, and Applications* (New York: Guilford, 2004), 99-129. 더 광범위하고 원래 연구 작업에 더 가까운 요약본은 다음과 같다. W. Mischel, "Processes in Delay of Gratification," in L. Berkowitz, ed., *Advances in Experimental Social Psychology* (San Diego, CA: Academic Press, 1974), 7: 249-92. 유년기의 행동이 성년의 행동에 미치는 영향은 W. Mischel, Y. Shoda, and P. Peake, "The Nature of Adolescent Competencies Predicted by Preschool Delay of Gratification," *Journal of Personality and Social Psychology* 54 (1988): 687-96 참조. Y. Shoda, W. Mischel, and P. K. Peake, "Predicting Adolescent Cognitive and Self-Regulatory Competencies from Preschool Delay of Gratification: Identifying Diagnostic Conditions," *Developmental Psychology* 26 (1990): 978-86도 참조.

15. 유년기의 체험과 성인의 성격: M. E. P. Seligman, *What You Can Change and What You Can't: The Complete Guide to Successful Self-Improvement* (New York: Alfred A. Knopf, 1993).

16. 《조절 실패》 R. F. Baumeister, T. F. Heatherton, D. M. Tice, *Losing Control: How*

and Why People Fail at Self-Regulation (San Diego, CA: Academic Press, 1994).

17. 자기 절제의 측정 기준: 다음에 자기 절제 경향의 범위에 대한 연구(예측 가능한 발견도) 결과가 실렸다. J. P. Tangney, R. F. Baumeister, and A. L. Boone, "High Self-Control Predicts Good Adjustment, Less Pathology, Better Grades, and Interpersonal Success," *Journal of Personality* 72 (2004): 271-322.

18. 자기 절제 능력으로 대학 성적을 예측할 수 있다: R. N. Wolfe and S. D. Johnson, "Personality as a Predictor of College Performance," *Educational and Psychological Measurement* 55 (1995): 177-85. 또 A. L. Duckworth and M. E. P. Seligman, "Self-Discipline Outdoes IQ in Predicting Academic Performance of Adolescents," *Psychological Science* 16 (2005): 939-44도 참조.

19. 자기 절제와 죄수들: J. Mathews, K. Youman, J. Stuewig, and J. Tangney, "Reliability and Validity of the Brief Self-Control Scale among Incarcerated Offenders" (2007년 11월 조지아 주 애틀랜타에서 열린 미국범죄학회 연례 모임에서 발표) 참조.

20. 뉴질랜드 연구: T. Moffitt 외 12명, "A Gradient of Self-Control Predicts Health, Wealth, and Public Safety," *Proceedings of the National Academy of Sciences* (January 24, 2011), http://www.pnas.org/content/early/2011/01/20/1010076108.

21. 자기 절제를 위한 뇌의 진화: 사회적 뇌 이론은 과일 찾기 뇌 이론을 비롯한 던바의 여러 연구를 통해 토론과 비교 분석을 거친 바 있다. 핵심 자료 중 하나는 다음과 같다. R. I. M. Dunbar, "The Social Brain Hypothesis," *Evolutionary Anthropology* 6 (1998): 178-90.

22. 동물은 미래를 계획할 수 없다: W. A. Roberts, "Are Animals Stuck in Time?" *Psychological Bulletin* 128 (2002): 473-89.

23. 시간을 연결하다: M. Donald, *A Mind So Rare: The Evolution of Human Consciousness* (New York: Norton, 2002) 참조. 특히 의지력에 관한 부분은 G. Ainslie, Breakdown of Will (New York: Cambridge University Press, 2001) 참조.

01 의지력은 하나의 은유 그 이상인가

1. 아만다 파머: 아만다의 웹 사이트 http://amandapalmer.net/afp/ 참조. 초기에 동상 퍼포먼스를 하던 비디오를 비롯해 여러 자료를 유튜브에서 확인할 수 있다. 동상 퍼포먼스에 대한 사진 자료는 http://brainwashed.com/amanda/에서 볼 수 있다.

2. **자아 고갈 실험**: 래디시와 초콜릿에 대한 실험은 원래 R. F. Baumeister, E. Bratlavsky, M. Muraven, and D. M. Tice, "Ego Depletion: Is the Active Self a Limited Resource?" *Journal of Personality and Social Psychology* 74 (1998): 1252-65에 실렸다. 이 장에서 언급한 (감정 조절, 손의 악력 실험, 흰곰 연구 등을 비롯한) 다른 초기의 자아 고갈에 대한 실험은 M. Muraven, D. M. Tice, and R. F. Baumeister, "Self-Control as Limited Resource: Regulatory Depletion Patterns," *Journal of Personality and Social Psychology* 74 (1998): 774-89에 보고되었다. 연구 프로그램에 대한 최근의 자료는 R. F. Baumeister, K. D. Vohs, and D. M. Tice, "Strength Model of Self-Control," *Current Directions in Psychological Science* 16 (2007): 351-55 참조.

3. **억제된 사고**: 억제된 사고에 대한 초기의 연구(예를 들어 흰곰이나 어머니에 대해 생각하지 않기)는 D. M. Wegner, *White Bears and Other Unwanted Thoughts* (New York: Vintage, 1989) 참조.

4. **프로이트의 승화 이론에 대한 증거가 없음**: R. F. Baumeister, K. Dale, and K. L. Sommer, "Freudian Defense Mechanisms and Empirical Findings in Modern Social Psychology: Reaction Formation, Projection, Displacement, Undoing, Isolation, Sublimation, and Denial," *Journal of Personality* 66 (1998): 1081-1124.

5. **마이클 인즐리히트**: M. Inzlicht and J. N. Gutsell, "Running on Empty: Neural Signals for Self-Control Failure," *Psychological Science* 18 (2007): 933-37.

6. **자아 고갈에 대한 메타 분석**: M. S. Hagger, C. Wood, C. Stiff, and N. L. D. Chatzisarantis, "Ego Depletion and the Strength Model of Self-Control: A Meta-Analysis," *Psychological Bulletin* 136 (2010): 495-525.

7. **자아 고갈 상태에서 감각의 심화와 고갈의 증세에 대한 광범위한 질문**: K. D. Vohs, R. F. Baumeister, N. L. Mead, S. Ramanathan, and B. J. Schmeichel, "Engaging in Self-Control Heightens Urges and Feelings"〔University of Minnesota, 2010 (출판을 위해 제출한 원고)〕참조.

8. **A. P. 허버트**: S. A. Maisto, M. Galizio, G. J. Connors, *Drug Use and Abuse* (Belmont, CA: Wadsworth, 2008), 152에서 인용.

9. **대릴 벰 교수의 인용**: 이 분야에 대한 토론과 회의 발표 자료에서 인용.

10. **시험 기간 동안 학생들의 자기 절제력 약화**: M. Oaten and K. Cheng, "Academic Examination Stress Impairs Self-Control," *Journal of Social and Clinical Psychology* 24 (2005): 254-79 참조.

11. 독일 자동 발신 장치 연구: 서론의 주 3 참조.

12. 나중을 위한 의지력 보존: M. Muraven, D. Shmueli, and E. Burkley, "Conserving Self-Control Strength," *Journal of Personality and Social Psychology* 91 (2006): 524-37.

13. 맥박이 더 불규칙적으로 변하다: S. C. Segerstrom and L. Solberg Nes, "Heart Rate Variability Reflects Self-Regulatory Strength, Effort, and Fatigue," *Psychological Science* 18 (2007): 275-81.

14. 만성적인 고통으로 인해 의지력이 지속적으로 약화되다: L. A. Solberg Nes, C. R. Carlson, L. J. Crofford, R. de Leeuw, and S. C. Segerstrom, "Self-Regulatory Deficits in Fibromyalgia and Temporomandibular Disorders," *Pain* (출판 중).

15. 자기 조절의 광범위한 네 범주: R. F. Baumeister, T. F. Heatherton, and D. M. Tice, *Losing Control: How and Why People Fail at Self-Regulation* (San Diego: Academic Press, 1994)에서 개략적으로 소개.

02 의지력은 어디에서 오는가

1. 트윙키 변론: Carol Pogash, "Myth of the 'Twinkie defense,'" *San Francisco Chronicle*, November 23, 2003, http://www.sfgate.com/cgi-bin/article.cgi?f=/c/a/2003/11/23/INGRE343501.DTL.

2. 멜라니 그리피스의 이혼 소송: "Rocky Mountain Low," *People*, March 28, 1994, http://www.people.com/people/archive/article/0,20107725,00.html.

3. 포도당과 자아 고갈: 포도당과 자아 고갈에 대한 연구의 주된 자료는 갤리엇 등의 2007년 논문이다. 하지만 밀크셰이크에 대한 연구는 논문이 너무 길어지고 다른 주제에 대한 실험이 더 중요하다는 판단으로 최종 논문이 발표되기 전에 삭제되었다. M. T. Gailliot, R. F. Baumeister, C. N. DeWall, J. K. Maner, E. A. Plant, D. M. Tice, L. E. Brewer, and B. J. Schmeichel, "Self-Control Relies on Glucose as a Limited Energy Source: Willpower Is More Than a Metaphor," *Journal of Personality and Social Psychology* 92 (2007): 325-36.

4. 포도당과 자기 절제에 관한 자료: M. T. Gailliot and R. F. Baumeister, "The Physiology of Willpower: Linking Blood Glucose to Self-Control," *Personality and Social Psychology Review* 11 (2007): 303-27을 통해 포도당과 자기 절제의 문제가 재조명되고 요약되었다. 이 논문에는 여기서 언급한 여러 연구의 출처를 비롯한 많은

내용이 수록되어 있다. 추가 실험이 Gailliot et al. (2007) *JPSP*에 발표되었다.

5. 짐 터너(Jim Turner): 그의 원맨쇼 '당뇨: 짐 터너와의 사투'에 대한 정보는 jim@ jimturner.net.을 통해 얻을 수 있다. 더 많은 정보를 알고 싶다면 Dlife(http://www. dlife.com/diabetes/information/dlife_media/tv/jim_turner_index.html)와 G. Brashers-Krug, "Laughing at Lows," *Voice of the Diabetic* 23, no. 3(Summer edition 2008), http://www.nfb.org/images/nfb/Publications/vod/vod_23_3/vodsum0801.htm.의 짐 터너에 대한 자료를 통해 얻을 수 있다.

6. 컴퓨터 게임 중의 공격적 성향: Gailliot and Baumeister (*PSPR*, 2007).

7. 개의 자기 절제력: H. C. Miller, K. F. Pattison, C. N. DeWall, R. Rayburn-Reeves, and T. R. Zentall, "Self-Control Without a 'Self'?: Common Self-Control Processes in Humans and Dogs," *Psychological Science* 21 (2010): 534-38.

8. 다이어트하는 사람들의 뇌에서 발견된 포도당 고갈의 역효과: 2011년 1월 텍사스 주 샌안토니오에서 열린 '성격과 사회 심리학회'의 의장직 수락 연설에서 발표. K. Demos, C. Amble, D. Wagner, W. Kelley, and T. Heatherton, "Correlates of Self-Regulatory Depletion in Chronic Dieters" (2011년 1월 텍사스 주 샌안토니오에서 열린 '성격과 사회 심리학회'에 제출된 포스터) 참조.

9. 달콤한 먹을거리에 대한 갈망: 마시캄포와 바우마이스터는 이 실험을 이 책의 출판 즈음인 2011년에 실행했다.

10. 제니퍼 러브 휴잇(Jennifer Love Hewitt): "That time of the month again," *OK!*, September 22, 2009, http://www.ok.co.uk/posts/view/14355/That-time-of-the-month-again.

11. 내 삶의 많은 부분을 망친다: "The worst PMS on the planet," NoPeriod.com, http://www.noperiod.com/stories.html. PMS에 대한 또 다른 언급은 PMS Central, http://www.pmscentral.com/.

12. 마그 헬겐버거의 PMS 핑크: D. R. Coleridge, "CSI Star's Emmy Thrill," *TV Guide*, July 20, 2001, http://www.tvguide.com/news/CSI-Stars-Emmy-36572.aspx.

13. PMS를 위한 심리학적 설명: M. T. Gailliot, B. Hildebrandt, L. A. Eckel, and R. F. Baumeister, "A Theory of Limited Metabolic Energy and Premenstrual Syndrome (PMS) Symptoms: Increased Metabolic Demands During the Luteal Phase Divert Metabolic Resources from and Impair Self-Control," *Review of General Psychology* 14 (2010): 269-82.

14. 메리 J. 블라이즈(Mary J. Blige): "Oprah Talks to Mary J. Blige," *O*, May 15, 2006, http://www.oprah.com/omagazine/Oprah-Interviews-Mary-J-Blige/3.

15. 아플 때 운전하기: http://www.yell.com/motoring/blog/having-a-cold-or-the-flu-can-affect-your-driving/ 2차 출처 포함. http://www.insurance.lloydstsb.com/personal/general/mediacentre/sneeze_and_drive.asp의 연구로 링크.

16. 수면을 충분히 취하지 못한 직장인과 비도덕적 행동: C. M. Barnes, J. Shaubroeck, M. Hugh, and S. Ghumman, "Lack of Sleep and Unethical Conduct," *Organizational Behavior and Human Decision Processes* (출판 중. 2011년 말이나 2012년 초에 출판될 예정). 이와는 대조적으로 최근의 연구에서는 수면 결핍이 공격적 성향과 별 상관이 없는 것으로 나타났다. K. D. Vohs, B. D. Glass, W. T. Maddox, and B. Markman, "Ego Depletion Is Not Just Fatigue: Evidence from a Total Sleep Deprivation Experiment," *Social Psychological and Personality Science* 2 (2011): 16-173.

03 체크리스트의 간략한 역사: 하나님에서 드루 캐리까지

1. 도덕적 완벽의 길: Benjamin Franklin, *The Autobiography of Benjamin Franklin* (Philadelphia: Henry Altemus, 1895), 147-64.

2. 프랭클린의 과시를 위한 책자: W. Isaacson, *Benjamin Franklin: An American Life* (New York: Simon & Schuster, 2003), 92.

3. 충돌하는 목표에 대한 연구: R. A. Emmons and L. A. King, "Conflict among Personal Strivings: Immediate and Long-Term Implications for Psychological and Physical Well-being," *Journal of Personality and Social Psychology* 54 (1988): 1040-48. 또 H. W. Maphet and A. L. Miller, "Compliance, Temptation, and Conflicting Instructions," *Journal of Personality and Social Psychology* 42 (1982): 137-44도 참조.

4. 중독자의 미래에 대한 생각: W. Bickel and M. W. Johnson, "Delay Discounting: A Fundamental Behavioral Process of Drug Dependence," in G. Loewenstein, D. Read, and R. Baumeister, eds., *Time and Decision* (New York: Russell Sage, 2003), 419-40.

5. 단기적 목표와 장기적 목표: A. Bandura and D. H. Schunk, "Cultivating Competence, Self-Efficacy, and Intrinsic Interest Through Proximal Self-Motivation," *Journal of*

Personality and Social Psychology 41 (1981): 586-98.

6. 장기적 목표에 대한 네덜란드의 연구: M. L. De Volder and W. Lens, "Academic Achievement and Future Time Perspective as a Cognitive-Motivational Concept," *Journal of Personality and Social Psychology* 42 (1982): 566-71.

7. 일일 계획 대 월간 계획: D. S. Kirschenbaum, L. L. Humphrey, and S. D. Malett, "Specificity of Planning in Adult Self-Control: An Applied Investigation," *Journal of Personality and Social Psychology* 40 (1981): 941-50. 또 D. S. Kirschenbaum, S. Malett, L. L. Humphrey, and A. J. Tomarken, "Specificity of Planning and the Maintenance of Self-Control: 1 Year Follow-up of a Study Improvement Program," *Behavior Therapy* 13 (1982): 232-40.

8. 나폴레옹의 미봉책: O. Connelly, *Blundering to Glory: Napoleon's Military Campaigns* (Lanham, MD: Rowman & Littlefield, 2006), p. ix.

9. 프로이센 군대 전략: H. Koch, *A History of Prussia* (New York: Dorset, 1978).

10. 디데이 계획: "First U.S. Army Operations Plan 'Neptune,'" 1944, 《브리태니커 백과사전》 1차 자료의 문서. http://www.britannica.com/dday/table?tocId=9400221.

11. 로버트 맥나마라(Robert S. McNamara): G. M. Watson Jr. and H. S. Wolk, "'Whiz Kid': Robert S. McNamara's World War II Service," *Air Power History*, Winter 2003, http://findarticles.com/p/articles/mi_hb3101/is_4_50/ai_n29053044/?tag=content; col1. 또 Tim Weiner, "Robert S. McNamara, Architect of a Futile War, Dies at 93," *New York Times*, July 6, 2009, http://www.nytimes.com/2009/07/07/us/07mcnamara.html?_r=1&sq=Robert%20McNamara%20obituary&st=nyt&scp=4&pagewanted=all도 참조.

12. 데이비드 앨런(David Allen): GTD에 대한 자세한 내용은 Allen, *Getting Things Done* (New York: Penguin Books, 2001); *Making It All Work* (New York: Penguin Books, 2008). 데이비드 앨런의 회사 웹사이트 http://www.davidco.com/ 참조. 전기 자료는 Gary Wolf, "*Getting Things Done*: Guru David Allen and His Cult of Hyperefficiency," *Wired*, June 25, 2007, http://www.wired.com/techbiz/people/magazine/15-10/ff_allen?currentPage=all; Paul Keegan, "How David Allen Mastered Getting Things Done," *Business 2.0 Magazine*, July 1, 2007, http://money.cnn.com/magazines/business2/business2_archive/2007/07/01/100117066/index.htm 참조. GTD에 대한 연구는 F. Heylighen and C. Vidal, "Getting Things Done: The

Science behind Stress-Free Productivity," *Long Range Planning* 41, no. 6 (2008): 585-605, http://dx.doi.org/10.1016/j.lrp.2008.09.004 참조.

13. 대니 오브라이언 조사: C. Thompson, "Meet the Life Hackers," *New York Times Magazine*, October 16, 2005, http://www.nytimes.com/2005/10/16/magazine/16guru.html?scp=1&sq=zeigarnik&st=nyt.

14. 자이가르닉 효과: E. J. Masicampo and R. F. Baumeister, "Consider It Done!: Making a Plan Eliminates the Zeigarnik Effect" [Tufts University (출판을 위해 제출한 원고)].

04 결정의 피곤함

1. 엘리엇 스피처 스캔들: W. K. Rashbaum and C. Moynihan, "At a Sentencing, Details of Spitzer's Liaisons," *New York Times*, June 1, 2009, http://www.nytimes.com/2009/06/02/nyregion/02emperor.html?_r=2 참조. 또 *United States of America v. Mark Brener, et al.*, "Affidavit in Support of Application for Arrest Warrants, Search Warrants and Seizure Warrants, Section II: The Emperors Club's Prostitution Crimes: Payment" (United States District Court Southern Court of New York, March 5, 2008); "Emperors Club: All About Eliot Spitzer's Alleged Prostitution Ring," *Huffington Post*, October 18, 2008; M. Dagostino, "Ex-Call Girl Ashley Dupré," *People*, November 19, 2008 참조.

2. 자아 고갈에 따른 선택: K. D. Vohs, R. F. Baumeister, B. J. Schmeichel, J. M. Twenge, N. M. Nelson, and D. M. Tice, "Making Choices Impairs Subsequent Self-Control: A Limited Resource Account of Decision Making, Self-Regulation, and Active Initiative," *Journal of Personality and Social Psychology* 94 (2008): 883-98 참조.

3. 루비콘 모델 행동: 여러 자료가 있지만 가장 뛰어난 자료는 Å. Achtziger and P. M. Gollwitzer, "Rubicon Model of Action Phases," in R. F. Baumeister and K. D. Vohs, eds., *Encyclopedia of Social Psychology*, vol. 2 (Los Angeles, CA: Sage, 2007), 769-71.

4. 판사의 가석방 결정에 대한 자료: S. Danziger, J. Levav, and L. Avnaim-Pesso, "Breakfast, Lunch, and Their Effect on Judicial Decisions," *Proceedings of the National*

Academy of Sciences (출판 중).

5. 결정의 유보와 결정에서 고갈의 다른 효과: A. Pocheptsova, O. Amir, R. Dhar, and R. F. Baumeister, "Deciding Without Resources: Resource Depletion and Choice in Context," *Journal of Marketing Research* 46 (2009): 344-55. 결정의 유보에 대한 연구는 논문의 초기 중심 주제였으나 논평가들의 반대에 부딪혀 토론 부분에서 간단하게 묘사되는 수준에서 그쳤다.

6. 시에서 발간하는 잡지의 개인 광고 샘플: John Tierney, "The Big City: Picky, Picky, Picky," *New York Times Magazine*, February 12, 1995.

7. 사람들의 로맨틱한 성향에 대한 철저한 분석: G. J. Hitsch, A. Hortacsu, and D. Ariely, "What Makes You Click: An Empirical Analysis of Online Dating," 2005 (출판되지 않은 자료로 다음에서 구할 수 있다). http://docs.google.com/viewer?a=v&q=cache:TvqMaYnA544J: www.aeaweb.org/annual_mtg_papers/2006/0106_0800_0502.pdf+Hortacsu+Ariely&hl=en&gl=us&pid=bl&srcid=ADGEESi38lvapp1EsKKrnIz2vihtfNCfFYHwND0063fj76Ll84elqD_raDLhoQ9-dLiXLhZKN4uc5mJ41_AgiXHbnLePsQlcvcors0nx_ ZCe5OLH3rEuuTNWfaFsSbgQoKJ5OWhaCTEw&sig=AHIEtbSk0_weqgMh_LCtbhvPolj-yx6_fg.

8. 문 닫기: J. Shin and D. Ariely, "Keeping Doors Open: The Effect of Unavailability on Incentives to Keep Options Open," *Management Science* 50 (2004): 575-86.

9. 타협을 회피함으로써 에너지를 보존하기: A. Pocheptsova, O. Amir, R. Dhar, and R. F. Baumeister, "Deciding Without Resources: Resource Depletion and Choice in Context," *Journal of Marketing Research* 46 (2009): 344-55. E. J. Masicampo and R. F. Baumeister, "Toward a Physiology of Dual-Process Reasoning and Judgment: Lemonade, Willpower, and Expensive Rule-Based Analysis," *Psychological Science* 19 (2008): 255-60.

10. 차 매매상과 선택의 피곤함: J. Levav, M. Heitmann, A. Herrmann, and S. Iyengar, "Order of Product Customization Decisions: Evidence from Field Experiments," *Journal of Political Economics* 118 (2010): 274-99.

11. 너무나 많은 선택으로 인한 부정적 반응: S. S. Iyengar and M. R. Lepper, "When Choice Is Demotivating: Can One Desire Too Much of a Good Thing?" *Journal of Personality and Social Psychology* 79 (2105): 996-1006 참조. 배리 슈워츠 (Barry Schwartz)는 이 주제를 자신의 논문과 《선택의 횡포(Tyranny of Choice)》

에서 심도 있게 다루었다.

12. 청량음료의 포도당은 단기적 사고를 막아준다: X. T. Wang and R. D. Dvorak, "Sweet Future: Fluctuating Blood Glucose Levels Affect Future Discounting," *Psychological Science* 21 (2010): 183-88.

13. 마고 윌슨의 독창적 연구: M. Wilson and M. Daly, "Do Pretty Women Inspire Men to Discount the Future?" *Biology Letters* (영국왕립학회 학술지 B; Suppl., DOI 10.1098/rsbl. 2003.0134, online 12/12/2003).

14. DNA 분석 결과 과거 대부분의 남자는 자손을 남기지 않았다: 이 부분에 대한 연구와 실험은 R. Baumeister, *Is There Anything Good About Men? How Cultures Flourish by Exploiting Men* (New York, Oxford University Press, 2010)의 성적 차이에 대한 '가치 절하된 사실'에서 가장 심도 있게 다루어졌다. 또 J. A. Wilder, Z. Mobasher, and M. F. Hammer, "Genetic Evidence for Unequal Effective Population Sizes of Human Females and Males," *Molecular Biology and Evolution* (2004), 2047-57도 참조.

05 돈은 다 어디로 갔는가: 수량화한 자아는 답을 알고 있다

1. 다윈이 아들에게 보낸 편지: F. Burkhardt, S. Evans, and A. M. Pearn, eds,, *Evolution: Selected Letters of Charles Darwin, 1860-1870* (New York: Cambridge University Press, 2008), 248.

2. 스탠퍼드의 MRI 검사: J. Tierney, "The Voices in My Head Say 'Buy It!'" *New York Times*, January 16, 2007.

3. 애런 패처와 민트: http://www.mint.com/ 참조.

4. 거울 실험: 영장류를 대상으로 한 거울 실험에 대한 고전적인 논문 G. G. Gallup, "Chimpanzees: Self-Recognition," *Science* 167 (1970): 86-87.

5. 초기의 자의식 연구: 위클런드와 듀발의 연구는 1970년대에 출판되었으며, 연구 과정 대부분은 그들의 책에서 확인할 수 있다. S. Duval and R. A. Wicklund, *A Theory of Objective Self-Awareness* (New York: Academic Press, 1972).

6. 찰스 카버와 마이클 샤이어의 여러 실험에 대한 책자: C. S. Carver and M. F. Scheier, *Attention Self-Regulation: A Control Theory Approach to Human Behavior* (New York: Springer-Verlag, 1981).

7. 할로인 연구: A. L. Beaman, B. Klentz, E. Diener, and S. Svanum, "Self-Awareness and Transgression in Children: Two Field Studies," *Journal of Personality and Social Psychology* 37 (1979): 1835-46.

8. 알코올과 자아 인식: J. G. Hull, "A Self-Awareness Model of the Causes and Effects of Alcohol Consumption," *Journal of Abnormal Psychology* 90 (1981): 586-600.

9. 트롤럽의 수량화한 자아: Anthony Trollope, *An Autobiography of Anthony Trollope* (New York: Dodd Mead, 1912), 104-5, 237.

10. 레스큐타임의 통계: T. Wright, "Information Overload: Show Me the Data!" The RescueTime Blog, June 14, 2008, http://blog.rescuetime.com/2008/06/14/information-overload-show-me-the-data/. 또 S. Scheper, "RescueTime Founder, Tony Wright, on Life and Focus," *How to Get Focused*, http://howtogetfocused.com/chapters/rescutime-founder-tony-wright-on-life-and-focus/도 참조.

11. 수량화한 자아: QuantifiedSelf.com, http://quantifiedself.com; Gary Wolf, "Know Thyself: Tracking Every Facet of Life, from Sleep to Mood to Pain," *Wired*, June 22, 2009, http://www.wired.com/medtech/health/magazine/17-07/lbnp_knowthyself 참조.

12. 토머스 제퍼슨(Thomas Jefferson): *Jefferson's Memorandum Books*, July 1776; April-July 1803.

13. 소비 경향에 대한 민트닷컴의 분석: 민트의 서비스를 체험하기 이전과 이후의 행동을 비교하는 것이 가능한데, 이는 민트에서 몇 달 동안의 거래(실행) 내역을 확인할 수 있기 때문이다. 이 연구를 위해서 300만 명의 사용자가 행한 약 20만 건의 거래를 Intuit Personal Finance Group과 민트의 데이터 연구 지도자인 Jacques Belissent의 지원으로 인튜잇의 기술혁신 그룹의 일원인 Chris Lesner가 종합하고 분석했다. 또 민트의 데이터를 직접 감독하는 엔지니어 매니저 T. J. Sanghvi, Intuit Personal Finance Group의 기술부장 David Michaels와 Todd Manzer는 필요한 자료를 제공했다.

14. 아예렛 피시바흐의 실험: M. Koo and A. Fishbach, "Climbing the Goal Ladder: How Upcoming Actions Increase the Level of Aspiration," *Journal of Personality and Social Psychology* 99 (2010), 1-13.

15. 자신을 타인과 비교하는 것의 이점: P. Wesley Schultz et al., "The Constructive, Destructive, and Reconstructive Power of Social Norms," *Psychological Science* 18,

no. 5 (May 1, 2007): 429-34 참조. 또 R. H. Thaler and C. R. Sunstein, *Nudge: Improving Decisions About Health, Wealth, and Happiness* (New Haven, CT: Yale University Press, 2008), 그리고 C. Thompson, "Desktop Orb Could Reform Energy Hogs," *Wired*, July 24, 2007도 참조.

16. 공공 정보는 개인적인 정보보다 효과적이다: R. F. Baumeister and E. E. Jones, "When Self-Presentation Is Constrained by the Target's Knowledge: Consistency and Compensation," *Journal of Personality and Social Psychology* 36 (1978): 608-18. 학술 논평은 R. F. Baumeister, "A Self-Presentational View of Social Phenomena," *Psychological Bulletin* 91 (1982): 3-26 참조. 여러 관련 자료는 R. F. Baumeister, ed., *Public Self and Private Self* (New York: Springer-Verlag, 1986) 참조.

17. 무드스코프: http://www.moodscope.com/.

18. 신경증적 구두쇠: S. I. Rick, C. E. Cryder, and G. Loewenstein, "Tightwads and Spendthrifts," *Journal of Consumer Research* 34 (April 2008): 767-82.

19. 원시: A. Keinan and R. Kivetz, "Remedying Hyperopia: The Effects of Self-Control Regret on Consumer Behavior," *Journal of Marketing Research* (2008).

06 의지력은 강화할 수 있는가

1. 데이비드 블레인: 사실과 인용문은 블레인과 인터뷰한 내용에서 가져왔다. 블레인의 회고록 *Mysterious Stranger: A Book of Magic* (New York: Random House, 2003), 그의 웹사이트 http://davidblaine.com/, 〈뉴욕 타임스〉의 존 티어니 기자가 쓴 블레인의 호흡 참기 훈련에 대한 기사(2008. 4. 22)와 보도자료(2008. 4. 30), 그리고 글렌 데이비드 골드(Glen David Gold)의 기사, "Making a Spectacle of Himself," *New York Times Magazine* (2002. 5. 19).

2. 훈련을 통한 자기 절제력의 강화에 대한 연구: M. Muraven, R. F. Baumeister, and D. M. Tice, "Longitudinal Improvement of Self-Regulation Through Practice: Building Self-Control Through Repeated Exercise," *Journal of Social Psychology* 139 (1999): 446-57에 발표.

3. 훈련 전략과 언어 교정에 대한 연속적 연구: R. F. Baumeister, M. Gailliot, C. N. DeWall, and M. Oaten, "Self-Regulation and Personality: How Interventions Increase Regulatory Success, and How Depletion Moderates the Effects of Traits

on Behavior," *Journal of Personality* 74 (2006): 1773-1801에 논평.

4. 헤드 스타트와 그 밖의 다른 개입 방식의 사라진 효과는 지적 연구가들에게 잘 알려져 있었다: D. K. Detterman, "Intelligence," Microsoft Encarta Encyclopedia (2001), http://encarta.msn.com/find/Concise.asp?z=1&pg=2&ti= 761570026 참조.

5. 메그 오튼과 켄 쳉의 성공적인 의지력 강화에 대한 자료: M. Oaten and K. Cheng, "Improved Self-Control: The Benefits of a Regular Program of Academic Study," *Basic and Applied Social Psychology* 28 (2006): 1-16; M. Oaten and K. Cheng, "Longitudinal Gains in Self-Regulation from Regular Physical Exercise," *British Journal of Health Psychology* 11 (2006): 717-33; M. Oaten and K. Cheng, "Improvements in Self-Control from Financial Monitoring," *Journal of Economic Psychology* 28 (2006): 487-501.

6. 가정 폭력에 대한 연구: E. J. Finkel, C. N. DeWall, E. B. Slotter, M. Oaten, and V. A. Foshee, "Self-Regulatory Failure and Intimate Partner Violence Perpetration," *Journal of Personality and Social Psychology* 97 (2009): 483-99.

07 어둠의 심연에서 스스로 벗어나기

1. 자기 절제는 무엇보다 중요하다: Henry Morton Stanley, *The Autobiography of Sir Henry Morton Stanley* (Breinigsville, PA: General Books, 2009), 274.

2. 헨리 모튼 스탠리: 스탠리의 삶과 탐험에 대한 자료는 대부분 팀 질의 훌륭한 전기 *Stanley: The Impossible Life of Africa's Greatest Explorer* (New Haven, CT: Yale University Press, 2007)와 질과 개인적인 대화에서 얻었다. 그 밖의 자료로 Stanley, *Autobiography*; Stanley, *In Darkest Africa, or the Quest, Rescue, and Retreat of Emin Governor of Equatoria* (Kindle, 2008), 그의 1887~1889의 탐험 경험, 그리고 현대적 해석으로는 D. Liebowitz and C. Pearson, *The Last Expedition: Stanley's Mad Journey through the Congo in Darkest Africa* (New York: Norton, 2005) 등이 있다.

3. 커츠는 자제력이 부족했다: Joseph Conrad, *Heart of Darkness* (Boston: Bedford Books, 1996), 74.

4. 부상을 입거나 살해당하기도 하고, 간혹 식인 풍습에 희생되었다: "그들은 매일 아프리카인을 괴롭히고, 창이나 독화살로 남녀노소할 것 없이 죽이고 불구로 만들었

으며, 숲으로 끌고 들어가 잡아먹었다." *The Last Expedition*, 236 (1888년 숲을 전진한 것을 설명).

5. 나는 뛰어난 자연의 순수함만을 주장할 생각은 없다: 스탠리가 1890년 12월 8일 〈더 타임스〉(런던)에 보냄. *Autobiography*의 재판, 274.

6. 내 성취와 비교하는 순간: Mark Twain, *Mark Twain's Speeches* (New York: Harper & Brothers, 1910), 157. 스탠리의 불후의 명성에 대한 마크 트웨인의 예측은 Jeal, *Stanley*, 468 참조.

7. 고집스러운 불굴의 모습: Rosamund Bartlett, *Chekhov: Scenes from a Life* (London: Free Press, 2004), 163.

8. 양아버지에 대한 이야기: 전기 작가 질은, 웨일스 출신의 스탠리가 나중에 자신의 양아버지라고 주장한 면화 무역상 헨리 호프 스탠리(Henry Hope Stanley)를 뉴올리언스에 사는 동안 결코 만난 적이 없다고 결론 내렸다(34).

9. 나는 한밤중에 일어나: Stanley, *Autobiography*, 24.

10. 고국에 있을 때 이들에겐 아무런 이유가 없었다: 스탠리의 1889년 1~6월의 기록을 질(358)이 인용.

11. 흥분과 냉정의 감정적 간극: D. Ariely and G. Loewenstein, "The Heat of the Moment: The Effect of Sexual Arousal on Sexual Decision Making," *Journal of Behavioral Decision Making* 19 (2006): 87-98.

12. 나는 엄숙하고도 지속적인 맹세를 하기로 했다: Stanley, *How I Found Livingstone* (London: Sampson Low, Marston, Low, and Searle, 1872), 308-9.

13. 공개적 망신 다이어트: D. Magary, "The Public Humiliation Diet: A How-To," Deadspin.com, http://deadspin.com/5545674/the-public-humiliation-diet-a-how+to?skyline=true&s=i.

14. 커버넌트 아이즈: http://www.covenanteyes.com/.

15. 스틱케이닷컴: http://www.stickk.com/; I. Ayres, *Carrots and Sticks: Unlock the Power of Incentives to Get Things Done* (New York: Bantam, 2010)에서 정보 제공.

16. 경제학자들이 필리핀 흡연자에게 제공했다: X. Giné, D. Karlan, and J. Zinman, "Put Your Money Where Your Butt Is: A Commitment Contract for Smoking Cessation," *American Economic Journal: Applied Economics* 2 (2010): 213-35. 또 D. Karlan and J. Appel, *More Than Good Intentions* (New York: Dutton, 2011)도 참조.

17. 지저분한 방과 엉망인 웹사이트: R. Rahinel, J. P. Redden, K. D. Vohs, "An Orderly Mind Is Sensitive to Norms" [University of Minnesota, Minneapolis, MN, 2011 (미출간 원고)].

18. 네덜란드 연구자들과 진행한 메타 연구: D. De Ridder, G. Lensvelt-Mulders, C. Finkenauer, F. M. Stok, and R. F. Baumeister, "Taking Stock of Self-Control: A Meta-Analysis of How Self-Control Affects a Wide Range of Behaviors" (2011년 출판을 위해 제출).

19. 교수에 대한 보이스의 연구: 훌륭한 연구 자료는 R. Boice, *Advice for New Faculty Members* (Needham Heights, MA: Allyn & Bacon, 2000)에서 얻었다.

20. 절망에 대항하는 방법: Stanley, *Autobiography*, 281.

21. 미국 해군 특수 부대 지옥 주간 훈련: E. Greitens, "The SEAL Sensibility," *Wall Street Journal*, May 7, 2011.

22. 고귀한 생각: K. Fujita, Y. Trope, N. Liberman, and M. Levin-Sagi, "Construal Levels and Self-Control," *Journal of Personality and Social Psychology* 90 (2006): 351-67.

08 알코올 중독자 에릭 클랩튼과 메리 카의 금주에 성스러운 존재가 도움이 되었을까

1. 〈성모〉: Eric Clapton and Stephen Bishop, "Holy Mother," *Live at Montreux, 1986* (DVD, Eagle Rock Entertainment, 2006). 에릭 클랩튼과 스티븐 비숍의 허락 하에 가사 인용.

2. 에릭 클랩튼: 자세한 내용과 인용 부분은 그의 책 *Clapton: The Autobiography* (New York: Broadway Books, 2007) 참조.

3. 메리 카: 자세한 내용과 인용 부분은 그의 책 *Lit: A Memoir* (New York: HarperCollins, 2009)와 *The Liars' Club* (New York: Viking Penguin, 1995) 참조.

4. 알코올 중독과 신체적 질병을 비교하는 데서 오는 오류: 여러 저자가 언급했지만, 특히 J. A. Schaler, *Addiction Is a Choice* (Chicago, IL: Open Court/Carus, 2000) 참조.

5. AA의 효과에 대한 증거: 확실한 결론에 대한 이론적 · 경험적 난관에 대한 검토와 AA 모임에 참석하는 것의 장점에 대한 증거는 J. McKellar, E. Stewart, and K. Humphreys, "Alcoholics Anonymous Involvement and Positive Alcohol-Related Outcomes: Cause, Consequence, or Just a Correlate? A Prospective 2-Year Study of 2,319 Alcohol-Dependent Men," *Journal of Consulting and Clinical Psychology* 71

(2003): 302-8 참조.

6. 매치 프로젝트: 여러 저작에서 광범위하게 논의되었다. J. A. Schaler, *Addiction Is a Choice* (Chicago, IL: Open Court/Carus: 2000) 참조. 또 G. M. Heyman, *Addiction: A Disorder of Choice* (Cambridge, MA: Harvard, 2009)도 참조.

7. 동료 집단의 인정을 받고 싶다는 욕망 때문에 어려움에 처한다: C. D. Rawn and K. D. Vohs, "People Use Self-Control to Risk Personal Harm: An Intra-personal Dilemma," *Personality and Social Psychology Review* (출판 중).

8. 가장 최근에 이루어진 혁신적인 알코올 연구: 카를로 디클레멘트가 주도하는 이 연구는 곧 출판될 예정이다. 바우마이스터는 이 연구 작업에 자문위원으로서 기여했으며, 진행 중인 프로젝트에 대해 연구자들과 논의한 내용에서 자료를 가져왔다.

9. 미국의 음주 역사와 바비큐 법: W. J. Rorabaugh, *The Alcoholic Republic: An American Tradition* (New York: Oxford University Press, 1979) 참조.

10. 타인 앞에서 맹세한 약속은 이루어질 확률이 높으며, 특히 연인 앞에서 맹세한 약속은 지킬 가능성이 더욱 크다: 이 역시 디클레멘트가 주도하는 알코올에 대한 볼티모어의 연구에서 밝혀졌다(위의 주 참조).

11. 칠레의 노점상: F. Kast, S. Meier, and D. Pomeranz, "Under-Savers Anonymous: Evidence on Self-Help Groups and Peer Pressure as a Savings Commitment Device," November 2010 (조사 보고서).

12. 자기 절제는 전염성이 있다: 흡연에 관해서 N. A. Christakis and J. H. Fowler, "The Collective Dynamics of Smoking in a Large Social Network," *New England Journal of Medicine* 358 (2008): 2249-58 참조. 비만에 관해서는 N. A. Christakis and J. H. Fowler, "The Spread of Obesity in a Large Social Network over 32 Years," *New England Journal of Medicine* 357 (2007): 370-79; E. Cohen-Cole and J. M. Fletcher, "Is Obesity Contagious: Social Networks vs. Environmental Factors in the Obesity Epidemic," *Journal of Health Economics* 27 (2008): 1382-87 참조.

13. 종교와 장수: M. E. McCullough, W. T. Hoyt, D. B. Larson, H. G. Koenig, and C. E. Thoresen, "Religious Involvement and Mortality: A Meta-Analytic Review," *Health Psychology* 19 (2000): 211-22.

14. 종교와 자기 절제에 대한 개요: M. R. McCullough and B. L. B. Willoughby, "Religion, Self-Regulation, and Self-Control: Associations, Explanations, and Implications," *Psychological Bulletin* 135 (2009): 69-93 참조.

15. 명상은 자기 절제를 주관하는 뇌의 부분을 활성화한다: J. A. Brefczynski-Lewis, A. Lutz, H. S. Schaefer, D. B. Levinson, and R. J. Davidson, "Neural Correlates of Attentional Expertise in Long-Term Meditation Practitioners," *Proceedings of the National Academy of Sciences* 104, no. 27 (2007): 11483-88.

16. 무의식적으로 종교적인 언어에 노출: A. Fishbach, R. S. Friedman, and A. W. Kruglanski, "Leading Us Not into Temptation: Momentary Allurements Elicit Overriding Goal Activation," *Journal of Personality and Social Psychology* 84, no. 2 (2003): 296-309, http://dx.doi.org/10.1037/0022-3514.84.2.296.

17. 자기 절제를 위한 무산소 운동: J. Tierney, "For Good Self-Control, Try Getting Religious About It," *New York Times*, December 30, 2008.

18. 교황의 사진을 이용한 연구: M. W. Baldwin, S. E. Carrell, and D. F. Lopez, "Priming Relationship Schemas: My Advisor and the Pope Are Watching Me from the Back of My Mind," *Journal of Experimental Social Psychology* 26 (1990): 435-54.

19. 명시적 규정과 '과도한 가치 폄하': G. Ainslie, *Breakdown of Will* (New York: Cambridge University Press, 2001).

09 강한 아이로 키우기: 자존감 대 자기 절제

1. 데버러 캐롤과 폴 가족: 캐롤과 폴 가족의 자세한 사연과 대화는 인터뷰에서 인용. *Nanny 911* 〔DVD, *Nanny 911: The First Season*, 폭스방송사(Fox Broadcasting Company), 2008에 방송〕의 일화 '공포의 작은 집'과 Deborah Carroll and Stella Reid with Karen Moline, *Nanny 911: Expert Advice for All Your Parenting Emergencies* (New York: Harper Entertainment, 2005)에서 인용.

2. 자아 존중에 대한 브랜든의 연구: N. Branden, *The Six Pillars of Self-Esteem* (New York: Bantam Books, 1994) 참조. N. Branden, "In Defense of Self," *Association for Humanistic Psychology* (August-September 1984): 12-13에서 인용.

3. 메카의 인용: I. Davis, "Ministry for Feeling Good," *The Times* (London), January 22, 1988에서 인용.

4. 스멜서의 인용: N. J. Smelser, "Self-Esteem and Social Problems: An Introduction," in A. M. Mecca, N. J. Smelser, and J. Vasconcellos, eds., *The Social Importance of*

Self-Esteem (Berkeley, CA: University of California Press, 1989), 1-23에서 인용.

5. 대대적인 자아 존중에 관한 보고서: R. F. Baumeister, J. D. Campbell, J. I. Krueger, and K. D. Vohs, "Does High Self-Esteem Cause Better Performance, Interpersonal Success, Happiness, or Healthier Lifestyles?" *Psychological Science in the Public Interest* 4 (2003): 1-44. 이듬해에 요약본이 미국의 과학 잡지에 실렸으며, 이후에 *Scientific American Mind*에 재수록되었다.

6. 학생과 성적에 대한 실험: D. R. Forsyth, N. A. Kerr, J. L. Burnette, and R. F. Baumeister, "Attempting to Improve the Academic Performance of Struggling College Students by Bolstering Their Self-Esteem: An Intervention That Backfired," *Journal of Social and Clinical Psychology* 26 (2007): 447-59.

7. 집단에서 나르시시스트의 인기: D. L. Paulhus, "Interpersonal and Intrapsychic Adaptiveness of Trait Self-Enhancement: A Mixed Blessing?" *Journal of Personality and Social Psychology* 74 (1998): 1197-1208.

8. 나르시시즘의 증가: J. M. Twenge and W. K. Campbell, *The Narcissism Epidemic: Living in the Age of Entitlement* (New York: Free Press, 2009).

9. 노래 가사 속의 나르시시즘: C. N. DeWall, R. S. Pond Jr., W. K. Campbell, and J. M. Twenge, "Tuning In to Psychological Change: Linguistic Markers of Psychological Traits and Emotions over Time in Popular U.S. Song Lyrics." *Psychology of Aesthetics, Creativity, and the Arts* (2011), 온라인 출판(3월 11일).

10. 중국과 미국의 유아들: M. A. Sabbagh, F. Xu, S. M. Carlson, L. J. Moses, and K. Lee, "The Development of Executive Functioning and Theory of Mind," *Psychological Science* 17 (2006): 74-81.

11. 아시아계 미국인 IQ: J. R. Flynn, *Asian Americans: Achievement Beyond IQ* (Hillsdale, NJ: Erlbaum, 1991).

12. 김씨 자매: Dr. S. K. Abboud and J. Kim, *Top of the Class: How Asian Parents Raise High Achievers—and How You Can Too* (New York: Berkley Books, 2005).

13. 유교적 개념인 교순과 관: S. T. Russell, L. J. Crockett, and R. K. Chao, eds., *Asian American Parenting and Parent-Adolescent Relationships* (New York: Springer, 2010), 특히 1장.

14. 로스앤젤레스에서 중국인 엄마에 대한 연구: R. K. Chao, "Chinese and European American Mothers' Beliefs about the Role of Parenting in Children's School

Success," *Journal of Cross-Cultural Psychology* 27 (1996): 403.

15. 에이미 추아(Amy Chua): *Battle Hymn of the Tiger Mother* (New York: Penguin Press, 2011), 9.

16. 코튼 매더(Cotton Mather): E. S. Morgan, *The Puritan Family* (New York: Harper & Row, 1966), 103.

17. 부모의 훈육 실수: S. O'Leary, "Parental Discipline Mistakes," *Current Directions in Psychological Science* (4), (1995): 11-13.

18. 아이와 돈: A. M. C. Otto, P. A. M. Schots, J. A. J. Westerman, and P. Webley, "Children's Use of Saving Strategies: An Experimental Approach," *Journal of Economic Psychology* 27 (2006): 57-72.

19. 통장을 가진 어린이들이 저축할 가능성이 높다: B. D. Bernheim, D. M. Garrett, and D. M. Maki, "Education and Saving: The Long-Term Effects of High School Financial Curriculum Mandates," *Journal of Public Economics* 80 (2001): 436-67 참조. 아이의 저축에 부모가 끼치는 영향에 관해서는 P. Webley and E. K. Nyhus, "Parents' Influence on Children's Future Orientation and Saving," *Journal of Economic Psychology* 27 (2006): 140-64 참조.

20. 과잉 정당화 효과: 여러 자료가 있지만 초기에 권위를 인정받은 자료로는 M. R. Lepper and D. Greene, eds., *The Hidden Costs of Reward: New Perspectives of the Psychology of Human Motivation* (Hillsdale, NJ: Erlbaum, 1978)이 있다.

21. 성적과 성취에 대한 보상 연구: R. G. Fryer Jr., "Financial Incentives and Student Achievement: Evidence from Randomized Trials" [Harvard University, EdLabs, and NBER, July 8, 2010 (조사 보고서)], http://www.economis.harvard.edu/faculty/fryer/files/Incentives_ALL_7-8-10.pdf. 또 A. Ripley, "Should Kids Be Bribed to Do Well in School?" *Time*, April 8, 2010도 참조.

22. 벨라, 그만 자자: Stephenie Meyer, *New Moon* (New York: Little, Brown and Company, 2006), 52.

23. 메리 브룬튼의 소설: 브룬튼의 소설가로서 경력과 소설《자기 절제》(1811)과《단련》(1814)에 대한 논의는 H. J. Jackson, "Jane Austen's Rival," *Times Literary Supplement*, April 5, 2006 참조.

24. 절대로 자제력을 허물면 안 된다: Stephenie Meyer, *Twilight* (New York: Little, Brown and Company, 2005), 310.

25. 자기 절제에 대한 다른 발견: W. Mischel, "Preference for a Delayed Reinforcement: An Experimental Study of a Cultural Observation," *Journal of Abnormal and Social Psychology* 56 (1958): 57-61.

26. 편부모 아래서 자란 아이들의 결핍: 한 자료로 M. R. Gottfredson and T. Hirschi, *A General Theory of Crime* (Stanford: Stanford University Press, 1990)이 있다.

27. 조앤 매코드: J. McCord, "Some Child-Rearing Antecedents of Criminal Behavior in Adult Men," *Journal of Personality and Social Psychology* 37 (1979): 1477-86.

28. 마리화나 사용과 부모의 감시 감독의 연관성에 관한 메타 연구: A. Lac and W. D. Crano, "Monitoring Matters: Meta-Analytic Review Reveals Reliable Linkage of Parental Monitoring with Adolescent Marijuana Use," *Perspectives on Psychological Science* 4 (2009): 578-86 참조.

29. 부모의 감독과 당뇨: A. Hughes, C. Berg, and D. Wiebe, "Adolescent Problem-Solving Skill and Parental Monitoring Moderate Self-Control Deficits on Metabolic Control in Type 1 Diabetics" 참조. 〔행동의학회(Society for Behavioral Medicine) 회의에 제출된 포스터는 준비 중에 있음.〕

30. 미셸의 마시멜로 연구: 서문의 주 14번 참조.

31. 유아 훈련 프로그램인 '마음의 도구': A. Diamond, W. S. Barnett, J. Thomas, and S. Munro, "Preschool Program Improves Cognitive Control," *Science* 318 (2007): 1387-88 참조.

32. 대부분의 어린이들에게 비디오 게임은 유해하지 않다: L. Kutner and C. Olson, *Grand Theft Childhood: The Surprising Truth About Video Games* (New York: Simon & Schuster, 2008).

33. 게임의 기술을 삶에 적용하기: J. McGonigal, *Reality Is Broken: Why Games Make Us Better and How They Can Change the World* (New York: Penguin Press, 2011), 그리고 The Gamification Encyclopedia, http://gamifi cation.org/wiki/Encyclopedia 참조.

10 다이어트에서 최악의 상황

1. 오프라 패러독스: 오프라 윈프리에 대한 자료는 "How Did I Let This Happen Again?" *O, The Oprah Magazine*, January 2009, 그리고 개인 트레이너의 책에 쓴

오프라의 서문, Bob Greene, *The Best Life Diet* (New York: Simon & Schuster, 2009)를 참조했다.

2. 헨리 8세와 오프라 윈프리 효과: John Tierney, "Fat and Happy," *New York Times*, April 23, 2005.

3. 자기 절제에 대한 메타 연구: D. De Ridder, G. Lensvelt-Mulders, C. Finkenauer, F. M. Stok, and R. F. Baumeister, "Taking Stock of Self-Control: A Meta-Analysis of How Self-Control Affects a Wide Range of Behaviors" (2011년 출판을 위해 제출).

4. 과체중 대학생에 대한 연구: A. W. Crescioni, J. Ehrlinger, J. L. Alquist, K. E. Conlon, R. F. Baumeister, C. Schatschneider, and G. R. Dutton, "High Trait Self-Control Predicts Positive Health Behaviors and Success in Weight Loss," *Journal of Health Psychology* (출판 중).

5. 운동을 한다고 해서 체중이 줄어드는 것은 아니다: G. Taubes, *Good Calories, Bad Calories: Challenging the Conventional Wisdom on Diet, Weight Control, and Disease* (New York: Alfred A. Knopf, 2007), 298-99; G. Kolata, "For the Overweight, Bad Advice by the Spoonful," *New York Times*, August 30, 2007 참조.

6. 다이어트는 효과가 없을 뿐 아니라 오히려 역효과를 불러온다: T. Mann, A. J. Tomiyama, E. Westling, A.-M. Lew, B. Samuels, and J. Chatman, "Medicare's Search for Effective Obesity Treatments: Diets Are Not the Answer," *American Psychologist* 62 (2007): 220-33; G. Kolata, *Rethinking Thin: The New Science of Weight Loss— and the Myths and Realities of Dieting* (New York: Picador, 2007).

7. 체중 감소에 대한 내기: N. Burger and J. Lynham, "Betting on Weight Loss······ and Losing: Personal Gambles as Commitment Mechanisms," *Applied Economics Letters* 17 (2010): 12, 1161-66, http://dx.doi.org/10.1080/21836840902845442.

8. '글래머러스한 날씬함'이라는 불가능한 꿈: K. Harrison, "Television Viewers' Ideal Body Proportions: The Case of the Curvaceously Thin Woman," *Sex Roles* 48, no. 5-6 (2003): 255-64.

9. 장기적으로 비참하게 실패하는 다이어트: C. Ayyad and T. Andersen, "Long-Term Efficacy of Dietary Treatment of Obesity: A Systematic Review of Studies Published Between 1931 and 1999," *Obesity Reviews* 1 (2000): 113-19.

10. 아무렴 어때 효과: C. P. Herman and D. Mack, "Restrained and Unrestrained Eating," *Journal of Personality* 43 (1975): 647-60.

11. 다이어트에 실패하면 감시 감독도 멈춘다: J. Polivy, "Perception of Calories and Regulation of Intake in Restrained and Unrestrained Subjects," *Addictive Behaviors* 1 (1976): 237-43.

12. 빨리 움직이는 시계와 껍질을 깐 땅콩: S. Schachter, "Some Extraordinary Facts about Obese Humans and Rats," *American Psychologist* 26 (1971): 129-44에 서술. 또 S. Schachter and J. Rodin, *Obese Humans and Rats* (Hillsdale, NJ: Erlbaum, 1974)도 참조. S. Schachter, *Emotion, Obesity, and Crime*도 같은 주제를 다루고 있다.

13. 다이어트로 인한 고갈: K. D. Vohs and T. F. Heatherton, "Self-Regulatory Failure: A Resource-Depletion Approach," *Psychological Science* 11 (2000): 249-54.

14. 고갈 시의 욕구와 느낌: K. D. Vohs, R. F. Baumeister, N. L. Mead, S. Ramanathan, and B. J. Schmeichel, "Engaging in Self-Control Heightens Urges and Feelings" (University of Minnesota, 2010 (출판을 위해 제출한 원고)).

15. 책상 서랍 속 사탕에 대한 연구: J. E. Painter, B. Wansink, and J. B. Hieggelke, "How Visibility and Convenience Influence Candy Consumption," *Appetite* 38, no. 3 (June 2002): 237-38.

16. 실행 의도: P. M. Gollwitzer, "Implementation intentions: Strong effects of simple plans," *American Psychologist* 54 (1999): 493-503.

17. 비만인들끼리 어울린다: N. Christakis and J. Fowler, "The spread of obesity in a large social network over 32 years," *New England Journal of Medicine* 357 (2007): 370-79.

18. 웨이트 워처스 회원들과 같이 체중을 감량하다: S. Heshka, J. W. Anderson, R. L. Atkinson, et al., "Weight Loss with Self-Help Compared with a Structured Commercial Program: A Randomized Trial," *Journal of the American Medical Association* 289, no. 14 (2003): 1792-98, http://jama.ama-assn.org/cgi/content/full/289/14/1792.

19. 매일 체중을 재는 것이 가장 좋다: R. R. Wing, D. F. Tate, A. A. Gorin, H. A. Raynor, J. L. Fava, and J. Machan, "'STOP Regain': Are There Negative Effects of Daily Weighing?" *Journal of Consulting and Clinical Psychology* 75 (2007): 652-56.

20. 체중 기록을 무선으로 전송하는 저울: 상대적으로 잘 알려진 체중계는 위딩스(Withings)와 라이프소스(LifeSource)이다.

21. 죄수들의 체중 증가: B. Wansink, *Mindless Eating: Why We Eat More Than We*

Think (New York: Bantam, 2006) 참조.

22. 푸드 다이어리를 쓰는 사람은 체중 감량에 성공할 가능성이 더 높다: J. F. Hollis, C. M. Gullion, V. J. Stevens, et al., "Weight Loss during the Intensive Intervention Phase of the Weight-Loss Maintenance Trial," *American Journal of Preventive Medicine* 35, no. 2 (2008): 118-26.

23. 건강 후광 효과: P. Chandon and B. Wansink, "The Biasing Health Halos of Fast Food Restaurant Health Claims: Lower Calorie Estimates and Higher Side-Dish Consumption Intentions," *Journal of Consumer Research* 34, no. 3 (October 2007): 301-14; B. Wansink and P. Chandon, "Can 'Low-Fat' Nutrition Labels Lead to Obesity?" *Journal of Marketing Research* 43, no. 4 (November 2006): 605-17 참조.

24. 식품에 쓰인 문구가 오히려 '부정적 칼로리 소비'를 낳는다: A. Chernev, "The Dieter's Paradox," *Journal of Consumer Psychology* (2010년 9월 온라인 출판, 2011년 4월호). 티어니, 상동, 체르네프가 파크 슬로프에서 진행한 실험 결과는 티어니의 칼럼 "Health Halo Can Hide the Calories," *New York Times*, December 1, 2008에 실렸다.

25. TV를 보면서 먹을 때는 섭취량이 늘어난다: B. Wansink, *Mindless Eating* 참조.

26. 다른 사람과 함께 먹을 때의 효과: C. P. Herman, D. A. Roth, and J. Polivy, "Effects of the Presence of Others on Food Intake: A Normative Interpretation," *Psychological Bulletin* 129 (2003): 873-86 참조.

27. 계속 채워지는 수프 그릇과 치우지 않은 닭 뼈에 대한 연구: B. Wansink, *Mindless Eating* 참조.

28. 음식량에 대한 과소평가: P. Chandon and N. Ordabayeva, "Supersize in 1D, Downsize in 3D: Effects of Spatial Dimensionality on Size Perceptions and Preferences," *Journal of Marketing Research* (출판 중). 음식량의 영향에 대한 온라인 실험을 보려면 J. Tierney, "How Supersizing Seduces," *TierneyLab*, *New York Times*, December 5, 2008 참조.

29. 나중에 보상받을 수 있다고 얘기하는 것: N. L. Mead and V. M. Patrick, "In Praise of Putting Things Off: How Postponing Consumption Pleasures Facilitates Self-Control (출판을 위해 제출한 원고).

결론: 의지력의 미래

1. 성 아우구스티누스(St. Augustine): *Confessions*, trans. R. S. Pine-Coffin (New York: Penguin Books, 1961), 169.

2. 독일 자동 발신 장치 연구: 서론의 주 3 참조.

3. 네덜란드의 연구: D. De Ridder, G. Lensvelt-Mulders, C. Finkenauer, F. M. Stok, and R. F. Baumeister, "Taking Stock of Self-Control: A Meta-Analysis of How Self-Control Affects a Wide Range of Behaviors" (2011년 출판을 위해 제출).

4. 스트레스를 적게 받는다는 미국에서의 연구 결과: A. W. Crescioni, J. Ehrlinger, J. L. Alquist, K. E. Conlon, R. F. Baumeister, C. Schatschneider, and G. R. Dutton, "High Trait Self-Control Predicts Positive Health Behaviors and Success in Weight Loss," *Journal of Health Psychology* (출판 중). 이 연구에는 많은 자료가 포함되어 있지만 모든 분석을 최종 보고서에 싣지는 않았다. 하지만 그 관계는 명확하다.

5. 키케로(Cicero): "The Sixth Phillipic," *The Orations of Marcus Tullius Cicero*, trans. C. D. Yonge (London: George Bell & Sons, 1879), 119.

6. 조너선 에드워즈는 모든 설교 시간을 할애했다: "Procrastination; or, The Sin and Folly of Depending on Future Time," *The Works of President Edwards*, vol. 5 (London: James Black & Son, 1817), 511.

7. 일 미루기의 악화: P. Steel, *The Procrastination Equation* (New York: Harper, 2011), 11, 67, 101.

8. 완벽주의와 충동적 성향: P. Steel, "The Nature of Procrastination: A Meta-Analytic and Theoretical Review of Quintessential Self-Regulatory Failure," *Psychological Bulletin* 133, no. 1 (January 2007): 67.

9. 마감일 테스트: D. M. Tice and R. F. Baumeister, "Longitudinal Study of Procrastination, Performance, Stress, and Health: The Costs and Benefits of Dawdling," *Psychological Science* 8 (1997): 454-58.

10. 파킨슨의 법칙: C. N. Parkinson, *Parkinson's Law, or the Pursuit of Progress* (London: John Murray, 1958), 4.

11. 계획 오류: R. Buehler, D. Griffin, and M. Ross, "Exploring the "Planning Fallacy": Why People Underestimate Their Task Completion Times," *Journal of Personality and Social Psychology* 67 (1994): 366-81.

12. 도로시 파커의 변명: James Thurber, *The Years with Ross* (New York: Harper-

Collins, 2000), 19.

13. 로버트 벤츨리의 심리학적 원칙: Robert Benchley, "How to Get Things Done," *The Benchley Roundup* (Chicago: University of Chicago Press, 1954), 5.

14. 대안을 남기지 않는 방법: T. Hiney and F. MacShane, eds., *The Raymond Chandler Papers: Selected Letters and Nonfiction, 1909-1959* (New York: Atlantic Monthly Press, 2002), 104.

15. 설정된 기간 동안 인터넷을 못하게 하는 소프트웨어 프로그램: http://macfreedom. com/.

16. 지출에 대한 감독: Mint, http://www.mint.com/; Xpenser, http://xpenser.com/; TweetWhatYouSpend, http://www.tweetwhatyouspend.com/.

17. 컴퓨터 사용에 대한 감독: RescueTime, https://www.rescuetime.com/; Slife, http://www.slifeweb.com/; ManicTime, http://www.manictime.com/.

18. 수량화한 자아와 라이프해커: http://quantifiedself.com/; http://lifehacker.com/.

19. 컴퓨터 게임에서 보상: T. Chatfield, "7 Ways Games Reward the Brain," TED Talk, TedGlobal 2010. 또 그의 책 *Fun Inc.: Why Games Are the 21st Century's Most Serious Business* (London: Virgin Books, 2011)도 참조.

20. 자유 시간의 경향: J. H. Ausubel and A. Grübler, "Working Less and Living Longer: Long-Term Trends in Working Times and Time Budgets," *Technological Forecasting and Social Change* 50 (1995): 113-31.

21. 여유 자원: G. Zauberman and J. G. Lynch Jr., "Resource Slack and Propensity to Discount Delayed Investments of Time Versus Money," *Journal of Experimental Psychology* 134, no. 1 (2005): 23-37.

22. 즐거움 미루기: S. B. Shu and A. Gneezy, "Procrastination of Enjoyable Experiences," *Journal of Marketing Research* (2010).

23. 의지력과 이타주의: M. Gailliot, R. Baumeister, C. N. DeWall, J. Maner, E. Plant, D. Tice, L. Brewer, and B. Schmeichel, "Self-Control Relies on Glucose as a Limited Energy Source: Willpower Is More Than a Metaphor," *Journal of Personality and Social Psychology* 92 (2007), 325-36. 또 C. N. DeWall, R. Baumeister, M. Gailliot, and J. Maner, "Depletion Makes the Heart Grow Less Helpful: Helping As a Function of Self-Regulatory Energy and Genetic Relatedness," *Personality and Social Psychology Bulletin* 34 (2008): 1663-76도 참조.

찾아보기

《가난한 리처드의 달력》(프랭클린) 88
〈가장 위대한 사랑〉 243, 248
가정 폭력 22, 176
감옥 10, 23~25, 225, 267
  가석방 126~130, 315
  여성 74~75
  이스라엘 126~129
  체중 증가 297
  10대 80
감정
  부정적 - 62, 75~76, 90~91
  -의 조절 37~40, 43, 53~54, 168~
    169, 288
  -의 증폭 45~46, 70, 291~292, 314
  PMS와 - 74~77
개 67~68
  자아 인식 143
개인 광고 131~132
개인위생 48, 322~323
개인 트레이너 277~278

갤리엇, 매튜 59
거울 실험 143~144
《거짓말쟁이 클럽》(카) 218
거트셀, 제니퍼 42~43
건강 24, 90~91, 152, 175, 191, 203
건강심리학 309
건강 후광 효과 298
게이먼, 닐 31
게임 271~272
  컴퓨터 133, 272~273, 329~330
결정의 피곤함 117~140, 313~316
  결혼 선물 리스트 120~125
  배우자 고르기에 대한 까다로움
    130~133
  성적 행동 117~119, 138~140
  인내심 실험 120~125
  자기 파괴적 정치가 10, 118~119
  컴퓨터 판매 실험 124
  판사 119, 126~129, 133, 315
  회피하거나 유예된 결정 129~134

결정하기 12, 42, 81, 117~140
　결정 포기 114, 129~134
　단기적 보상 대 장기적 보상 137~140
　루비콘 모델 행동 시기 123~126
　배우자 선택 130~133
　존재론적 진공 114~115
　컴퓨터 게임 133
　타인을 위한 선택 126
　타협 134~137
　투자 기회 130, 137~138
결혼 상담 36~37
결혼 생활 만족 89
결혼 선물 리스트 120~125
계획 96~115, 316~321, 327~329
　관리 - 103
　군대 - 97~99
　애매함 대 꼼꼼함 96~99
　유연성 97~99, 317
　자이가르닉 효과와 - 107~112, 301, 319
　→《끝도 없는 일 깔끔하게 해치우기》 참조
계획 오류 320~321, 332
고민 90~91
　부화 83
골드버그, 조던 196
공개적 망신 다이어트 196
공격성 23, 67, 74~75, 264
　가정 폭력 176
과도한 가치 폄하 235~237
과일 찾기 뇌 이론 26

과잉 정당화 효과 263
과체중 58, 75, 275~276, 278~279
　→다이어트 참조
관리 계획 103
광고 산업 16, 140, 155~156
구두쇠 141, 158~159, 332
구두쇠의 후회 159, 332
구민정 155
구원 13
군사 계획 98~99
'권위주의적' 스타일 대 '권위 있는' 스타일 252
귀를 괴롭히는 소리 108, 319
그레이텐스, 에릭 210
그리피스, 멜라니 57, 72, 77
그린, 밥 277
기능적 자기공명영상(fMRI) 141~142
기업 29, 98, 102~103, 114, 118, 191
김씨 가족 251, 254, 262
《깊은 잠》(챈들러) 325
깔끔함 201, 322~323
끝나지 않은 일 107~112, 301~302, 319
《끝도 없는 일 깔끔하게 해치우기》(앨런) 101, 112, 318
　개인적 과제 112
　다음번 행동(NA) 105~106, 112~113
　원숭이 마음 103~104, 107, 111
　제로 113
　티클러 파일 104, 112
　폴더 101, 103, 112~114
　2분 규칙 113

4D 원칙 103
GTD 시스템에서와 같이 - 101, 105~
  107

나르시시즘 244, 247~250
  최근의 증가 248
나르시시즘적 노래 가사 248
나이키플러스 156
나치 15~16
나폴레옹(프랑스 황제) 97~99
낭비벽이 심한 사람 141~142, 153, 158~
  159
〈내니 911〉 241, 253~260
냉전 44
너그러움 201
네덜란드 279
노스웨스턴 대학교 176
노예무역 206, 212, 234
뇌 41~46, 60~70, 228, 231, 319, 322
  남자 139
  신경 전달 물질 62
  연료로서 포도당 60~70, 80
  인슐라 부위 141~142, 159
  전두엽 25~26
  전체 에너지 사용량 68~70
  전측대상피질 43~44
  중격의지핵 69, 139
  진화 25~28
  편도체 69
뇌 관찰 141~142, 153, 159

뇌의 갈등 모니터링 시스템 43~44
뇌의 에러 감지 시스템 43
뇌파 기록(EEG) 43
〈뉴요커〉 324
뉴욕 131, 216, 219
뉴욕 대학교 211
〈뉴욕 매거진〉 131
뉴욕 주립대학교(올버니) 50
〈뉴욕 헤럴드〉 193, 208
〈뉴잉글랜드 의학 저널〉 162, 228
뉴질랜드 24

다른 쪽 손을 사용 170~171
다윈, 찰스 9, 141~142, 153
다이슨, 에스터 106, 151~152, 158, 330
다이어트 192, 196, 203, 275~304
  규칙 275~276
  기근 같은 생물학적 경험 280~281
  단것에 대한 갈망 291
  동료 집단의 압력 296
  마권업자의 내기 281~282, 293~294
  매일 체중 재기 296~297, 327~328
  먹는 양 299~300
  비현실적으로 설정된 목표 282, 293
  선제적 예방 조치 292~296
  식욕 조절 285~288, 299~300, 303~
    304
  식품에 쓰인 문구와 - 298~299
  신분의 상징으로서 날씬함 278
  실패 275, 282, 293

실행 의도 전략 294~296

실험실 쥐 280

아무렴 어때 효과 282~285, 287, 290, 304

역규제적 섭식 경향 284

오프라 패러독스 276~279

운동과 - 279~280

진퇴양단에 빠진 - 285~292

진화와 - 281

체중 기록 전송 체중계 297

칼로리 계산 298~300

쾌락을 유예하는 전략 291, 300~304

폭식 283~285, 287~288, 290~291, 297, 304

푸드 다이어리 298, 327~328

행동 모니터링 282~285, 296~300, 327~328

다트머스 대학교 68

단것에 대한 갈망 70, 73, 78~79, 191, 291

《단련》(브룬튼) 265

단식 29, 161~162, 165~166, 181

종교 57~58, 232

〈달콤한 악마의 유혹〉 70

당뇨 61, 64~65, 77, 81, 220, 269~270, 315

'당뇨: 짐 터너와의 사투' 64

대기자 통제 집단 172~177

대안을 남기지 않는 방법 325~327

대학교수 203~204

댄지거, 샤이 127

댄 화이트 재판 57, 62

던바, 로빈 26

데모스, 케이트 69

데일리, 마틴 138

델 컴퓨터의 셀프 서비스 판매 사이트 124

도나휴, 필 277

도박 195, 327

도스토옙스키, 표도르 38

독일 32, 135

나치 15~16

욕망을 억제하는 것에 대한 자동 발신 장치 연구 11~12, 49, 306

돌고래 144

동기 강화 치료 222

동료 집단의 압력 224, 226, 296

동물 25~27, 67~68, 256~257

다이어트 280

자아 인식 143~144

듀발, 셸리 144~145

듀크 대학교 132

드 리더르, 데니서 202

디데이 침략 98

디월, 네이선 248

디저트 실험 300~304

디클레멘트, 카를로 225

라마단 232

라이선싱 효과 175

라이트, 토니 151

라이프해커 328
래디시 실험 34~37, 47, 52
레바브, 조너선 127, 135
레빈, 쿠르트 107
레스큐타임 소프트웨어 150, 156
레오폴트 2세(벨기에 왕) 186
레이디 가가 241, 243~244
레이디 엘리스호 205~207
로마 가톨릭 교회 13, 233~234
　성 이냐시오의 영신 수련 234
로맨틱 소설 265
로웬스타인, 조지 191~192
루비콘 모델 행동 시기 123~126
리빙스턴, 데이비드 183, 187, 193~194,
　200, 205~206, 208~209, 212
리펜슈탈, 레니 16

마돈나 31, 140
마르디 그라 이론 57~59
마리화나 사용 74, 93, 191~192
　부모의 감독 269
마시멜로 실험 20~22, 207, 266, 270
마시캄포, E. J. 109~110
마약 남용 21, 24, 74, 92~93, 215~216,
　223~224, 242~243, 269
'마음의 도구' 유아 훈련 프로그램 271~
　272
마이애미 대학교 230
마이어, 슈테판 228
만성 질환 52

만화책 272
맞춤 신사복 135~136
매거리, 드루 196
매더, 코튼 256
매춘 118~119
매치 프로젝트 222
매켈러, 존 221
매컬러프, 마이클 229~230, 232, 234
매코드, 조앤 269
맥나마라, 로버트 98
맥매스터 대학교 138
머레이, 빌 108
머피, 에디 174
메릴랜드 대학교 225
메카, 앤드루 243
멕시코 58
면역 체계 61, 80, 310
명상 39, 54, 105, 113, 163, 234
　선 - 231
　특정한 자세 232
명시적 규정 238~239, 261, 287, 326, 332
모스콘, 조지 62
모이니헌, 대니얼 패트릭 267
목표 설정 28, 83~115, 155, 186, 190,
　196, 273, 317, 320~321, 328~329
　건강 요인과 - 90~91
　고소득자 대 저소득자 93
　다이어트 281~282, 293~294
　단기적 - 91~96, 154, 329
　블레인의 - 165~166, 179
　사회적 인정 223

상충하는 목표 88~90, 231
성취에 대한 보상 329~330
우선순위를 두는 - 321, 324
자녀 양육에서 - 258~259, 261~262, 264
장기적 - 85~87, 92~96, 99, 153~154, 329
프랭클린의 도덕적 완벽성 85~88, 95~96
현재에 기반을 둔 목표 95
AA 222~223, 227
→ 계획, 해야 할 일 참조
〈몬도 카네〉 실험 38
무드스코프 157
무라벤, 마크 50, 167
무신론자 217~219
-에게 필요한 신성한 가치 234
무의식 18, 109, 111, 201, 233, 319
무의식중 노출 231~232
물과 같은 마음 99, 102
미국 국가보훈처 236
미국 시민전쟁 210
미국 해군 특수 부대 지옥 주간 훈련 210
미네소타 대학교 45
미드, 니콜 301
미셸, 월터 20~21, 266~267, 270
민트닷컴 106, 141, 143, 153~156, 321, 328

바비큐 법 226

바우콤, 돈 36~37
《반에서 최고》(수와 제인) 251
배우자 선택의 까다로움 130~133
밴두러, 앨버트 94
뱀파이어 264~265
버몬트 92~93, 237
버지니아 코먼웰스 대학교 245, 249
범죄 22~23
가석방 126~130, 133~134
낮은 자존감 242~243
높은 자존감 245~246
여성 74~77
저혈당증 62~64
트윙키 변론 57, 62~64
10대 63, 80, 268~269
법적 현실주의자 127
법체계 19, 127
→ 판사, 감옥 참조
베를린 대학교 107
베이비부머 세대 18
베트남 전쟁 98
벤구리온 대학교 127
벤츨리, 로버트 324
벰, 대릴 47~48
보디미디어사 암밴드 152
보스, 캐슬린 45, 124, 288~289
보이스, 밥 204
볼드윈, 마크 232
볼드윈, 앨릭 71
부시, 조지 W. 119, 196
불안 23, 62, 64, 90, 106

뷸러, 로저 320

브랜든, 너대니얼 242

브룬튼, 메리 265

블라이즈, 메리 J. 79

블레인, 데이비드 29, 161~167, 176~
181, 316~317

　가장 힘든 묘기 177~180

　목표 설정 165~166, 179

　의지력이 필요한 묘기 161~165, 177~
　178

　중간 휴식기 180~181

　훈련 164~167

비고츠키, 레프 271

비만 286

　사회적 영향 229, 295

　→ 다이어트 참조

비켈, 워런 93

빅토리아 시대 10, 13~14, 20, 28, 30,
165~166, 208, 234, 331

　굳건한 성격 구조 17

　성격 형성 15~16, 187

　영국 유모 241~242

　의무 14~15, 211

　퍼버 메서드 260

《빛》(카) 215, 218

사건 관련 부적 전위 43

사고(생각) 227

　고귀한 집중 211~213

　높은 수준 대 낮은 수준 211~212

-의 조절 10, 38~42, 53, 294

사냥과 군집 생활 73

〈사랑의 블랙홀〉 108

사순절 57~58, 232

사회신경과학 68

사회심리학 19, 69, 144

사회적 인정 223

사회적 지원 225~230, 239

산업 혁명 14

살아 있는 동상 32~33, 51, 75

〈새터데이 나이트 라이브〉 40

새해 계획 55, 275

샌프란시스코(캘리포니아) 62

《생각하라! 그러면 부자가 되리라》(힐)
17

생갈렌 대학교 135

생리전증후군(PMS) 57, 71~77, 79~80

　감정 조절에 취약 74~76

　-의 심리학 72~73

　이로운 다이어트 80

　충동 조절에 취약 71~72

샤이어, 마이클 146

상동, 피에르 298

서로 칭송하는 사회 243~244

선 명상 231

선제적 예방 조치 194~196, 198, 326~
327

　다이어트 292~296

성격 22~23, 60, 64, 279

〈성격과 사회 심리학 저널〉 95

성격과 사회 심리학회 69

성격적 강점 11

성격 조절 176

성격 형성 15, 168, 268

〈성모〉(클랩튼) 215~216

성실함 47

성 아우구스티누스 217, 305

성적이고 로맨틱한 행동 양식 12, 14,
    60, 138~140, 184, 230, 264

    배우자 선택의 까다로움 130~133

    자기 파괴적 정치인 117~119

    흥분과 냉정의 감정적 간극 191

성적 차이 138~140

    미루기 308

    번식에 성공한 조상 139

    자기 절제에서 - 75~77, 308

성취에 대한 보상 329~330

    자녀 양육에서 - 251~252

    재정적 - 253~254, 261~264

셀리그먼, 마틴 22

셩크, 데일 94

셰익스피어, 윌리엄 31, 36

소액 대출 228

쇼핑 11, 49, 54, 79, 141~142, 158, 326

    결정의 피곤함 120~122, 124~126,
        134~136

    슈퍼마켓에서 - 136, 251

수량화한 자아(QS, 웹사이트) 151, 328

수면 49, 61, 81, 151~152, 312, 322

수면 부족 81, 322

    블레인 - 177~178

수수께끼 35~36, 40, 52, 122

수컷 우두머리 27

수행 조절 54, 59

    자존감과 - 19, 245~247

슈퍼마켓 136, 251

스마일스, 새뮤얼 14

스멜서, 닐 244

스몰리, 스튜어트 86

스위스 135

스키너, B. F. 18, 94

《스탠리: 위대한 아프리카 탐험자의 불굴
    의 삶》(질) 187

스탠리, 헨리 모튼 29, 183~213

    견뎌낸 고역 185, 189~190, 193~194,
        198~199, 205~209, 211~213

    고귀한 생각에 집중하기 211~213

    기아 캠프 199~200, 202

    꼼꼼함 200, 205

    노예무역을 종식시키는 것이 평생의
        사명 212, 234

    돌을 깨뜨리는 자라는 뜻의 '불라 마
        타리' 185, 195, 213

    동료들의 칭송 185

    레이디 앨리스호 205~207

    리빙스턴과 - 183, 187, 193~194,
        200, 205, 208~209, 212

    마감일 지키기 204~205

    말라리아 185, 193, 199, 206

    매일 면도하는 습관 200, 202, 205

    배경 185~186, 188~189

    불명예스러운 명성 186, 209

    상상 속의 가족 188~189, 212

선제적 예방 조치 193~198
스스로 의도한 유년 시절의 고생 189
습관 200~205
약혼자 212, 206~207
워크 하우스 출신 188~189, 208
의무 개념 설파 211
인간적인 대접을 받은 아프리카인들 185, 209
일기 194, 205, 208, 213
잃어버린 종교적 믿음 210
자기 망각 활용 207~208
재앙을 몰고 온 후발대 183~186, 190, 207
지어낸 이름 188
"혹시 리빙스턴 박사님이십니까?" 183, 208
흥분과 냉정의 감정적 간극 191
스탠퍼드 대학교 21, 47, 141~142, 221, 250, 266
스투룹 검사 43~44, 294
스트레스 35, 49, 64, 75~78, 107, 120, 225, 305~306, 310, 314
스틱케이닷컴 196~197, 293
스틸, 피어스 307
스피처, 엘리엇 115, 118~119
습관 198~205, 306~307, 326
변화 167~172, 270, 323
→ 식습관 참조
승화 41~42
시간 관리 54, 96, 98~99, 318
시카고 대학교 132, 155

식습관 191~192, 203, 322~323
유럽 사람 296
유인원 26~27
종교적 - 57~58
텔레비전 앞의 - 299
폭식 283~285, 287~288, 290~291, 297, 304
→ 다이어트 참조
식품에 쓰인 문구 298~299
신(하나님) 210, 229~235, 331
창조 83~84
신경경제학자 141
신용카드 빚 141, 153~154
실행 의도 전략 294, 296
심리과학협회
보고서 작성에 참여한 심리학자 244~245, 254
심리 분석 17, 22
〈심리학회보〉 230
《싯다르타》(헤세) 165

아기 144, 260~261, 285
퍼버 메서드 260
아랍 노예 무역상 206, 212
아멜라고스, 조지 277
아무럼 어때 효과 282~285, 287, 290, 304
아버지의 부재 267~268
아시아계 미국인 249~254, 329
아칸소 대학교 93
아편 74, 93

아프가니스탄 99

아프리카 183~213, 266

　나일 강 185, 206

　루알라바 강 205

　식인 풍습 184~185, 206

　아랍 노예 무역상 206, 212

　이투리 우림 185, 190, 199, 204, 211

　콩고 강 183, 185, 206, 213

　→ 스탠리, 헨리 모튼 참조

알츠하이머 병 220~221

알코올 중독 24, 54~55, 64, 74, 76~77,
　93, 215~229, 317~318

　과도한 가치 폄하 235~237

　동료 집단의 압력 224, 226

　사회적 지원과 - 223~227

　신의 도움 215~219

　자아 인식과 - 147, 217, 299

　전문적 치료 215, 222, 225, 227

　절제할 수 없는 - 217

알코올 중독자 모임(AA) 220~227

　사회적 지원 223~227, 239

　설정된 목표 222~223, 227

　집단의 회원 224, 226~227

　창고 관리법 223

　충고에 따라 신의 힘을 빌리다 218~
　219, 226~227, 239

　행동 모니터링 223, 227

　효율성 221~223

　후원자들 223, 226~227

　12단계 연구 모임 219~220, 239

《암흑의 아프리카에서》(스탠리) 204

애치슨, 딘 105

앨곤퀸 원탁 모임 324

앨런, 데이비드 100~107, 111~114, 318

약속 계약 196~198

양치질 24, 293, 330

《어둠의 속》(콘라드) 184, 186

어린이 23~25, 191, 234, 285, 327

　높은 자존감 246

　마시멜로 실험에서 - 21~22, 207, 266,
　270

　아버지의 부재 267~268

　종교적으로 헌신적인 - 231

　죽음 216, 239

언어 습관 변화 171, 270

얼굴 표정의 억제 37~38, 40

얼음물 실험 121

엄마 생각하지 않기 39~40

에드워즈, 조너선 307

에리얼리, 댄 132~133, 192

에링거, 조이스 279

에먼스, 로버트 89

에모리 대학교 277

에어즈, 이언 196

에인슬리, 조지 236~238

엑스펜서 328

엠파이어 클럽 VIP 117~118, 140

여성 교도소 74

여유 자원 332

역규제적 섭식 경향 284

영국 31, 46, 148, 183, 186~187, 190~
　191, 200, 208~209, 216, 224, 281

- 유모 29, 241~242, 253, 260, 329
튜더 왕가 278
'예스 …… 아이쿠!' 효과 332
예일 대학교 196
예절 25~28
오디세우스와 세이렌 194
오바마, 버락 54, 267
오브라이언, 대니 106
오스트레일리아 47, 172
오스틴, 제인 265
오토, 아네트 262
오튼, 메건 47, 172, 176
〈오프라 윈프리 쇼〉 163, 177, 278
오프라 패러독스 276
온라인 데이트 서비스 132
올리어리, 수전 257
올슨, 세릴 272
와일드, 오스카 14
완벽주의 307
외로움 225
욕구 저항 12, 21, 45, 49~50, 306
욕의 회피 171
우울증 24, 62, 64, 157, 203, 220, 242, 247
    무드스코프 감시 기능 157~158
    잘못된 조절 158
우즈, 타이거 53
울프, 개리 151
원숭이 27
원숭이 마음 103~104, 107, 111
원시 159

원싱크, 브라이언 297, 299
웨그너, 댄 38~39
웨이트 워처스 295
웨일스 188~189
〈웰링턴 공작의 죽음에 부치는 송시〉(테니슨) 211
위공장문합술 292
위저 248
위즈 키즈 98
위클런드, 로버트 144~145
윈프리, 오프라 29, 275~278, 280
윌러비, 브라이언 230
윌리엄스, 로빈 40
윌리엄스, 세레나 10
윌리엄슨, 마리앤 277
윌리엄 힐 에이전시 281, 293
윌슨, 마고 138
유교적 개념 252
유대교 대속죄일 232~233
유아 249~250, 253~255, 261, 272
유인원 26~27
유전적 요인 22, 60, 139, 269, 278
    알코올 중독 220
    자기 절제 22, 188
    충동 조절 250
    편부모 가정 268
유혹 11~14, 89, 122, 194~195, 265, 305, 333
    과도한 가치 폄하 235~239
유혹을 뿌리치는 방법 12, 38~39, 54, 170, 207~213

고귀한 생각에 집중 211~213

마시멜로 실험 20~22

스탠리의 "자기 망각" 207~208

유혹 저항 28, 34~36, 46, 54, 175, 232, 265, 313, 323, 326~327

굴복 49

단기적 보상, 장기적 보상 137~138, 236~237

할로윈 실험 147

의지 15~25, 189

-의 귀환 20~25

-의 심리학 15

-의 약화 15~20

자유 - 19

의지력

더 나은 삶 10, 26

보존 50, 129, 193~194, 205, 293, 313, 318, 326

용어로서 - 14

-의 사용 52~54

-의 한계 190~193, 270

자기 탐닉 대 - 18

충전 57~60

하나의 에너지원에서 -을 얻는다 52, 312

환경적 요인 대 - 18

의지력 강화 161~181, 270

광범위한 이점 174~176, 179

습관적 행동 변화 167~172

-와 타고난 강한 의지 166~167

자기 향상 프로그램 172~177

종교 231

→ 블레인, 데이비드 참조

《의지의 승리》 16

의지의 심리학(독일) 15

《의지의 힘》(해독) 14

이기심 187, 210

이라크 전쟁 99

이솝 우화 93

이스라엘 감옥 126~129

이슬람교 232

이엥가, 시나 135

이타주의 332

《인간관계론》(카네기) 16

《인간의 유래》(다윈) 9

인공 지능 143

인내심 10, 14, 54, 94

결정의 피곤함과 - 120~125

- 실험 34~36, 50, 52, 67~68

인종에 대한 고정관념 266

인지적 구두쇠 134

인지 행동 치료 222, 227

인츨리히트, 마이클 42~43

인튜잇 143

일 미루기 106, 150~151, 175, 181, 306~312, 319, 328

결정하는 데서 - 129~134

계획 오류 320~321

긍정적 - 323~325

다른 일을 함으로써 의무 회피 324

대안을 남기지 않는 방법 325~327

대학생들의 - 301~312, 320~321

성적 차이 308
완벽주의 307
즐거움 미루기 331~332
최근의 증가 307
충동성 308
일본계 미국인 250~251

자기 계발 15~16, 30, 84~87, 101, 105,
   332
자기 부정 14, 58, 190, 301~304
자기 신뢰 105
자기 옹호 94
자기 절제
   무의식으로 작동 27
   성적 차이 75~77, 308
   유전적 요인 22, 188
   -의 미래 331~333
   -의 부족 11
   의식적인 - 28
   -의 이익 9, 22, 24~25, 29, 172, 176,
      202~205, 306, 332~333
   -의 진화 25~28
《자기 절제》(브룬튼) 265
자기 조절 20, 22, 84, 146, 231
자기 조절 기술 151~155, 156~159
자기중심주의 세대 18
자기 탐닉 18
자녀 양육 241~273
   게임하기 271~273, 329~330
   공중도덕 258

'권위주의적' 스타일 대 '권위 있는'
   스타일 252
규칙 설정 260~266
금전적 보상 254, 261~264
나르시시즘 247~249
부모로서의 훈련 256~265
성취에 대한 보상 251~254, 261~
   264, 329
아시아계 미국인 249~254, 329
영국 유모의 - 29, 241~242, 253, 260,
   329
의지력 강화 훈련 270
일관성 256~258, 261, 264
자존감 운동 242~249, 253, 273, 329
처벌 256~259
편부모 가정 24, 267~268
행동 모니터링 266~270
자선 201, 332
자세 교정 과제 168~170, 270
자신감 19, 94, 247
자아 36
   정보 처리 모델 29
   프로이트의 에너지 모델 15, 41~42
자아 고갈 42~56, 59, 68~70, 138, 140,
   167~168, 170, 176, 191, 289, 291~
   292, 294, 312~316, 322
   감정에 미치는 영향 45~46, 70, 314
   감정적 조절 37~40, 43
   감지 44~46, 314~316
   결혼 문제와 - 36~37
   고갈된 에너지 37, 42

뇌 속에서 일어나는 활동 42~46
래디시 실험 34~37, 47, 52
〈몬도 카네〉 실험 38
성실한 품성과 - 47
-에 영향 받는 심장박동 52
이름 붙이기 42
체력과 - 37~38
하나의 에너지원 52, 55
학생들의 시험 기간 47~49, 322
행동에 미치는 영향 45
흰곰 실험 38~41
→ 포도당 참조
자아 수량화 148~155
자아 인식 143~148
거울 실험 143~144
기준과 비교 145~148
알코올 중독과 - 147, 217, 299
-의 진화 144~148
자기 조절에 도움 146~147
《자유와 존엄을 넘어서》(스키너) 18
자유 의지 19
자의식 144~145
자이가르닉, 블루마 107
자이가르닉 효과 107~112, 301, 319
《자조론》(스마일스) 14
자존감 19, 203, 242~249, 253~254,
273, 329
나르시시즘 대 - 247~249
서로 칭송하는 방식 243
성적 245~248
-의 이점 247

학생들의 - 상승 245
잘못된 조절 158
재정 관리 49, 74, 173, 196~198, 327
소비 모니터링 141~143, 153~156,
158~159, 321, 328
소액 대출 228
예금 통장 262
자녀 양육 253~254, 261~264
장기적 보상 대 단기적 보상 92~93,
137~140, 201, 236~237
재정 위기(2008년) 11, 154
저혈당 62~63, 65, 77, 80
《적극적 사고방식》(필) 16
전자 감지기 152
전측대상피질 43~44
정보 처리 모델 29, 59
정서 조절 53
정신적 자동 처리 과정 123, 198~205
정신적 통제 처리 과정 123, 202~203
《정체성에 대한 탐구》(휠리스) 17
〈정치적 위대함〉(셀리) 117
제오사의 수면 코치 헤드밴드 152
제2차 세계대전 97~98
제1차 세계대전 15, 97
제퍼슨, 토머스 153
《조절 실패》(바우마이스터, 타이스, 헤
더튼) 22
존슨, 돈 57, 77
종교 13~14, 210~213, 215~239, 331
교인 233
기도 217~219, 231~234

단식 57~58, 232
명상 231~232
무신론적 관점 217~219, 234~235
의식 232~233
-의 이득 230~231, 233~234
장수 증가 230
행동 모니터링 231~233
훈련 233
→ 신 참조
주상 성자 시메온 161~162
주의력 결핍 과잉 행동 장애(ADHD) 250
중격의지핵 69, 139
중국계 미국인 249~254
중독 74, 76
금단 증세 46
낮은 자존감 242
동료 집단의 압력 224
일시적이고 단기적인 사고의 지평
92~93
중세 13
즉석 만남 이벤트 132~133
〈지금까지의 존재 중 가장 위대한 남자〉
(쿼모) 248
지저분함 47~48, 322~323
지적 능력 9, 23~25, 35, 60, 122, 172
아시아계 미국인 250
인공 143
직장 23, 76, 203, 306
결근율 74
나르시시즘 248
수면 부족 81

일 미루기 307~308
전문 직업군 251
질병과 - 80
진화 25~28, 60, 138~139, 281, 333
자아 인식 144~148
진화심리학 72, 138~139
질서 정연함 200~202, 205, 323
질, 팀 187, 195, 200, 208~209
집중 51, 53~54, 76, 95, 114
게임 271~273
고귀한 생각 211~213
명상을 통한 - 231~232
특정한 목표 94
집중 조절(주의력 통제) 231, 270, 272
→ 집중 참조
집필 방법 148~150, 204~205, 325~
328

차 매매상 135~136
차오, 루스 252
차후의 보상 251, 267, 300~304
기대의 즐거움 304
참회의 화요일 58
창고 223
〈창세기〉 83~84, 91
챈들러, 레이먼드 324~326
《천로역정》(버니언) 235
청교도 혁명 13
청소년 범죄 63, 268
체력 33, 37~38, 167, 174~175

힘 대 - 170

체르네프, 알렉산데르 298

체호프, 안톤 186

쳉, 켄 47, 172

초콜릿 70, 72~73, 275

추아, 에이미 253~254

충동 조절 54, 72~73, 137, 231, 265, 314
    아버지의 부재 268
    일 미루기 307~308
    중국식 - 249~250

칠레 228

침팬지 27
    자아 인식 143~144

칭기즈칸 139

카네기, 데일 16

카네기 멜런 대학교 192

카, 메리 215, 218~219, 224, 226~227,
    234, 326

카버, 찰스 146

카스트, 펠리페 228

카이사르, 율리우스 123

카지노 195, 327

칼런, 딘 196~197

캐나다의 공동체 191~192

캐롤, 데버러(내니 뎁) 241, 253~256,
    258~259, 261

캐리, 드루 29, 100~101, 112~113

캘리포니아
    자존감 대책 위원회 243~244

전기 사용 156~157

캘리포니아 대학교 버클리 캠퍼스 244

커버넌트 아이즈 196

커트너, 로런스 272

컬럼비아 대학교 127, 135, 250

컴퓨터 감시 143

컴퓨터 게임 133, 272~273, 329~330

컴퓨터의 행동 모니터링 142~143, 150~
    158, 195~197, 293~294, 297, 321,
    325~326, 328
    선제적 예방 조치 194~196, 198,
    292~293, 295

컴퓨터 판매 실험 124

케이스 웨스턴 대학교 22, 309

켈리, 케빈 151

코끼리 144

코넬 대학교 297, 299

코비, 스티븐 86

코카인 74, 215~216

콘라드, 조셉 184

쾌락을 유예하는 전략 291, 300~304,
    323~325

쿼모, 리버스 248

퀴큰 소프트웨어 142~143

크레쇼니, 윌 279

크리스타키스, 니콜라스 229

크리스티안 알브레히츠 대학교 135

클랩튼, 에릭 29, 215~217, 219, 224,
    226~235, 235~239, 326

클랩튼, 코너 216, 239

클린턴, 빌 119, 196, 267

키케로 307
킹, 로라 89

타율 16
《타이거 마더》(추아) 253
타이스, 다이앤 22, 167, 308~311, 320, 324
타협 134~137, 315
탱니, 제인 23
터너, 짐 60~61, 64~65, 315~316
테니슨, 앨프리드 로드 211
토론토 대학교 42
톨스토이, 레오 38
《톰 소여의 모험》(트웨인) 301
투자 기회 130, 137, 151, 198
투투 대주교 112
《트로일로스와 크레시다》(셰익스피어) 31, 36
트로페, 야코프 211
트롤럽, 앤서니 148~150, 325, 327
트리니다드 266
《트와일라잇》(메이어) 264
트웨인, 마크 186, 301
트웽, 진 120, 123, 125, 135
트위트왓유스펜드 328
트윙키 변론 57, 62~64
티클러 파일 104, 112

파머, 아만다 29, 31, 33, 51, 54, 56, 75

살아 있는 동상 퍼포먼스 32~33, 51, 75
생리전증후군 75~76
파울러, 제임스 229
파이크, 앨리스 205~206
파커, 도로시 324
파킨슨의 법칙 318
판사 119, 126~129, 133, 315
패처, 애런 141~143, 154~155, 321
패트릭, 버네사 301
팬케이크의 날 57~58, 79
팻벳닷넷 293
퍼버 메서드 육아 260
펜타곤 95
편도체 69
편부모 가정 24, 267~268
평균 전기료 156
포도당 10, 61~81, 137~138, 290~291, 315~316
개 68
단것에 대한 갈망 70, 73, 78~79, 191, 291
레모네이드 실험 66~67
면역 체계와 - 61, 80, 310
생리전증후군(PMS)과 - 71~77
수면과 - 81
알코올의 영향 217
-에 영향 받는 공격성 67
음식 66~67, 78~81, 128
점심 전의 간식 66, 128~129
포도당 부하율 63

포드 자동차 98

포머란츠, 디나 228

포사이스, 도널드 245, 249

폭식 284~285, 287, 290, 297, 304

폭풍 집필 204~205

폴리비, 재닛 284

폴의 가족 253~260

폴허스, 딜로이 248

푸드 다이어리 298, 327

프랭클린, 벤저민 85~89, 95~96, 176, 331

프랭클린의 덕목 리스트 85~89

프랭클린 코비 31일 플래너 87

프로이센 97

프로이트, 지그문트 15, 17~18, 22, 41~42, 94

  승화 이론 41~42

프린스턴 대학교 19

플로리다 주립대학교 279

플로트랙 156

플루타르크 275

플린, 제임스 250~251

피시바흐, 아예렛 155

피아제, 장 94

피트비트사의 클립 152

핀란드 63

핀켄나우어르, 카트린 202

핀켈, 엘리 176

필, 노먼 빈센트 16~17

필리핀 197

하버드 대학교 22, 39, 272

  경영대학원 98

하비, 밀크 62

하이트만, 마르크 135

학위 논문 실험 320~321

한국 155

한국계 미국인 251

할로윈 실험 147

핫오어낫닷컴 138

해독, 프랭크 채닝 14

해야 할 일 리스트 83~115, 319, 324

  디데이 침략 98

  매일의 실천 85

  신의 창조 83~84

  전형적 길이 84~85

  캐리 100~101, 112~114

  프랭클린의 덕목 리스트 85~89, 95~96

  → 목표 설정, 계획 참조

행동경제학자 159, 236, 331

행동 모니터링 141~159, 282~285, 327~330

  공공 정보 대 개인적 정보 156~159, 196, 227~229

  과거 대 미래의 이익 156

  뇌 관찰 141~142, 153, 159

  다이어트에서 - 282~285, 296~300, 327~328

  단기적 목표 대 장기적 목표 154

  소비에 대한 - 141~143, 153~156, 158~159, 321, 328

약속 계약 196~198
요구되는 에너지 168
-의 효과 154
자녀 양육에서 266~270
자아 수량화 148~159
종교 231~233
컴퓨터에 의한 - 142~143, 150~158, 195~197, 293~294, 297, 321, 325~326, 328
타인과 비교 155~159, 228
트롤럽의 - 148~150
AA의 - 223, 227
→ 자아 인식 참조
허먼, 피터 284
허버트, A. P. 46
헤더튼, 토드 289
헤드 스타트 172
헤로인 28, 92, 215, 224
헤르만, 안드레아스 135
헤세, 헤르만 165
헤이즐던 재활원 215~217, 226, 239
헨리 8세(영국 왕) 277~278
헨리 8세와 오프라 윈프리 효과 277
헬겐버거, 마그 72
혈당 지수 79~80
호프만, 빌헬름 12
호흡 참기 세계 신기록 163~165, 177
홉킨스, 앤서니 71
환경 결정론 234
환경적 영향 200~202, 322~323
환경적 요인 18

황체기 73~77
후디니, 해리 165
후지타, 겐타로 211
휠리스, 앨런 17
휴스턴, 휘트니 243~244, 248
휴잇, 제니퍼 러브 70~71
흡연 54~55, 74, 93, 230, 237, 317, 327
금연 78~79, 197~198
흥분과 냉정의 감정적 간극 191, 327
흰곰 도전 39~41, 170
히치, 군터 132
히틀러, 아돌프 16
힐, 나폴레온 17

10대 171, 256, 273
당뇨 269~270
목표 설정 263~266
범죄자 63, 80, 269
사회적 인정 224
임신 247
자아 인식 144~146
창고로서 고등학교 223
DNA 169
IQ 23, 250~251
U.S. 오픈 10